KSB
Our technology. Your success.
我们的技术　您的成功

杭州三堡斜式泵

南水北调宝应站液压全调节型立式混流泵

南水北调密云水库站

山西引黄万家寨工程立式蜗壳式混流泵

南水北调邳州站液压全调节竖井贯流泵

日立泵制造（无锡）有限公司

是株式会社日立制作所和日立（中国）有限公司共同投资建立的企业，公司成立于2006年6月，注册资金为3.25亿元。

公司自成立以来，积极参加包括南水北调等国内大型水利工程项目建设，至今已为160多个大型水利工程项目和50多个电力项目提供了优质的泵产品。凭着先进的技术和优质的产品，公司赢得了客户的好评和信赖，为国内大型水泵技术的提高做出了应有的贡献，并且在2014年获得了水利行业的——大禹奖。

公司主要产品包括：大型轴流式、混流式、离心式水泵，轴流式、混流式、离心式标准泵。产品广泛应用于大型水利、引水调水、城市供水、防洪排涝、农田排灌、船厂船坞、大型火力发电机组及核能发电等工程。部分产品案例如下：

南水北调宝应站3500HDQ34-7.6中置式液压全调节混流泵，叶轮直径2 950mm，设计流量34m³/s，设计扬程7.6m，配套功率3 400kW。

南水北调密云水库站1200×1000　DV-CH-55.8双吸离心泵，叶轮直径1 385mm，设计流量5m³/s，设计扬程55.8m，配套功率4 000kW。

南水北调邳州站3300ZGQ33.4-3.1液压全调节竖井贯流泵，叶轮直径3 300mm，设计流量33.4m³/s，设计扬程3.1m，配套功率1 950kW。

南水北调金湖站3350ZGQ37.5-2.45液压全调节灯泡贯流泵，叶轮直径3 350mm，设计流量37.5m³/s，设计扬程2.45m，配套功率2 200kW。

浙江杭州三堡泵站3600ZXQ50-3.65液压全调节斜式轴流泵，叶轮直径3 560mm，设计流量50m³/s，设计扬程3.65m，配套功率3 300kW。

山西万家寨2000-OT-CV立式蜗壳离心泵，叶轮直径2 320mm，设计流量6.45m³/s，设计扬程140m，配套功率12 000kW。

上海青草沙城市取水泵站3300HD34-5.8立式混流泵，叶轮直径3 250mm，设计流量34m³/s，设计扬程5.8m，配套功率3 150kW。

南京金陵电厂2600HDC-13百万千瓦火电机组用循环水泵，叶轮直径1 524mm，设计流量18.59m³/s，设计扬程12.5m，配套功率3 600kW。

公司的经营方针是：把安全、质量、信誉作为经营基础，为员工创造能实现自我价值的工作环境，以先进的技术和优异的质量建立世界领先的水泵制造企业，为社会做出贡献。

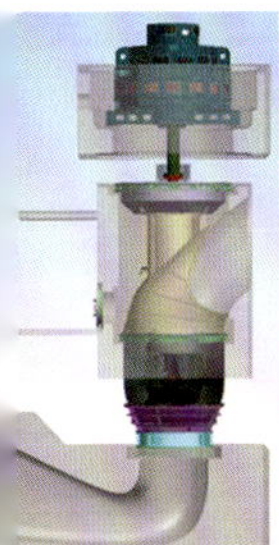
应三维造型

南水北调金湖站液压全调节灯泡贯流泵

地址：江苏省无锡市新区鸿山镇机光电工业园区鸿达路116号　邮编：214115
电话：0510-80257000（总机）　http://www.hitachi-pump.com.cn

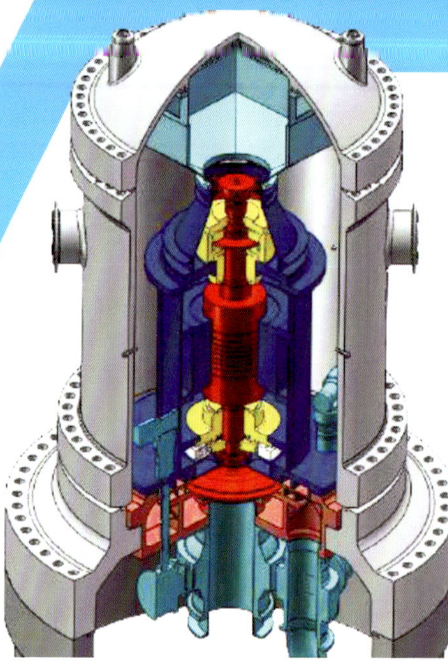

中国机械工业年鉴系列

中国通用机械工业年鉴

2017

中国机械工业年鉴编辑委员会
中国通用机械工业协会
编

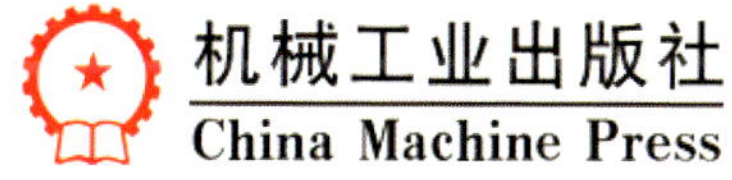

本书设置综述、专文、行业概况、人物、企业概况、统计资料、产品与项目、大事记和附录等栏目，集中反映2016年通用机械行业的发展情况，详细记载了泵、风机、阀门、压缩机、真空设备、干燥设备、减变速机、分离机械、气体分离设备等分行业的发展情况，提供了通用机械行业的经济指标。

本书主要发行对象为政府决策机构、机械工业相关企业决策者和从事市场分析、企业规划的中高层管理人员以及国内外投资机构、贸易公司、银行、证券、咨询服务部门和科研单位的机电项目管理人员等。

图书在版编目（CIP）数据

中国通用机械工业年鉴．2017/ 中国机械工业年鉴编辑委员会，中国通用机械工业协会编．—北京：机械工业出版社，2017.11

（中国机械工业年鉴系列）

ISBN 978-7-111-58260-1

Ⅰ．①中… Ⅱ．①中… ②中… Ⅲ．①机械工业—中国—2017—年鉴 Ⅳ．① F426.4-54

中国版本图书馆 CIP 数据核字（2017）第 248304 号

机械工业出版社（北京市西城区百万庄大街 22 号　邮政编码 100037）

责任编辑：魏素芳

责任校对：李　伟

北京宝昌彩色印刷有限公司印制

2017 年 11 月第 1 版第 1 次印刷

210mm×285mm・18.25 印张・12 插页・493 千字

定价：320.00 元

凡购买此书，如有缺页、倒页、脱页，由本社发行部调换

购书热线电话（010）68326643、88379812

封面无机械工业出版社专用防伪标均为盗版

中国机械工业年鉴系列

作为『工业发展报告』

记录企业成长的每一阶段

中国机械工业年鉴

编辑委员会

中国通用机械工业年鉴

优化产品结构
发展自主品牌

中国通用机械工业年鉴
执行编辑委员会

中国通用机械工业年鉴

优化产品结构
发展自主品牌

中国通用机械工业年鉴
编辑出版工作人员

总　编　辑　石　勇

主　　　编　李卫玲

副　主　编　刘世博　曹　军

编辑总监　任智惠

市场总监　赵　敏

责任编辑　魏素芳

编　　　辑　陈美萍

地　　　址　北京市西城区百万庄大街22号（邮编100037）

编　辑　部　电话（010）68997962　传真（010）68997966

市　场　部　电话（010）88379812　传真（010）68320642

发　行　部　电话（010）68326643　传真（010）88379825

E-mail:cmiy_cmp@163.com

http://www.cmiy.com

引

优化产品结构

发展自主品牌

广告索引

专题索引

综合索引

通机年鉴微信

优化产品结构

发展自主品牌

中国机械工业年鉴系列

《中国机械工业年鉴》

《中国电器工业年鉴》

《中国工程机械工业年鉴》

《中国机床工具工业年鉴》

《中国通用机械工业年鉴》

《中国机械通用零部件工业年鉴》

《中国模具工业年鉴》

《中国液压气动密封工业年鉴》

《中国重型机械工业年鉴》

《中国农业机械工业年鉴》

《中国石油石化设备工业年鉴》

《中国塑料机械工业年鉴》

《中国齿轮工业年鉴》

《中国磨料磨具工业年鉴》

《中国机电产品市场年鉴》

《中国热处理行业年鉴》

《中国机械工业集团年鉴》

编 辑 说 明

一、《中国机械工业年鉴》是由中国机械工业联合会主管、机械工业信息研究院主办、机械工业出版社出版的大型资料性、工具性年刊，创刊于1984年。

二、根据行业需要，中国机械工业年鉴编辑委员会于1998年开始出版分行业年鉴，逐步形成了中国机械工业年鉴系列。该系列现已出版了《中国电器工业年鉴》《中国工程机械工业年鉴》《中国机床工具工业年鉴》《中国通用机械工业年鉴》《中国机械通用零部件工业年鉴》《中国模具工业年鉴》《中国液压气动密封工业年鉴》《中国重型机械工业年鉴》《中国农业机械工业年鉴》《中国石油石化设备工业年鉴》《中国塑料机械工业年鉴》《中国齿轮工业年鉴》《中国磨料磨具工业年鉴》《中国机电产品市场年鉴》《中国热处理行业年鉴》和《中国机械工业集团年鉴》。

三、《中国通用机械工业年鉴》由中国通用机械工业协会和中国机械工业年鉴编辑委员会共同编撰，2002年开始出版。2017版设置综述、专文、行业概况、人物、企业概况、统计资料、产品与项目、大事记和附录等栏目，集中反映2016年通用机械行业的发展情况，详细记载了泵、风机、阀门、压缩机、真空设备、干燥设备、减变速机、分离机械、气体分离设备等分行业的发展情况，提供了通用机械行业的主要经济指标。

四、《中国通用机械工业年鉴》主要发行对象为政府决策机构、机械工业相关企业决策者和从事市场分析、企业规划的中高层管理人员以及国内外投资机构、贸易公司、银行、证券、咨询服务部门和科研单位的机电项目管理人员等。

五、在年鉴编撰过程中得到了中国通用机械工业协会及各分会、行业专家和企业的大力支持和帮助，在此深表感谢。

六、未经中国机械工业年鉴编辑部的书面许可，本书内容不允许以任何形式转载。

七、由于水平有限，难免出现错误及疏漏，敬请批评指正。

中国机械工业年鉴编辑部

2017年9月

目　录

综　述

专　文

行业概况

人　物

企业概况

统计资料

产品与项目

大 事 记

附　录

Contents

Overview

Feature

A Survey of Industry

Personage

A Survey of Enterprises

Statistical Data

Products & Items

Chronicle of Events

Appendix

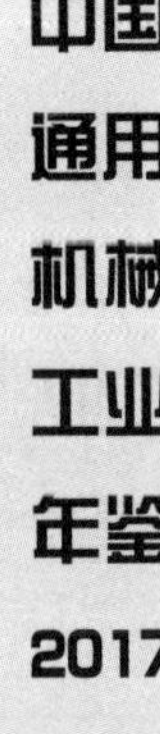

综 述

介绍2016年通用机械行业经济运行情况、进出口情况，通用机械行业“十三五”技术标准体系建设方案

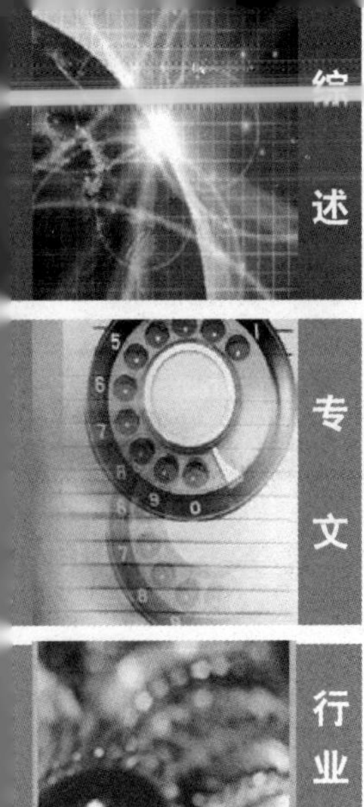

综述

2016 年通用机械行业经济运行情况分析

2016 年通用机械行业积极应对国家经济发展增速放缓的“新常态”及供给侧改革不断深化的新形势。

2016 年国家对装备制造业的发展空前重视，“稳增长，调结构”及供给侧改革的各项政策措施频出，如：提高国家制造业的创新能力、强化工业基础能力、全面推进绿色制造、深入推进制造业结构调整、营造公平市场环境、积极发展服务型制造和生产性服务业等，出台的一系列制造业利好政策为行业企业的发展创造了良好的政策环境。

同时，国家持续加大对基础设施建设和民生建设的投资，铁路公路机场建设、智能制造、水利、农业、环保、医药、节能改造等领域的投资不断提速，为通用机械行业发展提供有效的市场需求。

面对机遇和挑战，通用机械行业抓住有利时机，加快动力转换，坚持以精益制造强基础，以技术创新求发展，全面落实“去产能、去库存、去杠杆、降成本、补短板”五大重点任务，“强身健体”并取得良好的成效，应收账款、产成品库存、资产负债率、利润总额等指标朝着积极化方向变化。2016 年行业经济呈现出低位平稳、稳中有升的运行态势。

一、2016 年通用机械行业总体运行情况

截至 2016 年年末，通用机械行业规模以上企业 5 422 家，其中：泵 1 266 家，风机 470 家，压缩机 525 家，阀门 1 759 家，气体分离及液化 462 家，其他通用机械 940 家。全行业拥有总资产 8 578.52 亿元，同比增长 6.41%；实现销售收入 9 530.18 亿元，同比增长 2%；实现利润总额 621.71 亿元，同比增长 1.52%。

二、2016 年通用机械行业经济运行特点

2016 年通用机械行业各项指标完成均好于上年，与年初预期相符。主营业务收入、工业增加值、利润总额、出口交货值同比低速增长。

1. 主要产品产量有升有降

在统计的行业主要 6 种产品中，3 种产品产量同比增长，其中：完成泵 12 037.7 万台，同比增长 2.67%，较上年提升 6.23 个百分点；完成风机 2 398.44 万台，同比增长 16.96%，较上年大幅提升；完成压缩机 573.09 万台，同比增长 11.56%，较上年大幅提升。3 种产品产量同比下降，其中：完成阀门 910.29 万 t，同比下降 2.01%，首次出现负增长，调整较其他产品滞后；完成气体分离及液化设备 5.02 万台，同比下降 16.91%，产量持续快速下滑；完成减变速机 581.77 万台，同比下降 0.26%，降幅明显收窄。

2. 工业增加值稳中有升

2016 年，泵、阀门、压缩机工业增加值同比增长 4.1%（上年 2.2%），分别低于工业、制造业、机械工业 1.9 个、2.7 个、5.5 个百分点（工业、制造业、机械工业增加值增速分别为 6%、6.8%、9.6%）。

风机工业增加值同比增长 8.1%（上年 5.2%），分别高于工业、制造业 2.1 个、1.3 个百分点，低于机械工业 1.5 个百分点。

其他通用机械工业增加值同比增长 15.1%（上年 3.4%），分别高于工业、制造业、机械工业 9.1 个、8.3 个、5.5 个百分点。

全年工业增加值增速呈回升态势，各分行业分化较大。泵、压缩机、阀门第三季度开始平稳缓慢回升；风机第一季度回落，第二季度开始回升，波动较大，回升明显；其他通用机械前三个季度

快速回升，第四季度回调，但仍保持高速增长；下半年行业生产探底回升态势明显。2013—2016年通用机械行业工业增加值变化情况见图1。

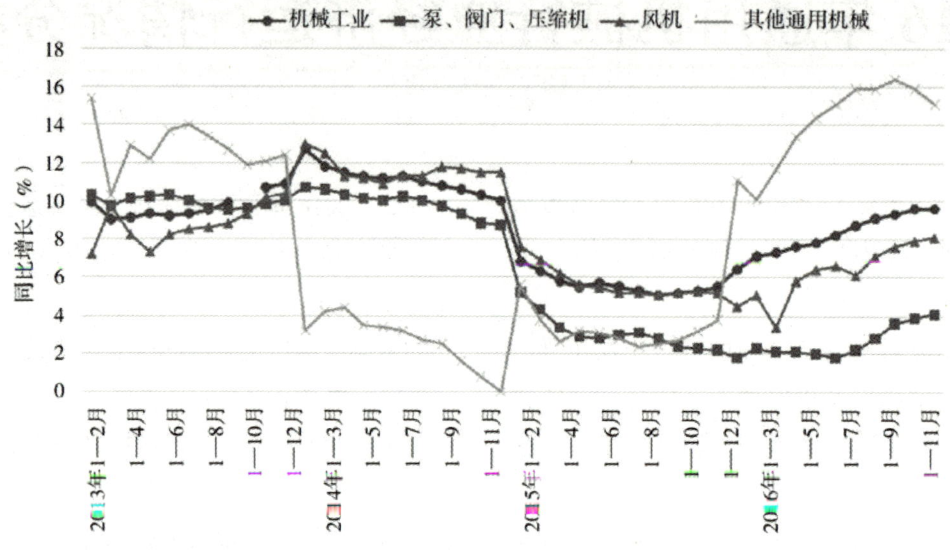

图1 2013—2016年通用机械行业工业增加值变化情况

3. 行业固定资产投资下降

2016年，全社会固定资产投资同比增长8.1%，制造业投资同比增长4.2%，机械工业投资同比增长1.7%。通用机械行业计划总投资3 825.81亿元，同比下降4.99%，比上年回落11.53个百分点；完成投资2 561.8亿元，同比下降0.16%（上年16.94%），比上年同期下降17.1个百分点；当年新增固定资产1 806.18亿元，同比下降15.84%，比上年同期下降39.53个百分点。

行业固定资产投资增速明显放缓，但随着产业转型升级的不断推进，新一轮的技术改造投资也在不断出现，设备工器具的投入保持温和增长。其中，设备工器具购置投入1 045.75亿元，同比增长4.52%（上年17.57%），呈现小幅增长。

利用外资大幅下降，2016年利用外资12.3亿元，同比下降44.57%，其中，外商直接投资5.17亿元，同比下降56.72%。

2016年通用机械行业投资完成情况见表1。

表1 2016年通用机械行业投资完成情况

行业名称	计划总投资		自年初累计完成投资		新增固定资产	
	金额（亿元）	同比增长（%）	金额（亿元）	同比增长（%）	金额（亿元）	同比增长（%）
合计	3 825.81	-4.99	2 561.80	-0.16	1 806.18	-15.84
泵及真空设备	740.46	-5.70	509.08	2.42	392.84	-2.52
压缩机	387.30	7.49	248.64	13.49	140.32	-24.75
阀门	714.80	-6.67	505.84	-1.47	377.62	-10.66
风机	350.03	1.90	231.62	8.10	168.67	-18.37
气体及液体分离设备	306.17	2.22	194.78	1.11	121.75	-12.73
其他通用机械	1 327.05	-9.87	871.85	-6.21	604.98	-23.20

4. 进出口同步下降，进口降幅收窄

据海关统计数据显示，行业进出口总额231.95亿美元，同比下降3.83%（上年-9.77%）。其中：出口136.69亿美元，同比下降4.03%（上

年 -3.83%）；进口 95.26 亿美元，同比下降 3.55%（上年 -17.15%），降幅比上年大幅收窄。进出口顺差 41.43 亿美元，比上年同期减少 2.23 亿美元。

出口交货值出现恢复性增长。2016 年全行业完成出口交货值 1 014.81 亿元，同比增长 4.14%（上年 -5.87%），比上年提升 10.01 个百分点。在统计的 6 个行业中，除气体分离及液化设备下降外，其他行业均增长。其中：泵及真空设备行业比上年提升 14.35 个百分点，风机行业比上年提升 5.1 个百分点，压缩机行业比上年提升 15.78 个百分点，阀门行业比上年提升 4.5 个百分点，其他通用机械行业比上年提升 29.49 个百分点；气体分离及液化设备行业比上年下降 10.23 个百分点。

由于世界经济增长乏力，全球传统制造业产能过剩；同时，随着国内制造成本的上升，产品价格优势正在逐步丧失，参与国际市场竞争压力加剧，导致出口下降，2015 年、2016 年出口增速连续两年出现负增长，增速是近 10 年的低点。进口增速近几年连续快速下降，2016 年下降幅度收窄，市场相对稳定。

5. 主营业务收入、利润总额小幅增长

2016 年，全国工业实现主营业务收入同比增长 4.91%，机械工业实现主营业务收入同比增长 7.44%，通用机械行业实现主营业务收入 9 530 亿元，同比增长 2.07%，比上年提升 4.12 个百分点。

2016 年，全国工业实现利润总额同比增长 8.48%，机械工业实现利润总额同比增长 5.54%，通用机械行业实现利润总额 621.71 亿元，同比增长 1.52%，较上年提升 8.33 个百分点。

泵、阀门、其他通用机械行业主营业务收入和利润总额都较上年有所增长，风机、压缩机、气体分离及液化设备行业则有不同程度的增长或下降。

2016年通用机械行业主要指标完成情况见表2。

表 2　2016 年通用机械行业主要指标完成情况

行业名称	企业数（家）	主营业务收入		利润总额		主营业务利润率（%）	
		金额（亿元）	同比增长（%）	金额（亿元）	同比增长（%）	2016 年	2015 年
合计	5 422	9 530	2.07	621.71	1.52	6.52	6.56
泵及真空设备	1 266	2 192	2.96	155.76	4.67	7.11	6.99
风机	470	929	2.88	53.27	-7.23	5.73	6.36
压缩机	525	1 811	-4.14	115.18	0.35	6.36	6.07
阀门	1 759	2 558	1.62	168.53	0.12	6.59	6.69
气体分离及液化设备	462	768	2.12	54.15	-2.03	7.05	7.35
其他通用机械	940	1 271	10.99	74.81	10.37	5.89	5.92

注：由于四舍五入，表中数据分项之和与合计数略有出入。

2016 年泵及真空设备、风机、阀门、气体分离及液化设备主营业务收入同比增速低位运行；其他通用机械回升较快，压缩机行业仍负增长，但降幅收窄。

2016 年，泵、风机、阀门、气体分离及液化设备利润总额同比增速前三季度缓慢回升，第四季度呈下行；风机、气体分离及液化设备仍呈负增长。行业主营业务收入和利润总额增长的基础还不牢固，下行风险仍然存在。

6. 行业利润率继续小幅下降，亏损额增长较快

行业获利能力下降，主营业务收入利润率 6.52%，比上年同期下降 0.04 个百分点，降幅收窄。

行业亏损面增加。全行业规模以上企业 5 422 家，其中 580 家企业亏损，同比增长 8.01%，亏损面 10.7%，比上年上升 0.23 个百分点；累计亏损

额 44.65 亿元，同比增长 32.85%（上年 90.8%）。

7. 产成品库存同比增长，财务费用、资产负债率同比下降

产成品库存同比增长 3.87%（上年 -3.62%），财务费用同比下降 2.92%（上年 -10.52%）。资产负债率同比增长 47.45%（上年 47.93%），比上年下降 0.48 个百分点。

8. 重点企业经济运行增速持续放缓，生产、销售、利润继续下降，订货量略有上升

（1）根据中国通用机械工业协会对 128 家行业重点企业统计，完成工业总产值 565.73 亿元，同比下降 9.48%（上年 -9.35%）。其中：56 家企业持平或增长，24 家企业实现 10% 以上增长，68 家企业下降，50 家企业出现 10% 以上下降。

（2）完成出口交货值 33.74 亿元，同比下降 12.55%（上年 -2.67%）。

（3）完成工业增加值 127.16 亿元，同比下降 14.86%（上年 -3.08%）。41 家企业下降。

（4）实现营业收入 537.39 亿元，同比下降 8.71%（上年 -7.62%）。其中：59 家企业持平或增长，23 家企业实现 10% 以上增长；69 家企业出现下降，52 家企业出现 10% 以上的下降，占全部上报企业的 40.6%（上年 33.53%）。

（5）实现利润总额 20.68 亿元，同比下降 40.92%（上年 -15.89%）。其中：64 家企业持平或增长，64 家下降，52 家企业出现 10% 以上的下降，占全部上报企业的 40.6%（上年 37.6%）；21 家企业亏损，占全部上报企业的 16%（上年 16.76%）。利润大幅下降，亏损面略有增加；主营业务收入利润率大幅下降，2016 年主营业务收入利润率 3.92%（上年 6.1%），下滑 2.18 个百分点，行业利润率大幅下降。

（6）112 家企业上报了订货量，累计金额 773.19 亿元，同比增长 4.44%（上年 -11.65%）。2016 年下半年订单明显增加，如全年新增 1 万 m^3/h 以上的空分设备超过 40 多套。

（7）应收账款和产成品库存向积极方向发展，应收账款同比下降 6.76%（上年 -0.61%），应收账款占流动资产的 32%，比以前年度下降了 3 ～ 4 个百分点，产成品库存同比下降 6.8%。

从 2016 年行业经济运行情况看，行业增长动能的转换还面临严峻的挑战，下行压力依然存在，新动能的培育和形成尚需时日。

三、行业结构调整、技术进步取得阶段性成果

1. 技术进步取得新成果

2016 年，由上海凯泉泵业（集团）有限公司等研制的“特大型混流泵和轴流泵节能关键技术研究与应用”，成都成高阀门有限公司研制的“40 ～ 48in Class900 高压大口径全焊接球阀”，沈阳鼓风机集团股份有限公司（简称沈鼓集团）、沈阳透平机械股份有限公司完成的“60 万 t/a 天然气液化装置用双混合冷剂离心压缩机组研制”，合肥通用机械研究院、台州环天机械有限公司、沈阳透平机械股份有限公司研制的“大型往复压缩机流量无级调节系统关键技术及应用”4 个项目获得 2016 年度中国机械工业科学技术奖一等奖。由中国船舶重工集团公司第七一一研究所完成的“丁二烯螺杆压缩机组国产化研制”，南通大通宝富风机有限公司等研制的“600MW 超临界循环流化床电站关键配套设备高压高速大型离心风机”，湘潭宏大真空技术股份有限公司研制的“大面积连续磁控溅射真空镀膜成套装备关键技术与产业化”，大丰丰泰流体科技有限公司研制的“同步回转机械与同步回转油气混输泵”，沈阳第一水泵有限责任公司等研制的“先进陶瓷泵（ACP）关键技术研发”，中国通用机械工程有限公司研制的“城市河道景观水体修复技术研究及工程应用”，北京航天动力研究所研制的“煤气化工艺用高压高温灰水循环泵”，开封空分集团有限公司（简称开封空分）完成的“35 000m^3/h 全提取空分装置研发”，杭州杭氧股份有限公司（简称杭氧）研制的“大型空分设备自动变负荷优化控制系统”9 个项目获得 2016 年度中国机械工业科学技术奖二等奖。

由山东华成中德传动设备有限公司研制的“ML 系列模块化大型减速器”，淄博水环真空泵厂有

限公司研制的“核电火电大容量水环真空泵成套机组研究开发”，超达阀门集团股份有限公司研制的“深海海底取样装置及阀门”，西安陕鼓动力股份有限公司（简称陕鼓动力）研制的“MVR蒸汽压缩机组的开发与应用”及“烧结余热与高炉顶压能量回收机组技术”，利欧集团股份有限公司、利欧（大连）工业泵技术中心有限公司研制的“渣油加氢装置用热高分油能量回收透平”，上海汉钟精机股份有限公司研制的“余热回收高温热泵/蒸汽热泵压缩机研发与应用”，兰州高压阀门有限公司研制的“极高压力氧气阀”，山东双轮股份有限公司等研制的“高效可靠大流量双吸离心泵关键技术研究与应用”，浙江科尔泵业股份有限公司研制的“210万t/a延迟焦化高压水泵”，哈电集团哈尔滨电站阀门有限公司研制的“超（超）临界火电机组安全阀”，中山凯旋真空技术工程有限公司研制的“特高压变压器绝缘干燥工艺及装备”12个项目获得2016年度中国机械工业科学技术奖三等奖。

沈鼓集团成功研制出120万t/a乙烯三机，该机组世界上只有美国GE、德国西门子、日本三菱等极少数著名公司能够研制。该项目的研制成功填补了国内技术空白，标志着我国大型乙烯机组研制水平进入了世界先进水平的行列。

沈鼓集团为西气东输三线永昌压气站提供的1号机组2016年11月顺利完成了24h力学性能测试、105%超转速测试、防喘振测试、72h负荷运行测试4项测试。测试结果显示，机组各项参数均优于相关标准。

四川空分设备（集团）有限公司（简称川空集团）总成套的7台河宝泰隆焦炭制轻烃一期项目配套用MCO型6.3万m^3/h空分设备中配套的压缩机组在沈鼓集团一次试车成功。此类机组是石油化工、煤炭深加工、化肥及冶金等行业广泛应用的核心关键设备，是沈鼓集团自主开发史上外形尺寸最大的产品。其机械运转指标远超API标准要求，标志着我国大型MCO空分压缩机组研制取得关键技术突破，打破了国外公司对该类装置的垄断局面，跻身国际通用装备制造企业先进行列。

杭氧继续引领中国大型空分设备制造发展方向，2012年来先后设计制造了8万m^3/h、12万m^3/h、10万m^3/h等级的空分设备，神华宁煤400万t煤制油项目国产化首套（6套）10万m^3/h空分设备于2017年3月15日已出氧达标。

重庆通用工业（集团）有限责任公司在国核工程有限公司MS01离心式冷水机组采购项目中，凭借雄厚的技术实力，成功斩获该项目订单。该冷水机组是国家科技重大专项，技术性能达到国际先进水平，拥有多项科技创新成果：一是自主研发容量非平衡分配技术，实现了冷水机组单机大冷量、高压比、低能耗运行；二是自主研发高效三元流叶轮和组合式回流器技术，有效提高了压缩机效率；三是自主研发逆流串联换热技术，实现了大温差蒸发器、冷凝器的高效换热性能；四是自主研发高效低噪的高压比离心式制冷压缩机，保证了机组在各种工况下的高效运行；五是自主研发新技术、新结构、采用新材料，保障机组超长设计寿命达60年。

重庆水泵厂有限责任公司成功研发的华龙1号核电机组上充泵、堆腔冷却注水泵，填补了国内空白，主要技术性能指标达到国际同类产品先进水平。承担的市级重点新产品开发项目SDZ300-400超高压大型多级离心泵、3DMF-500/12矿浆隔膜泵于2016年12月23日通过鉴定验收。公司成为国家认定的第23批“国家认定企业技术中心”。

江苏金通灵风机股份有限公司2016年完成了国内首台（套）低温升离心蒸汽压缩机的制造，交付客户使用，达到国际先进水平。

威海克莱特菲尔风机股份有限公司自主研发的高铁牵引系统、运行控制系统净化冷却通风机——“TJL380-1牵引电机冷却风机”，填补了国内空白。

浙江金盾风机股份有限公司研制的国家重大专项CAP1400“安全壳再循环冷却风机机组及监

控系统样机”于 2016 年 12 月 11 日通过鉴定。

中核苏阀科技实业股份有限公司“液态天然气（LNG）低温球阀国产化研制项目样机”通过中石化专家组验收。标志着中核科技在攻克高压低温 LNG 球阀的道路上迈出了一大步，为最终实现 LNG 球阀的全面国产化打下了坚实的基础。

江苏神通阀门股份有限公司研制的“液化天然气（LNG）用波纹管密封上装式球阀”填补了国内空白，其主要技术指标达到国际同类产品先进水平，样机通过鉴定。

浙江通力重型齿轮股份有限公司通过浙江省级企业研究院认定。公司研制的工业沼气发电用混料 TIH 减速器获得 2016 年浙江省技术创新项目，LMC3 系列工业用紧凑型减速机通过验收，PWED 系列混合行星齿轮减速机获得省级三等奖，TKA188 螺旋锥齿轮减速机和 TLB4HH 直角轴硬齿面减速机通过 2016 年度浙江省级工业新产品鉴定。

2. 节能产品持续推进

自工信部节能机电（产品）和节能产品“能效之星”项目推进以来，通用机械行业已有几十种产品入选。2016 年有 10 个风机型号、51 个压缩机型号、18 个泵型号产品列入工信部《节能机电设备（产品）推荐目录（第七批）》；有 3 个风机型号、6 个压缩机型号、3 个泵型号产品列入《“能效之星”产品目录（2016）》。

陕鼓动力紧抓国家节能环保政策机遇，围绕高端装备制造、现代服务业、新能源与环保产业持续进行自主创新，实现了多项科技创新项目的突破。其高效、节能、环保的主导产品已广泛应用于冶金、化工等国民经济的支柱产业领域。“高炉鼓风机和煤气透平同轴技术（BPRT）和烧结余热回收汽轮机与电动机同轴驱动烧结主抽风机技术（SHRT）”，是陕鼓动力针对分布式能源中工业流程工业余热综合利用自主研发的高效能量转换新技术之一，当前已广泛适用于冶金、煤化工等行业余热余压能量回收与机械驱动系统联合应用领域。其中，BPRT 创新性的三机同轴驱动技术比 TRT 发电回收的功率提高了 8% 以上，回收功率占原驱动功率的 50%，吨铁发电量可提高至 50kW · h/t；SHRT 可使余热回收拖动效能比烧结余热发电提高 6% ～ 8%；回收功率占烧结主抽风机原动机电机功率的 40% ～ 60%，节能环保效果显著。被评为由中国国家发展和改革委员会与澳大利亚工业部在国际能效合作伙伴关系组织（以下简称 IPEEC）下发起的国际“十大节能技术和最佳节能实践”项目。

3. 行业竞争力不断提升，新应用领域不断开发

工业和信息化部、中国工业经济联合会公布的第一批制造业单项冠军示范（培育）企业名单 104 项。通用机械行业有 6 家企业获此殊荣，其中：沈鼓集团（离心压缩机）、淄博水环真空泵厂有限公司（水环真空泵）入选单项冠军；杭氧集团、杭州新亚低温科技有限公司、江苏神通阀门股份有限公司、江苏海鸥冷却塔股份有限公司入选培育企业。

经过前十年的发展，通用机械行业扩大产能达到了顶峰，如：以空分设备为例，全球空分设备制造仅法液空、林德、美空气制品公司等几家，而我国制造能力过 1 万 m^3/h 以上空分设备厂商就有 17 家以上。

杭氧集团与浙江石油化工有限公司一举中标 4 000 万 t/a 炼化一体化项目一期工程 4 套 83 000m^3/h 空分设备合同，本份订单合同金额近 9 亿元，是继神华宁煤 6 套 10 万 m^3/h 空分设备合同以来的最大合同订单。

开封东京空分设备集团有限公司与山西一丁煤化工签订 6 万 m^3 /h 空分装置供货协议，成为空分设备行业中继杭氧集团、开封空分、川空集团、杭州福斯达实业有限责任公司（简称杭州福斯达）后又一家生产制造 6 万 m^3/h 等级空分设备的制造厂商。

分子筛技术获得新突破，以上海恒业、洛阳建龙为代表的国产分子筛制造企业取得了较大突破，其中高效锂基分子筛产品在深冷空分、PSA 制氧装置的成功应用，为吸附与分离技术的提高取得了新的突破口。

开封空分、杭州福斯达开发的绕管式换热器

产品在 LNG 装备、低温石化装备领域里得到应用，市场前景看好。

浙江上风高科专风实业有限公司（简称上风高科）在 2016 年 11 月荣获深圳 7 号线工程突出贡献奖。上风高科在 2013 年 12 月成功中标深圳市轨道交通 7 号线工程，主合同涉及风机设备 1 100 余台，风阀设备 9 000 余台，7 号线已于 2016 年 10 月 28 号开通试运营。公司为 G20 峰会主会场提供消防排烟风机、轴流风机等通风设备共计 450 余台，这是上风高科在参与奥运会场馆、上海国际展览中心、国家会议中心、北京中南海礼堂等大型场馆建设项目后的又一次开拓。

4. 转型升级取得新果

沈鼓集团多方位推进转型升级，加大新产品研发力度、缩短交货期、加快科研成果的转化、提升服务制造业比例，有效遏制了生产下滑的势头。

杭氧大力推进企业转型，当前已运营气体公司 28 家，2016 年气体业务收入已超过公司总收入的 50%。

陕鼓动力坚持“两个转变”发展战略，充分挖掘分布式能源及节能改造“新风口”的巨大市场潜能，工业服务和能源基础设施运营订货占比 68%，与上年同期相比提升了 14 个百分点，结构调整成效持续显现。

北京爱索能源科技股份有限公司推出了新的商业模式——智慧能源空压站和移动售气系统装备，就是把空压机系统成套放在一个集装箱内，直接与管网相接，按用户使用量结算。这种模式有两个优点，一是用户不用投资建设空压站及其维护；二是标准化、智能化、专业化的能源空压站保障了用气安全，降低了用户的运营成本。

安瑞科（蚌埠）压缩机有限公司面对严峻的市场形势，大力发展“后市场”业务，促进公司由“传统单一产品制造”向“互联网 + 产品 + 服务 + 系统解决方案 + 融资租赁”转变，促进产业升级。创新“后市场”服务营销模式，通过信息化整合优化销售流程，建立高效、迅捷的营销活动管理信息平台。“从市场机会到项目完成到后期维护直至服务管理”将这些信息链贯穿于与客户互动的整个过程，及时把握客户动向。公司以互联网技术为基础，运用传感技术对产品参数进行采集，通过数学模型验证产品设计品质，确保产品达到最优的能耗比。通过“压缩机全寿命周期系统”对产品运行状态进行远程实时动态监控，集诊断与快速反应的维护服务相结合。利用项目全寿命周期管理平台，全力开拓后市场服务业务，2016 年公司的后市场业务收入同比大幅增长，形成了新的利润增长点。

上海优耐特斯压缩机有限公司在行业增长最高峰时觉察到危机的到来，开始考虑转型，由单一的组装型企业向自主研发大功率节能型主机的技术型企业转型。在加大产品研发投入的同时，不断完善检测手段等软实力做系统优化，实现系统节能，两级压缩一级能效螺杆机和螺杆低压机超过了该公司总产品的 70%。拥有发明专利 6 项，实用新专利 13 项。公司认为，转型的空间才刚刚开始，新的增长 6% 比旧的增长 9% 更好、更稳健、更可持续。公司定位是要做创新性公司，还将在研发、品牌培育和产品品质上继续加大投入，瞄准存量市场，未来的产品会更具竞争力。

2016 年浙江通力重型齿轮股份有限公司承接的浙江省重大产业园项目“风电齿轮箱及大型工业齿轮箱产业化项目”建设顺利竣工。项目完全达产后可年生产风电齿轮箱、大型工业齿轮箱 2 000 台，新增年产值 5.6 亿元，将提升风力发电机组、大型工业齿轮箱的整体水平和市场竞争力，促进高精密齿轮箱在国内的推广应用。

山东华成中德传动设备有限公司不断进行技术改造，高端装备持续投入，主攻精密减速机，从慕尼黑工业大学齿轮研究所引进齿轮全性能检测设备。

江苏国茂减速机股份有限公司位列“2016 中国民营企业 500 强”第 487 位、“2016 中国民营企业制造业 500 强”第 281 位。公司产品不断向高端迈进，2016 年与中国航空发动机集团有限公司常州天山重工机械有限公司签约，将在精密重载齿轮方面开展广泛和深度的制造研发合作，致力打造精密重载齿轮生产基地。对传统产品不断改进，新研发的 GB600 系列行星摆线减速机体积比原普通摆线减速机缩小 1/3，承载力是原普通摆线减速机的 1.8 倍。为提高产品质量，公司开展了全员制造改善活动，掀起全过程实施精益制造和管理的热潮。加强质量保证体系建设，投资扩建减速机检测中心，新检测中心拥有世界先进的高精密检测设备。加快推进信息化建设，营销管理新模式开始实施，可在公司 GCWS 工作系统上进行“互联网下单”；员工协作门户采用的是可以与微信企业号对接的 OA 系统，有效提高了办公系统的管理效率；公司采用了金蝶 K/3HR 人事管理系统、SRM 供应商关系管理等信息化系统。

5. 海外市场开拓不断推进

沈鼓集团积极响应国家“一带一路”战略目标，把握中俄深化合作历史新机遇，把莫斯科作为未来发展的重要战略市场，在莫斯科成立代表处，标志着沈鼓集团俄罗斯市场本土化营销模式的正式运行。

杭氧 2016 年与马来西亚联合钢铁（大马）集团签订了 2 套 2 万 m^3/h 制氧机海外工程 EPC 总承包项目的商务合同。该合同除提供成套空分设备外，还包括负责工程设计、工程材料、安装和土建。该项目合同的正式签订，翻开了杭氧国外 EPC 工程总承包项目的新篇章。

苏州制氧机股份有限公司保持中小型空分设备制造特色，赢得了国内外用户肯定，近 2 年的产品有 40% 销往国外，取得了较为稳定的国外市场。

华成集团紧跟国家实施的“一带一路”重大战略，加快国际市场的开拓步伐，在印度设立了办事处，并聘请多名印度当地的工作人员，条件成熟时还将在印度建立生产、组装基地。公司在德国慕尼黑设立研发中心，引进德国先进的设计技术和工艺标准。2016 年 5 月出口俄罗斯应用于石油炼厂火炬气回收系统的 2BEY1-100 高压水环压缩机，填补了国内空白。

2016 年，开封东京空分集团公司在伊朗投资建设了 1 家 6 000m^3/h 制氧能力的气体公司，除 EPC 总承包外，还负责运行，开创了我国到国外开设气体公司并自行管理的先河，也是积极参与“一带一路”和国际产能合作的创新举措。

杭州福斯达签订了出口到伊朗的 3 套 8 万 m^3/h 空分设备供货合同，标志着行业又一家制造厂商正式进入特大型空分设备制造商行列。

江苏国茂减速机股份有限公司加快北美市场的开拓，2016 年在美国设立了子公司。当前国茂减速机主要出口到越南、泰国、马来西亚、印度尼西亚、印度、俄罗斯、伊朗等国家。

四、行业发展面临的形势和任务

1. 通用类产品面临世界性的产能过剩

石化、电力、冶金等传统市场需求持续下滑，环保、节能改造、医药、食品、造纸、个性化定制等领域市场增加，但市场有限。

2. 企业分化严重

在行业普遍困难的情况下，仍有企业逆市而上，在行业中崭露头角，同时也有些企业正在退市。中小企业升级的资金和技术压力依然很大。

3. 行业投资热情继续下降

2016 年计划总投资 3 825.81 亿元，同比下降 4.99%，较上年回落 11.53 个百分点；外商投资大幅下降，2016 年利用外资同比下降 44.57%，其中，外商直接投资同比下降 56.72%。金融和房地产市场的火爆直接影响了实体经济的投资热情，加速了实体经济的下滑及创新动力的不足。如 2016 年行业住宅投资 4.44 亿元，同比增长 55.93%，与 2015 年同比下降 52.04% 相比，出现大幅回升。

4. 高端装备市场化步履艰难

从国际范围来看，中国经济总量占世界的 15%，对世界经济的贡献 33.2%。中国市场依然被世界看好，当前行业每一套高端装备都是国际化竞争。国产高端装备市场化两头受挤，一是用户排斥，二是国际品牌降价竞争。

5. 行业竞争力不断提升

行业技术进步步伐加快，途径更多，效率更高，范围更广。如：自主研发、投资收购、引进吸收创新、引进人才、技术改造等，以前这些都是大中型企业或国企的事，中小企业就是等着模仿或追随，当前的形势没有机会让你来等，可持续的创新和企业自身的过硬在行业中得到一致认同，企业主观上求变的动力在持续增强，行业竞争力在持续提升，行业产品质量、生产工艺、企业现场管理等，从全方位普遍升级。产品品种和类别在行业内向上下游拓展和延伸，如以前做高端装备的企业向通用类延伸，向自己主导产品的上下游产业链延伸，形成系统成套能力，不断从提供产品向提供解决方案迈进。做通用类产品的企业不断主攻高端装备，向细分市场领域进军。这种发展趋势前几年就在行业内出现，近两年趋于成型和加速，产品市场需求向高端、成套和定制化方向发展。同时，随着供给侧改革的不断深入，新型市场也不断被开发。

6. 恶性竞争有所缓解，企业更加注重自身能力的提高

对行业的恶性竞争大家都感到疲惫和厌倦，市场需求的不足使得恶性竞争不可持续。企业应持续加大淘汰落后产能的力度，优化产能，在产业的升级和供给侧改革上下功夫，做好自己，促进产能向高端化迈进，追求优质、优价。小微企业积极寻找准切入点，找对合作伙伴，做好成本管控，做好产品品质，做精自己的模块。随着“一带一路”的不断推进，加强与国内外成套公司的联合带动产品出口。全行业要继续加强行业自律、优化行业资源、实现合作共赢。

7. 行业利润普遍下降

提高生产效率是行业企业参与国际竞争和向质量效益型发展的动力源。如：国内同行业同类产品的生产企业与欧洲企业比较，生产效率还有差距。

8. 关注国家产业政策

企业应积极关注国家产业政策，聚焦国家投资导向和供给侧改革的新举措。不断深化供给侧改革，紧扣市场、超越市场、创造市场，不断增强技术研发力度，加快技术进步，优化产品结构，加强成本管控，不断增强核心竞争力和企业发展的内生动力，实现新旧动能的转换。

五、2017 年发展预测

2017 年国家稳增长及深化供给侧改革的各项调控政策及措施还将会不断推出。从 2017 年两会政府工作报告看，2017 年国家将持续对铁路建设、公路水运建设、重大水利工程、城市地下管廊的投资；各行业“十三五”规划项目也将陆续启动；新型市场需求不断出现、传统产业升级和节能改造市场潜力巨大；随着“一带一路”战略落实，对外投资将大幅增长等，这些都将对通用机械制造业形成良好的外部发展环境。另外，随着近几年行业企业结构调整、产业升级力度的不断加大，使得行业的创新能力、抗风险能力、设备成套能力和运维能力、国际市场的开拓都有了全面的提升，并具备了一定的水平。

预计 2017 年通用机械行业将会保持平稳增长、稳中有升的态势，工业增加值同比增长 4% 左右，主营业务收入同比增长 3%，利润总额同比增长 3%，出口交货值同比增长 4%。

〔撰稿人：中国通用机械工业协会李多英〕

2016 年通用机械行业进出口分析与 2017 年展望

一、2016 年进出口双双略有下降

据海关统计，通用机械行业 2016 年进出口 834.88 亿美元，同比下降 2.85%。其中进口 231.92 亿美元，同比下降 5.44%；出口 602.96 亿美元，同比下降 1.82%，进出口顺差 371.04 亿美元。

1. 绝大多数产品进口下降，制冷空调机械下降幅度最大

2016 年全行业受国内市场需求不振影响，进口一直处于下降状态。全行业 8 种主要产品中，7 种产品进口同比下降，1 种产品进口同比增长。

进口大幅度下降的是制冷空调机械，进口额 2.33 亿美元，同比下降 22.66%；其次是塑料机械，进口额 14.14 亿美元，同比下降 10.86%。其余 5 种产品进口同比下降都在 10% 以内：制冷用压缩机进口额 9.19 亿美元，同比下降 7.53%；气体压缩机进口额 11.46 亿美元，同比下降 6.67%；液体泵进口额 25.48 亿美元，同比下降 6.51%；真空泵进口额 5.59 亿美元，同比下降 5.26%；工业用除尘器进口额 7.08 亿美元，同比下降 4.6%。

进口增长的产品 1 种，即气体分离设备，进口额 3 586.47 万美元，同比增长 15.2%。

2. 多数产品出口增长，工业用除尘器出口高速增长

2016 年全行业由于受国际市场需求疲软影响，出口增速连续下降，但下降幅度逐月收窄。

8 种主要产品中，5 种产品出口同比增长，3 种产品出口同比下降。

出口增长的产品中：工业用除尘器出口额 14.76 亿美元，同比增长 53%；真空泵出口额 2.2 亿美元，同比增长 6.58%；制冷空调机械出口额 58.18 亿美元，同比增长 3.56%；塑料机械出口额 19.71 亿美元，同比增长 3.25%；制冷用压缩机出口额 32.09 亿美元，同比增长 2.79%。

出口下降的产品是：气体分离设备出口额 5.52 亿美元，同比下降 12.19%；液体泵出口额 41.43 亿美元，同比下降 0.89%；气体压缩机出口额 25.31 亿美元，同比下降 0.57%。

总体看全行业进出口仍延续上年发展趋势。进口总体下降与我国固定资产投资增长乏力有关（2016 年我国固定资产投资增长 8.1%，其中机械工业固定资产投资仅增长 1.7%）。出口增速连续下降，下降幅度虽逐月收窄，但由于国际市场需求乏力，形势不容乐观。

二、2017 年进出口展望

国际货币基金组织2017年1月16日发布的《世界经济展望报告》预测，2017 年全球经济将增长 3.4%，高于预测 2016 年增长 3.1% 的水平。报告预计，发达经济体 2017 年增速为 1.9%，比上年 10 月的预测值上调 0.1 个百分点。考虑到美国可能推出财政刺激措施，同时货币政策正常化步伐有可能加快，将美国 2017 年经济增速上调 0.1 个百分点达到 2.3%，将欧元区经济增长预期上调 0.1 个百分点达到 1.6%，预计日本经济 2017 年增长 0.8%，预计新兴经济体和发展中国家 2017 年增长 4.5%。

国际货币基金组织将我国 2017 年经济增长预期上调 0.3 个百分点达到 6.5%，主要因为预计中国将继续提供政策支持。并指出，中国需要采取措施遏制信贷快速扩张势头，同时解决企业债务问题。

从国际市场需求分析，我国部分机械产品比较优势依然存在，特别是通过调整结构，转型升级，一些新的竞争优势逐步形成，企业抵御风险、拓展市场和创新发展能力明显增强。从 2016 年 10 月举办的第 120 届广交会（一期）机电馆了解到，机电产品成交 151.1 亿美元，同比（与 118 届相比）增长 1.69%。不少企业为应对当前的严峻形势，普遍高度重视研发创新、产品品质提升和自主品牌产品的推广。有的企业围绕市场布局、创新研发和营销管理的转型升级，努力提升在细分行业中的竞争能力。有的企业积极利用绿色能源，推出节能环保产品，畅销至东南亚和非洲等地区。有的企业加大电站建设上下游产业链扩展布局，取得了众多订单。

当前，我国已与 22 个国家和地区达成 14 个自贸协定，与澳大利亚、新西兰启动自贸协定升级版的谈判，国家颁布了多项有利于出口的政策措施，从 2016 年 11 月 1 日起，342 种机械产品出口退税率提高，“一带一路”建设快速推进，以及在我国人民币汇率波动等，这些都有利于扩大我国机械产品出口。但是，一部分产品产能严重

过剩，企业生产经营仍然面临较多困难。同时也由于我国劳动力成本上升，以及资金、环保等投入要素价格上涨等因素，造成出口成本增加，为进一步扩大出口带来众多困难。

根据以上情况分析，考虑到我国固定资产投资增速仍不高，国际市场需求依然不旺，预计2017年通用机械行业进出口额仍将与2016年基本持平，部分具有优势的产品出口将继续有所增长。

三、几点建议

1.了解国际市场需求变化信息，及时调整出口产品结构

当前国际市场总体需求不旺。我国机械产品对欧盟、美国、印度、俄罗斯出口情况较好，对东盟、日本和部分新兴经济体、发展中国家出口难度增加，2016年每月的出口连续下降，尤其对东盟出口下降幅度较大，需要进一步采取措施。

要根据国际市场需求变化情况，随时调整出口产品结构。在人民币汇率波动的情况下，努力把握机遇扩大出口。对发展中国家要努力推销我国具有优势的产品，如各种液体泵、气体压缩机、制冷空调机械及其压缩机、工业用除尘设备以及部分塑料机械、部分阀门等。对欧美市场急缺的一些产品，包括一些他们不生产又有需要的中小型机械、零部件等，积极开展营销推广工作。

2.全额退还出口企业已交税款，降低出口成本，提高竞争力

世界贸易组织规定，各成员国的出口产品应是不含税的，就是说应将国内征收的税款如数退还给企业，以维护在国际市场上的公平竞争原则。我国机械产品（含汽车）在企业出厂时，按现行税制要缴17%增值税（农机产品13%），产品经海关出口后，应由海关退还所征税款。

2016年11月4日，财政部、国家税务总局发布了《关于提高机电、成品油等产品出口退税率的通知》，将一批产品出口退税率提高到17%，从2016年11月1日起执行。涉及机械工业产品342种，其中主要有：①液体泵、工业用除尘器、印刷机械等，出口退税率由15%提高到17%。②塑料机械等由13%提高到17%。这将有利于有关企业降低出口成本，提高其产品在国际市场上的竞争力。但是机械工业中还有300多种产品退税不足，如制冷空调机械、装订机械、各种阀门等，当前出口退税率仍为15%。这些产品涉及一大批中小型企业，建议财政部、商务部将机械产品的出口退税率都提高到17%。

3.积极参与“一带一路”建设

我国与“一带一路”沿线国家贸易发展很快，尤其与周边国家中的印度、哈萨克斯坦和土库曼斯坦等中亚五国发展势头更好。我国与巴基斯坦合作的中巴经济走廊建设（从我国新疆喀什到巴基斯坦西部瓜达尔港）发展迅猛，公路、电站、港口和管线等一批基础设施项目已经或陆续开工建设。由潍柴动力集团生产的多台柴油发电机组及其配套的移动式空压机、凿岩机等正在开足马力修建公路。2016年11月，我国一批载货集装箱从新疆喀什通过公路运抵瓜德尔港，由我国货船运往中东，巴基斯坦总理亲自出席庆贺仪式。这是我国打通直达印度洋及连接中亚的重要支点。近年来我国与希腊、英国等欧洲部分国家合作发展得很好，与塞尔维亚、波兰、匈牙利等国家在产能、贸易、投资等方面合作有了新的进展。行业企业要收集沿线国家相关信息，积极参与合作并扩大出口。

〔撰稿人：郑国伟〕

通用机械行业“十三五”技术标准体系建设方案

技术标准体系建设是行业标准化工作的核心内容，通用机械行业为配合机械工业“十三五”发展规划，满足机械工业转型升级对标准化工作的需求，根据国家工信部的统一部署，提出了本行业的标准体系建设方案，以指导“十三五”期间行业标准化工作的开展。本方案通过对通用机械行业产品及标准化现状的描述，分析了行业及标准化的发展需求，构建了通用机械行业“十三五”标准体系结构框架，提出了“十三五”行业标准发展目标、主要任务及标准制修订的重点领域和重点项目，供相关部门、行业企业及人员参考。

一、行业发展概述

1. 行业概述

通用机械是装备制造业的重要组成部分，在国民经济建设中起着十分重要的作用，担负着为石油、化学和石油化工等行业提供系统成套技术装备，同时为煤炭、电力、冶金、船舶、军工、轻工、纺织、医药、印刷等行业提供装备的重任。从标准归口的专业划分，通用机械包括安全泄压装置、泵、阀门、分离机械、风机、干燥设备、减速机、减变速机、冷冻空调设备、喷射设备、气体分离与液化设备（空分装置）、塑料机械、压缩机（含压缩气体净化设备）、印刷机械、真空设备 15 个专业，其技术水平决定着化工、石化、电力、冶金、船舶、军工、轻工、纺织、医药、印刷等行业生产装置的运行水平。

2. 行业现状和发展趋势

根据中国通用机械行业协会统计，2015 年通用机械行业规模以上企业 7 600 余家，其中泵 1 300 余家、风机 480 余家、压缩机 530 余家、阀门 1 800 余家、冷冻空调设备 1 000 余家、印刷机械 800 余家、气体分离与液化设备 470 余家，其他通用机械 1 200 余家。泵、风机、压缩机、制冷、气体分离、减速机等完成 79 732 万台装备产品，阀门完成 994 万 t 的装备产品。

通用机械行业发展趋势如下：

（1）安全泄压装置。产品向多相介质、高温、超低温、大排量等结构方向发展，满足电站、长输管线、压力容器管路的发展需要。

（2）泵。产品向多元化、标准化与模块化、机电一体化方向发展，追求大功率、高扬程、耐高温、耐低温多种性能，不断开发利用新材料、新工艺。

（3）阀门。产品向集群、高端发展，超（超）临界火电机组和核电阀门，长输管线配套阀门，大直径闸阀、球阀，以及航天用高压氧阀、煤化工用三通阀等成为发展热点。

（4）分离机械。在环保要求越来越严格的大气候条件下，各类水净化、污水分离装备发展迅猛，重大装备用离心机、过滤机不断涌现。

（5）风机。高端透平压缩机向绿色化、智能化、信息化发展，通风机由中低端向高端发展，鼓风机以高效、可靠、无油、宽覆盖为目标。

（6）干燥设备。基本趋势是大型化、高强度、高经济性，以及改进对原料的适应性和产品质量不断提高。

（7）减速机、变速机。产品将向着高精度、高功率密度、高可靠性、高效率、长寿命、低噪声、高质量稳定性的方向发展。产品设计制造向数字化、模块化、绿色化、智能化的方向发展。

（8）冷冻空调设备。产品注重高效、低排放，并在冷链物流、数据中心、热泵应用等领域将会得到快速发展。

（9）喷射设备。高压水射流技术向着大功率、超高压力、大流量和高精度方向发展，喷涂机和喷砂机向多样化、产品性能稳定性方向发展。

（10）气体分离与液化设备。产品趋于大型、特大型化，成套能力不断提升，全精馏制氩、变负荷智能型DCS集散控制等新技术的应用，预示空分设备的设计制造技术将不断提高。

（11）塑料机械。跟踪世界新材料、新工艺、新技术的发展，不断增强吸收和运用新科技的能力，加快发展高附加值的产品。

（12）压缩机。工艺压缩机向大型化、智能化、长生命周期发展，动力用空压机向高效、低能耗、环保、无油方向发展。核电站压缩机、煤层气压缩机、水蒸气压缩机等满足各种领域需要的专用压缩机将不断涌现。

（13）印刷机械。计算机直接制版机（CTP）、喷墨数字印刷机、卫星式柔性版印刷机代表当代先进技术发展方向，数字化、智能化、绿色环保将逐渐成为发展的主旋律。

（14）真空设备。低端产品能满足需要，高端产品不足，检测仪器设备急需发展。

综合来看，通用机械行业装备的发展总趋势为：向大型化（大流量、大功率、大吨位）、高可靠性（高精度、高强度、长寿命）、更优性能（低能耗、高效率）、绿色环保（低排放、废气回收、净化处理）、智能制造（数字技术、集散控制、远程监控）等方向发展。

通用机械行业历经60多年的发展，已形成国内一个稳定的、重要的、不可或缺的产业领域。

3.通用机械行业“十三五”发展目标

据通用机械行业“十三五”发展规划介绍，通用机械装备制造业发展的主要目标如下：

（1）行业经济保持适度增长。“十三五”通用机械行业经济增长速度保持在5%～6%，到2020年，通用机械行业产值达到1.3万亿元。

（2）重大技术装备国产化率得到全面提升。到2020年，石化、核电、超（超）临界火电、油气集输、天然气液化、煤炭深加工等重点领域的设备国产化率达到90%以上。

（3）中高端产品比例明显提高。到2020年，大型空分装置、离心及轴流压缩机、化工流程泵、阀门等中高端产品占比由当前的30%提高到70%以上，产品的设计、制造关键技术达到国际先进水平。

（4）加大节能技术开发力度。到2020年，通用机械节能产品的比例由现在的30%提高到60%以上，系统节能水平明显提高，能量回收及利用技术全面展开。

（5）智能制造、绿色制造普遍实行。通用机械行业产品逐步实现信息数字化、制造智能化；用于污水处理、空气净化等环保装备形成规模生产。

为完成上述目标，需要有标准的密切配合。通过标准的制定和实施，使新产品、新技术成果的转化更迅捷，使国家重点科研项目技术、重点发展产品能以标准的形式及时体现，引领行业技术发展；通过标准体系的构建和标准的及时制定，使标准对市场的适应性更强，对重点领域重点工程的产品贴合性更好，保障核电、火电、天然气、石化等产品国产化率不断提高，满足国家建设及出口项目对通用机械装备发展的需求。

二、标准体系框架

1.框架对象

主要以行业的专业进行分类，通用机械行业共涉及15个专业，每个专业按其产品结构划分为大类，大类下再按结构、应用领域等细分为小类等。

2.框架层次

通用机械行业各专业体系框架基本采用三层结构（少数专业为两层结构）。

第一层大类，涉及该专业通用的基础、方法及安全标准。

第二层小类，涉及小类产品的共性标准和通用技术要求。

第三层系列，为各系列产品的具体标准及配套的部件、材料标准。

大类、小类和系列，各层各类均列有对应的标准。

3.类别划分

通用机械共15个专业，分为18个大类，各专业（大类）下细分为91个小类，各小类下再细分成152个系列。通用机械行业各专业分类情况见表1。

表 1　通用机械行业各专业分类情况

序号	各专业（大类）名称及编号	包含的小类数（个）	小类或系列名称
1	安全泄压装置 503	4	弹簧式安全阀、先导式安全阀、呼吸阀、其他
2	泵 211	3	回转式动力泵、往复式容积泵和回转式容积泵
3	阀门 188	2	工业阀门、驱动装置
4	分离机械 092	5	离心机、过滤机、分离机、过滤器、过滤介质
5	风机 117	5	通风机、鼓风机、透平机、罗茨风机、膨胀机
6	干燥设备 925	6	对流型加热设备、传导型加热设备、辐射型加热设备、微波型和介电型加热设备、组合型加热设备、干燥辅助设备
7	减速机 357	3	圆柱齿轮减速机、蜗杆减速机、行星齿轮减速机、摆线轮减速机、少齿差齿轮传动减速机、谐波齿轮减速机、组合齿轮减速机、机械无级变速器、机器人用精密减速器
8	减变速机 915	9	
9	冷冻空调设备 238（含安全环保、基础通用、产品三个大类）	6	冷水热泵机组、空气调节设备、冷冻冷藏设备、特种与专用设备、制冷剂压缩机（组）、压力与流量调节设备、风机与通风设备、换热设备与辅助装置
10	喷射设备 493	5	高压水射流设备、喷涂设备、喷砂机、工业喷嘴、射流抽吸与混合设备
11	气体分离与液化设备 504	5	常温法空分设备、深冷法空分设备、天然气分离与液化空分设备、配套部机及材料、溶解乙炔
12	塑料机械 071	17	塑料捏合机械、塑料混合机械、塑料炼塑机械、塑料造粒机械、塑料回收再生造粒机械、塑料压延机械、塑料挤出机械、塑料注射成型机械、塑料中空成型机械、塑料压力成型机械、塑料制鞋机械、泡沫塑料成型机械、塑料铸塑成型机械、塑料热成型机械、塑料编织机械、塑料制袋机械、塑料附属机械
13	压缩机 145（含压缩机、净化二个大类）	5	往复压缩机、回转压缩机、其他压缩机、压缩空气质量和净化设备
14	印刷机械 192	5	印前设备、印刷机、印后设备、涂布复合设备和配套辅助设备及零部件
15	真空技术 018	11	真空泵与机组、真空镀膜设备、真空冶金设备、真空浸渍设备、真空干燥设备、其他真空应用设备、真空计及规管、真空检漏仪、真空阀门、真空连接件、真空密封件

4. 体系内的标准

体系内标准以标准体系表形式体现，按专业（大类）、小类、系列分列。本次体系建设列有现行标准和拟制修订标准共 1 375 项。体系所列标准仅限“十三五”发展所需，项目年限定在 2016—2020 年。

拟制修订的项目为 606 项，其中制定 317 项，修订 289 项。各标准制定的领域及详细说明见后面第四部分。

三、标准体系的现状

1. 现有标准和在研计划情况

（1）现行各类标准的统计情况及分析。

1）标准数量与级别。截至 2016 年年底，通用机械行业现行标准共 1 058 项，其中，国家标准 286 项（占总数的 27%），行业标准 772 项（占总数的 73%）。国家标准和行业标准的比例为 1 ∶ 2.7。国家标准数量相对偏少，但比例基本合理。

标准总数量与2012年的882项相比，增加了20%。

2）标准性质与类别。从标准性质来看，强制性国家标准9项，推荐性国家标准277项，强制性国家标准占国家标准的比例为3.1%；行业标准基本为推荐标准，唯一的一项强制性标准将转化为国家标准。

根据国家标准化改革方案，强制性国家标准今后将向国务院条例或国家规程发展，因此强制性标准的减少是必然的趋势。通用机械行业15个专业，保留10项左右的强制性标准，数量符合国家总体布置的要求。

从标准类别划分来看，1 058项标准中，基础通用标准108项（占总数的10.2%），产品标准809项（占总数的76.5%），方法标准141项（占总数的13.3%），管理标准空缺。

产品标准占76.5%，表示现行体系第三层系列标准基础比较稳固，也能较全面地覆盖各系列产品或品种。基础标准和方法标准各占10%多，由于这些标准是处于体系第一、二层的共性标准，所以上层标准数量相对较少，这样的比例基本合适。随着今后公益性标准发展，这些标准的数量将会有所增加，比例将会上升至15%左右。

管理标准当前空缺。随着对产品运行维护及监控，产品运行现场检测等产品的需求发展，管理标准将会逐渐被关注和制定。通用机械行业现行标准见表2。

表2　通用机械行业现行标准　　（单位：项）

序号	专业领域	合计	国家标准								行业标准							
			小计	占比（%）	性质		类型				小计	占比（%）	性质		类型			
					强制	推荐	基础通用	产品类	方法类	管理类			强制	推荐	基础通用	产品类	方法类	管理类
1	安全泄压装置	13	10	76.9	0	10	3	5	2	0	3	23.0	0	3	1	1	1	0
2	泵	95	33	35.0	0	33	4	16	13	0	62	65.0	0	62	6	47	9	0
3	阀门	189	65	34.3	0	65	11	44	10	0	124	65.6	0	124	5	107	12	0
4	分离机械	83	16	19.3	2	14	4	5	7	0	67	80.7	0	67	0	59	8	0
5	风机	59	14	23.7	1	13	4	4	6	0	45	76.3	0	45	11	26	8	0
6	干燥设备	30	0	0.0	0	0	0	0	0	0	30	100.0	0	30	0	28	2	0
7	减变速机	17	3	17.6	0	3	3	0	0	0	14	82.4	0	14	1	8	5	0
8	减速机	4	1	25.0		1		1			3	75.0		3		3		
9	冷冻空调设备	176	64	36.0	5	59	11	48	5	0	112	64.0	1	111	6	99	7	0
10	喷射设备	18	3	17.0	0	3	0	2	1	0	15	83.0	0	15	1	14	0	0
11	气体分离与液化设备	39	1	2.5	0	1	1	0	0	0	38	97.5	0	38	3	30	5	0
12	塑料机械	43	0	0.0	0	0	0	0	0	0	43	0.0	0	43	1	42	0	0
13	压缩机	98	25	26.0	1	24	4	12	9	0	73	74.0	0	73	10	58	5	0
14	印刷机械	116	20	17.2	0	20	1	17	2	0	96	82.8	0	96	6	86	4	0
15	真空技术	78	31	39.7	0	31	10	4	17	0	47	60.3	0	47	1	43	3	0
	合计	1 058	286	27.0	9	277	56	158	72	0	772	73.0	1	771	52	651	69	0

（2）现行标准标龄的统计情况及分析。从各专业汇总的数据来看，截至 2016 年年底，按最新确认的标龄统计，通用机械行业国家标准的平均标龄为 6.6 年，行业标准的平均标龄为 5.4 年，通用机械行业全部标准的平均标龄 5.73 年。

各专业的平均标龄参差不齐，平均标龄在 5 年以内的有 8 个专业，平均标龄在 5 年以上的有 7 个专业。

考虑本次标龄按最近确认有效年份计算，而实际上各专业的平均标龄要比现有数据高。今后几年如要将平均年龄控制在 5 年之内，还有大量的工作需做。

通用机械各专业现行标准标龄统计情况见表3。

表 3　通用机械各专业现行标准标龄统计情况　　（单位：项）

序号	专业领域	平均标龄（年）	国家标准				行业标准			
			平均标龄（年）	5 年内	6 ～ 10 年	10 年以上	平均标龄（年）	5 年内	6 ～ 10 年	10 年以上
1	安全泄压装置	6.38	7.50	3	4	3	2.67	3	0	0
2	泵	5.62	6.63	13	16	4	5.08	36	25	1
3	阀门	6.52	7.83	14	34	17	5.84	49	68	7
4	分离机械	5.46	6.00	8	3	5	5.32	35	26	6
5	风机	7.05	9.20	3	6	5	6.38	22	13	10
6	干燥设备	4.70	0	0	0	0	4.70	26	0	4
7	减变速机	3.76	4.00	3	0	0	3.71	12	0	2
8	减速机	2.25	2.00	1	0	0	2.67	3	0	0
9	冷冻空调设备	8.60	8.30	17	33	14	8.80	54	24	34
10	喷射设备	2.56	6.00	0	3	0	1.80	15	0	0
11	气体分离与液化设备	7.20	8.00	0	1	0	7.18	18	10	10
12	塑料机械	4.40	0	0	0	0	4.40	31	8	4
13	压缩机	4.57	3.48	20	4	1	4.95	46	19	8
14	印刷机械	4.63	4.55	12	8	0	4.65	58	33	5
15	真空技术	1.40	3.60	23	8	0	0	47	0	0
	合计	5.73	6.60	117	120	49	5.40	455	226	91

注：标龄以复审确认有效的年度计算；平均标龄指 Σ 所有标准的标龄 ÷ 标准总数。

（3）在研（正在制修订）标准的统计及分析。近年通用机械各专业共列项标准 258 项，其中国家标准 69 项，行业标准 189 项。

按标准类型统计，基础通用类标准 22 项，产品类标准 188 项，方法类标准 48 项。产品类标准占 73% 左右，与现行标准的产品标准占 76% 相比，略微少些，说明了通用基础及方法类标准的制定比重有所上升。这与前述分析的趋势相吻合。

从占比上来看，国家标准占 27%，与现行标准的国家标准占比数基本一致。说明国家标准和行业标准制定的比例相对稳定。

通用机械各专业在研标准计划见表 4。

表 4 通用机械各专业在研标准计划 （单位：项）

序号	专业领域	合计	国家标准计划								行业标准计划							
			占比（%）	小计	性质		类型				占比（%）	小计	性质			类型		
					强制	推荐	基础通用	产品类	方法类	管理类			强制	推荐	基础通用	产品类	方法类	管理类
1	安全泄压装置	9	67	6	0	6	2	3	1	0	33	3	0	3	0	3	0	0
2	泵	20	40	8	0	8	3	2	3	0	60	12	0	12	0	9	3	0
3	阀门	58	19	11	0	11	1	8	2	0	81	47	0	47	2	39	6	0
4	分离机械	12	42	5	2	3	2	3	0	0	58	7	0	7	0	6	1	0
5	风机	15	13	2	0	2			2		87	13	0	13	4	6	3	0
6	干燥设备	13	0	0	0	0	0	0	0	0	100	13	0	13	0	13	0	0
7	减变速机	3	0	0	0	0	0	0	0	0	1	3	0	3	0	3	0	0
8	减速机	4	50	2	0	2	0	1	1	0	50	2	0	2	1	1	0	0
9	冷冻空调设备	50	32	16	1	15	3	11	2	0	68	34	0	34	1	31	2	0
10	喷射设备	6	33	2	0	2	0	1	1	0	67	4	0	4	0	4	0	0
11	气体分离与液化设备	6	33	2	0	2	2	0	0	0	67	4	0	4	0	3	1	0
12	塑料机械	2	0	0	0	0	0	0	0	0	100	2	0	2	0	2	0	0
13	压缩机	22	26	5	0	5	1	1	3	0	74	17	0	17	0	12	5	0
14	印刷机械	20	15	3	0	3	0	3	0	0	85	17	0	17	0	13	4	0
15	真空技术	18	39	7	0	7	0	0	7	0	61	11	0	11	0	10	1	0
	合计	258	2	69	3	66	14	33	22	0	73	189	0	189	8	155	26	0

（4）通用机械标准水平。经过多年的努力，特别是“十二五”期间的集中制修订标准工作，通用机械行业标准的数量和水平相对于“十二五”初期有了长足的提高。

泵专业领域的现行标准对现有各类泵的覆盖率达到95%以上，基本可以满足国内火电、石油、化工、冶金、城市给排水及舰船等领域用泵的生产需求，标准体系已相对稳定，技术水平达到当前国际通用技术水平。

分离机行业，虽然现行标准包含了行业常用产品的产品标准、零部件标准和性能测试标准，但仍不能覆盖全部分离机械产品，标准覆盖率85%。整体技术水平处于国内先进水平。

阀门行业，阀门产品当前总体水平已达到国际中等发达国家水平，少数产品已达到或接近国际先进水平。标准与产品相互配套，并能够反映相应的技术水平。

冷冻空调行业，我国正通过不懈的努力实现着与国际标准的同步发展。

干燥设备行业，干燥技术研究正向世界水平迈进，某些技术领域达到了国际先进水平。

喷射设备行业，从起步发展到当前，已形成相对完整的标准体系，标准基本满足我国喷射设备产品发展水平，能够有效地促进行业发展。

压缩机行业，形成了一个相对齐全、配套完整的标准体系，既有通用标准，又有专用标准，既有主导产品标准，又有配套的测试方法标准及辅助的零部件和材料标准，基本满足我国压缩机领域产品的发展需要，能够有效地促进行业发展。

总体来说，通用机械行业标准的技术水平能够反映行业的技术水平，达到了国内先进、国际通用水平。

（5）存在的问题。

1）随标准数量的增多，标准维护还不够快，46% 的标准标龄在 5 年以上。

2）各专业产品标准覆盖程度差别较大，一些专业标准总体数量偏少。

3）节能产品、核电产品、石化天然气行业专用标准还需补充。

4）数字控制系统、智能装备产品、高端产品标准覆盖率低，甚至是空白。

5）绿色制造标准、环保标准刚刚起步，急需大力投入。

6）科研成果转化为标准的数量还相对较少。

2. 标准国际化的情况

（1）国际标准和国外先进标准的转化情况。

1）国际标准的转化情况。通用机械行业对应的国际标准主要是 ISO 标准，15 个专业中有 8 个专业有对口的 ISO 技术委员会（TC）。这些 ISO/TC 组织制定并发布有现行的 ISO 标准共 130 项，主要包括五方面的类型：基础类，如术语、优先压力、分类、标志等；结构尺寸类，如阀门的结构长度；方法类，主要包括各产品性能的检测方法，如性能验收试验、噪声振动测试方法；产品类，主要为设计制造和供货贸易指导而用，如石化天然气用离心泵、压缩机等；安全类，规定设计制造维修的基本安全要求。

本着积极采用国际标准的原则精神，当前已转化了国际标准 71 项，正在转化的 17 项，待转化的 28 项，不转化的 14 项，国际标准的转化率为 61.0%。“十二五”末期，考虑正在转化项目、2017—2018 年计划安排的转化项目全部完成后，国际标准的转化率可达到 90.5% 。通用机械各专业国际标准转化情况见表 5。

表 5　通用机械各专业国际标准转化情况　　（单位：项）

序号	专业领域	对应的国际标准			需转化的国际标准				不转化	转化率（%）
		合计	ISO	IEC	合计	已转	正转	待转		
1	安全泄压装置	9	9	0	7	2	2	3	2	28.5
2	泵	20	20	0	20	12	3	5	0	60.0
3	阀门	23	23	0	21	18	1	2	2	85.7
4	风机	22	22	0	11	7	1	3	11	63.0
5	冷冻空调设备	7	7	0	7	1	4	2	0	14.0
6	压缩机	27	27	0	27	18	2	7	0	67.0
7	印刷机械	3	3	0	3	1	0	2	0	33.3
8	真空技术	20	20	0	20	12	4	4	0	60.0
合计		131	131	0	116	71	17	28	15	61.2

注：转化率＝已转数 ÷（对应的国际标准数－不转化数）×100%。

2）国外先进标准的转化情况。国外标准以美国、德国、日本、欧盟等发达国家及地区的标准为主。在石化行业，美国的 API 标准具有很大的影响力，阀门、风机、压缩机、泵等行业众多产品采用 API 标准。欧盟标准（欧盟的安全标准、能效标准）、欧洲气体协会标准受到行业关注，并成为产品进入欧洲市场的门槛标准。印刷机械等行业，普遍采用该类标准。德国在真空设备方面的几个产品标准为我们所采用，喷射设备的高压清洗机将采用美国 UL 标准。通用机械各专业国外先进标准转化情况见表 6。

表 6　通用机械各专业国外先进标准转化情况　（单位：项）

序号	专业领域	需转化的国外先进标准				涉及的国外标准化组织名称
		合计	已转	正转	待转化	
1	安全泄压装置	7	7			API、BS、ASME 等
2	泵	0	0	0	0	
3	阀门	17	17			API、BS、ASME 等
4	风机	3	3	0	0	API
5	冷冻空调设备	0	0	0	0	
6	喷射设备	2	0	1	1	美国 UL 欧盟标准
7	压缩机	7	6	0	1	API、ASME、欧盟
8	印刷机械	1	1	0	0	欧洲标准化委员会（CEN）
9	真空技术	3	3	0	0	德国标准化协会和欧盟
	合计	40	37	1	2	

3）分析对比。从采用国际标准情况来看，我国的基础标准，包括术语、结构尺寸等与国际标准完全一致；安全标准基本同 ISO 标准一致；产品标准除风机标准等同于 ISO 标准外，因一些引用标准、材料标准、地方法规的不同，其他专业大多为修改采用，但技术要求基本一致，保持与国际标准相当的水平；方法标准各专业基本等同于国际标准，实现了与国际标准的接轨，我国的检测方法也被国外所认可，合肥通用机械检测院的检测系统和检测结果也获得了许多国家和地区的认可和通行。

从采标的数量来看，除不宜转化的外，尚有近 40% 的国际标准正在转化和计划转化，转化完成后，方能从体系上说我国的标准与相应的国际标准取得一致，或达到国际通用水平。

而不宜转化的十余项标准，主要原因在于：ISO 有些标准内容相近，转化其中一个即可，如钢制闸阀等；或采用要求更高的国外先进标准，如风机行业采用 API 标准；还有标准内容和国内差异太大或我国暂无这方面要求。

从标准的比例来看，我国的方法标准、基础标准、结构尺寸标准与国际标准基本相当，但产品标准，由于我国涉及的类别及系列远大于国际标准，所以产品标准的数量也大大超过国际标准。

在采用国外先进标准方面，一些专业的产品与所采用的国外先进标准所一致，具有国际先进水平。如风机、阀门等行业采用的 API 标准，我国标准水平也和国外一致。

总体来说，我国通用机械的基础、方法、安全等方面的标准与国际标准或欧盟标准水平相当，基本实现与国际接轨；产品标准，单机性能指标和国外水平相近，但在可靠性、可检测性、可维护性、智能控制等方面还有一定差距；在能效评价系统上存有差异，国际侧重能量转化效率，我国考核直观能量损耗（如电耗、煤耗等）。

（2）主导制定国际标准的情况。通用机械行业主导制定（由我国提出并负责制定）的国际标准有 2 项：

1）《真空技术 真空泵性能测量标准方法 第 3 部分：机械增压真空泵的特定参数》，编号 ISO 21360-3。当前该项目已顺利完成各阶段草案，到达 ISO/DIS21360-3 阶段。

2）《工业阀门 电动装置一般要求》正式立项，编号 ISO 22153。当前该项目工作组已成立，工作组草案 ISO/WC22153 已提出。

这些工作的开展，说明通用机械行业已开始

进入国际标准舞台，我国的更多技术将被国际标准所接受。

四、“十三五”技术标准体系的发展目标和主要任务

1. 发展目标和主要任务

（1）发展目标。

1）通用机械标准的平均标龄控制在 5 年以内。

2）各对口专业的国际标准转化率达到 90% 以上。

3）完成 2 项由我国主导制定的 ISO 标准。

4）方法标准、安全标准与国际接轨，产品标准整体水平接近国外先进水平。

5）完成 600 余项标准的制修订任务，形成一批重点及基础公益性标准（占比在 40% 以上）。

6）标准能基本满足重点领域产品的配套要求以及国家建设和行业发展需求。

（2）主要任务。

1）进一步健全标准体系。落实强标整合精简的结论；依据推标集中复审的结果，有序及时开展标准的修订工作。

2）利用标委会的国际标准归口平台，借助行业协会和外资企业等，加大国际标准化活动的参与力度和频次。通过多方交流，全面提升我国在研项目与国际先进标准的接轨程度。

3）培育一批具有自主创新能力和国际竞争力的标准，增加主导制定国际标准的实力和制定标准的话语权。

4）积极响应国家产业政策，贴近重点领域对标准的需求，在完成通用性（按结构分类的）产品标准前提下，有的放矢地拓展现有的体系分支，努力完成专用而又急需的重点产品标准。

5）加强产品的技术研究，特别是节能减排、安全可靠性及使用寿命的指标研究，推动科技成果转化，制定先进的设计、制造及应用标准，以提高行业标准的技术水平。

6）通过标准的制定，促进通用机械行业检验试验装备和检测平台的发展，加强对标准的验证，形成技术、标准和检测同步发展。

2. 标准制定的重点领域和重点标准项目

（1）各专业的侧重方向。通用机械行业各专业均从不同的侧面提出了各自专业的标准发展方向。

1）安全泄放装置侧重于装置检验、排放系统及 LNG 低温装置标准制定。

2）泵专业将发展石化泵、电站泵、LNG 低温泵及智能屏蔽泵等产品标准。

3）阀门专业将研发核电阀门、航天高压氢气阀、长输管线阀门及自主创新产品的标准。

4）分离机械标准重点领域是离心机、过滤机、过滤器等过滤与分离机械产品及新材料和新工艺。

5）风机专业重点是重大装备、节能环保、高端智能设备标准的制定。

6）干燥设备专业将制定料斗卸料机、混合机及各类干燥机标准。

7）减变速机将大力推进机器人用减速机和精密传动减变速机标准的制定。

8）冷冻空调设备专业以节能环保为主线制定系列热泵标准。

9）喷射设备以节能环保、安全智能为目标制定配套标准。

10）气体分离与液化设备专业将开展特大型空分装置的标准制定。

11）塑料机械开展塑料挤出机械用换网器、塑料滚塑成型机等标准的研制。

12）压缩机重点制定各类高效螺杆压缩机、能效评估、净化检测等标准。

13）印刷机械重点制定数字印刷、智能印刷、绿色印刷装备的标准。

14）真空技术将细化真空泵类标准，包括装配制造、性能检测、节能环保标准，大力发展基础通用标准。

（2）各重点领域的标准项目。

1）能源建设领域。电站高低压旁路阀；锅炉再循环系统最小流量阀；煤粉三通阀；抗高硫天然气集输工程用高压平板闸阀和截止阀；核电常规岛循环水泵驱动齿轮箱设计规范；热泵热水机（器）可靠性技术要求和试验方法；天然气分离与液化设备技术条件；石油开采用高压往复活塞氮气压缩机。

2）节能减排技术改造领域。变频供水设备；压缩空气系统能效评估；锅炉用送风机、引风机等风机的技能改造，提高能效指标；减速传动装置能效评定方法；永磁变频螺杆空气压缩机；容积真空泵能效比的测量。

3）能量回收领域。透平膨胀能量回收系统；螺杆膨胀能量回收系统；烟气余热回收型溴化锂吸收式热泵；零气耗吸附式压缩空气干燥器。

4）环保领域。脱硫脱硝阀门；磁悬浮鼓风机；废水、废渣等有机污泥的环保干燥处理装置；汽车空调用 CO_2 制冷剂压缩机；高压水除鳞装置；塑料挤出机械用换网器；全无油润滑往复活塞氢气压缩机；螺杆式水蒸气压缩机；紫外线发光二极管（UV-LED）油墨固化装置。

5）航天国防领域。航天工程用高压和极高压氧气阀；舰船用阀门电动执行装置；舰船用高压空气干燥过滤装置；精密涂布设备通用技术要求。

6）石化等装备的安全运行领域。阀门逸散性试验方法；石油化工用大口径闸阀；石化用往复泵、离心泵；往复活塞压缩机主要零部件——曲轴；石化用往复活塞压缩机在线监测系统规范；大型真空设备的检漏技术。

7）民生工程领域。城市供水流量调节阀；砂水过滤器；螺旋紊流过滤器；沸腾振动流化干燥机；高温清洗机安全规范；吹瓶用往复活塞空气压缩机；卷筒料喷码印刷机。

8）新产品推广及科技成果转化。外滤面转鼓加压过滤机；集成式冷冻（供热）站；塑料滚塑成型机；数字印刷机通用技术要求。

9）基础通用。过滤机性能测试方法；工业阀门壳体强度计算——钢制阀门壳体强度计算；大型压缩机组（1 000kW 以上）减振降噪关键技术研究；摆线减速机性能试验方法；天然气分离与液化设备术语；真空泵性能测量方法。

10）智能制造及控制。智能热水循环屏蔽电泵；高端压缩机高效可靠及智能化控制；机器人用精密行星摆线减速器；机器人喷涂机；压缩气体净化设备远程监控与大数据应用系统。

11）安全维护。机房及基站用空气处理机组安全要求；离心机安全使用规范；高压水射流切割破拆作业安全规范；大型往复活塞压缩机活塞杆沉降测量与评价。

3. 拟制修订标准项目情况

根据对“十二五”通用机械行业标准化工作的总结回顾，对行业发展形势的分析，以及对国民经济各领域需求的评估，列出了“十三五”期间拟制修订的标准项目。

（1）拟制修订标准项目。共计需完成 606 项标准的制修订任务，其中：

1）新制定标准 317 项，修订标准 289 项。制定项目占总项目的 52%，修订项目占总项目的 48%。

2）国家标准项目 193 项，行业标准项目 413 项。国家标准项目占总项目的 32%，行业标准项目占总项目的 68%。

3）重点标准项目（含强制性标准）174 项，基础公益标准项目 69 项，一般项目 363 项。重点标准项目占总项目的 28.7%，基础公益标准（含强制性标准）项目占总项目的 11.4%，一般项目占总项目的 59.9%。

“十三五”通用机械拟制修订标准项目见表 6。

表 6 “十三五”通用机械拟制修订标准项目 （单位：项）

序号	专业领域	合计	国家标准					行业标准			
			小计	强制性	推荐性			小计	推荐性		
					一般	重点	基础公益		一般	重点	基础公益
1	安全泄压装置	9	8	0	3	5	0	1	1	0	0
2	泵	93	34	0	24	6	4	59	48	4	7
3	阀门	110	42	0	12	10	20	68	29	32	7
4	分离机械	45	11	0	5	2	4	34	23	11	0
5	风机	24	11	1	7	0	3	13	0	13	0
6	干燥设备	8	0	0	0	0	0	8	8	0	0
7	减变速机	13	0	0	0	0	0	13	9	4	0
8	减速机	9	5	0	1	4	0	4	3	1	0
9	冷冻空调设备	100	32	2	8	20	2	68	52	11	5
10	喷射设备	36	8	0	3	5	0	28	12	16	0
11	气体分离与液化设备	11	0	0	0	0	0	11	10	0	1
12	塑料机械	15	0	0	0	0	0	15	15	0	0
13	压缩机	40	10	0	6	2	2	30	20	5	5
14	印刷机械	60	18	0	4	10	4	42	27	10	5
15	真空技术	33	14	0	14	0	0	19	19	0	0
	合计	606	193	3	87	64	39	413	276	107	30

（2）通用机械制修订标准的年度安排情况。通用机械行业 606 项拟制修订的标准项目，将在今后几年中陆续安排，其中：2017 年 安排 184 项；2018 年 安排 224 项；2019 年以后，安排 198 项。

通用机械行业拟制修订标准项目年度安排情况见表 7。

表 7 通用机械行业拟制修订标准项目年度安排情况 （单位：项）

年度	合计	国家标准					行业标准			
		小计	强制性	推荐性			小计	推荐性		
				一般	重点	基础公益		一般	重点	基础公益
合计	606	194	3	88	64	39	412	288	94	30
2017 年	184	66	1	30	19	16	118	78	28	12
2018 年	224	62	2	29	21	10	162	117	34	11
2019 年以后	198	66	0	29	24	13	132	93	32	7

五、总结

通用机械行业“十三五”期间标准制修订任务总体来说比较繁重，重点领域重点标准的制定、标龄控制在 5 年之内，90% 的国际标准转化率、主导制定国际标准任务的完成、标准水平的整体提升，标准对国家发展的良好满足度，这些都需要行业有更多的投入、更多的努力才能实现。

期望通用机械行业能在本方案的规划下，精心安排、精心组织，努力完成各项目，使通用机械行业的标准为《中国制造 2025》做出应有的贡献。

〔撰稿人：合肥通用机械研究院陈放〕

（本栏目编辑：任智惠）

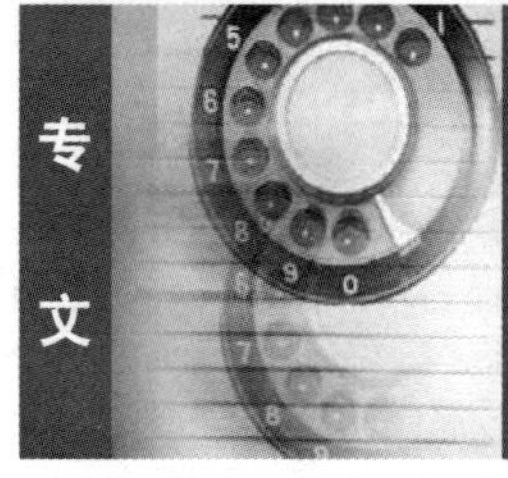

专文

介绍2016年江苏省阀门行业发展情况、永嘉泵阀产业发展情况和我国冷却设备行业发展情况，以及压滤机行业发展研究报告

专文

2016年江苏省阀门行业发展概况

2016年江苏省阀门行业在困难中度过了不平凡的一年。面对市场疲软、发展放缓、行业发展不景气的局面，全行业坚持发展理念不动摇，坚持以稳定为基础，在困难中找出路、找市场；坚持品质与质量并举的理念，努力做好企业的各项管理，降低成本，挖潜增效；坚持科技创新，着力开发新产品，提高产品附加值，以创新新品适应终端用户的需求。虽然主要经济指标和经济效益小幅下降，但其他一些指标有所增长，标志着江苏省阀门行业经过市场洗礼后获得了新的稳步发展，在行业保持了良好地位，赢得了较好的市场份额。

根据江苏省阀门工业协会汇总的45家会员企业2016年行业统计数据来看，江苏省阀门行业产、销、利三大经济指标增速继上年度下降后再度出现缓慢下降局面，其中工业生产总值同比出现小幅下降，工业销售产值同比稍有增长，利润总额同比下降一成半。

虽然2015年全行业普遍遇到前所未有的困难，经历了市场疲软、销售受阻、订单减少、开工不足、产销萎缩等寒冬的局面，但从45家会员企业2016年度统计报表可以看出，行业发展虽然处于低潮，但在发展中出现了有升有降的情况。有的企业逆势增长，有的增幅还比较大，例如江苏神通阀门股份有限公司同比增长达到31%，有几家大企业小幅下降，也有的增长放缓。由于江苏省阀门行业始终坚持品质与质量的宗旨，在困难和风浪中始终把握调整与发展这个方向，因此能够克服暂时的困难，在阀门行业中继续迈上新的台阶。

一、工业总产值小幅下降

据统计，2016年江苏省阀门行业（包括配套企业）45家会员企业实现工业总产值91.222 8万元，比上年同期的91.777 2万元下降0.61%。造成产值下降的因素，主要是受大环境的影响，有关行业需求减少，致使阀门行业连续两年出现同比下降的局面，一些配套企业也遭遇冲击而减产。

工业总产值超过10亿元的企业有2家：苏州纽威阀门股份有限公司和江苏苏盐阀门机械有限公司。苏州纽威阀门股份有限公司的工业总产值为17.173 6亿元，同比下降18.5%；江苏苏盐阀门机械有限公司工业总产值为13.96亿元，同比增长2.65%。工业总产值超过5亿元的企业分别是：中核苏阀科技实业股份有限公司，工业总产值为8.595 5亿元，同比下降7.23%；江苏神通阀门股份有限公司，工业总产值为6.984 2亿元，同比增长31%；苏州市东吴锻焊厂有限公司，工业总产值为6.20亿元，同比增长10.7%；扬州电力设备修造厂有限公司，工业总产值为5.336 8亿元，同比增长14%。工业总产值超过3亿元的企业是：江苏万恒铸业有限公司，工业总产值为3.789 5亿元，同比下降1.71%；江苏竹箦阀业有限公司，工业总产值为3.30亿元，同比增长6.45%；江苏亿阀集团有限公司，工业总产值为3.039 3亿元，同比下降16%；江苏盐电阀门有限公司，工业总产值为2.970 4亿元，同比增长4.4%。其中，年度产值增幅最大的企业是盐城市华凯阀业制造有限公司，工业总产值为3 500万元，同比增长89.2%，工业总产值降幅最大的企业是吴江市东吴机械有限责任公司，同比下降32.2%。纳入统计的45家企业中，有20家企业同比增长，25家企业同比下降。

2016年，江苏省阀门行业平均职工人数为12 638人，比上年的12 853人减少了215人，由于行业的不景气造成不少企业减员减产；全行业人均生产总值为 721 814 元，比上年的 714 053 元增加了 7 761 元，增长率为 1.08%，这说明全行业在减员以及提高生产装备水平后，相应提高了生产效率和生产效益。2016 年江苏省阀门行业工业总产值前 20 名企业见表 1。

表 1　2016 年江苏省阀门行业工业总产值前 20 名企业

序号	单位名称	工业总产值（万元）	同比增长（%）
1	苏州纽威阀门股份有限公司	171 736	-18.50
2	江苏苏盐阀门机械有限公司	139 600	2.65
3	中核苏阀科技实业股份有限公司	85 955	-7.23
4	江苏神通阀门股份有限公司	69 842	31.00
5	苏州市东吴锻造厂有限公司	62 000	10.70
6	扬州电力设备修造厂有限公司	53 368	14.00
7	江苏万恒铸业有限公司	37 895	-1.71
8	江苏竹箦阀业有限公司	[illegible]	[illegible]
9	江苏亿阀集团有限公司	30 393	-16.00
10	江苏盐电阀门有限公司	29 704	4.40
11	扬中市阀门厂有限公司	24 403	5.80
12	无锡市圣汉斯控制系统有限公司	23 843	1.50
13	南通高中压阀门有限公司	23 465	-12.10
14	苏州高中压阀门厂有限公司	20 137	-2.30
15	江苏九龙阀门制造有限公司	17 580	-10.00
16	常州电站辅机总厂有限公司	17 500	-2.70
17	南京肯特复合材料股份有限公司	17 190	8.70
18	江苏圣泰阀门有限公司	16 200	-16.90
19	苏州工业园区思达德阀门有限公司	15 165	-6.00
20	苏州安特威阀门有限公司	15 000	-6.25

二、工业销售产值略有增加

据统计，2016 年江苏省阀门行业 45 家会员企业完成工业销售产值 90.142 4 亿元，较上年的 89.164 3 亿元增长 1.10%，说明全行业在 2016 年加强了产品销售工作，努力开拓市场。从这里可以看出，一方面，阀门行业在外部形势不容乐观的情况下，集中精力开发市场，拓展更多的国内外市场；另一方面，在行业低潮时部分企业经受住考验，在市场中逆势而上，出现了销售增长的良好局面。

在统计的 45 家企业中，有 18 家企业工业销售产值实现增长，27 家企业工业销售产值下降，有不少企业连续两年下滑。其中，工业销售产值增幅名列前茅的企业是盐城市华凯阀业制造有限公司，增长 94.4%；销售产值下降幅度较大的是苏州道森阀门有限公司，下降 49.8%。27 家企业销售指标下降的原因主要是：市场大环境的影响；产品结构不够合理；上游阀门企业订单不足影响下游配套铸件、电装企业的生产；受低油价的影响 API6A 产品订单不足，国际石化项目停滞，相关配套企业订单严重滑坡；国际市场不景气，外贸订单不足，致使 OEM 外贸企业订单下降。

2016 年，江苏省阀门行业 45 家会员企业人均销售产值 71.326 5 万元，比上年的 69.372 4 万元增加 1.954 1 万元，增幅为 2.82%。2016 年江苏省阀门行业工业销售产值前 20 名企业见表 2。

表 2　2016 年江苏省阀门行业工业销售产值前 20 名企业

序号	单位名称	工业销售产值（万元）	同比增长（%）
1	苏州纽威阀门股份有限公司	175 705	−2.90
2	江苏苏盐阀门机械有限公司	139 540	6.60
3	中核苏阀科技实业股份有限公司	94 473	−6.44
4	江苏神通阀门股份有限公司	62 145	11.00
5	苏州市东吴锻造厂有限公司	62 000	10.70
6	扬州电力设备修造厂有限公司	51 315	14.00
7	江苏万恒铸业有限公司	36 774	−6.80
8	江苏竹箦阀业有限公司	33 000	6.45
9	江苏亿阀集团有限公司	31 480	−15.80
10	江苏盐电阀门有限公司	27 001	5.31
11	扬中市阀门厂有限公司	24 196	11.20
12	无锡市圣汉斯控制系统有限公司	23 843	1.50
13	南通高中压阀门有限公司	23 550	−12.20
14	苏州高中压阀门厂有限公司	20 175	9.20
15	常州电站辅机总厂有限公司	17 200	−1.80
16	南京肯特复合材料股份有限公司	17 190	8.70
17	江苏九龙阀门制造有限公司	16 460	−11.30
18	江苏圣泰阀门有限公司	16 200	−16.90
19	苏州工业园区思达德阀门有限公司	14 975	−3.10
20	苏州安特威阀门有限公司	13 000	−3.70

三、利税总额下行率加大

2016 年，江苏省阀门行业 45 家会员企业实现利税总额 5.745 5 亿元，比上年的 6.900 6 亿元减少 1.155 1 亿元，下降 16.7%。可以看出，阀门行业已连续两年经济效益出现一成半的降幅，在产销放缓的同时，全行业的利润相当微薄，利税总额下行率加大，行业已进入微利时代。利税下行的主要原因是由于订单不足、生产下降，导致企业效益下降。此外，虽然配套原材料成本下降，但铸件价格上升，劳动力成本和其他管理成本上升，加大了企业产品成本，使利润指标下行率加大。企业为了保证正常经营，有时承接一些没有利润的订单，加上产能不足、成本加大，导致企业效益下降。

据统计，2016 年，45 家会员企业人均利税 45 462 元，比上年的 53 689 元下降了 8 227 元，下降率为 15.3%，这表明全行业产销放缓、利润率降低、效益下降。由于阀门产品利润率相当低，有的已出现亏损，一些通用阀门产品获利率尚不足 5%；加上近几年的价格战，造成外贸产品获利降低，直接拉低了外贸产品获利率。据统计，全行业剔除成本后，产品利润率更低，接近亏损的边缘。阀门产业经济效益持续下降，值得引起行业和社会的关注。2016 年江苏省阀门行业利税总额前 20 名企业见表 3。

表 3 2016 年江苏省阀门行业利税总额前 20 名企业

序号	单位名称	利税总额（万元）	同比增长（%）
1	苏州纽威阀门股份有限公司	31 781	-22.50
2	江苏苏盐阀门机械有限公司	23 747	16.95
3	中核苏阀科技实业股份有限公司	12 360	-14.62
4	江苏神通阀门股份有限公司	6 175	30.00
5	江苏万恒铸业有限公司	6 429	21.30
6	扬州电力设备修造厂有限公司	3 885	22.00
7	江苏竹箦阀业有限公司	3 700	5.70
8	江苏亿阀集团有限公司	4 340	-17.74
9	江苏九龙阀门制造有限公司	2 984	-6.90
10	常州电站辅机总厂有限公司	2 779	-11.10
11	扬中市阀门厂有限公司	2 656	106.00
12	南通高中压阀门有限公司	2 510	-18.90
13	江苏圣泰阀门有限公司	2 779	10.40
14	苏州安特威阀门有限公司	2 400	-4.00
15	无锡市圣汉斯控制系统有限公司	1 886	-2.10
16	苏州德兰能源科技股份有限公司	1 850	208.30
17	江苏应流机械制造有限责任公司	1 179	-11.50
18	苏州市燃气设备阀门制造有限公司	1 045	20.90
19	江苏盐电阀门有限公司	909	12.30
20	南京肯特复合材料股份有限公司	904	-12.00

四、出口交货值仍然下降

据统计，江苏省阀门行业 25 家阀门企业 2016 年实现出口交货值 24.825 8 亿元，比上年同期 25.215 7 亿元下降了 1.55%，表明外贸情况并不乐观。据了解，很多从事出口贸易的企业正在酝酿开拓新的国内市场，瓜分新的市场份额，进一步加剧了市场竞争。

从数据分析汇总情况来看，江苏省阀门行业出口大户是苏州纽威阀门股份有限公司，2016 年度出口交货值为 12.289 亿元，比上年增长 6.1%；其次是江苏盐电阀门有限公司，出口交货值为 2.116 7 亿元，比上年增长 5.6%；名列第三位是南通高中压阀门有限公司，出口交货值为 1.985 2 亿元，比上年下降 8.7%；出口增幅最大的是伯马阀门（昆山）有限公司，增长率为 144.9%；出口下降最大的是江苏九龙阀门制造有限公司，同比下降 40.1%。

可以看出，2016 年度外贸形势仍较为严峻，并出现了多年来少有的寒冬见底趋势，可以预见 2017 年继续出现下行局面的可能性不会增大，很可能出现增长向上的新现象。2016 年江苏省阀门行业出口交货值前 20 名企业见表 4。

表 4　2016 年江苏省阀门行业出口交货值前 20 名企业

序号	单位名称	出口交货值　(万元)	同比增长 (%)
1	苏州纽威阀门股份有限公司	122 890	6.10
2	江苏盐电阀门有限公司	21 167	5.60
3	南通高中压阀门有限公司	19 852	-8.66
4	中核苏阀科技实业股份有限公司	11 525	-4.47
5	江苏万恒铸业有限公司	11 213	-33.60
6	江苏圣业阀门有限公司	9 025	8.00
7	苏州工业园区思达德阀门有限公司	7 703	3.00
8	无锡市圣汉斯控制系统有限公司	7 019	-6.90
9	盐城市高中压阀门有限公司	6 960	-13.80
10	江苏九龙阀门制造有限公司	5 766	-40.10
11	苏州奥村阀门有限公司	4 001	-12.00
12	南通捷瑞阀门有限公司	3 600	28.60
13	苏州道森阀门有限公司	2 960	6.77
14	盐城圣科球阀有限公司	2 720	107.30
15	江苏圣泰阀门有限公司	2 400	-25.00
16	盐城奥克阀门有限公司	2 274	-23.50
17	江苏亿阀集团有限公司	1 360	-36.70
18	盐城市华凯阀业制造有限公司	1 500	
19	伯马阀门（昆山）有限公司	1 452	144.90
20	阜宁县中洲阀门有限公司（江苏应流机械制造有限责任公司）	1 227	12.90

五、其他指标并不乐观

据统计，2016 年江苏省阀门行业 45 家会员企业资产总值为 149.222 7 亿元，比上年的 137.23 亿元增长了 8.74%，人均资产总值为 11.807 4 万元，比上年增加了 1.130 6 万元。2016 年江苏省阀门行业统计负债总额为 56.421 4 亿元，比上年同期的 55.514 1 亿元增长了 1.63%，人均负债总额为 44.644 2 万元，增加了 14 526 万元。

2016 年实现产品销售收入 94.856 5 亿元，比上年的 91.084 3 亿元增长了 4.14%，人均收入 75.056 6 万元，比上年的 70.866 2 万元增加了 4.190 4 万元。

六、新产品开发与应用

中国石化和中核苏阀科技实业股份有限公司联合研制的 LNG 低温阀门通过了国产化验收。2016 年 4 月 21 日，中国石化物装部在苏州召开 LNG 低温阀门国产化会议，讨论研究 LNG 低温阀门的研制攻关情况和落实工业应用问题。与会专家针对 LNG 超低温阀门技术要求和阀门样机研制试验大纲，对中核苏阀科技实业股份有限公司与中石化工程建设有限公司、中石化洛阳工程有限公司、中石化天然气分公司三家单位联合研制的 LNG 低温球阀样机进行了专家评审验收。验收组专家听取了中核苏阀科技实业股份有限公司所做的样机研制总结报告，现场查看了样机和试验装备，审阅了样机的相关图样、试验报告、技术资料和质保文件资料，经过充分讨论和现场答疑，形成验收意见。验收组一致同意 2"-1500LB 低温球阀样机通过验收。

苏州纽威阀门股份有限公司与阿海珐签订 HPC 核电项目合同。2016 年 1 月 19 日，苏州纽威阀门股份有限公司与阿海珐（AREVA）就英国欣克利角 C 核电项目（HPC 项目）签订了供货合同，这标志着中国核电阀第一次将在欧洲核岛环路大规模应用。此次中标的产品大部分是用于核岛的核级阀门，数量超过 2 000 台。公司与海洋石油工程股份有限公司就文昌 9-2/9-3/10-3 气田群项目签订水下球阀供货合同，供货产品新增水下球阀和水下闸阀两大类。这是纽威阀门的首次水下阀门项目订单，该订单也是国内首个水下阀门国产化订单。水下阀门国产化的成功，打破了长期以来国外阀门公司在水下阀门领域的市场垄断。

苏州纽威阀门股份有限公司于 2016 年 10 月和 12 月分别与中广核工程有限公司就“防城港 3-4 号机组华龙一号项目”签订了“防城港项目 3-4 号机组 LOT190Gb 核岛填料式截止阀与升降式止回阀”和“防城港项目 3-4 号机组 LOT190Ga 核岛波纹管截止阀”项目供货合同。合同涉及的阀种有填料式截止阀、升降式止回阀、核岛波纹管截止阀等，其民用核安全等级为 2 级（SC2），质保分级为 Q1。阀门总数量 8 000 台左右。

扬州电力设备修造厂有限公司的两项科技成果“现场总线控制系统（FCS）配套电动执行机构”和“石化系统用隔爆型电动装置”两个新产品通过了国家高新技术产品认定。“石化系统用隔爆型电动装置”产品充分体现绿色设计理念，环境友好，无污染物排放。该产品的认定，大大提高了企业自主创新和制造能力，提升了企业电动装置的市场竞争力，巩固了企业的行业领军地位，对石化市场的开拓具有十分重要的意义。该产品不仅提高了石化、环保、市政工程、火电厂等相关行业的阀门配套水平，同时可带动周边机械制造、电子信息、运输服务等行业的发展。“现场总线控制系统（FCS）配套电动执行机构”是拥有自主知识产权的产品，它提升了总线型产品性能，拓宽了产品选型范围，适应现代工业发展的需求，给企业带来更好的经济效益。该产品的认定，打破了我国智能现场总线型电动执行机构长期由国外垄断的局面，提高了我国工业过程控制系统高端智能信息化装备的制造水平，推动我国发电机组高端智能装备的国产化和工业过程控制系统信息化的发展。

扬州电力设备修造厂有限公司的“超(超)临界发电机组配套电动执行机构”荣获 2016 年度江苏省科学技术奖三等奖。该项目成果应用于超(超)临界发电机组中阀门的开启、关闭和自动调节，攻克了直流无刷电动机无位置传感器控制、行程与转矩的精确控制、多微嵌入式系统、无线通信等技术难题，填补了国内空白，打破了国外品牌产品在高端智能装备领域的技术和市场垄断，进一步巩固了企业在国内行业领军地位。

扬州电力设备修造厂有限公司的“江苏省阀门驱动装置工程中心”获得江苏省发展改革委认定。按照项目建设计划，工程中心围绕阀门驱动装置产业发展中的自动化程度低、可靠性差、特殊环境适应性弱、产业化开发速度不快和高端产品市场推广难度大等问题，针对超(超)临界机组用阀门电动装置、核级阀门电动装置开发和核级阀门气动执行机构产业化技术的迫切需求，结合江苏省科技厅认定的江苏省电力阀门驱动装置工程中心研发平台，开展阀门驱动装置自动化控制技术与通信技术、高可靠性的设计技术、特殊恶劣环境的适应性和新产品的产业化开发等研究，开发高可靠性的总线型智能化的阀门驱动装置，满足提升产业创新能力、促进区域经济发展方面的需求。

扬州电力设备修造厂有限公司在江苏省扬州市科学技术创新大会上获得 2015 年度扬州市企业技术创新奖，扬州市仅有 4 家企业获此殊荣。该公司一直贯彻科技兴企战略，已拥有各类知识产权 66 项，其中，发明专利 12 项、实用新型专利

38项、外观专利10项，软件著作权6项，受理中的发明专利18项。截至当前，承担并参与制定的国家标准、行业标准12项，被评为国家高新技术产品的有20项、江苏省重点推广应用的新技术新产品1项、江苏省专精特新产品1项，承担省部级以上项目16项。同时，研发的国家重大专项“CAP1400核电厂用1E级直流电动装置”通过了中国核能行业协会组织的科学技术成果鉴定，其技术达到国际先进水平。

苏州安特威阀门有限公司开发研制的PDS高频球阀新产品已应用于神华宁煤等煤化工关键装置上，其优良品质赢得了用户的良好评价，并批量应用于石化、煤化工等终端用户。公司坚定不移走科技创新发展之路，研发高端国产化阀门，潜心开发石化行业应用的各类PDS高频球阀、氧气专用硬密封球阀、三偏心蝶阀、盘阀、迷宫调节阀、滑板阀、硬密封球阀等应用于高温高压、高磅级、耐磨、高频开关等苛刻工况的阀门产品，并取得成功，替代进口阀门成功应用于各类石化行业的关键项目，受到终端用户的欢迎。

江苏苏盐阀门机械有限公司在中石油阀门集中采购招标中一举拿下12个标的，成为唯一一家全部中标的企业。该公司创新的设计、高质量的产品、优良的售后服务使其生产的阀门不断“占领”国内各大油田阀门市场。公司在工业园北区投资5亿元新建的4万m^2新厂区已竣工，投入1 000万元新购的先进数控车床、大型烤漆房和各类检测设备也陆续安装，这些条件有力地支撑着公司全力创建国家级实验室和检测中心。

江苏科维仪表控制工程有限公司在“神华宁夏煤业集团煤化工副产品深加工综合利用项目仪表管接件国产框架协议”招标中，中标948.39万元的订单，实现了科维在逆势中销售业务的大丰收。

无锡市圣汉斯控制公司经过20年艰苦奋斗与创新发展，已成为我国规模最大的专业执行器生产厂家之一。当前，公司年产近25万台执行器，年销售额近3亿元。公司现有多种系列执行器产品，包括阿尔法A系列不锈钢执行器、阿尔法B系列铝合金执行器、阿尔法C系列铝合金执行器、HPY系列拨叉执行器、四活塞气动执行器、离合式手轮机构、阀位反馈装置、过滤减压阀等阀门控制附件。有20多个ϕ32～1 000mm规格的执行器产品，扭矩范围为5～300 000N·m。产品除主要配套国内厂家外，还配套国外著名厂家。公司成为国内气动执行器规模型专业厂家，“圣汉斯”品牌成为我国民族品牌之一。

南通市电站阀门有限公司与中核集团正式签订海外项目全锻钢高端电动闸阀采购技术协议及商务合同，合同金额1 000多万元。这是公司自2012年重启核电阀门市场开发工作以来获得的第一个重大核电阀门订单，标志着南通阀门核电产品研发及市场开发工作的重大突破。南通阀门与中核集团签订的海外项目，其产品为全锻钢设计，在各项指标上均有严格要求，长期以来被国外阀门企业垄断。中核集团经过多方面考察和评估，认为国内部分领先阀门企业已达到供货水平。

江苏圣泰阀门有限公司自主研发的高温高压平行滑动阀，被认定为2016年江苏省首台（套）重大装备产品。高温高压平行滑动阀主要用于火电机组的主蒸汽截止和隔离、主给水泵隔离、高压加热器隔离、汽轮机疏水等系统中，用于控制高温高压汽水介质的有效切断或开启。过去此类产品一直依赖进口。圣泰阀门通过技术攻坚，生产的高温高压平行滑动阀在与电站机组配套使用中，在耐高温、耐腐蚀、抗高压、零泄漏等方面都实现了较大突破，大幅提高了阀门产品的使用寿命，填补了国内空白，可以有效替代进口产品。

七、行业发展建议

2016年，江苏省阀门行业工业产值小幅下降，工业销售产值略有增长，利税总额指标下行率加大，出口交货值仍然下降，其他经济指标也不乐观。总的来看，行业总体发展趋势放缓，仍沿袭2015年度下行趋势，在保持十多年增长后第三年继续出现指标下行，但这轮低潮有触底的趋势，预计

2017年将出现回暖的行情。行业各企业应做好内部练功，坚守阀门产业，做好铸件和零部件加工的准备，搞好管理，稳定人心，等待行业向好趋势的到来。在此提出以下建议：

首先，要坚持技术创新这个主旋律，不断增强企业实力，提高产品档次，增强市场竞争力。当前很多阀门是中低档产品，高端产品缺少，没有产品定价权。中低档次产品收益不高，要认真加以改进和解决。要坚持搞好技术创新、产品创新，真正把自己的产品做强，做到同行领先！

其次，要严把产品质量关。质量是企业的第一生命力，要坚持提高质量，在品质上下功夫，保持江苏阀门质量至上的良好信誉，保持江苏民族品牌的良好声誉和口碑。

再次，不要搞低价竞争。在这个问题上全行业要坚守自己的底线，不能降低阀门产品内在品质，在产品招投标上不搞低价竞争，以自己的实力和合理的价格来竞标。

最后，要加大科研投入，注重科技创新。不断开发高端智能化阀门新产品，实现企业转型升级。要结合市场需求，弄清产品使用工况，重点开发几大领域的关键阀门产品，使江苏阀门企业始终走在同行业的前列。

〔撰稿人：江苏省阀门工业协会盛根林〕

2016年永嘉泵阀产业发展概述

一、产业发展概况

2016年，永嘉县泵阀工业总产值295.6亿元，其中规模以上企业总产值105.8亿元，同比增长8.43%；7家泵阀企业被评为县功勋企业，占总数的35%；13家泵阀相关企业被评为县巨龙企业，占总数的43%；30家泵阀企业被评为县明星企业，占总数的30%。超达阀门集团股份有限公司、宣达实业集团有限公司、方正阀门集团有限公司3家企业荣获2016年度永嘉县县长质量奖。永嘉泵阀产业荣获“全国泵阀产业知名品牌创建示范区”称号。

2016年是泵阀行业整体形势极其艰难的一年，不仅面临国内外市场大幅紧缩、需求锐减，企业订单减少、开工不足、资金短缺、债务沉重、技工流失等各方面难题，而且还要面对史上最严厉的“环保整治”“安全生产”和“大拆大整”政策，有300多家泵阀企业的临时厂房被拆而导致破产倒闭。同时，永嘉泵阀行业的伯特利、保一、宣达等9家企业在中国石油天然气集团公司2016年度的框架招投标中揽下大单，中标数量占全国的近30%，未来2年预计为行业增加10亿元以上的销量。

外贸出口方面，2016年出口12.78亿元，同比下降17.9%，连续三年保持2位数下降。

二、产业发展举措

1. 平台建设

区域品牌建设工作取得突出成就。“全国泵阀产业知名品牌创建示范区”经评审高分通过国家质检总局专家组验收。2016年12月30—31日，通过验收预备会、工作交流会、实地考察、专家合议、情况反馈等环节，经过专家组层层严格考核，永嘉泵阀产业集群最终以936分的高分（达标分800分）通过全国知名品牌创建示范区专家组验收，成为温州第一个“全国知名品牌创建示范区”。为此，浙江省泵阀行业协会积极参与创建3年多来的“全国泵阀产业知名品牌创建示范区”工作画上了圆满的句号。

成功筹建成立了“永嘉县泵阀行业金属表面处理中心”，为解决泵阀行业环保治理难题提供了可靠的保证。根据县政府要求，由泵阀行业协会牵头，以生产锻钢阀门的生产厂家为主要股东组建成立股份公司。通过长达半年的努力，在政府规定的12月30日前完成了“中心”的筹建工作。该中心总投资600万元，一期投资400万元，建筑面积3 600m^2，引进国内最先进的生产流水线和环保处理装置，主要解决锻钢阀门的磷化以及小口径阀门和五金配件的酸洗难题。“永嘉县泵阀行业金属表面处理中心”的建成，将对泵阀行业规避法律风险、降低产品成本、提高产品质量和市场竞争力等方面具有极其重要的意义，同时也为永嘉县美化城市环境、实施五水共治以及在新常态下保持经济社会可持续发展具有重要意义。

2. 标准制定

加快推进行业标准化建设，积极参与制定“浙江制造标准”。作为起草单位，浙江省泵阀行业协会作为6家起草单位之一参与起草、制订了浙江省泵阀行业首个“浙江制造团体标准”——《石油、石化、天然气及相关工业用钢制球阀标准》，于2016年8月12日由浙江省浙江制造品牌建设促进会批准发布。该标准在制订过程中全面参考了国内最新标准，在确保本标准的技术内容及技术指标不低于国家标准、ISO标准的基础上，全面吸收了国外最新标准的技术内容，确保了标准的整体技术水平不低于国内外最新标准要求。同时，根据我国领先阀门企业的技术水平，确保标准技术先进，通过努力能够实施，从而促进浙江省球阀制造龙头骨干企业技术水平的提高。

此外，浙江省泵阀行业协会直接参与起草的全国机械行业标准《阀门零部件 阀杆通用要求》已经完成，已上报有关部门审批。

3. 承接政府职能

高效圆满完成政府部门签约的转移职能，强化泵阀行业协会服务能力。

（1）承接温州市名牌产品初评。受理永嘉县泵阀类产品申报，对申报产品根据申报条件进行初审，并行使推荐权。根据初审情况，对申报产品出具推荐意见。通过动员、收集材料，向市质监局推荐了8家企业，有7家企业通过了市质监局组织的专家评审。

（2）承接浙江省商务厅产业损害预警工作。根据浙江省商务厅关于产业损害预警监测的工作部署，协会选取了包括伯特利、超达、宣达等9家龙头企业、代表性企业作为泵阀产业损害预警监测的目标企业，按照浙江省产业损害预警监测系统要求，企业每月按时上报产业损害及外贸订单情况等多项数据指标，为泵阀产业损害预警工作提供了保障。

（3）承接温州市人力资源和社会保障局人才工作站工作。根据温州市人社局要求，协会积极开展泵阀行业的人才引进、培育工作，并将相关情况形成“重要人才工作信息申报月报表”每月上报给温州市人社局。

4. 开展行业活动

开展与相关行业的产业对接、考察学习活动。

（1）2016年8月5日，由浙江省泵阀行业协会和江苏省阀门工业协会、上海通用机械行业协会阀门专业委员会联合举办的江浙沪三省阀门行业发展对接交流会在江苏溧阳举行，来自江浙沪三地的阀门企业董事长、总经理以及企业代表、有关阀门行业专家近200人参加了这次交流会，探讨行业有关问题，学习企业先进管理经验。

（2）9月25—30日，由缅甸建筑企业家协会牵头组织的缅甸考察团一行来温州考察小商品、泵阀、建材等市场和企业，浙江省泵阀行业协会积极组织考察团一行参观泵阀会员企业，促进中缅双方经济交流，推进中缅双方进出口贸易。

（3）为了解决泵阀产业长期以来遇到的紧固件瓶颈难题，协助会员企业对接质优物美价廉的紧固件厂家，浙江省泵阀行业协会与中国机械通用零部件工业协会紧固件分会对接，协助组织“第二十九届全国紧固件经济贸易和技术洽谈会”。该会议于2016年12月13—15日在温州举行，全国近400多家紧固件厂商齐聚温州进行贸易和技术洽谈交流。

积极搭建国内外泵阀专业展会平台，多渠道帮助会员企业开拓市场。

（1）成功主办“2016 第十一届温州（金鹰）泵阀展览会”。2016 年 10 月 27—29 日，由浙江省泵阀行业协会主办、温州永嘉金鹰广告有限公司承办的“2016 第十一届温州（金鹰）泵阀展览会”在温州永嘉成功举行，来自温州、上海、河北、江苏等的国内外 200 多家泵阀及相关企业参加了为期三天的展会。此次展会为泵阀企业特别是中小企业进一步开拓市场，促进产品交流互动，推进产业转型升级等方面搭建了有效平台，收到了良好的效果。

（2）成功组团参加了德国世界阀门展览会。浙江省泵阀行业协会与温州市贸促会共同组团参加了 2016 年 11 月 29 日—12 月 1 日在德国杜塞多夫举行的“世界阀门展览会”。由会长黄胜丰带队，共有 45 家温州泵阀企业参展，100 余人赴德国参观考察，为泵阀企业开拓国际市场、开阔企业家视野和提升温州阀门国际影响力等方面创造了有利的条件。

（3）积极组织参加国内颇具影响力的专业展会。2016 年 8 月 23—25 日，由广州振威国际展览有限公司与中国化工企业管理协会联合主办的第八届中国（上海）国际泵、阀门及管道展览会在上海新国际博览中心召开，吸引了来自美国、德国、法国、意大利、日本、韩国等 35 个国家和中国台湾地区共 580 家企业参展，该展会是泵阀管道企业在石油、化工、天然气行业首选的推广平台。浙江省泵阀行业协会与振威展览公司合作，争取半价优惠展位费，积极组团参加了该展会，为会员企业寻找市场空间。

（4）浙江省泵阀行业协会组团参加了 2016 年 9 月 27—29 日由中国国际贸易促进委员会、山东省人民政府共同举办的第九届中国（东营）国际石油石化装备与技术展览会。胜利油田是资源丰富、资金密集、技术密集的国有特大型企业，东营是胜利油田的主产区，每年对相关石油装备的采购金额达到 270 亿元。

5. 搭建融资平台

与金融机构建立起长期良好的战略合作伙伴关系，尽最大可能为会员提供高效便捷的融资服务。浙江省泵阀行业协会与平安银行合作贷款 1.2 亿元、与邮政储蓄银行合作追加贷款 1 亿元。2016 年 5 月，浙江省泵阀行业协会与民生银行签订战略合作协议，为泵阀行业小微企业提供信用贷款，由协会成立信贷审核小组，负责会员企业的贷款推荐工作，努力解决行业中小企业的融资难题。

6. 人才培养

组织系列行业性培训工作，提升行业人才质量，提高产业的技术水平和竞争力。

（1）3 月 28—29 日，组织伯特利、超达、保一等泵阀企业 20 余名生产管理者参加温州市经信委在瑞安塘下嘉利特荏原泵业有限公司举办的“精益管理示范企业”培训班。

（2）4 月 9—17 日，浙江省泵阀行业协会联合浙江省质量技术监督教育培训中心、永嘉县通用电脑职业培训学校在永嘉举办一期由物理金相检验和工业化学分析人员参加的“理化检验人员培训班”，泵阀行业 70 余名理化检验人员参加了培训，并取得了相关的技术考试结业证书。

（3）浙江省泵阀行业协会联合浙江省质量技术监督教育培训中心、永嘉县泵阀科技创新服务中心分别于 4 月 23—28 日、5 月 25 日—6 月 1 日、7 月 25—29 日在永嘉举办了三期特种设备焊接操作人员培训班，并由焊工考核委员会进行考核，考核合格者颁发全国通用的特种设备焊工作业人员证书。共有泵阀企业 72 人参加了培训、考试，并取得了相关的证书。

（4）浙江省泵阀行业协会于 7 月 8 日组织会员企业 100 多人参加了由永嘉县公安消防局召开的“行业协会消防安全大推进活动部署会”，并观看了消防知识教育片。

（5）为了加快推进永嘉县“浙江制造”品牌建设工作，加强企业质量管理和质量文化建设，浙江省泵阀行业协会联合永嘉县“三会”和伯特利集团有限公司共同承办“ISO9001质量管理体系标准换版培训会暨永嘉县泵阀行业先进质量管理（品牌）孵化基地活动”。邀请专家教授为到会人员进行培训，培训会为期3天，有100多名会员企业的生产管理人员参加了培训。同时，举行了温州泵阀质量技术学校在伯特利阀门集团有限公司的授牌仪式，并确立包括伯特利阀门集团有限公司、超达阀门集团股份有限公司、宣达实业集团有限公司等21家单位为温州市质量管理与品牌研究中心质量研究基地。

（6）8月24日—9月9日，浙江省泵阀行业协会协助举办的2016年温州市泵阀专业技术职称评审培训班在永嘉县泵阀科技服务中心开班，温州泵阀行业共有204名技术人员参加报名，经过专业课培训、面试、业绩评估、差额评审及公示，共有121人获得泵和阀门工程师职称、51人获得助理工程师职称、8人获得技术员职称。

（7）9月19日，“中国船级社2016年浙江地区海工（船用）产品技术交流促进会”在温州召开，浙江省泵阀行业协会组织会员企业的20多名技术人员参加了学习培训。

（8）10月15日，由温州市经济和信息化委员会主办、浙江省泵阀行业协会协办的“2016第二届中国（温州）泵阀发展论坛”在温州国际会议展览中心成功举行。论坛邀请多位泵阀领域的专家到场作专题演讲，有60余名技术人员和企业负责人参加了培训。

（9）浙江省泵阀行业协会联合温州系统流程装备科学研究院（国家阀门检测中心）于11月10日在永嘉县举办“泵阀行业国际技术贸易壁垒与风险培训会”，邀请中国出口信用保险公司和必维国际检验集团的专家做培训，阀门企业60多名外贸业务员参加了培训。

（10）浙江省泵阀行业协会于12月2日举办“预防犯罪法律知识培训班”，邀请永嘉检察院的检察官现场讲解企业“虚开增值税发票”“商业贿赂”等知识，近百名企业负责人、管理人员参加了培训。

（11）浙江省泵阀行业协会联合永嘉县经济商务和信息化局（网络经济局）、浙江聚点科技有限公司等单位，邀请阿里巴巴1688事业部等多位专家于12月9日为会员企业的营销人员就电子商务实用业务等专业的互联网知识进行了培训。

（12）为更好地服务泵阀企业，浙江省泵阀行业协会联合永嘉县泵阀科技创新服务中心举办了为期5天（12月12日开始）的第四期特种设备焊接操作人员培训班，培训结束由焊工考核委员会进行考核，考核合格后颁发了全国通用的特种设备焊工作业人员证书。

7. 宣传工作

行业宣传工作全面展开，有效维护了产业区域品牌形象。

（1）做好协会内部刊物宣传。共编辑出版了《泵阀纵横》杂志1期，《中国泵阀之乡》报纸3期，《产业外贸预警》简讯4期，更新网站信息1 000余条，同时协会还建立了微信群和微信公众号，实时发布相关消息，取得了良好的宣传效果。

（2）加强新闻媒体宣传。2016年新年伊始，协会组织伯特利、宣达、超达、立信和百强等5家会长单位在《中国工业报》上做了“新年寄语”整版宣传；在浙江经视频道上做了“中国泵阀之乡标准引领产业发展”的长篇专题报道。

（3）初步完成了《“中国泵阀之乡”泵阀品牌微商名录——手机样本总汇》微商信息平台建设，有效地加强了产品宣传推广的力度，方便了客商快速选购产品，促进销售。《泵阀品牌微商名录》的创建使企业产品第一次实现“印刷本”“计算机端”“手机端”同步阅读与推广的微信时代宣传模式。当前已有80多家会员企业创建了微商名录手机样本。

8. 协会荣誉

4月18日，在2016年度全省经信领域协会年会上，浙江省泵阀行业协会被浙江省经济和信息化委员会评选为“2015年度省级经信领域协会工作绩效评价 A 级协会”和“2015 年度省级经信领域优秀协会”，协会工作得到了主管单位的充分肯定。4 月份协会申报的“社团等级”评价顺利获得了浙江省民政厅最高“5A”级称号。

〔撰稿人：浙江省泵阀行业协会陈文荣、周思聪〕

2016 年我国冷却设备行业发展概况

2016 年我国经济运行缓中趋稳、稳中向好。工业企业利润由上年下降 2.3% 转为增长 8.5%，单位国内生产总值能耗下降 5%，经济发展的质量和效益明显提高。实现了“十三五”的良好开局。

冷却设备（包含冷却塔、空冷器、冷凝器及配套产品）是工业和空调制冷行业节水关键设备之一，广泛应用于钢铁、化工、制药、化纤、水泥、建材、酿造、造纸、炼油、卷烟、热电和医院、宾馆酒店业、写字楼、地铁、体育馆、影院等各行各业。

一、生产发展情况

据中国通用机械工业协会冷却设备分会统计，2016 年冷却设备市场需求有所萎缩。受钢铁、热电行业影响，工业塔领域新建项目相对较少，改造和维修项目居多。商业塔领域较为平稳，受益于国内经济稳中向好的发展态势。

从统计数据来看，闭式冷却塔需求强劲，纳入统计的国内规模较大的闭式冷却塔企业 2016 年收入较 2015 年增长了 10% 以上。主要是因为我国机械加工行业发展形势良好，已经成为世界机械重要的制造装配基地。随着世界上各大公司进入中国市场，对各种零部件的技术要求越来越高，如风力发电、锻造、铸造、食品、化工、医药等对闭式冷却塔的要求越来越高，特别是热处理行业的要求更高。

二、行业发展亮点

1. 绿色环保成为行业发展的主要方向

“十二五”期间，全国环境污染治理投资总额达到4.3万亿元。随着生态文明建设的持续推进，“十三五”期间，大气、水和土壤三大污染治理攻坚战役也到了关键时期。2016 年国务院常务会议通过《“十三五”生态环境保护规划》《“十三五”控制温室气体排放工作方案》，环保部发布了《“十三五”环境监测质量管理工作方案》，环保政策不断完善，生态保护、绿色发展已成为时代发展主题。

江苏海鸥冷却塔股份有限公司是一家专业的大型冷却塔生产企业，在冷却塔领域已形成了涵盖研发、制造、营销、售后服务的完整业务体系，具有了一定的生产规模和广泛的客户基础，拥有了较高的品牌知名度、较好的市场声誉和较强的市场影响力。该公司不断加大对生产设备、研发设备、检测设备和环保设备的投资和新产品的研发力度，自主研发设计的“消雾节水型冷却塔”产品被江苏省经济和信息化委员会认定为“江苏省首台（套）重大装备产品”。该“消雾节水型冷却塔”被江苏省机械行业协会评为“2016 年度江苏机械工业科技进步奖三等奖”。

新菱空调（佛冈）有限公司隶属于新菱集团，该公司成立于 2009 年，注重技术创新，具备雄厚的设计开发能力。该公司冷却塔性能检测中心已获国家玻璃钢制品质量监督检验中心的认可，成为国家玻璃钢制品冷却塔测试中心南方地区分中心。该公司自主开发的“一种横流式防雾冷却塔”已获使用新型专利。

2. 节能降耗成为行业发展的主攻课题

为了大幅降低能耗，国家对项目建设提出了

严格的节能标准。同时，不断上涨的基础能源价格，如煤价，也促进了节能技术和设计理念的推广。作为火电机组，较低的冷却水温可以减低机组运行背压，而较低的机组背压可以减少单位煤耗，从而达到节能的目的。但较低的冷却水温对冷却塔的设计提出了挑战：一是要加大冷却塔的面积；二是要更高效率的淋水填料；三是更加均匀的配风配水系统；四是减少过程中水力损失，如采用高位收水塔；五是提高预热利用等。冷却塔的主要功能是冷却，在湿冷塔和空冷塔中，塔芯材料和散热器分别是保证冷效的关键产品。

江苏海鸥冷却塔股份有限公司新的研发课题“直波型高淋水高浊水薄膜填料”“防溅、消声两用 PP 填料”均顺利完成并已分别申请实用新型专利，“防溅、消声两用 PP 填料”已用于实塔。

新菱空调（佛冈）有限公司开展了冷却塔金属换热片和全金属结构冷却塔的开发，该公司申请的“一种横流式冷却塔填料的多点固定结构”和“一种逆流式冷却塔悬挂填料装置”已获实用新型发明专利。

上海安得利给水设备有限公司开发生产的 LP 冷却塔专用泵，尤其是蒸发冷喷淋泵的开发和推广，不仅使这类大流量低扬程低噪声的泵完全国产化，替代了进口产品，同时也淘汰了原有的不适应蒸发冷喷淋系统的高耗能水泵，实现了节能降耗的目的，平均每台泵的电耗降低 27.7% 左右。2016 年，该公司合作项目“冷却设备高效传热传质与节能节水关键技术的协同创新及推广应用”获得教育部科技进步奖（推广类）二等奖；该公司支持创新项目“基于智能化电源管理的冷却水余压回收节能技术”在 2016 年第 18 届上博会上获得高校展区二等奖。该公司还积极参与“蒸发冷设备喷淋系统优化研究中心”建设，并加入“热力与制冷系统节能节水及环保技术协同创新平台暨产学研联盟”。

无锡市科巨机械制造有限公司生产的 KBL 系列闭式冷却塔，以其优越的冷却性能和出色的节能效果获得江苏省高新技术产品认定，被列入工业和信息化部节能机电产品（设备）推荐目录，并拥有多项专利（闭式冷却塔专利、防冻型封闭式冷却塔专利、闭式干湿两用闭式冷却塔专利、轧机用自动节能闭式冷却塔专利、锻压行业用闭式冷却装置专利、连体闭式冷却塔专利、一种可以自动切换风机的闭式冷却塔专利、双冷型封闭式冷却塔专利、自排式闭式冷却塔专利等）。KBL 闭式冷却塔自带一台控制柜 (含温度传感器)，置于室内 (泵房内)；喷淋泵、风机可根据温度传感器测得的出塔水温信号自动控制喷淋泵和风机的启动或停止，以避免不必要的电能浪费，节约能源；当循环水温超出设定的高限位时，控制柜能提供声、光报警，以提醒人员对系统进行检查。

3. 生产过程自动化和管理信息化水平不断提升

为推动我国制造业转型升级，重塑国际竞争新优势，国务院出台了《关于深化制造业与互联网融合发展的指导意见》，协同推进《中国制造 2025》和“互联网 +”行动计划，工业和信息化部印发了《信息化和工业化融合发展规划（2016—2020 年）》，提出到 2020 年，信息化和工业化融合发展水平进一步提高，提升制造业创新发展能力的“双创”体系更加健全，支撑融合发展的基础设施和产业生态日趋完善，制造业数字化、网络化、智能化取得明显进展，新产品、新技术、新模式、新业态不断催生新的增长点，全国两化融合发展指数达到 85，比 2015 年提高约 12，进入两化融合集成提升与创新突破阶段的企业比例达 30%，比 2015 年提高约 15 个百分点。

威海克莱特菲尔风机股份有限公司自行研发的风机产品选型软件，为销售报价及技术人员快速提供设计方案提供了参考。公司通过 PDM 软件实现了产品的数据管理，并与公司 ERP 软件实现了连接，确保产品系统流程的准确性。该公司聘请工业和信息化部第五研究所进行精益生产管理，提高了现场管理水平；聘请爱博瑞管理咨询公司进行质量体系提升改善活动；聘请山东省工业云平台为企业量身定做信息化管理系统，形成市场营销、设计开发、生产管理和物联网的全面信息化平台。通过内因外联形成了信息化程度高、管理程序优、管理环节少、决策速度快的机制。与此同时，公司注重建立和完善制度、流程、定额、标准、培训等各项基础管理工作，合理配置生产要素，建立健全规章制度，整体优势得到了进一步发挥。

山东格瑞德集团有限公司优先支持技术中心信息化建设投入，已建成了论文专利检索平台、开发人员知识共享平台、无纸化办公 OA 平台、BIM 开发平台，同时加强对外交流和信息安全管理，搭载专用局域网络，实现对外信息发布管理等。

新菱空调（佛冈）有限公司开发的具有完整性验证功能的冷却塔热力性能远程监控系统（简称 CTHEMS）V1.0、冷却塔热力性能关键传感信息采集与处理软件 V1.0，取得了国家版权局计算机软件著作权登记证书。

湖南元亨科技股份有限公司引进型材成型机，实现了自主加工的自动化，下料、划线、加工的多道工序整合后通过生产线自动完成，使人工成本降低 58%，材料利用率由 98% 提高为 99.6%，产能提高 1.8 倍，一次性加工合格率达 100%。采用数控双头钻新工艺，实现了管型部件的孔加工自动化，使人工成本降低 50%，产能提高 5 倍以上，一次性加工合格率达 100%。采用数控扁钢冲切机，使扁钢类部件的冲孔加工实现自动化，使人工成本降低 50%，产能提高 3 倍以上，一次性加工合格率达 100%。2016 年该公司申报发明专利 5 项、实用新型专利 9 项。

无锡市科巨机械制造有限公司进一步夯实基础管理工作。在规范生产管理部门业务流程、生产车间生产流程方面做了大量基础性工作，以制度建立为抓手，促使业务部门改变过去粗放的管理模式，规范了从接单到货款回笼的全流程管理，加强了车间、客户、生产管理部门、财务部门的业务对接，大大提高了工作效率。生产车间引进了激光切割机和全自动电焊机，提高了车间生产力，节约了大量材料，降低了生产成本，提高了生产进度。另外，公司生产管理部门细化了职责分工，设立了业务员、跟单员、设备管理员、技术指导员等岗位，明确了岗位职能、权限、工作流程，增强了内部协调和沟通，提高了办事效率。制定并开展实施新的生产经营目标管理考核方案，生产车间“赶”“超”“比”“拼”的氛围十分浓厚。掀起了学管理、学技术、增效益的热潮，实现了管理水平和生产效益的同步提高。随着企业进一步发展，产品加工和存储用地趋于紧张，公司 2015 年下半年扩建了厂房用于生产加工和产品存储。

南京斯贝尔复合材料有限责任公司拥有各种规格的专业拉挤生产线（36 条），以及配套的包塑设备、模压设备、切割加工设备等。该公司 200 多种各规格的模具可用于生产建造冷却塔所需的 GFRP 产品，生产过程自动化程度较高，在时间紧急的情况下两个月完成 700 多 t 的供货。该公司生产的产品 90% 为出口贸易产品。

4.“产学研用”结合更加紧密，企业更加注重技术创新和人才培养

山东格瑞德集团有限公司自成立以来，高度重视技术创新工作，先后与中国科学院长春应用化学研究所、机械科学研究总院、国家纳米科学研究中心、华东理工大学、西安交通大学、河北工业大学形成了紧密的产学研合作关系，为企业的创新发展提供了强劲的动力。近年来，企业承担的省级以上研发项目 20 余项，承担的国家火炬计划项目 2 项，获得中国技术市场金桥奖 1 项，山东省技术市场科技金桥奖 4 项，上海市科学技术奖 1 项。

为了更好地把握产品的研发方向，提升技术研发能力，格瑞德集团还分别成立了由企业资深研发人员组成的技术委员会，负责科技项目的研发、试验、产业化推广等；由高校专家组成的专家委员会，负责科研项目瓶颈问题的攻关。两个委员会整体负责做研究科技开发方向、重点课题和经费预算等重大问题的决策，制定中远期发展计划。该公司还成立了由 186 人组成的技术中心，其中高、中级职称科研人员 75 人，占中心人员

的 40.8%。技术中心科研用房超过 10 000m²，其中实验室 2 200m²，实验厂房 6 000m²，办公用房 1 000m²，图书资料室 100m²，拥有各类实验、检测仪器设备 150 余台（套），硬件设施齐全。技术中心年初制定技术创新计划，明确目标和措施，并实行动态管理，根据市场情况及时进行修改和调整。技术中心与中国科学院长春应用化学研究所、机械科学研究总院、河北工业大学、西安交通大学、上海第二工业大学、山东建筑大学等高校院所形成了紧密的合作关系，强化了技术中心创新水平。为保证研发水平的领先性，技术中心积极开展国家化研发合作，已与加拿大北极制冷合作研发被誉为“中央空调皇冠”的磁悬浮离心式冷水机组，这使格瑞德集团企业技术中心的研发工作具备了国际化水平。

该技术中心作为格瑞德人才培养的基地，实行全开放式的竞争用人机制，实施储备、培养和引进相结合的人才战略。技术中心在人才培养、引进与使用上，采取了一系列措施，发挥高科技人才的作用和优势。为高科技人才创造良好的工作、生活环境，提供必要的科研经费；提高研究人员的工资待遇，单独制定高级技术人才年薪；鼓励并安排技术中心人员进修和短期学习并报销费用。每年花费数十万元对科技人员进行培训，2016 年技术中心人员培训费达 76 万元。近三年来，参加各种技术培训近 400 人次，大大提高了科技人员的技能和研究水平。

格瑞德集团每年从产品销售收入中提取一定比例的资金作为技术开发储备基金和技术创新风险基金，每年提取的经费达到销售收入的 4% 以上。为保证研发资金的高效实用，还制定了研发资金核算体系，并编制了研发费用辅助账，使研发资金的使用有了切实保障。持续的研发投入，科技成果的转化，使得技术中心的科研成果成为企业发展的根本动力，为企业发展奠定了坚实的基础。2016 年格瑞德高新技术产品销售收入占企业全部销售收入的 63.18%。通过这些创新成果的运用，降低了成本，提高了劳动生产率，提高了产品附加值，增强了企业品牌美誉度。

威海克莱特菲儿风机股份有限公司实施技术创新战略，特别注重技术研发投入，不断提高自主研发能力。在现有技术研发成果基础上，公司持续不断进行技术和生产工艺创新，在提升产品性能和效率的同时降低成本，提高产品的性价比，进一步提升产品的竞争优势。公司是高新技术企业、山东省省级技术研发中心、威海市轴流风机工程技术研究中心。2012 年 10 月，公司正式设立院士工作站，聘请中国科学院赵淳生院士主持工作站的日常工作。2014 年，公司获批成为山东省博士后创新实践基地。2016 年，公司外聘的技术专家获得威海市服务外包人才领军人物称号。2016 年 4 月 27 日，公司申报的“具有齿形前缘叶片的大型轴流叶轮”获得发明专利授权。2016 年 6 月 8 日，公司自主研发的“TJL380-1 牵引电动机冷却风机”产品被列入“2016 年度山东省首台（套）技术装备及关键核心零部件”目录。2016 年 9 月，“TJL380-1 牵引电动机冷却风机”产品被列为《山东省高端技术装备新产品推广目录》（第五批）。2016 年 11 月 23 日，公司承担的“带襟翼的大型轴流通风机”科研项目通过专家组验收。

5. 冷却塔性能评价（CCTI 认证）逐步在业内开展

冷却塔性能评价（CCTI 认证）是针对中小型机械通风冷却塔进行性能评价的业务，由中国通用机械工业协会冷却设备分会组织实施。该评价是利用行业协会熟悉行业、了解行业的优势资源，按照现行的冷却塔国家标准 GB 7190.1 和闭式冷却塔团体标准 T/CGMA 100.001—2016《闭式冷却塔》建立的公开、公平、公正，保护用户权益的性能评价体系。参加冷却塔性能评价（CCTI 认证）的产品，其抽样检测性能指标必须符合相应的标准要求，并在 CCTI 网站公布产品的主要配置参数，接受公开监督，保障市场销售产品与通过性能测试产品配置的一致性。

中国通用机械工业协会冷却设备分会与北京新华节水产品认证有限公司合作，开展冷却塔性能评价、节能认证、节水认证“三证合一”的认证工作。企业一次申请、一次检测，只要结果满足三个标准的要求，即可同时获得三个证书。2016 年，青岛沃斐特空调设备有限公司、广州览讯科技开发有限公司、益冷和众科技（北京）有限公司 3 家企业的 4 个产品系列通过了冷却塔性能评价（CCTI 认证）。

6. 国际间的交流活动取得新突破

2016 年 4 月，美国冷却技术协会（CTI）原主席 FrankMichell 和 SteveChaloupka、秘书长 Vicky Manser 以及市场委员会负责人 Frank Morrison，应邀出席了中国通用机械工业协会冷却设备分会在上海召开的工作会，冷却设备分会全体理事及秘书长出席会议，双方就未来可能合作的领域、方式及共同关心的其他问题进行了充分深入的交流和探讨，在一些具体事务方面达成共识，双方签署了会议备忘录。

三、标准化制修订工作

2016 年，由中国通用机械工业协会冷却设备分会牵头，完成了 T/CGMA100.001—2016《闭式冷却塔》标准的制订，并于 2016 年 8 月 1 日实施。同时，分会还参与了 GB/T7190.1—2008《玻璃纤维增强塑料冷却塔　第 1 部分：中小型玻璃纤维增强塑料冷却塔》和 GB/T7190.2—2008《玻璃纤维增强塑料冷却塔　第 2 部分：大型玻璃纤维增强塑料冷却塔》的修订工作，完成了闭式冷却塔国家标准的报批工作和 GB/T50392—2016《机械通风冷却塔工艺设计规范》的审查工作。

四、行业面临的重点问题

（1）行业集中度不高，从业门槛低，存在无序竞争。当前，国内从事冷却设备及配套设备制造的数百家企业中大多是中小企业，企业间竞相压价的现象时有发生，导致众多产品档次不高，难以满足国内大型配套工程的需求。产品利润率下降，不利于行业和企业长远发展。

（2）企业保证金资金压力大。行业内普遍采用质量保证金制度，将合同总价 10% 的应收账款作为产品生产企业的质量保证金滞留在客户手中，直至产品质保期结束后，该保证金才可收回。近年来，受宏观经济形势影响，冶金、钢铁等下游行业资金面偏紧，导致产品销售回款时间较长，应收账款余额较高。由于行业内许多产品属于“非标”产品，需按照客户要求设计生产，产品技术差异大，生产安装环节多，同时发货、调试、验收受客户总体工程进度的制约，所以从投产至验收完成周期较长。在客户验收并出具验收确认单之前，需要生产企业预先垫付的材料费、工费以及存货费用较大，导致企业资金压力较大。

（3）人才缺失。行业人才尤其是技术人员和工人短缺。冷却设备行业属于传统制造业，业内企业普遍存在技术人才短缺和招工难、用工难的问题。从我国技术人才的培养现状来看，自 20 世纪 90 年代初以来，随着改革开放的深入，全社会的目光都集中在贸易、金融等流通领域。特别是传统制造业领域中大中型国有企业的转型、解体，直接影响到工程技术人才的培养，导致工程技术人才断层。一些以传统工科专业为主的名校开始把工作重点转向建设理科和文科，对传统工科专业采取了压缩学时、减少招生人数等措施，本应培养操作层面工程技术人员的院校也紧随名校推行相应的改革，中等专业技术学校和职业教育院校也将重点专业转向第三产业，这样一来使得高端工程技术人才严重缺失。未经过严格技术培训的农村剩余劳动力，成了一线技术工人的主要来源。虽然国家采取了一系列措施，面向世界引进高端人才，但操作层面的优秀工程师和技术工人仍很短缺。

随着中国经济发展进入新常态，冷却设备行业发展增速放缓，但是机遇与挑战并存。国家推行“一带一路”倡议，以拓展海外电力工程总包市场为龙头，带动中国装备走出国门，转移消化国内优质产能，将有助于带动国内发电设备和电站 EPC 输出。国内电站空冷设备迎来空前发展机遇，火电装机容量的持续增长为电站空冷提供了良好外部市场环境。当前，我国投产使用的电站空冷系统占全球总量的 60%，中国已成为全球最大的电站空冷系统市场。同时，在国家日趋严格的节水政策下，电站空冷系统已经成为我国淡水资源匮乏的“三北”地区新建火电的主要选择。“十三五”期间煤化工行业示范工程的升级建设和相关技术的突破，也将给冷却设备行业带来一定的市场空间。

按照《交通基础设施重大工程建设三年行动计划》，未来三年我国新增城市轨道交通项目共计103个，规划总里程达到2 385km，涉及投资约1.6万亿元。其中2016年和2017年将是城市轨道建设和投资的高峰期。2016年城市轨道规划建设长度达到1 274km，比2015年增长170%，2016年的新增里程几乎是前4年新增里程的总和。未来我国城市交通智能化需求将持续增长，预计到2021年城市轨道交通智能化需求规模将超过200亿元。这无疑将带动地铁冷却塔及配件企业的发展。

冷却设备产品已广泛应用于国民生产的各个领域，受行业景气情况影响较为明显，但冷却设备作为工业节水关键设备之一，市场前景良好。冷却设备行业企业应坚定信念，克服困难，积极储备技术力量，不断优化产品结构，开发节能环保新产品，共同推动行业持续发展。

〔撰稿人：中国通用机械工业协会冷却设备分会张文玲、尹证〕

2016年压滤机行业发展研究报告

厢式压滤机和板框压滤机（以下简称“压滤机”）是传统的固液分离设备之一。近年来，压滤机在滤板材质、结构形式、高效能过滤介质、分离效率、自动化水平、功能集成、产品质量和可靠性方面迅速发展，与欧洲发达国家产品性能差距越来越小。尤其近五年来，高压压滤机的研发成功，使我国压滤机的全自动化程度、产品质量的稳定性跃居世界前列。

国内专业生产压滤机的企业约有100余家，因近年来整体经济不景气且行业存在一定的壁垒，行业新进入者较少，企业数量较为稳定，尤其是销售额过亿元的大型企业数量稳定。压滤机行业骨干企业主要有景津环保股份有限公司、杭州兴源过滤科技股份有限公司等。

一、压滤机行业的应用领域

压滤机的应用领域广泛，主要应用于环保、化工、食品、制药、冶金、选煤、尾矿处理等固液分离领域。近几年来，环保领域已逐渐成为我国最大的压滤机产品需求市场，化工领域次之。

1. 环保

压滤机在环保领域的应用主要是城市污水污泥、自来水污泥、工业废水污泥、河道湖泊疏浚污泥处理。我国污泥处理技术的研究和应用较晚，污泥产生量大、含水率高、处置困难，成为长期困扰市政部门的重要问题。2015年国务院颁发《水污染防治行动计划》(即“水十条”)，随着各地配套政策的出台实施，水环境保护产业的发展给压滤机行业带来新的机遇。据不完全统计，自来水厂中污泥处理设备占50%左右，机型多以1500和2000型为主，尤其是厢式隔膜滤板压滤机的需求较大。根据国家环保总局环境规划院、国家信息中心《2008—2020年中国环境经济形势分析与预测》，未来十年用于污水处理的投资仍将保持持续增长。在这个行业中，压滤机占据越来越重要的地位。由此可见在我国环保污泥处理领域，压滤机发展前景很好。

2. 化工

中投顾问发布的《2016—2020年中国精细化

工行业投资分析及前景预测报告》指出，化工行业规模的增加势必带动相关分离机械产品的增加。其中对压滤机需求影响比较显著的行业主要是钛白粉行业、印染行业、白炭黑行业、无机盐行业等。根据数据显示，近年来，化工行业规模不断增长，2016 年我国化工行业规模以上企业实现主营业务收入 87 707 亿元，同比增长 5.6%。

3. 食品

我国是世界第一人口大国且人口数量仍在增长，人们对食品的需求必将持续稳定增长。随着经济的发展和人们生活水平的不断提高，食品行业对压滤机的有效需求将持续稳定增长。压滤机在食品行业上要应用于酒精、啤酒、淀粉、制糖、食品添加剂等领域。

4. 矿物加工

由于矿物资源越来越复杂，二次资源、海洋资源、工业废料的加工处理也将成为矿物加工的重要对象，传统的矿物加工技术面临着严重挑战。直接从各种资源中，分离、提取、加工成矿物材料、化学品等直接可用的物料，并实现矿物加工过程高效益、低能耗、无污染，是矿物加工行业发展的趋势。面对待处理资源的变化及技术上存在的问题，矿物加工及相关学科的科技工作者在矿物加工及相关领域不断进行探索和研究，一些新的矿物加工学科领域已初露端倪。矿物加工科技向着高效益、低能耗、无污染的方向发展，未来矿物加工技术将向着矿物富集、分离与综合利用、非矿物资源的富集与分离方向发展。压滤机作为矿物处理不可或缺的分离设备，将在未来矿物加工技术发展趋势中扮演越来越重要的角色。

5. 医药

压滤机在医药领域应用广泛。在制药、医药中间体以及生产废水处理等工艺上都需要压滤机设备。根据医药行业的发展趋势，预计我国医药市场增长速度将高于世界医药市场增长速度，必将带动压滤机行业的发展。

6. 其他

经过多年发展，压滤机应用领域不断向纵深拓展，诸如保健品、酶制剂等行业对压滤机的需求在不断增长。随着工业化进程的提升，预计未来五年内，压滤机在其他领域的市场容量将达到 4 亿元以上。压滤机产品细分需求市场推动因素分析见表 1。

表 1 压滤机产品细分需求市场推动因素分析

应用领域	具体应用	促动因素
环保	城镇污泥处理、江河湖库疏浚、工业废水处理	政府政策不断推动，城镇污水、工业废水处理和疏浚对压滤机的需求稳定增长，城镇污泥亟待加快处理，带动高压隔膜压滤机快速普及
化工	钛白粉、染料、无机盐	我国化学工业规模不断扩大；钛白粉、无机盐等增势带动分离机械的需求
煤炭	用于煤泥脱水	原煤产量和入洗原煤量不断增加，煤价呈上涨趋势，大型洗煤厂和扩产项目陆续上马
食品	啤酒、酒精、淀粉	根据中国酿酒协会预测，我国啤酒产量保持 10% 以上增长，压滤机进口替代带来增长空间；乙醇和淀粉领域需求保持稳定
有色金属	铜、铝、镍、锌、锰冶炼和尾矿处理	提高铜铝镍的保障能力，加强煤铝共生矿资源利用；国家计划“十二五”投资 540 亿元建设尾矿处理重点项目
其他	非金属矿开采和尾矿处理、医药生产	我国开发 130 种非金属矿，非金属矿产值快速增长，带动新增压滤机需求和更新需求

二、2016 年行业发展概况

2016 年，随着国内经济的回暖，压滤机行业稳步发展。随着宏观经济逐渐触底反弹，下游部分行业需求逐渐增加，以及国家对环保的重视加强，压滤机这一环保设备的需求也在增加。2016年下半年，尤其第四季度，压滤机市场需求回升较快，压滤机产量小幅增长。由于上半年销售收入实现较少，全年总体销售收入较上年仍有所下降。据了解，2016年国内压滤机行业的产量约为17 200台，同比增长约4.2%；2016年压滤机销售收入38.5亿元，比上年下降1.3%。产量增长、销售收入下降的成因是销售价格下降，价格下降的主要因素为：压滤机原材料成本占生产成本的比重较大，其中原材料占比较大的是钢材和聚丙烯，2014年、2015年钢材价格下降幅度较大，聚丙烯则受石油价格影响同样呈下降趋势，受此影响，压滤机价格相应下调。

2016年，景津环保股份有限公司发展情况良好，在压滤机制造、过滤技术水平等方面得到了国内外同行业的广泛认可，部分产品已达到国际领先平，具有较强的竞争实力。2016年公司实现营业收入15.44亿元，比上年下降2.46%；实现净利润1.60亿元，比上年增长12.01%。2016年，公司设立“山东省院士工作站”，并获得了第68届德国纽伦堡国际发明展金奖。作为行业龙头企业，景津环保公司对科技创新的重视程度不断加强，技术创新水平得到了国际市场的认可。

杭州兴源过滤科技股份有限公司充分利用上市公司的优势，已由压滤机提供商快速升级为环境治理综合服务商，业务范围涵盖了环保装备制造、河湖水库的疏浚、流域综合治理、市政污水及工业废水治理、农村分布式污水治理、生态环境建设等领域。2016年公司实现总体营业收入21.03亿元，其中设备销售收入为3.49亿元，比上年下降4.9%。

三、技术发展与突破

随着高科技的应用，未来压滤机将向着集成化、自动化和智能化方向发展。自动化及智能化可提高应用企业生产效率，小型化可减少厂房基建投资，为客户节省资金，提高生产效率，同时提高产品附加值，提高国产压滤机的国际市场竞争力。根据国内公开的技术资料显示，国内压滤机行业的研发能力正在不断增强，部分企业与高校、科研院所合作越来越密切，在“产学研”应用方面取得了良好效果。通过与高校合作，企业在基础研究与理论研究方面的弱势得到了弥补，在压滤机的智能化研究方面不断取得进展。

四、未来的市场前景

随着经济形势的回暖，可以预计未来我国压滤机市场容量将呈现增长的态势。得益于环保行业的快速发展，预计未来五年环保领域压滤机年复合增长率将达到20%～25%，其他领域年复合增长率约为8%。预计2020年我国压滤机市场规模将达到70亿元左右。

五、与国际压滤机行业的对比

近年来国内压滤机企业技术水平发展迅速，通过引进、消化、再创新和自主创新，制造技术快速进步，产品技术含量和质量大幅提高，特别是部分压滤机生产骨干企业，从生产规模、生产制造水平、产品的多样性、自动化及新技术应用方面已经处于国内同行业的先进水平。当前，发达国家压滤机制造商均已完成由压滤机制造商向系统集成商的转变，具有较为强大的压滤机过滤系统集成服务能力和行业应用经验。我国压滤机行业也已经逐步从生产制造向技术服务、工程集成等方面转变，但技术服务方面仍然处于市场竞争劣势地位，国内有自主研发实力的企业应该加大在技术集成方面的投入，实现对国际同行业的超越。

六、存在的主要问题与建议

国内压滤机行业仍存在低价竞争、恶意竞争的情况。财政部印发《政府采购货物和服务招标投标管理办法》提出：“评标委员会认为投标人的报价明显低于其他符合性审查投标人的报价，有可能影响产品质量或者不能诚信履约的，应当要求其中评标现场合理的时间内提供书面说明，必要时提交相关证明材料；投标人不能证明其报价合理性的，评标委员会应当将其作为无效投标处理”。这个文件的出台将会极大地净化竞标市场环境，引导行业健康可持续发展。

在国家大力推进供给侧改革的趋势下，建议国内压滤机企业加大研发投入，发扬工匠精神，生产技术附加值高的优质产品，提高压滤机过滤系统集成服务能力及新应用领域开发能力，不断提升产品质量和品牌认可度，为我国机械装备制造业的发展作出更大贡献。

〔供稿单位：中国通用机械工业协会分离机械分会〕

（本栏目编辑：刘世博）

行业概况

从生产发展情况、市场及销售、科技成果及新产品、基本建设及技术改造、企业结构调整等方面报道我国通用机械行业各分行业的发展情况

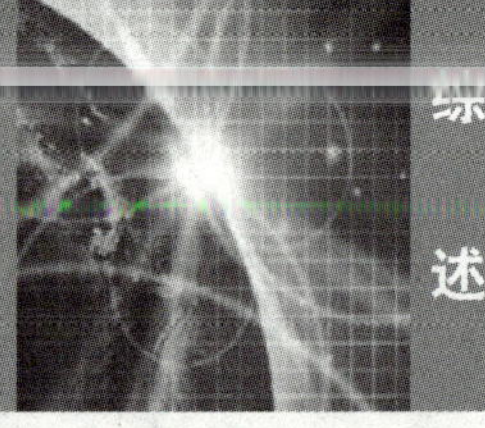

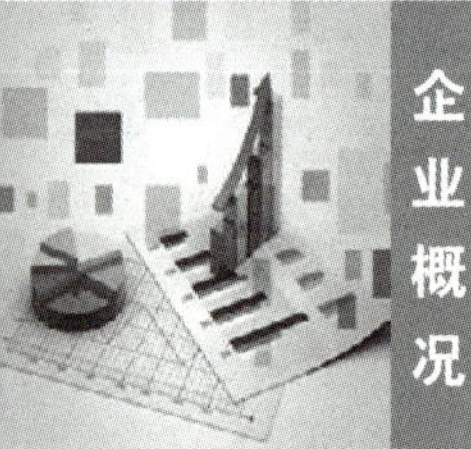

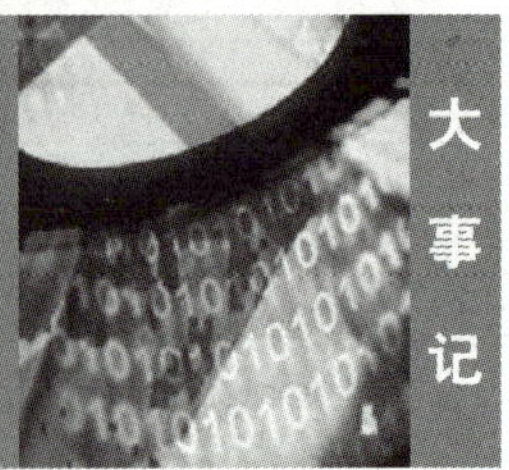

行业概况

2016年泵行业概况

近年来，我国泵行业得到了迅速发展，但是我国大多数泵制造企业规模不大，产品更新不够快，质量不够高，在许多方面和国外同行业相比还有较大的差距。当前工业泵普通产品供大于求，高水平、高质量的特殊产品供不应求，还需从国外进口，产品的水平与用户要求差距较大。产业结构和产品结构不合理的现象尤为明显，产品达到当代世界先进水平的极少，大部分仅达到20世纪80年代末90年代初的水平，不能适应市场需求结构的变化。一方面，普通产品积压严重，另一方面，市场急需的产品试制太慢或短缺，冲不出传统产品的格局。与国外同业的动态差距并没有缩小，形势不容乐观。在泵站设计时，只能选用性能差不多的有限几种定型产品，这样不但降低了泵站效率，而且还留下很多安全隐患。我国大多数水泵制造企业规模不大，缺乏高精度加工、检测等工艺设备，新工艺、新材料、新技术未能得到普遍的推广和应用。当前，国外泵的发展速度较快，技术也更为先进。国外大型水泵生产企业制造出来的泵，一般具有转速高、体积小、重量轻等优点，其流量是我国同口径水泵流量的1.5～2倍。尤其是荷兰、日本、美国、前苏联等国家，水泵的性能指标明显优于国内。荷兰较注重科研的投入，其科研力量很强，设施较为完善，对水泵及其进出水流道均有比较系统的研究。国外尤其是工业水平较为发达的国家，他们在水泵的设计和制造方面和对水泵研究的重视程度，值得我国学习和借鉴，但也同样需要在泵的扬程和流量等重要参数上作出一步突破，需要在水泵机械结构改进上投入力量。随着科学技术的发展，国内外泵行业向大型化、高速化、高强度、高压力、高可靠性、长寿命、系统控制和机、电仪一体化等高科技方向发展，其中，寿命、可靠性及自动化已成为选择泵时的主要考虑因素。

一、生产发展情况

2016年，中国通用机械工业协会泵业分会有458家会员单位，其中，企业会员432家（含团体会员3家：永嘉县泵阀工业协会、博山泵业商会、天津螺杆泵专业委员会）、科研院所和大专院校26家。行业发展遇到了较大的压力，经济运行形势面临着严峻考验。企业盈利能力有所下降，行业经济运行下行压力依然较大。

泵行业1 266家规模以上工业企业统计数据如下：实现主营业务收入2 192亿元，同比增长2.96%，增幅比上年同期提升2.6个百分点；完成出口交货值272.1亿元，同比增长8.42%，增幅比上年同期提升14.35个百分点；应收账款335.7亿元，同比增长4.86%；产品存货262.2亿元，同比增长6.01%；实现利润总额155.8亿元，同比增长4.67%；亏损企业122家，同比增长7.96%；亏损额10.52亿元，同比增长17.41%。

2016年，据泵行业184家会员企业上报的资料统计：实现工业总产值515.1亿元，同比增长2.3%，增幅比上年同期提高0.6个百分点。调整可比因素，同比增长0.7%；实现销售产值499.2亿元，同比增长2%，增幅比上年同期提高0.2个百分点；完成新产品产值211.6亿元，同比增长7.1%，增幅比上年同期提高3.9个百分点；完成工业增加值147.6亿元，同比增长3.1%，增幅比上年同期提高2.2个百分点。

从企业所在地区完成工业总产值来看，除两个地区增长速度有所下降外，其他地区增长速度都呈上升趋势。其中：东北地区同比下降1.1%，华北地区同比增长5.7%，西北地区同比增长8.4%，华东地区同比下降 2.4%，中南地区同比增长 5.9%，西南地区同比增长 6.4%。

据上报的 184 家会员企业统计，工业总产值超过亿元的企业有 98 家，共实现工业总产值 481.2 亿元，占行业完成工业总产值的 93.4%。

2016 年，据 65 家重点骨干企业统计：实现工业总产值 328 亿元，同比增长 0.1%；实现主营业务收入 314.5 亿元，同比下降 0.3%；实现工业增加值 92.9 亿元，同比下降 1.2%；实现利润总额 23.1 亿元，同比下降 9.1%；实现利税总额 36.8 亿元，同比下降 9.8%。

2016 年泵行业工业总产值前 20 名企业见表 1。

表 1　2016 年泵行业工业总产值前 20 名企业

序号	企业名称	工业总产值（万元）	同比增长（%）	序号	企业名称	工业总产值（万元）	同比增长（%）
1	上海凯泉泵业（集团）有限公司	313 485	24.5	11	广东白云泵业集团有限公司	85 442	14.2
2	上海东方泵业（集团）有限公司	254 821	-1.8	12	沈鼓集团核电泵业有限公司	85 324	28.6
3	上海连成（集团）有限公司	225 138	3.1	13	广东凌霄泵业股份有限公司	82 250	10.0
4	上海熊猫机械（集团）有限公司	207 048	3.0	14	山东长志泵业有限公司	67 740	-12.6
5	南方中金环境股份有限公司	171 661	6.8	15	襄樊五二五泵业有限公司	67 101	-3.4
6	浙江利欧股份有限公司	162 876	0.7	16	安徽三联泵业股份有限公司	66 429	-5.5
7	中国电建集团上海能源装备有限公司	148 420	-0.5	17	广东肯富来泵业股份有限公司	61 941	-4.5
8	新界泵业集团股份有限公司	133 868	7.5	18	赛莱默水处理系统（沈阳）有限公司	55 643	24.8
9	丰球集团有限公司	132 835	7.6	19	大连深蓝泵业有限公司	54 010	-22.0
10	上海凯士比泵有限公司	105 802	9.6	20	石家庄工业泵厂有限公司	52 784	-5.1

沈鼓集团核电泵业有限公司以生产经营多品种类别离心泵为其主导业务，生产组织流程为典型的离散制造业企业，生产方式为按订单、小批量、多品种、循环生产。主要市场分布在常规火电用泵市场和核电用泵市场两个方面。

沈鼓集团核电泵业有限公司 2016 年全年实际完成工业总产值（含税）65 450 万元，完成全年计划的 93.5%；完成销售收入 51 940 万元，完成全年计划的 126.7%；营业利润 -16 000 万元，比计划指标多亏损 14.3%；产品订货 39 926 万元（不包含 CAP1000 主泵 87 669 万元），完成全年计划的 133.1%；回款 76 357 万元，完成全年计划的 117.5%。

2016 年完成了核主泵 CAP1400 样机装配任务，交付了核三级泵 HL37/HN141/HN142，以及出口伊朗的泵产品 1P/2P/3P/4P。全年产品合同准时交付率比上年度有所提升，但全员履约意识依旧淡薄，核级产品项目管理对外沟通不畅导致用户信息缺失，无法有效支持生产工作。

山东长志泵业有限公司（以下简称山东长志）2016 年完成工业总产值 49 400 万元，同比增长 7%；新产品产值 30 810 万元，同比增长 4%；销售收入 47 400 万元，同比增长 4%；利润总额 6 288 万元，同比增长 10.7%。

上海凯泉泵业（集团）有限公司是集设计、生产、销售、安装泵、给水设备及泵用控制设备于一体的大型综合性泵业集团公司。2016 年，凯泉泵业共完成订单近 31 亿元，同比增长 17.8%。

南方中金环境股份有限公司（原名南方泵业股份有限公司）经过多年的努力，在新产品开发及创新上取得了不错的成绩并受到了各级政府部门的认可。2016 年，虽然行业市场需求疲软、企业盈利能力放缓，但中金环境在主营业务收入、利润总额方面仍表现出较为稳定的增长，综合经济效益处于行业领先位置。2016年，中金环境的总资产为57.97亿元，资产负债率为36.1%；主要产品产量50万台；工业总产值171 661万元，新产品产值137 913万元，工业增加值170 796万元；销售收入17.26亿元，利润总额28 227.19万元。

二、市场及销售

1. 主营业务收入小幅增长

2016年，泵行业参与统计的184家企业实现主营业务收入491.7亿元，同比增长2.6%，增幅比上年同期提高1.2个百分点。调整可比因素，同比增长1.5%。

2016年泵行业主营业务收入前20名企业见表2。

表2　2016年泵行业主营业务收入前20名企业

序号	企业名称	主营业务收入（万元）	同比增长（%）	序号	企业名称	主营业务收入（万元）	同比增长（%）
1	上海凯泉泵业（集团）有限公司	313 485	20.0	11	广东凌霄泵业股份有限公司	82 259	7.5
2	上海东方泵业（集团）有限公司	245 468	2.9	12	广州白云泵业集团有限公司	76 767	14.9
3	上海连成（集团）有限公司	219 918	3.0	13	沈鼓集团核电泵业有限公司	73 100	28.6
4	上海熊猫机械（集团）有限公司	208 850	0.4	14	山东长志泵业有限公司	66 854	-12.7
5	南方中金环境股份有限公司	170 672	6.7	15	安徽三联泵业股份有限公司	66 731	-4.7
6	中国电建集团上海能源装备有限公司	147 821	-1.9	16	广东肯富来泵业股份有限公司	64 291	4.0
7	浙江利欧股份有限公司	143 093	1.5	17	湖南湘电长沙水泵有限公司	58 677	18.4
8	新界泵业集团股份有限公司	133 529	8.7	18	大耐泵业有限公司	56 437	-10.5
9	丰球集团有限公司	132 756	7.6	19	襄阳五二五泵业有限公司	53 783	-6.6
10	上海凯士比泵有限公司	94 053	-2.1	20	石家庄工业泵厂有限公司	52 890	-5.3

2. 效益仍不乐观，企业盈利能力下降

2016年，参与统计的184家企业实现利润总额37.9亿元，同比增长3.6%，增幅比上年同期提升0.4个百分点。调整可比因素，同比下降2.2%；实现利税总额65.7亿元，同比增长13.3%。调整可比因素，同比增长9.6%。

泵行业65家重点骨干企业实现利润总额23.1亿元，同比下降9.1%。

在上报的184家企业中，盈利企业158家，亏损企业26家。亏损面比上年同期有所收窄。

2016年泵行业利润总额前20名企业见表3。

表3　2016年泵行业利润总额前20名企业

序号	企业名称	利润总额（万元）	同比增长（%）	序号	企业名称	利润总额（万元）	同比增长（%）
1	南方中金环境股份有限公司	30 884	21.5	11	江苏振华泵业制造有限公司	8 463	31.1
2	浙江利欧股份有限公司	24 329	43.8	12	四川自贡工业泵有限责任公司	8 396	20.0
3	上海连成（集团）有限公司	21 311	1.0	13	赛莱默水处理系统（沈阳）有限公司	7 227	3.3
4	上海东方泵业（集团）有限公司	17 944	4.3	14	中国电建集团上海能源装备有限公司	6 546	-18.3
5	广东凌霄泵业股份有限公司	17 577	38.2	15	广州白云泵业集团有限公司	6 298	3.9
6	格兰富（中国）投资有限公司	17 058		16	山东长志泵业有限公司	6 288	-29.8
7	上海熊猫机械（集团）有限公司	15 909	-5.0	17	昆明嘉和科技股份有限公司	6 256	27.6
8	新界泵业集团股份有限公司	13 289	-5.4	18	襄阳五二五泵业有限公司	6 056	-7.6
9	上海凯泉泵业（集团）有限公司	12 294	-33.8	19	上海阿波罗机械制造有限公司	5 851	12.3
10	丰球集团有限公司	11 689	-3.4	20	安徽三联泵业股份有限公司	5 833	13.1

3. 行业出口趋于平稳，增速回升

2016 年，82 家企业完成出口交货值 53.1 亿元，同比增长 1.5%，增幅比上年同期提升 1 个百分点。

2016 年泵行业出口交货值前 20 名企业见表 4。

表 4　2016 年泵行业出口交货值前 20 名企业

序号	企业名称	出口交货值（万元）	同比增长（%）	序号	企业名称	出口交货值（万元）	同比增长（%）
1	浙江利欧股份有限公司	118 048	持平	11	湖南天一奥星泵业有限公司	8 500	
2	新界泵业集团股份有限公司	53 329	9.2	12	沈阳启源工业泵制造有限公司	7 805	9.0
3	君禾泵业股份有限公司	48 802	13.3	13	湖南湘电长沙水泵有限公司	6 990	87.6
4	广东凌霄泵业股份有限公司	36 763	19.2	14	广东肯富来泵业股份有限公司	6 772	22.1
5	丰球集团有限公司	32 178	−23.8	15	安徽三联泵业股份有限公司	6 766	−6.8
6	赛莱默水处理系统（沈阳）有限公司	17 826	22.9	16	中国电建集团上海能源装备有限公司	5 761	
7	南方中金环境股份有限公司	16 736	−4.0	17	山东长志泵业有限公司	5 562	19.3
8	安徽莱恩电泵有限公司	11 911	−23.4	18	日立泵制造（无锡）有限公司	4 673	26.8
9	湖南凯利特泵业有限公司	10 929	29.1	19	广东永力泵业有限公司	4 551	−2.9
10	大连深蓝泵业有限公司	9 615	−48.1	20	上海东方泵业（集团）有限公司	4 376	5.3

4. 市场形势趋稳向好，订货好于上年同期

2016 年，上报的 174 家企业累计订货额 606 亿元，同比增长 9.4%。从企业订货情况来看，泵行业企业不断重视国内外市场开拓，主动寻求市场机遇，不放弃任何一个项目，在激烈的市场竞争中不断取得大项目合同，彰显了销售人员和技术人员的顽强斗志和锲而不舍的精神。

沈鼓集团核电泵业有限公司巩固现有市场，积极开拓新市场领域，保证重点项目的成功签订。

1）核电市场。签订了田湾核电 4# 机组的 MS 疏水泵，国核工程公司压水堆示范工程 1/2 号机组的 MP10 卧式单级离心泵合同和漳州项目的凝结水泵合同。

2）国内火电市场。签订并下发华润电力五间房电厂 2×660MW 超超临界燃煤发电机组工程给水泵合同，合同总额 1 442.2 万元；大唐平罗发电有限公司新建 2×660MW 超超临界燃煤间接空冷机组工程给水泵合同，合同总额 855 万元。

3）国际市场。同内蒙古陆玖商贸有效公司签订了开发蒙古和俄罗斯市场的代理协议，并已签订了 1 600 万元的合同；同卡斯普（北京）国际咨询有限公司签订了瑞典等欧洲市场的开发协议；同哈尔滨中新能经贸有限公司签订了印度市场的开发协议；同埃及 DPC 公司签订了埃及市场的开发协议。

4）售后市场方面。与陕西榆林有色一次性签订了 5 台芯包检修合同，并初步达成后续 10 台芯包的检修意向；在分布式能源项目上取得业绩，如广安项目和深圳坪山项目凝结水泵；推动并签订了 2 台国产芯包备件；与广核运营中心签订完成备件框架协议，与秦山核电就备件框架协议达成初步意向；在节能改造方面有所突破，进行了 10 台凝结水泵、2 台前置泵的改造项目。

湖南耐普泵业股份有限公司 2016 年共签订合同 443 个，合同总额 14 530 万元。重点的招投标项目有贺州吕电项目、浙江舟山液化气（LNG）接收站及加注站消防水泵项目等。LNG 海水泵国产化业绩独占鳌头，并成功开辟了外贸出口市场，配件销售创历史新高。公司全年坚持研发具有高科技含量的环保型新产品，无泄漏化工泵、多相流溶气泵、浮船泵和低温泵现已成功应用于市场，受到用户一致好评。

重庆水泵厂有限责任公司 2016 年实现销售额 46 473 万元。计量泵和往复泵都属于公司优势行

业，虽然2016年市场形势不好，但公司这两个板块的业务依然坚挺。各行业板块的销售情况如下：核电用泵销售量成增长趋势；计量泵属于常规市场，由于受市场环境的影响，销售量有所下滑；液压隔膜泵订货较为稳定；高压自平衡多级离心泵市场竞争较残酷，公司主要走的是高端自主研发路线，当前行业不景气大项目较少，通常采用常规普通离心泵进行暂时性替代，而中低端市场公司产品在价格上不具有竞争优势；一、二、三类压力容器属于普通产品，竞争厂家较多，并存在地域竞争问题，公司产品较难中标。

天津泵业机械集团有限公司2016年年初将民品营销系统重新划分了组织架构，将原有南北分区的格局调整为按照行业分区的格局。根据公司产品目标市场行业化的特点，本着“专业人才干专业事”的原则，全面实行行业化销售模式，最大限度地搭建销售市场平台，整合销售系统人力资源。客户方面，对公司现有客户资源逐户按照行业标准进行划分，对于新客户则通过信息化逐级确认与审批方式进行了规范的行业界定。2016年，公司配套胜利油田东辛输油管道工程的11台高压双螺杆泵，是当时国内流量、压力等综合性能最高的重载双螺杆泵。该双螺杆泵的成功研制，一举奠定了公司在国内螺杆泵行业的绝对领先地位，强化了公司在国内的技术领先优势。由于东辛输油管道工程的示范作用，公司又成功取得日照港油品码头油库和惠州大亚湾燃料油调和配送两个项目共计26台高压双螺杆泵的合同。

湖南天一奥星泵业有限公司主打产品管线输油泵2016年业绩突出，赢得了青岛港董滩管线所有管线主输泵和给油泵及中化弘润管线、中石化胜利油田管线、中石化镇海炼化原油管线、中国石油管道公司管线、大庆油田管线、陕西延长石油（集团）管道运输公司管线、中国石油长庆油田管线输油泵机组等项目以及中石化茂名石化EO装置和中石油大庆油田化工集团原稳装置等项目装置泵订单。公司在中东市场也取得了不错的业绩。

山东双轮股份有限公司多年来一直高度重视项目的投标工作，2016年取得了可喜的成绩。全年共参与450余个大小项目的投标工作，累计投标项目总金额在7亿元左右；在500万元以上的重大项目投标方面，公司将投标重点集中于地铁、资源综合利用项目和新能源项目，共参与了20多个重大项目的招投标，累计投标项目总金额接近2亿元。

南方中金环境股份有限公司2016年以市场需求为导向，积极拓展污泥处理市场。凭借自主研发的“太阳能低温复合膜无害化与资源化处理污泥（蓝藻）成套装置”的技术优势，在污泥处理市场尤其是市政污泥处理领域屡获大单，包括无锡市350t/d污泥处理项目、无锡奥尔吉科技有限公司蓝藻无害化资源化系统工程总承包合同、肥东县230t/d市政污泥及蓝藻处理项目等。

山东同泰集团股份有限公司设计开发了DG350-150型高温高压锅炉给水泵，用于50MW火力发电机组配套。该泵投入市场运行后，高效节能，运行稳定，用户反映良好。公司先后开发了TTS450-19、TTS450-9、TTS300-27型单级双吸卧式中开离心泵，可以代替部分混流泵，优化匹配各水力尺寸，汽蚀和效率兼顾，满足GB/T19762能效评价值，达到节能目标。OS600-540型双吸中开离心泵产品获得山东省技术创新优秀新产品奖，该项目同时获得机械工业科技进步奖三等奖；DG350-150型高压锅炉给水泵、OS600-830型双吸中开离心泵取得山东省新产品鉴定验收证书。

上海凯士比泵有限公司从德国KSB AG引进了大量的先进技术，包括RSR750轴封型主泵、RUV650-870湿绕组电动机主泵、RVT安喷安注泵、RCV上充泵、ASG电动辅助给水泵、RHR余热排出泵、RHD主给水泵的设计和制造技术。在整个技术引进、消化吸收、再创新的过程中，公司有计划、有步骤地按照“投产达产—零部件、材料国产化—设备研制—发展创新”四个层次组织重点突破，使公司科技水平总体得到提高。公司为核电系统提供的核一级、二级、三级泵产品的技术处于国际先进水平，产品质量稳定。

襄阳五二五泵业有限公司 2016 年共签订订单 63 678 万元，销售各类工业泵 5 696 台，实现主营收入 53 783 万元。在新市场开拓方面，公司通过充分调研，进一步明确了新市场和外贸市场的拓展方向：在国内将有色金属市场作为主攻方向，在国外将东盟和印度市场作为目标市场。将有色金属资源较为丰富的西部七个片区合并组建销售二部，加大了新市场开发激励力度，全年完成新市场订单 7 078 万元，新市场拓展初见成效。在外贸市场方面，虽然国内电力行业产能过剩，新建电厂受到严格限制，但以东盟和印度为代表的新型工业国家电力需求日趋旺盛，新建电厂规模宏大，脱硫市场正在形成。国家“一带一路”战略的实施，为公司走出国门开拓国际市场提供了宽广的舞台。2016 年，公司泵产品实现出口额 2 950 万元，出口国家为缅甸、马来西亚、日本、越南、美国。

大耐泵业有限公司 2016 年主机订货 8 031 万元，主机回款 9 746 万元。订货主要集中在石油化工和化工领域，随着国家注重环境保护，在环保水处理方面也取得了很大的进步，订货额约为 1 000 多万元。随着炼油市场的放开，众多地炼公司项目上马，公司产品也是多次中标，中标产品多数为公司的主打产品石油化工流程泵与化工流程泵。全年销量各类离心泵 1 527 台（套），出口 220 台（套）。国内市场持续低迷，大耐泵业有限公司加快了出口的步伐，通过在国外办理展会、开拓国外代理商增加国际影响，并在国内寻找有实力的贸易公司来增加出口订货，2016 年实现出口额 650 多万。随着对伊朗市场的解禁，2016 年产品出口中，与伊朗的合同所占的比重较大，多数是通过国内的工程公司进行订货，打开了中东的市场。公司在印度尼西亚的市场逐渐成熟，固定客户每年都有订货。出口俄罗斯的石油管线输送泵得到了俄罗斯炼油厂的认可，2016 年签订合同金额 500 万元。

2016年大耐泵业有限公司产品出口统计见表5。

表 5　2016 年大耐泵业有限公司产品出口统计

型号规格	出口数量（台）	金额（万元）	出口国家及地区
ASDR 及 ASD	23	339	伊朗、俄罗斯
HB	13	163	俄罗斯
LH	10	55	俄罗斯、巴基斯坦
PC	128	415	俄罗斯、巴基斯坦、印度尼西亚、越南、缅甸、伊朗
SC	33	113	俄罗斯、巴基斯坦、印度尼西亚、越南、缅甸 伊朗
其他	13	86	俄罗斯、巴基斯坦、沙特阿拉伯

大连深蓝泵业有限公司 2016 年取得中广核华龙 1 号防城港二期项目核级泵订货，其中包括 EHR 安全壳热量导出泵（核二级）、LHSI 低压安注泵（核二级）、ASG 应急给水泵（核三级）、RRI 设备冷却水泵（核三级）。取得中国原子能科学研究院气闸、堆顶密封塞、厂内运输桶的核设备订货。以漳州 1、2 号机组为依托，全面开展华龙 1 号余热排出泵、中压安注泵、安全壳喷淋泵、低压安注泵、电动辅助给水泵的研制及补充试验工作。承接漳州 1、2 号机组及昌江 3、4 号机组安全壳喷淋泵、低压安注泵 2 种核二级关键泵设备的首台（套）供货。取得中核华龙 1 号漳州一期、昌江二期核二级泵订货，其中包括 CSP 安全壳喷淋泵（核二级）、RSI 低压安注泵（核二级）。

南方中金环境股份有限公司主导产品市场占有率较高，CDL 系列不锈钢轻型多级离心泵、CHL 系列不锈钢轻型多级离心泵、TD 系列管道循环泵、VMHP 系列海水淡化高压泵等系列产品为公司自主研发产品，性能指标均处于国内领先水平。2016 年，公司产销给水类泵 50 万台，销售收入 17.26 亿元，其中出口产品 2 685 万美元，比 2015 年小幅增长。出口产品主要销往印度尼西亚、印度尼西亚、韩国、美国、意大利等国家。公司主要通过与海外客户长期合作、建立当地办事处等多种方式打开海外市场。

三、新产品、新技术

沈鼓集团核电泵业有限公司 2016 年持续加快新产品研发，推进重点科研项目进度。

1）CAP1400 重大专项科研情况。样机制造：CAP1400 样机进入全面制造阶段，在加工、装配、试验过程中，设计人员一直跟踪解决设计相关技术问题，当前已经完成转子动平衡、样机装配和部分空载试验；设计瞬态工况研究：根据瞬态梳理情况，电动机需分析 13 种瞬态，泵组需要分析 20 种瞬态；储备水力模型方案：为规避风险，结合“973”课题，需要设计开发一套新的水力模型作为储备，当前已经完成模型性能试验、汽蚀试验、叶轮切割后再次试验等，开展了轴向力测试试验，绘制交档了样机备用模型图样；样机试验规范：试验规范经过了国内专家的评审，结合专家的意见修订了试验规范，修订后报备国家核安全局华北站，国家核安全局组织相关单位进行了试验规范讨论，并提出初步审核意见，当前国家核安全局已经明确表示该文件的报备已收悉，不影响主泵样机开展试验工作。

2）百万千瓦级核电机组常规岛主给水泵。2016 年 6 月，主给水泵完成了联机试验回路改造，逐步消除了试验回路设备的缺陷，当前已完成性能试验、机械运转试验、冷态小流量试验、热态小流量试验，并进行了热态耐久试验，各项技术指标均达到设计要求，将要进行鉴定工作。

3）百万千瓦超（超）临界机组全容量锅炉给水泵。从 2016 年初开始反复多次调整改进该泵的试验回路，于 11 月 21 日完成了给水泵样机的试验，试验结果各项性能指标均较好，达到了国外公司的水平。完成了各种试验验证，并通过中国机械工业联合会派出的专家现场见证。

4）600MW 示范快堆二回路主循环钠泵。该研发项目为竞争性研发，研发包含二回路钠泵的技术设计分析、钠泵原型样机的设计制造及水介质试验工作，并规定进行五次评审，当前完成了前四次评审。分别为二回路钠泵的方案设计、原型样机技术设计、二回路钠泵的技术设计、原型样机制造。经过四次评审结果，公司明显优于竞争对手。

5）余热排出泵机械密封回水温度高问题圆满解决。公司的余热排出泵在供货的三个核电站先后出现机械密封回水温度高的问题。经过组织多方专家技术研讨，以及进行了大量设计、分析、试验验证工作，找到了问题的根本原因以及解决的具体措施。

6）“三化”工作。对于火电用泵的凝结水泵、锅炉给水泵、前置泵，根据参数及机组容量进行了标准化和系列化。当前，已经将标准化结果应用到产品设计中，这既有利于公司的生产管理，又节约了大量的管理成本、人力成本和制造成本。

7）承担沈鼓集团技术创新项目 12 项，其中结转 7 项，新立 5 项。自立技术创新项目共计 6 项，3 项具备结题条件，1 项延期，2 项取消。

山东长志泵业有限公司德国研发中心 2016 年进行了超导电动机的设计，转产后将填补国内空白；进行 LNG 低温泵、液氧泵的设计，已经完成样机制造、鉴定，实现订货及市场业绩。研发的新产品有：海洋油气开发装备 LNG-FPSO 和 LNG-FSRU 装置用超低温 LNG 潜液泵输送系统、核岛地坑泵、消防泵及稳压装置、渣池泵、高温高压锅炉循环泵、核岛在线放射性排污泵和盘片泵。获得 5 项专利授权：核电厂用核岛地坑泵、径向剖分两端支撑单级双吸离心泵、耐高温中心支撑单级悬臂泵、叶轮自动平衡全部轴向力的 LNG 潜液泵和易拆装轴向剖分多级离心泵叶轮定位装置。

天津泵业机械集团有限公司 2016 年进一步加大科技创新投入力度，全年累计完成科研项目 20 项，当年实现新产品销售收入超过 4 000 万元。并与国内相关高校紧密合作，开展了一系列与产品相关的深度基础研究，使公司在相关领域的研究水平达到国际先进水平。同时，公司技术部完成了组织架构变革、绩效考核与评价体系改进、项目管理制度变革等多项管理变革，科研效率及研发人员积极性得到大幅度提高。

广州市白云泵业集团有限公司2016年累计实施了6个主要科技创新项目（包括跨年项目），其中有4个项目进入试产阶段。2016年累计实施产品研发项目17项，产品成果中被认定为广东省高新技术产品的有17项。新产品销售收入占产品销售收入总额的65.38%，利润占主营业务利润总额的67.27%。科技创新，给公司发展持续注入了源动力，经济效益显著。

重庆水泵厂有限责任公司2016年被国家发改委等五部委共同发文认定为国家企业技术中心，为公司今后在更高的平台上打造创新型企业，研发更多的新产品奠定了坚实的基础。

襄阳五二五泵业有限公司2016年完成了29个新产品开发，其中12个型号产品实现了销售，新泵型实现销售收入2 340万元，新产品收入22 942万元，占总收入的40%以上。共发生新产品研发投入3150万元，占总收入的比例为5.8%。

襄阳五二五泵业有限公司按“生产一代要做精”的要求，进一步夯实了现有产品基础，整合了产品平台，加强了通用化、系列化改造。一是结合各类燃煤锅炉的不同脱硫工艺要求，规划了6个型号小流量高转速循环泵，开发了4个型号，其中3个型号实现销售21台。二是设计开发了LC-B单壳体渣浆泵17个型号，试制1台，基本验证了新化工渣浆泵系列的传动系统形式及泵结构，为化工渣浆泵系列产品项目升级打下了基础。三是对化工流程泵传动系统进行了梳理，确定了高、中、低三档传动系统，同时拓展设计了IHK、LCP-K泵型共计16个型号。四是PLC型泵升级项目完成了PLC550系列所有泵型设计；针对四氯化钛输送，对PLC-B型泵进行了结构改进，并设计3个新型号泵。

襄阳五二五泵业有限公司在智能化循环泵研究方面有了新进展，公司与远达环保股份有限公司就二郎电厂浆液循环泵远程监测与诊断及数据融合示范项目达成合作，该项目已完成施工进入调试阶段。全年围绕高碳钢冶炼及铸造工艺改进、化工泵叶轮转精铸、超硬材质加工、装配喷漆标准化作业等方面开展了13项技术创新，既提升了铸件质量和得率，降低了产品成本，又提升了泵产品的整体制造水平和外部形象。针对特殊工况、特殊介质进行了涂层技术应用研究，将硬质合金涂层技术及金属与陶瓷结合技术应用在过流部件零件上，以提高泵过流件寿命，这两类技术制造的产品已成功用于现场，并取得了较好的效果，这是对公司的金属泵产品形成的一个有益的补充。

辽宁恒星泵业有限公司在2013年国家启动管道输送关键大型设备国产化项目时被列为管道输油泵设备国家化厂家之一，并与中石油签署管道输油泵国产化研发协议。当前，公司管道输油泵累计销售额近1亿元，为国内中石油的吉长线、秦经线、成乐线、庆铁线、中俄管线等提供国产化产品，且各大输站的产品运行平稳，得到用户的好评。2016年新增产品规格26项，完成老产品改进12项，完成工艺工装28项。

上海凯泉泵业（集团）有限公司自2015年下半年至今，大力投入研发，改进现有产品400多种规格，性能提升6%以上，多数产品性能超国家节能标准。重点推出KQSN（SW）系列高效节能型双吸泵、第六代单级泵、第五代KQG系列数字集成全变频供水设备、新一代WQ系列潜水泵、高效脱硫泵5种新产品，性能达到或接近国际先进水平。其中重要产品成果有：通过单级泵功率80%降一档，采用二级能效电动机，业绩增长20%；双吸泵通过60%的性能达到国际先进水平，业绩增长40%；市政大排污泵和一体化泵站通过技术创新业绩增长80%。公司大力推进高端泵产品的自主研发，拥有一批具有自主知识产权的高端产品的核心技术，抢占国外产品垄断的国内高端市场，填补国内产品空白，成为公司新的增长点。并以此全面带动产品技术升级，提升企业核心竞争力。

南方中金环境股份有限公司2016年开展新材料、新技术、新工艺的研制、开发30项，其中2016年3月公司承担的国家科技支撑技术项目“反渗透海水淡化关键设备研制”顺利通过验收。

2016年泵行业新产品试制完成情况见表6。

表6　2016年泵行业新产品试制完成情况

企业名称	产品型号及名称	主要技术参数	鉴定单位	技术水平
襄阳五二五泵业有限公司	高温硫黄泵LSDH	扬程10～30m，流量50～100m³/h		国内领先
	双吸泵LCS	扬程5～20m，流量20～600m³/h		国内领先
三联泵业股份有限公司	HD630-165*4多级高压海水淡化泵	流量630m³/h，扬程660m，效率82%		国内领先
重庆水泵厂有限责任公司	华龙1号HSDZ50-170上充泵	流量0～70m³/h，最大扬程1 860m，汽蚀余量≤7.8m	中国机械工业联合会	国内领先、国际先进
	华龙1号HTD900-50堆腔注水冷却泵	额定流量900m³/h，扬程55～65m，汽蚀余量1.0m（156℃）	中国机械工业联合会	国内领先、国际先进
	SDZ300-400超高压大型多级离心泵	额定流量300m³/h，额定扬程4 000m，额定转5 000r/min，效率68.5%	重庆市经济信息委员会	国内领先、国际先进
	3DMF-500-12矿浆隔膜泵	流量500m³/h，出口压力12MPa，行程500mm，额定功率1 800kW，额定频率50Hz	重庆市经济信息委员会	国内领先、国际先进
辽宁恒星泵业有限公司	输油泵HPT3100-230 HPT2850-225 HPT1500-96 HPT1260-96			国内先进
	稠油泵HC300/1.6			国内先进
山东长志泵业有限公司	CP-LNGP/V200-220/2	流量200m³/h，扬程220m	中国机械工业联合会	国际领先，填补国内空白
	反渗透海水淡化高压泵	流量100～2 500m³/h，扬程800～1 500m	中国机械工业联合会	国际领先
	煤制甲醇项目贫甲醇泵	流量100～800m³/h，扬程400～1 070m	中国机械工业联合会	国际领先
	煤化工渣池泵	流量5～700m³/h，扬程20～180m	中国机械工业联合会	国际领先
	化工无剪切无破乳盘片泵组	流量0.5～2 200m³/h，扬程10～300m	中国机械工业联合会	国际领先
沈鼓集团核电泵业有限公司	百万千瓦级压水堆核电站常规岛凝结水泵	流量2 745m³/h，扬程251m，转速1 490r/min	中国通用机械工业协会	国际先进
	百万千瓦级压水堆核电站常规岛主给水泵及前置泵	流量3 548m³/h，扬程628m，转速4 800r/min	中国通用机械工业协会	国际先进
大连深蓝泵业有限公司	RC450-150×2-G大型LNG潜液泵	流量430 m³/h，扬程256m，汽蚀余量1.2m，效率70%，电动机功率250kW，输送介质为LNG，介质比重0.455，介质温度-158.6℃，转速2 940r/min，泵井及吸入底阀尺寸24in	中国机械工业联合会	国内、国外当代先进

（续）

企业名称	产品型号及名称	主要技术参数	鉴定单位	技术水平
山东双轮股份有限公司	HSB220/620-150/125	流量 220m³/h，扬程 600～650m，效率 ≥77.4%	机械工业排灌机械产品质量检测中心（镇江）	国外先进
	HSB330/40-200/150	流量 330m³/h，扬程 40～50m，效率 ≥82.5%		国外先进
	HSB450/600-200/150	流量 450m³/h，扬程 600～650m，效率 ≥79%		国外先进
	HSB675/48-250/200	流量 675m³/h，扬程 40～50m，效率 ≥84.7%		国外先进
	HSB650/600-250/200	流量 650m³/h，扬程 600～650m，效率 ≥80%	机械工业排灌机械产品质量检测中心（镇江）	国外先进
	HSB975/47-300/250	流量 975m³/h，扬程 40～50m，效率 ≥85.7%		国外先进
天津泵业机械集团有限公司	VH 双螺杆泵	流量 1 200m³/h，工作压力 2.0MPa		国内先进
	HPW 双螺杆泵	流量 300m³/h，工作压力 6.4MPa		国内先进
湖南湘电长沙水泵有限公司	电动凝水泵	转速 1 450r/min，流量 39t/h，扬程 40m，汽蚀余量 0.8m，噪声 88dB，效率＞60%	出厂评审	国内先进
	安全三级泵	改进结构，分析解决振动噪声源头	还未鉴定	国内先进
	潜水消防泵	设计改进、分析，部分零部件精密铸造工艺		国内先进

四、质量管理

沈鼓集团核电泵业有限公司大力提升产品质量，最大限度降低内外部损失。①系统开展核安全文化建设，全员核安全意识有效提升。按照 2015 年核安全文化宣贯后续工作计划，结合国家核安全局的相关要求和公司实际情况，2016 年对公司核安全文化手册进行了修订升版。新的核安全文化手册于 2016 年 10 月印发，内容包括公司质量政策声明、中国核安全法规体系、核安全与核安全文化、企业文化理念、公司安全质量行为准则 5 部分内容。②组织开展内外审核工作，定期开展现场质量监督活动，推动质量改进。全年接待外部主要审核 8 次，包括国核、广核、中核、中原等用户年度监察或复评，以及国家核安全局风险排查专项检查、工业生产许可证审查、ISO 年审、ASME 年审等。③核级产品质量稳步提升，得到用户与监管单位的肯定。2016 年 10 月，国家核安全局领导带领“风排”检查组到公司指导检查工作，对沈鼓集团及公司多年来为国家核电事业的艰苦付出表示感谢，对公司 2013 年整改以来取得的进步予以认可，对公司人员核安全素养、特殊人员及工作开展情况给予肯定。④推进体系文件在信息平台上发布取得较好效果。

襄阳五二五泵业有限公司 ISO9001 质量管理体系认证证书、生产许可证、矿用产品安全标志证书均保持有效。2016 年，公司全面系统地开展了技术标准体系的架构设计，完成了产品制造相关 8 大类 638 项和产品设计相关 6 大类 341 项技术标准的汇编，实现了公司从设计到制造技术标准全工序覆盖；按照精益管理中作业标准化要求，作业岗位新增 19 个技术文件，修订 23 个标准化作业文件。

大耐泵业有限公司 2016 年完成了 ISO9001:2008 质量管理体系认证证书复审工作，完成 ISO14001：2004 环境管理体系认证证书和 OHSAS18001：1999 职业健康安全管理体系认证证书的换证审核工作。公司严格按照体系要求进行生产经营活动，定期组织内审，持续改进。大耐泵业有限公司参与了 GB/T 3216—2016《回转动力泵水力性能验收试验 1 级、2 级和 3 级》国家标准的制定工作。

南方中金环境股份有限公司 2016 年通过 ISO9001 质量管理体系、ISO14001 环境管理体系、OHSAS18001 职业健康安全管理体系的换版认证，有效期至 2020 年 6 月。

2016 年泵行业企业质量管理认证情况见表 7。

表 7　2016 年泵行业企业质量管理认证情况

企业名称	认证种类 / 发证机构	最后一次复审时间
襄阳五二五泵业有限公司	ISO9001 质量管理体系认证 / 中国质量认证中心	2016.6
三联泵业股份有限公司	中国船级社质量认证公司	2015
重庆水泵厂有限责任公司	ISO9001 质量管理体系认证 / 中国船级社型式认证 / 北京军友诚信质量认证有限公司	2015.5
	API Spec 1 质量管理体系认证 / 美国石油学会	
	民用核安全设备设计许可证 / 国家核安全局	2015.8
	武器装备质量管理体系认证 / 北京军友诚信质量认证有限公司	2015.5
大连深蓝泵业有限公司	API Q1 认证 / 美国石油学会	2016.7.4
	ISO9001 质量管理体系认证 / 方圆标志认证集团有限公司	2016.9.20
	ISO14001 环境管理体系认证 / 华夏认证中心有限公司	2016.5.25
	OHSAS18001 职业健康安全管理体系认证 / 华夏认证中心有限公司	2016.5.25
大连深蓝泵业有限公司	ASME N 和 NPT 认证 / 美国机械工程师协会	2014.6.5
	民用核安全设备设计、制造许可证 / 国家核安全局	2016.1.31
山东双轮股份有限公司	ISO9001 质量管理体系认证 / 方圆标志认证集团有限公司	2016.11
	ISO14001 环境管理体系认证 / 方圆标志认证集团有限公司	2016.11
	OHSAS18001 职业健康安全体管理系认证 / 方圆标志认证集团有限公司	2016.11
	中国节能产品认证 / 方圆标志认证集团有限公司	2016.11
天津泵业机械集团有限公司	GB/T19001—2008/ISO9001：2008 质量管理体系认证 / 中国新时代认证中心	2016.4
	GJB9001B—2009 武器装备质量体系认证 / 中国新时代认证中心	2016.6
	ISO14001：2004 环境管理体系认证 / 艾西姆认证（上海）有限公司	2016.9
	OHSAS18001：2007 职业健康安全管理体系认证 / 艾西姆认证（上海）有限公司	2016.9

（续）

企业名称	认证种类 / 发证机构	最后一次复审时间
广州市白云泵业集团有限公司	ISO9001 质量管理体系认证 / 中鉴认证有限责任公司	2018
	ISO14001 环境管理体系认证 / 中鉴认证有限责任公司	2019
	OHSAS18001 职业健康安全管理体系认证 / 中鉴认证有限责任公司	2019
	中国节能产品认证 / 中国质量认证中心	2017
南方中金环境股份有限公司	测量管理体系认证 / 中启计量体系认证中心	1 次 / 年
南方中金环境股份有限公司	中国节能产品认证 / 中国质量认证中心	1 次 / 年
南方中金环境股份有限公司	节水认证 / 北京新华节水产品认证服务有限公司	1 次 / 年
南方中金环境股份有限公司	AAA 级标准化良好行为证书 / 浙江省标准化协会	5 年 / 次
南方中金环境股份有限公司	中国船级社型式认可证书 / 中国船级社浙江分社	5 年 / 次
南方中金环境股份有限公司	安全生产标准化证书 / 国家安全生产监督管理总局	5 年 / 次
南方中金环境股份有限公司	CCC 中国国家强制性产品认证证书 / 中国质量认证中心	1 次 / 年
南方中金环境股份有限公司	CE 证书 /TUV NORD	标准换版
南方中金环境股份有限公司	消防 CCCF 认证 / 公安部消防产品合格评定中心	飞行检查
南方中金环境股份有限公司	售后服务体系五星认证 / 北京五洲天宇认证中心	1 次 / 年

五、基本建设、技术改造及企业管理情况

1. 山东长志泵业有限公司

（1）基本建设及技术改造情况。①列入国家重点技术改造项目或地方及企业自筹资金的技改项目——“海洋油气开发装备 LNG-FPSO 和 LNG-FSRU 装置用超低温 LNG 潜液泵输送系统建设及产业化项目”。4 000 多 m^2 新厂房已建设完毕，设备已订购，部分设备已到货。预期目标：新增销售收入 17 900 万元，利润 3 300 万元，税收 1 070 万元。② 2016 年列入市重点技改项目——“信息化集成创新项目”。公司为提高企业信息化集成应用，提高企业产能和产品质量，投资 2 000 万元进行内部专网和硬件建设，新增设备 35 台。进行企业所有部门的数据采集、共享系统建设、企业生产数据库存储建设以及企业生产设备智能化和联网建设，K/3WISE 智能制造信息软件使用建设。

（2）结构调整及转型升级情况。公司推动新一代信息技术、互联网技术与制造业深度融合工程，推进信息化进程，并对设备进行升级，采购先进的智能柔性加工设备替代传统的加工设备。通过这一系列举措，全面提升公司研发、制造、工艺、管理水平，提高公司竞争力。

（3）管理理念和经营方式的转变。公司建构了高效率的科技创新理念，使公司的科技创新能力得到加强，新产品的研发速度更快。

（4）企业人才培养情况。为适应市场竞争需要，培养更多富有开拓创新能力的人才，公司组织 5 人申报相关专业技术资格，已有 2 人通过培训，完成公示等待资格证发放；另有 3 人通过初审，其他的评审也正在进行中。公司 2016 年取得专业技术资格的人数为 5 人。

（5）信息化在生产经营管理中的应用情况及成果。2015 年下半年至今是公司信息化管理的成熟阶段，增加了 OA 办公系统，并与 ERP 进行连接，真正实现了采购、技术、生产、仓储、组装、销售、售后服务、财务、行政等各部门的无缝链接。公司在信息应用系统建设上以 ERP 系统为核心，2016 年进行了智能车间的建设，预计 2018 年 5 月安装智能化设备并投入生产。当前，公司正在开展两化融合贯标的工作，公司将会在工业化与信息化融合的道路上更进一步。

（6）节能降耗情况。2016 年，山东长志泵业有限公司完成产值 49 400 万元，综合能耗比计划指标下降 9%。其中，消耗电 210 万 kW·h；消耗柴油 720t；消耗水 0.45 万 m^3。2016 年累计节约电 20 万 kW·h； 节约柴油 70t；节约用水 0.035 万 m^3；节能降耗效果较为明显。

2. 天津泵业机械集团有限公司

（1）结构调整及转型升级情况。公司技术中心坚持以满足市场需求为导向，以产品开发引领和培育市场，提升关键技术核心能力，制定了企业技术创新规划，制定了详细的重点新产品与工艺开发规划。公司充分利用“院士专家工作站”这一研发平台，广泛吸纳国内科研院所的专家进入工作站，为企业的技术创新工作提供技术支持。与哈尔滨工程大学签署“减振降噪协同创新战略合作协议”，双方在开展螺杆泵减振降噪基础研究及人才培养方面进行战略合作；与大连海事大学合作开展“磁力联轴器配套产品技术研究”，提高配套产品的技术性能。

（2）管理理念的和经营方式的转变。在管理创新方面的成效主要是重构绩效薪酬体系、营销系统布局架构，以及包含质量、安全、职业健康管理体系在内的多体系交织的管理网络的建设。

（3）企业人才培养情况。为了保持在行业中的领头羊地位和技术优势，2016 年年初公司实施了“产品技术带头人”战略，聘任了 4 类主要产品的“产品技术带头人”，在行业中树立能够代表公司乃至国内最高水平的专家级人物，并通过他们带动公司相关产品技术的发展和持续高位运行。

（4）人才培养情况。2016 年以来，公司还大力加强了与国内相关高校及科研院所的合作，成为华中科技大学及大连海事大学的学生实习基地，同哈尔滨工程大学合作科研项目 4 项、大连海事大学合作项目 3 项，清华大学、华中科技大学、扬州大学合作项目各 1 项，涉及科研经费合同额逾 900 万元。

（5）信息化在生产经营管理中的应用情况及成果。2016 年度引进了 Creo 系列三维设计、仿真分析软件，已完成培训并已开始使用。同时正在着手引入先进的离心泵水力、结构设计及性能仿真工具。这将使公司技术部的研发手段和科研能力大为增强。

3. 广州市白云泵业集团有限公司

（1）管理理念的和经营方式的转变。2016 年，公司结合经济环境及客户结构特点，在开拓和维护传统工程项目的同时，重点加大集采客户的管理和投入，成立了专门的集采客户管理部门且公司高层领导直接挂帅，每个重大的集采客户都有专门的人员跟进及对接，通过整合有效的业务及服务资源，建立以客户为中心的企业协同体系，快速响应集采客户需求，使公司的销售量有较大幅度提升。

（2）人才培养情况。2016 年，公司建立了完善的人才培养体系，对基层技术员工加强操作技能的培训与交流，通过传、帮、带等培养措施，定期开展技术交流与指导，提升基层员工的专项设备操作技能水平，同时培养员工能操作多种机加工设备的技能。对机械加工设备进行技术升级和整合，不仅提高了生产效率，基层技术员工的收入也得到很大提升，增强了员工的稳定性。公司与省、市、区各级行业协会、学会等官方、半官方机构组织保持了紧密的沟通和合作，并且与重庆钢铁集团设计院、广东工业大学、东北大学、广东省机械行业协会等高校和科研院所开展深入合作。

（3）信息化建设情况。公司高层领导十分注重公司的信息化建设，确立“以信息化促进技术创新，以技术创新扩大工业化规模，走新型工业化道路”的战略方针。通过协同办公、ERP 等信息办公平台，对公司的人、财、物及技术进行有效的管理和整合，对产品销售、订单获取、计划制定、采购、研发、生产、运输、售后服务等进行系统的管理，对增强客户服务水平、提升企业运行效率、降低企业运营成本起到很好的推动作用，促进了公司整体管理水平的提升，增强了企业的竞争能力。公司被认定为 2016 年两化融合管理体系贯标试点。

（4）节能降耗情况。公司重视科学用能和合理节能，除了开发节能产品、产品各项指标符合各项能耗标准以外，还积极响应国家节能环保号召，生产管理中大力倡导节约能源，通过实施管理节能、工艺节能，切实减少能源浪费，并将节能效果作为员工绩效考核的重要指标之一。公司生产用能主要为电力，2016 年公司共消耗电力 85.53 万 kW·h，折算成标准煤（当量值）为 56.61t 标准煤。

4. 襄阳五二五泵业有限公司

（1）基本建设及技术改造情况。襄阳五二五泵业有限公司特种工业泵、制造建设项目渣浆泵石化泵工程，总投资 3.13 亿元，占地面积 8.86 万 m^2（132.9 亩），完成了加工厂房、装配测试厂房、倒班宿舍和食堂及其附属工程的全部建设，新增建筑面积 48 711m^2，新增 129 台（套）设备，于 2016 年 12 月完成了竣工验收。随着该项目的顺利投产，当前公司形成了宜城铸造厂、襄阳日产工业园、襄阳深圳工业园三个生产基地，拥有各类生产设备 600 余台(套)，整机泵的产能为 12 500 台 / 年，生产能力较“十一五”期间提升了 60%。

（2）企业机构改革情况。在 2015 年将脱硫工程项目纳入大客户部集中统一管理的基础上，进一步将终端客户市场的网上报价、集团客户集中采购、特许经营、运维业务纳入集中统一管理，进一步提高了公司对市场和客户资源的掌控能力。另外，为加大国际市场的开拓，公司组建了外贸销售团队，修订了外贸产品质量标准，建立了外贸项目责任制，积极开展海外市场调研，海外市场正扬帆起航。

为完成全年经营目标，确定 2016 年总体经营思路是：紧紧围绕北化股份工作会议精神及公司职代会决策部署，坚持以经济效益为中心的工作思路，以全价值体系化精益管理战略为主线，做强做优主业，妥善应对风险挑战，确保了公司经济运行总体平稳、稳中提质。

（3）人才培养情况。公司非常重视人才的培养，在技术人才培养方面主要通过内部培训来完成。对于新招聘的有潜力的技术人员，通过赋予其有一定技术难度的工作，逐步提升其工作能力和技术水平。公司内部的技术专家不定期地组织技术专题讲座，传授理论知识和解决疑难问题的办法。必要的时候会派技术人员参加高校或培训机构组织的技术交流活动。在技能、管理和营销人才培养方面，主要是通过公司组织的专业知识培训和“师傅带徒弟”的方法，使员工完成从胜任工作到独当一面的转变。

（4）信息化建设情况。2016 年，公司信息管理逐步实现互联网转型，泵选型业务移动办公系统全面应用，提高了选型工作效率。云之家的开发及应用，方便了出差人员信息查询及内部沟通，优化了网络与软件系统，扩展了软件功能，提升了各软件平台的运行效率；加强了数据巡查与系统管理，提升了信息化水平。

（5）节能降耗情况。2016 年，公司强化关键环节的过程管理，在研发设计、采购、制造等环节采取有效措施，全年节创 1 552 万元，圆满完成年度节创目标。研发环节，围绕电动机功率标准化选型，降低同泵型采购成本；策划小循环泵结构改进设计，降低同泵型制造成本；优化选型方案，提高价格优势，全年累计节约成本 251 万元。外协外购环节，通过比质比价和动态价格管理，全年节约成本 1 011 万元。制造环节，通过提高铸件合格率及钢水收得率，降低了辅料成本；规范返回料管理，减少了混料现象；精确控制合金元素成分，降低了主料成本；通过工艺改进和工时定额规范，降低了加工成本；继续推行钢屑包壳分类收集直接熔化降成本；健全三级能源管理，降低了吨钢水、电、气消耗。仓储管理环节，对现有库存物资呆滞品进行了充分消化，盘活呆滞半成品及产成品资金 601 万元。

5. 辽宁恒星泵业有限公司

（1）管理改进情况。“一切标准化”是公司近几年的管理理念。引进、消化、吸收日本、德国等先进管理经验和成功案例，自2015年开始，企业全方位开展标准化工作，由最初工作岗位的标准化到当前的生产流程的标准化、顾客管理标准化，已逐步走向预期目标，并向成熟及改进方面开展。

（2）人才培养情况。对当下快速发展的节奏，持续实现外部人才引进与内部人才的培养是公司发展的基本前提。为了做到快出人才、多出人才，公司不遗余力地投入大量的资源、大量的时间用于人才培养工作，取得了一定的效果。

（3）信息化建设情况。信息化在公司中已得到很多应用，如办公系统、设计研发、试验检测、购销存等，并取得良好的应用效果。

6 大耐泵业有限公司

（1）管理改进情况。在完成从粗放式管理到规范化管理转变的基础上，进一步加快从规范化管理到精细化管理模式转变的步伐。主要体现在运用财务预算规划和制度流程来管理企业，循序渐进地从局部开始改革，做到点面结合，尽早实现全面开花。

（2）信息化建设情况。继续强化工业化和信息化的两化融合，运用信息化手段提高了各部门的工作效率和透明度。

（3）节能降耗情况。制定了节能减排的目标：努力实现资源和能源消耗最小化，持续降低能耗1%。2015—2016年度节能降耗工作在公司各部门领导的大力支持下已取得了一定的成效，通过节能降耗工作的开展及时发现并消除隐患，保证设施的完好状态，杜绝跑冒滴漏、浪费和不合理消耗现象的发生，有效地保证了环境管理体系和职业健康安全管理体系的有效运行，各项节能降耗管理规定得到了较好的贯彻执行。

7. 上海凯泉泵业（集团）有限公司

（1）管理改进情况。公司对关键产品的生产制造流程做整体的精益规划，在德国弗劳恩霍夫应用研究所博士指导的精益顾问团队的辅导和帮助下，推进工业4.0，实施公司制造升级。打造全新的供水机组等5条生产流水线，重新规划工艺流程、场地、设备，全面推进精益生产模式，并着力培养生产管理人员的精益项目能力，进一步完善生产计划体系，努力提升现场5S水平，改善生产布局，改造流水线，加强生产管理、提升效率，以打造智能制造工厂为目标，提升公司生产运营水平。以浙江工厂为例，通过流水线改造和生产布局改造，设备减少60%，人员减少60%，场地节约60%，而产能将提高4倍。

（2）信息化建设情况。当前，公司正在打造“智慧凯泉”。以“凯泉智慧工厂”为中心，通过ERP、MES，打造信息物理生产系统；同时，通过APP、CRM打造“凯泉电子商务平台”，建立产品技术选型平台，并通过物联网+互联网，建立公司产品的智慧监控体系。

（3）技术升级改造情况。公司为技术创新不断搭建新的平台，在拥有上海市级企业技术中心的基础上，继续投入研发和创新经费7亿元。建设完善国内一流的研发、测试平台，包括力学研究室、水力研究室、材料应用研究室和国际先进的热冲击试验台、高精度闭式试验台、大型水泵测试台。打造国内先进的制造加工平台，建造了面积1万m^2、厂房轨高24m、行车单钩起吊150t的重型车间，具备了国际先进的核电、火电用泵等高端产品加工制造能力。引进装备了一批国际先进的设备。

8. 南方中金环境股份有限公司

公司将“尊重知识、尊重人才”真正落实到对研发人员的物质与精神奖励上，在条件上优先满足、在政策上实行倾斜，全方位激励研发人员的创新热情。在国家技术等级评定方面，公司设立有专人负责全国的职业技术等级评定管理工作，2015—2016年，查振海、闫玉林、杨德富、陈建国获得高级技师，其余多人分别获得工程师、助理工程师等职称。2016年，技术研发团队被评选为优秀团队，1人被评为优秀管理者，多人被评为优秀员工。

2016年泵行业技术改造项目情况见表8。

表 8　2016 年泵行业技术改造项目情况

企业名称	技术改造项目	资金来源	资金总额（万元）	完成情况
襄阳五二五泵业有限公司	特种工业泵制造建设项目	自筹	31 300	已竣工投入使用
三联泵业股份有限公司	高效耐磨型黄河水利用双吸泵的研制及产业化	马鞍山市	400	正在实施
辽宁恒星泵业有限公司	输油泵项目	自筹	1 200	完成
山东长志泵业有限公司	海洋油气开发装备 LNG-FPSO 和 LNG-FSRU 装置用超低温 LNG 潜液泵输送系统建设及产业化项目	省级 1 000 万元，市级 55 万元，区级 100 万元，自筹 6 785 万元	7 940	4 000 多 m^2 新厂房已建设完毕，设备已订购，部分设备已到货
天津泵业机械集团有限公司	配套用泵研制保障条件建设项目	国拨 1 060 万元、自筹 260 万元	1 320	正在实施
山东双轮股份有限公司	数控设备替换传统机加工设备项目	自筹	3 000	正在开展

六、发展过程中存在的问题和困难

（1）泵类产品同质化严重，竞争非常激烈，在国内经济下行、工程量减少、项目萎缩的大背景下，很多同行为了抢占客户和市场，不顾成本低价竞标，导致企业产品利润空间越来越小，甚至亏损。

（2）客户货款拖欠严重，办款手续缓慢、繁杂，企业要投入巨大人力和财力催收货款，加剧了企业资金周转压力，加大了企业融资成本，进一步降低了企业利润空间。

七、泵行业发展方向

1. 继续瞄准重大工程项目用泵国产化、产业化

泵行业产能过剩是一种相对过剩和低端过剩，高端产品依然不足，国内许多重大工程项目用泵仍以进口为主。如火电百万千瓦超超临界锅炉给水泵芯包、千万吨炼油减压塔塔底泵、催化裂化油浆泵、带液力透平加氢进料泵、大功率高压液力透平、百万吨乙烯中急冷油泵、急冷水泵、合成氨中高压锅炉给水泵、贫液泵及液力透平、尿素生产用 2 600t/d 液氨泵、甲铵泵、磷酸液中各种料浆泵、LNG 低温潜液泵等大量在进口或零件在进口。这些需进口的各种泵类产品，就是泵行业“十三五”期间的研发方向。

在今后很长一段时间里，系统节能减排升级和改造、环保领域、水利工程建设、输油管线、LNG 储运、海洋工程和火电机组脱硫、脱硝等领域用泵将有很大市场需求。

2. 发展“专精特”产品，培育“专精特”企业

泵行业发展不平衡，结构性矛盾突出，同质化现象严重。国外的泵厂家只生产一种或几种泵产品，其中某一种产品或几种产品在技术上有独创性，属于“专精特”产品，在市场有很高的占有率，因此，在市场就具有一定的定价权。如格兰富公司，只做水处理用泵，在暖通行业循环泵市场中有 50% 以上的市场占有率。美国的赛莱默、胜达因、荷兰奇好泵业、德国鲁尔都是这样的企业。我国泵生产企业在“精”上与国外还有很大差距，要向德国学习，德国有许多家族式企业，传承家族工匠精神，利用现代科技，让德国制造在世界称雄。脚踏实地才是我国装备制造业强大的根本。“专精特”产品就要有它的品牌，品牌能使企业实现长足发展，因为它给用户带来的是信任感。如一个典型的德国隐形冠军企业，只生产汽车用连接器，就是因为它把品质做到极致，有很高的认知度，在当今汽车行业不景气的情况下，依然能保持每年 30% ～ 40% 的增长。所以，泵行业一

定要注重品牌的建设。

3.转变经营理念，推进泵类产品升级换代

我国许多泵类产品都是20世纪90年代在引进国外技术的基础上设计的，由于科技不断进步，我国有了产品升级换代的基础。

（1）各种CFD流场分析软件不断推出，流场内流体的流动仿真、模拟成为现实，给产品提高水力效率奠定了基础。

（2）各种新材料、新工艺不断涌现，为提高产品可靠性提供了保障。

4.积极发展现代服务业

《中国制造2025》明确提出，要加快制造与服务的协同发展，推动商业模式创新，促进生产型制造向服务性型制造的转变。就是由单一产品制造向为用户提供一整套系统解决方案转变。在这方面，发达国家已经走了很长的路。发达国家制造服务业实践始于20世纪60—70年代，进入90年代后，制造环节在整个价值链中的比重日趋下降，产品在研发、设计、交付、安装、维护和服务环节所占价值愈加提升。2010年，德勤咨询公司调查了全球80家领先制造业公司，调查结果显示，服务收入比例占销售收入的平均值为26%，服务净利润贡献率平均值达46%。美国GE公司50%以上的利润来源于服务。

5.对未来发展的预判

在当前经济形势下，国家稳增长及深化供给侧改革的各项调控政策及措施也将不断推出，2017年国家将持续对铁路建设、公路水运建设、重大水利工程、城市地下管廊的投资。各行业"十三五"规划项目也将陆续启动，新型市场需求不断出现，传统产业升级和节能改造市场潜力巨大，"一带一路"战略落实，对外投资大幅增长将会带动通用机械行业产品出口等，这些将有利于通用机械制造业形成良好的外部环境。另外，近年来企业结构调整、产业升级力度的不断加大，使得企业的创新能力、抗风险能力、设备成套能力和运维、国际市场的开拓都有了全面的提升，并具备了一定的水平。

预计2017年，我国通用机械行业经济运行将会保持平稳增长、稳中有升的态势，为通用机械行业实现转型升级和健康可持续发展做出新的贡献。

企业要紧紧抓住国家提倡的"工业转型升级"这一契机，以开拓创新，锐意进取的精神，自强不息，在推动行业经济发展方式的转变、提高行业经济发展质量和效益、提高行业的国际竞争力和抗风险能力上做出新的贡献，逐步缩小我国泵制造业与国外的差距。积极推进"两化"融合，增强新产品开发能力和品牌创建能力，适应新常态，探讨在新常态下企业的发展之路，做大做强泵行业，实现由工业大国向工业强国的转变！

〔撰稿人：中国通用机械工业协会泵业分会王国轩、朱文兰　审稿人：中国通用机械工业协会泵业分会胡晓峰〕

2016年风机行业概况

一、生产发展情况

2016年，中国通用机械工业协会风机分会共有会员单位225家。其中：企业会员211家，大学、研究院所等14家。在企业会员中，有国有企业15家、集体企业7家、股份制企业6家、民营企业122家、民营股份制企业41家、中外合资企业11家、外商独资企业9家。按大中小型企业划分，有大型企业12家、中型企业43家、小型企业 156 家。

据风机分会对 150 家风机生产企业上报的 2016 年度数据统计：年末从业人员人数合计 50 223 人，比上年减少 50 人；固定资产原价为 1 909 195 万元，比上年增加 44 382 万元；固定资产净值为 1 378 205 万元，比上年增加 101 129 万元；全员劳动生产率为 177 287 元 / 人，比上年下降 20 840 元 / 人。

2016 年，参与统计的风机生产企业共完成工业总产值 3 619 071 万元，比上年下降 5.4%。其中：风机产值 2 126 415 万元，比上年增长 1.2%，占工业总产值的 58.8%；风机配件产值 270 863 万元，比上年增长 3.9%，占工业总产值的 7.6%；其他产品产值 1 215 695 万元，比上年下降 17.6%，占工业总产值的 33.6%。

2016 年各类风机产值完成情况：离心压缩机产值 477 637 万元，同比下降 9.0%；轴流压缩机产值 32 523 万元，同比下降 76.9%；能量回收透平机组产值 56 659 万元，同比增长 23.5%；离心鼓风机产值 88 408 万元，同比下降 20.1%；罗茨鼓风机产值 95 932 万元，同比下降 0.1%；离心通风机产值 589 715 万元，同比增长 7.7%；轴流通风机产值 467 085 万元，同比增长 2.1%；旋涡风机产值 17 815 万元，同比增长 5.3%；空调风机产值 81 932 万元，同比增长 8.2%；其他风机产值 218 709 万元，同比增长 156.4%。

从 2016 年各地区工业总产值完成情况来看：东北地区完成工业总产值 1 017 345 万元，比上年下降 15.4%；华北、西北地区完成工业总产值 528 443 万元，比上年下降 14.8%；华东地区完成工业总产值 1 372 904 万元，比上年增长 6.9%；中南、西南地区完成工业总产值 700 379 万元，比上年下降 2.4%。

2016 年，在风机行业 150 家企业中，工业总产值超过亿元的企业有 49 家，比上年增加 5 家。其中：1 亿～ 5 亿元（不包括 5 亿元）的企业 37 家，5 亿～ 10 亿元（不包括 10 亿元）的企业 6 家，10 亿～ 20 亿元（不包括 20 亿元）的企业 3 家，20 亿～ 50 亿元（不包括 50 亿元）的企业 2 家，50 亿～ 100 亿元（不包括 100 亿元）的企业 1 家。工业总产值比上年增长的企业有 89 家，占上报企业总数的 59.3%；工业总产值比上年下降的企业有 61 家，占上报企业总数的 40.7%。2016 年风机行业工业总产值前 20 名企业见表 1。

表 1　2016 年风机行业工业总产值前 20 名企业

序号	企业名称	工业总产值（万元）	同比增长（%）	序号	企业名称	工业总产值（万元）	同比增长（%）
1	沈阳鼓风机集团股份有限公司	801 045	-21.5	11	佛山市南海九洲普惠风机有限公司	58 705	20.2
2	陕西鼓风机（集团）有限公司	443 096	-16.4	12	成都电力机械厂	52 005	4.9
3	山东格瑞德集团有限公司	293 621	1.1	13	山东省章丘鼓风机股份有限公司	48 290	6.4
4	重庆通用工业（集团）有限责任公司	180 349	-13.3	14	湖北省风机厂有限公司	38 776	-8.6
5	卧龙电气南阳防爆集团股份有限公司	146 776	-9.6	15	浙江金盾风机股份有限公司	38 511	2.5
6	浙江上风实业股份有限公司	128 560	-5.1	16	锦州新锦化机械制造有限公司	31 832	-35.4
7	大连机车研究所有限公司	96 128	12.5	17	广东肇庆德通有限公司	31 424	19.0
8	江苏金通灵流体机械科技股份有限公司	93 724	18.4	18	平安电气股份有限公司	30 113	21.5
9	上海电气鼓风机厂有限公司	90 002	-10.5	19	浙江明新风机有限公司	28 940	15.0
10	浙江亿利达风机股份有限公司	86 518	6.3	20	上海诺地乐通用设备制造有限公司	26 579	4.8

2016年，参与统计的风机生产企业共完成工业增加值890 388万元，比上年下降11.1%。其中：东北地区完成工业增加值188 065万元，比上年下降20.7%；华北、西北地区完成工业增加值170 212万元，比上年下降41%；华东地区完成工业增加值342 704万元，比上年增长9.3%；中南、西南地区完成工业增加值189 407万元，比上年增长16.3%。

2016年，参与统计的风机生产企业共完成新产品产值1 187 871万元，比上年下降8.5%。其中：东北地区完成新产品产值349 256万元，比上年增长0.1%；华北、西北地区完成新产品产值53 148万元，比上年下降59.7%；华东地区完成新产品产值426 678万元，比上年增长6.2%；中南、西南地区完成新产品产值358 789万元，比上年下降13.6%。2016年风机行业新产品产值前20名企业见表2。

表2　2016年风机行业新产品产值前20名企业

序号	企业名称	新产品产值（万元）	同比增长（%）	序号	企业名称	新产品产值（万元）	同比增长（%）
1	沈阳鼓风机集团股份有限公司	295 198	4.7	11	浙江明新风机有限公司	20 557	16.8
2	重庆通用工业（集团）有限责任公司	143 465	−26.1	12	锦州新锦化机械制造有限公司	19 570	−38.8
3	卧龙电气南阳防爆集团股份有限公司	88 799	−11.8	13	上海诺地乐通用设备制造有限公司	18 970	171.0
4	浙江亿利达风机股份有限公司	60 181	1.7	14	湖北双剑鼓风机股份有限公司	18 761	−24.4
5	浙江上风高科专风实业有限公司	52 130	−25.6	15	百事德机械（江苏）有限公司	17 187	−8.7
6	江苏金通灵流体机械科技股份有限公司	51 327	12.6	16	湖北省风机厂有限公司	15 510	−9.4
7	陕西鼓风机（集团）有限公司	42 908	−64.2	17	广东肇庆德通有限公司	15 483	75.9
8	浙江金盾风机股份有限公司	31 579	2.5	18	长沙赛尔透平机械有限公司	13 904	−43.6
9	山东省章丘鼓风机股份有限公司	29 587	−0.7	19	鞍山钢峰风机有限责任公司	13 899	−16.4
10	平安电气股份有限公司	27 723	58.2	20	浙江义乌星耀风机有限公司	13 584	−15.0

2016年，参与统计的风机生产企业共生产风机10 203 448台，同比增长10.7%。在统计的10个品种的风机产品中，轴流压缩机、能量回收透平机组、离心鼓风机产量比上年下降，离心压缩机、罗茨鼓风机、离心通风机、轴流通风机、旋涡风机、空调风机、其他风机等产量均高于上年同期。

2016年，参与统计的风机生产企业中，生产离心压缩机的企业有8家。其中：沈阳鼓风机集团股份有限公司生产166台，比上年增加50台；陕西鼓风机（集团）有限公司生产67台，比上年减少24台；江苏金通灵流体机械科技股份有限公司生产小型离心压缩机279台，比上年增加11台；上海电气鼓风机厂有限公司生产4台，比上年减少4台；中航黎明锦西化工机械（集团）有限责任公司生产4台，比上年减少1台；锦州新锦化机械制造有限公司生产16台，比上年增加4台；长沙赛尔透平机械有限公司生产16台，比上年增加1台；湖北双剑鼓风机股份有限公司生产1台，与上年持平。生产轴流压缩机的企业有陕西鼓风机（集团）有限公司，共生产33台。生产能量回收透平机组的企业有3家，其中，陕西鼓风机（集团）有限公司生产24台，江苏金通灵流体机械科技股份有限公司生产7台，中航黎明锦西化工机械（集团）有限责任公司生产3台。此外，生产离心鼓风机的企业有24家，生产罗茨鼓风机的企业有24家，生产离心通风机的企业有123家，生产轴流通风机的企业有101家，生产旋涡风机的企业有2家，生产空调风机的企业有17家。2016

年风机产品产量见表 3。

表 3　2016 年风机产品产量

产品名称	产量（万元）	同比增长（%）
合计	10 203 448	10.7
离心压缩机	553	4.3
轴流压缩机	33	-37.7
能量回收透平机组	34	-5.6
离心鼓风机	2 698	-37.5
罗茨鼓风机	41 520	21.4
离心通风机	1 022 496	18.3
轴流通风机	1 549 068	4.9
旋涡风机	156 690	14.8
空调风机	7 331 878	10.7
其他风机	98 478	30.6

二、重大技术装备及关键设备完成情况

2016 年，风机行业在国家重大技术装备研发方面又有了重大突破。

沈阳鼓风机集团股份有限公司在中国海洋石油总公司、中海油惠州炼化公司、壳牌公司、中国石化工程建设公司等大力支持下，经过近两年的潜心研制，成功制造出 120 万 t/a“乙烯三机”，这是继 2013 年百万吨乙烯之后，沈鼓集团在乙烯领域又一新的力作。沈鼓集团先后攻克了机组抽 / 加气结构复杂、大尺寸、宽三元叶轮整体铣制、大型焊接机壳加工制造、裂解气压缩机转子横向振动失稳、高温高压易产生结焦等关键技术难题，使机组达到了国际先进水平。120 万 t/a 乙烯压缩机组是中海油惠州炼化公司二期项目配套核心机组，由于该机组技术含量高、工艺制造复杂，世界上只有美国 GE、德国西门子、日本三菱等极少数公司能够研制。沈鼓集团研制的 120 万 t/a“乙烯三机”2016 年顺利完成厂内各项试验，并顺利通过新产品出厂验收，于 2016 年 10 月发运用户现场。

沈阳鼓风机集团股份有限公司为西气东输三线永昌压气站提供的 1 号机组于 2016 年 11 月顺利完成 24h 力学性能测试、105% 超转速测试、防喘振测试、72h 负荷运行测试共 4 项测试。测试结果显示，机组各项参数均优于相关标准，完全满足西部管道公司工艺生产的要求。

2016 年，沈阳鼓风机集团股份有限公司还为其他重大技术装备项目提供了关键设备，其中：为七台河宝泰隆焦炭制 30 万 t 稳定烯烃项目配套原料气压缩机、空压机等 8 套机组，全部交货周期仅为 12 个月，解决了煤气加压压缩机叶轮强度、煤气增压机转子稳定性、合成气压缩机开车工况与工艺匹配等高技术难题，填补了我国该类压缩机组制造史上的空白。为内蒙古伊品生物科技有限公司 10 万 t/a 合成氨项目研发的 2BCL408+BCL408/A+3BCL408/A 合成气压缩机组，共 24 级叶轮压缩。机组高压力、大压比，每缸都为 8 级。通过优化转子、定子结构，提高转子稳定性和降低推力轴承瓦温度，使机组运行更加安全可靠。本套机组的成功研制，使公司合成气压缩机设计技术迈上了一个新的台阶。为山西阳煤焦炉气综合利用联产 LNG 转型升级项目研制了组装式 CO_2 压缩机。在国内，高压比 CO_2 压缩机一直采用单轴结构。单轴压缩机存在占地面积大、整机效率低、单台压比低等缺点。该项目的组装式齿轮增速型离心压缩机，分为两段压缩，共 6 级，满足二氧化碳压缩高压比的特点，又能实现高压比压缩和高效率的参数要求。在山西阳煤焦炉气综合利用联产 LNG 转型升级项目中已有齿轮组装式 CO_2 压缩机（一级）1 台厂内试车合格。

陕西鼓风机（集团）有限公司承接的靖边至西安天然气输气管道三线工程（二期）燃气轮机驱动离心压缩机组项目，是“气化陕西”工程的重要组成部分。该机组于 2016 年 11 月正式投运，工厂性能试验以及现场性能测试表明，陕西靖西三线天然气供送能力大幅提升，运行状况良好，各项性能指标满足技术规格书和国际技术标准要求。公司通过精心设计和精心制造，为靖西三线天然气输送项目提供的燃驱式管线压缩机

组，具有高效、节能、技术含量高等特点，经济效益和社会效益显著。公司天然气输送用燃驱管线压缩机组通过专用高性能模型级系列、气动计算软件等关键技术的研发，工作转速调节范围达55%～105%，设计工况点多变效率大于85.5%，设计点防喘裕度大于45%，解决了管线压缩机组宽工况范围技术难题；采用现代转子动力学敏感性设计方法，对由燃机、细长联轴器、压缩机组成的复杂轴系进行建模分析，攻克了复杂轴系转子稳定性难题，实现了机组在宽工况范围内平稳、长周期运行。同时研发并优化了燃气轮机驱动机组控制策略，实现了机组无人值守、一键启停机、并联机组负荷自平衡分配及系统无扰动切换等功能；研发的单端抽芯结构及抽芯导轨装置，方便现场设备维修。

2016年，浙江金盾风机股份有限公司与上海发电设备成套设计研究院联合研制的国家科技重大专项大型先进压水堆及高温气冷堆核电站“核电站主要辅助设备自主设计与制造技术研究”课题的子课题“安全壳再循环冷却风机及监控系统样机”，于12月通过了中国机械工业联合会组织的科技成果鉴定，达到国际先进水平。

2016年，山东格瑞德集团有限公司为完成企业技术装备发展规划，适应激烈的市场竞争，通过与国内高校、科研机构合作，先后完成纤维增强热塑性树脂柔性成型技术装备开发及直膨式净化空调机组、降膜式冷水机组等重大装备的开发，为企业发展打下了坚实的基础。其中，纤维增强热塑性树脂柔性成型技术装备的开发，突破国外技术壁垒，结束了我国多数复合材料生产企业长期沿用手工糊制传统生产工艺的局面，大幅度提升了产品力学、耐蠕变等各项性能指标，达成新型汽车零部件产品的下线。公司还完成管道廊、硅藻土空气处理机组、新型高效均液技术在冷水（热泵）机组上的应用等29个技术攻关项目的立项，并通过充足的资金、人员、配套设施投入，积极推进项目的进展。

三、市场及销售

2016年，风机行业受国内外市场需求不足的影响，风机产品在国内市场销售仍持续下滑，产品出口交货值下降幅度较大，大多数企业还在低位运行。

1. 工业销售产值及产品出口持续下滑

2016年，风机行业参与统计的150家企业共完成工业销售产值3 516 025万元，同比下降8.4%。其中：东北地区完成工业销售产值975 729万元，比上年下降17.8%；华北、西北地区完成工业销售产值510 588万元，比上年下降18.1%；华东地区完成工业销售产值1 340 257万元，比上年增长5.3%；中南、西南地区完成工业销售产值689 451万元，比上年下降8.8%。

2016年，风机行业有48家企业产品出口，比上年增加2家。共完成出口交货值160 415万元，比上年下降23.2%。其中：东北地区完成出口交货值63 268万元，比上年下降29.2%；华北、西北地区完成出口交货值14 934万元，比上年下降66.9%；华东地区完成出口交货值52 545万元，比上年增长8.9%；中南、西南地区完成出口交货值29 668万元，比上年增长13.4%。2016年风机行业出口交货值前20名企业见表4。

2. 主营业务收入小幅下降，利润亏损严重

2016年，风机行业参与统计的企业实现主营业务收入3 514 946万元，同比下降4.3%。其中：东北地区实现主营业务收入871 835万元，比上年下降5.5%；华北、西北地区实现主营业务收入513 189万元，比上下降13.5%；华东地区实现主营业务收入1 393 756万元，比上年增长3.9%；中南、西南地区实现主营业务收入736 166万元，比上年下降9.6%。2016年风机行业主营业务收入前20名企业见表5。

表 4　2016 年风机行业出口交货值前 20 名企业

序号	企业名称	出口交货值（万元）	同比增长（%）	序号	企业名称	出口交货值（万元）	同比增长（%）
1	沈阳鼓风机集团股份有限公司	41 247	-15.0	11	张家港市英德利空调风机有限公司	4 185	-11.6
2	广东肇庆德通有限公司	15 536	25.7	12	重庆赛力盟电机有限责任公司	3 817	-4.6
3	陕西鼓风机（集团）有限公司	14 729	-65.8	13	四平鼓风机股份有限公司	2 932	-27.3
4	浙江亿利达风机股份有限公司	10 929	26.3	14	福建东亚鼓风机股份有限公司	2 889	
5	罗滨森（大连）通用设备有限公司	8 890	-8.6	15	锦州新锦化机械制造有限公司	2 824	-88.8
6	卧龙电气南阳防爆集团股份有限公司	8 540	9.6	16	鞍山钢峰风机有限责任公司	2 621	43.3
7	浙江格凌实业有限公司	8 217	13.2	17	威海克莱特菲尔风机股份有限公司	2 398	-0.1
8	上海电气鼓风机厂有限公司	5 989	-31.1	18	重庆通用工业（集团）有限责任公司	2 337	-33.9
9	上海哈龙风机电器有限公司	5 305	2.1	19	上虞市鹏翔暖通设备有限公司	1 944	0.0
10	中航黎明锦西化工机械（集团）有限责任公司	4 590		20	浙江兴益风机电器有限公司	1 595	-34.1

表 5　2016 年风机行业主营业务收入前 20 名企业

序号	企业名称	主营业务收入（万元）	同比增长（%）	序号	企业名称	主营业务收入（万元）	同比增长（%）
1	沈阳鼓风机集团股份有限公司	669 884	-11.9	11	浙江亿利达风机股份有限公司	83 353	5.2
2	陕西鼓风机（集团）有限公司	436 089	-14.6	12	佛山市南海九洲普惠风机有限公司	53 247	19.9
3	山东格瑞德集团有限公司	368 652	0.02	13	山东省章丘鼓风机股份有限公司	47 722	7.9
4	重庆通用工业（集团）有限责任公司	176 172	-32.5	14	浙江金盾风机股份有限公司	34 384	2.5
5	卧龙电气南阳防爆集团股份有限公司	154 892	-6.5	15	湖北省风机厂有限公司	33 142	-8.6
6	成都电力机械厂	122 464	-2.2	16	重庆赛力盟电机有限责任公司	32 530	-18.5
7	浙江上风高科专风实业有限公司	102 560	-13.1	17	锦州新锦化机械制造有限公司	31 832	-35.4
8	大连机车研究所有限公司	96 309	12.5	18	南通大通宝富风机有限公司	28 819	24.5
9	江苏金通灵流体机械科技股份有限公司	93 857	4.96	19	浙江义乌星耀风机有限公司	28 804	-15.0
10	上海电气鼓风机厂有限公司	90 175	-11.0	20	浙江明新风机有限公司	28 201	15.7

2016 年，风机行业参与统计的企业实现利润总额 155 164 万元，比上年下降 26.1%。其中：东北地区实现利润总额亏损 25 325 万元，比上年下降 90%；华北、西北地区实现利润总额 45 964 万元，比上年下降 52.7%；华东地区实现利润总额 97 606 万元，比上年增长 15.2%；中南、西南地区实现利润总额 36 919 万元，比上年下降 10.6%。在 150 家上报企业中，比上年利润下降的企业有 63 家，占上报企业总数的 42%；亏损企业有 32 家，累计亏损额 66 284 万元，同比增长 1%。2016 年风机行业利润总额前 20 名企业见表 6。

表 6　2016 年风机行业利润总额前 20 名企业

序号	企业名称	利润总额（万元）	同比增长（%）	序号	企业名称	利润总额（万元）	同比增长（%）
1	陕西鼓风机（集团）有限公司	43 658	-52.6	11	浙江格凌实业有限公司	5 084	35.1
2	卧龙电气南阳防爆集团股份有限公司	18 838	38.2	12	浙江金盾风机股份有限公司	5 027	-4.0
3	山东格瑞德集团有限公司	17 976	1.7	13	成都电力机械厂	4 731	12.5
4	浙江亿利达风机股份有限公司	13 977	3.5	14	鞍山钢峰风机有限责任公司	3 645	-9.7
5	锦州新锦化机械制造有限公司	10 029	-25.8	15	浙江上风高科专风实业有限公司	3 642	-46.5
6	大连机车研究所有限公司	9 352	7.8	16	浙江明新风机有限公司	3 035	6.5
7	重庆通用工业（集团）有限责任公司	6 346	-66.8	17	佛山市南海九洲普惠风机有限公司	2 960	79.1
8	山东省章丘鼓风机股份有限公司	6 299	2.3	18	湖北省风机厂有限公司	2 819	-26.0
9	上海通用风机股份有限公司	5 395	34.4	19	安徽安风风机有限公司	2 501	18.2
10	江苏金通灵流体机械科技股份有限公司	5 372	31.6	20	威海克莱特菲尔风机股份有限公司	2 481	1.9

沈阳鼓风机集团股份有限公司为了应对竞争压力，抓住发展机遇，2016 年搭建了营销管控新体系，成立了七大营销区域分公司和石化大客户销售部，充分发挥集团品牌优势和子公司各自特长，不断加强区域分公司与各子公司协同营销能力，有效提升集团营销体系整体运行效率及应对市场变化的响应能力。在细分市场深挖自身潜力，从调整产品结构、销售结构和强化服务理念等方面入手，实现了传统市场、新市场、服务市场和海外市场的多点突破。2016 年，沈鼓集团与中石油、中石化、中海油均实现新增订货。同时，抢抓央企及民营炼化市场，大型地炼连续加氢重整项目连续中标。陕京四线红墩界站招投标力排国内外同行竞争对手，签订管线压缩机合同；新疆天盈和华鲁恒升项目再创新业绩，其中年产 30 万 t 乙二醇建设项目中，取得几乎所有离心压缩机组订单；成功签订 4.5 万 t/a 钢铁工业煤气生物发酵法制燃料乙醇项目煤气压缩机；经过与国内外压缩机厂商的激烈竞争，再次实现 100 万 m^3 等级 LNG 装置冷剂压缩机组、15 万 t/a 硝酸四合一机组订货；往复式压缩机实现多台 4M125 机组订货；首台高速撬装压缩机投入流程运行；首次实现压缩天然气加气站（CNG）用往复压缩机订货。实现所有上马核主泵全部中标；三门、海阳、陆丰常规岛用泵实现订货；取得国核压水堆示范工程冷却水泵订货；石化泵在石化、地方炼油市场订货取得稳步增长，并逐步进入到中石化、中石油等高端市场，获得庆铁线输油管线泵订单。“走出去”布局初见成效，海外市场亮点众多，沈鼓集团第一个境外代表处——俄罗斯代表处成立，实现了往复机向俄罗斯直接出口的首次突破；签订 75 万 t 合成氨、120 万 t 尿素化肥装置用工艺气压缩机、氨压机和二氧化碳压缩机组订单，是沈鼓集团迄今成套供货的最大规模化肥项目，对进军大化肥及海外化工市场具有重要战略意义；对塔吉克斯坦、乌兹别克斯坦和文莱等多个东南亚国家实现首台压缩机订货突破。首次实现尼日利亚 2 000 万 t/a 炼油制冷机组用离心压缩机订货，签订世界最大 100 万 t/a 冷箱装置用一氧化碳压缩机订单。此外，沈鼓集团依托多年积累的技术优势，积极开拓市场领域，在海工装备、天然气、环保、新能源发电等多个新领域均有不同程度的进展和突破。

2016 年，重庆通用工业（集团）有限责任公司在销售工作中逆势增长，一是风电叶片业绩逆势增长，全年新增订单 16.63 亿元、营业收入 14.05 亿元、回款 18 亿元，各项指标均实现增长。二是高效节能离心通风机顺应节能改造发展潮流，巩固行业领先地位。该产品于 2015 年研发成功，并在铜陵上风水泥有限责任公司完成首个节能改造样板项目，风机能耗降低近 40%。2016 年大规模推向市场后，很快受到用户的认可，仅通风机节能改造在钢铁、水泥等传统市场领域的新增订货达 12 961 万元。三是压缩机突破明显，冷机有效回升。2016 年大型压缩机中标 5 台（套），创造了公司大型压缩机订货新纪录；国家科技重大专项 MS01 离心式冷水机组获国核工程有限公司 2 431 万元订单；新产品板管蒸发冷却式中央空调新增订货 9 825 万元。四是单级高速离心式鼓风机发展迅速。通过大力向电力等行业进军，单级高速离心式鼓风机新增订货 8 009 万元，回款 3 671 万元，同比分别增长 132% 和 108.7%。

江苏金通灵流体机械科技股份有限公司在外部需求疲软、宏观经济未见明显好转、市场形势仍然比较严峻的大背景下，积极研究对策，较好地完成了公司的生产经营任务和管理目标，保持了职工队伍的稳定性。一是抓管理、拓市场，销售工作稳中求进。营销中心自成立以来，一直重视团队管理工作，针对 2015 年工作运行中存在的不足及时调整，在南北片区各提拔一名能力较强的总经理助理充实管理队伍，细化区域化管理，特别是对一些重点项目的跟踪更加及时有效，取得了良好的效果。全年千万级以上的合同总共 10 笔，合同额约 2.6 亿元，占全年订货额的 33%。其中工程总包项目最大单笔合同近 9 000 万元，压缩机最大单笔合同近 5 000 万元，鼓风机最大单笔合同近 3 000 万元。2016 年实现营业收入 93 857 万元，同比增长 4.96%；利润总额 5 372 万元，同比增长 31.6%。二是新产品、新领域的产品销售取得新突破。公司 2015 年下半年开始研制的低温升蒸汽压缩机，成功取得倍杰特的中煤远兴项目，为公司在蒸汽压缩机领域确立龙头地位再添销售亮点。蒸汽压缩机成功签约大连盐业新春制盐项目，为公司进军制盐领域打下良好的基础，也为后期在盐业的订单创造了条件。安徽丰原项目的成功签约，充分展示了公司的整体解决方案能力。工程项目总承包是公司未来做大做强的战略方向，2016 年公司签约的山西高义焦炉煤气及余热发电工程、大连华能热电引风机系统改造、多家水泥生产线风系统节能工程改造，总额达 1.2 亿元，这些工程的承接，为以后的业务积累了经验，打下了较好的基础。成功签约河北高义汽轮机框架协议，签约金额达 7 亿多元。三是继续强化资金回笼工作，一手抓销售合同执行各阶段资金回笼，一手抓陈欠款的追讨工作。2016 年总体资金回笼情况好于上年，应收账款总体呈下降趋势，全年收回陈欠款近 2 000 万元。

2016 年，四平鼓风机股份有限公司在宏观经济运行下行压力加大、市场需求持续疲软、生产所需合同严重不足、流动资金异常紧张的情况下，积极主动克服各种困难，努力保证企业各项生产经营活动的正常进行。主要抓好两个方面的工作。一是抓营销管理，努力做好承揽订货和货款回收。面对日益严峻的市场形势，销售部门积极采取应对措施，千方百计抓承揽订货和货款回收。负责销售的主要领导亲自带队，全力抓好国内、国外两个市场，争取每一份订单。在国内建材、冶金市场需求不断下滑的情况下，重点争取出口项目，全年共完成土耳其、越南、埃及、印度尼西亚等 20 多个国家的出口项目，出口交货值 2 932 万元，占销售产值的 27.9%；强化销售日常管理，加强市场信息的收集和反馈，为合同承揽奠定基础；以主要大客户为重点，在狠抓当期货款的同时，加强陈欠货款清欠，配备相应的专职人员，逐个厂家核实，必要时采取法律手段，加大应收账款清欠力度，尽可能减少损失。通过努力，回收 2012 年以前的老货款 921.5 万元。二是抓生产管理，围绕市场，克服困难，满足客户需求。面对合同严重不足、交货期急、产前准备难度大和人力资源不足等不利因素，公司以满足顾客需求为目标，不断加强生产组织和生产调度指挥，在保证正常生产计划的同时，对临时穿插的产品随时安排，一切服从于市场。尤其是在车间合并调整后，迅速重新划分班组，并做到按计划、按要求灵活机动安排生产任务，调动职工积极性、主动性，注重提高生产效率和设备维修效率。在出口产品多、交货期急的情况下，经常打破工种界限，及时调整班组人力资源配置。特别是为保证出口土耳其产品的按期集港，车间广大职工以及公司有关领导和部室人员积极参与其中，圆满完成了生产任务。

山东省章丘鼓风机股份有限公司2016年销售罗茨鼓风机5 350台，实现销售收入26 361万元。公司主导产品罗茨鼓风机销售量比较好的有引进日本公司消化吸收的RR系列罗茨鼓风机（罗茨真空泵）、L型罗茨鼓风机、3H型低噪声三叶罗茨鼓风机、ZR系列大型罗茨鼓风机，公司消化吸收引进美国技术开发的ZG高速高效罗茨鼓风机和ZW型三叶罗茨鼓风机。公司产品主要销往电力、化工、水泥、水处理、钢铁冶炼等行业。①抓住契机，逆境中拼搏。2016年年初，销售公司抓住焦化脱硫等改造的契机，加大对透平产品的人员保证和政策的调整力度。上半年及时调整对空悬风机、单级高速风机及通风机的销售政策，收到了较好的效果。②新产品、新市场以点带面露锋芒。空气悬浮离心鼓风机是近几年来受市场青睐的产品，鉴于此，销售公司积极开展工作，走访客户，深耕市场，不只是在传统的水处理行业取得良好业绩，更推广到电厂氧化风机领域。2016年产品在新行业的应用取得较大的发展，尤其是龙岩办、北京办签订的脱硫项目，成为公司在海水脱硫行业的一面旗帜。通风机在电厂及石化行业也得到广泛开发及应用。③小风机大市场，积极争抢见成效。此类数额较小的风机订单，积少成多就是大合同。2016年，销售公司为了抢夺这份市场，首先，调整了销售政策，从政策上进行激励。其次，加大对配套商的走访。2016年共签订此类风机2 172台，同比增长51%；完成合同额6 405.7万元，同比增长16%。④激活市场网上销售，成绩显著。为了适应现在网上销售的趋势，销售公司自2016年起成立网销部，截至2016年年底，共签订合同73笔。为进一步激活市场信息资源，促进潜在需要客户资源成功转化为订单，同时作为一项持续增加新客户、实现新增长的措施和手段，销售公司于2016年4月制定了有关规定，为市场注入了新的活力。⑤大区管理初见效，有的放矢整合资源。根据年初的大区管理模式思路，特设立了东北大区，资源充分利用起来，显现出大区优势，签订的合同同比增长60%。根据销售公司的考核指标要求，2016年整合资源，办事处从54个减至46个。另外，为了抓住广东的市场，尤其是水处理市场，设立深圳办事处，6月份整合银川办事处，取得良好效果。

2016年，浙江金盾风机股份有限公司产品市场销售情况：地铁行业销售额12 384万元，占总销售额的38.6%；隧道行业销售额4 152万元，占总销售额的12.9%；造纸行业销售额326万元，占总销售额的1.0%；工民建行业销售额12 298万元，占总销售额的38.3%；核电行业销售额2 680万元，占总销售额的8.4%；船用行业销售额255万元，占总销售额的0.8%。地铁、隧道行业销售额占公司总销售额的51%，比上年有大幅下降。2016年公司参与地铁投标项目共计招标34个，其中风机或含风机设备的招标21个。造纸行业的业绩大幅缩水；工民建方面，在万达广场年度集采战略合作支持下，有了大幅度的提升；中标核电行业K-2/K-3核岛风机和常规岛空气处理机组等合同，随着公司“国家重大专项CAP1400安全壳再循环冷却机组”样机圆满通过验收，将会带动业务量的快速增长。

2016年，浙江明新风机有限公司主要产品产量117 350台（套），同比增长21.16%；新产品产值20 557万元，同比增长16.82%；实现利润3 035万元，同比增长6.49%。公司有10余种产品填补国内空白，20余种产品获省（部）、市科技成果奖和优质产品奖，5种产品被列为国家级新产品或国家火炬计划项目。公司凭着“质量、品牌、诚信、服务”的理念，扩大了销路。冷却用轴流风机、变压器用风机、烟叶烘烤风机是公司生产和销售的重点。2016年，公司以自身技术优势和严格科学的内部管理、优质的产品和服务赢得了市场。公司在国内主要城市设有办事处，产品销售范围遍及浙江、上海、山东、广西、陕西、云南等地。同时，公司市场部充分利用现有的销售网络开发产品市场，有选择地参加全国相关行业展会和公司组织技术与应用交流会等，以提高公司的知名度，并通过 Internet 加大对产品的宣传。2016 年公司直接出口产品主要为轴流通风机，主要出口到韩国、古巴等国家。公司配套出口的产品主要为变压器用风机、冷却用轴流风机。其中，变压器用风机客户主要分布在委内瑞拉、美国、印度尼西亚等地，冷却用轴流风机客户主要分布在澳大利亚、非洲等地。2016 年公司出口轴流通风机 360 台，实现销售额 290 万元。

2016 年，山东海福德机械有限公司主要销售市场为环保行业中的污水处理、电厂脱硫等领域，以及水泥、粮食加工、食品、矿山、气力输送、钢铁、水产养殖、化工等领域，主导产品是 HSR 系列 50 ～ 200 型风机。2016 年，公司产品共销售 3 790 台，同比增长 8.3%；销售收入 7 240 万元，同比增长 7.2%。产品出口主要是间接出口，企业自营出口较少。公司的销售渠道主要是办事处销售，近年来加强了电子商务销售渠道的建设，建立了一支销售队伍，销售数量逐年增加，成为企业发展的一个亮点。原来最主要的销售市场是污水处理领域，占总销售量的一半以上。但由于市场竞争激烈，销售利润越来越低。公司通过市场开发及新产品研制，逐步开拓了电力、水泥、矿山、气力输送、化工等其他市场。通过销售市场的扩大，稳定了公司的销售形势，确保了公司健康稳定发展。

2016 年，山东格瑞德集团有限公司主要产品产量创历史新高，其中：风机产品 326 889 台、空调主机 3 200 台（套）、复合材料 15 万 t，完成了南宁国际会展中心 150 台风机通风工程、海南三亚亚龙湾项目 137 台风冷模块的生产、安装，山西省长治市潞安 • 颐龙湾综合楼 3 套降膜式水冷螺杆冷水机组生产安装等一批重大生产任务。通过集团设在全国以及国外 30 余家办事机构的营销网络，销售业绩遍及国内以及中东、非洲等地，产品销售领域包括工业、建筑等领域。

2016 年，山东宏烨环境科技有限公司突出主业，致力于工业厂房通风工程项目建设，以屋顶风机、边墙风机、管道风机、箱式离心风机、组合式空调机组、直燃温控机组参与国内 20 余家汽车制造与装备制造业新建与改扩建项目的建设，全年生产各类风机 18 723 台，同比增长 4.5%；完成新产品产值 4 031 万元，同比增长 9.7%；工业销售收入 12 307 万元，同比增长 7.3%；利润总额 1 082 万元，同比增长 51.1%。在产品销售过程中，逐步培植企业经销队伍，先后在天津、长春设立分公司，拓展区域销售业务。2016 年，公司在合肥、西安设立了分公司，新增业务占总销售收入的 26%。

威海克莱特菲尔风机股份有限公司主要产品包括轨道交通机车专用风机、动车专用风机、海洋工程装备专用风机、能源通风冷却设备等，具有较高的市场占有率。2016 年，公司实现营业收入 18 112 万元，同比下降 10.1%；实现净利润 2 147.5 万元，同比增长 2.6%。从产品结构变化分析，轨道交通类风机销售收入同比下降 25.2%，海洋工程类产品销售收入同比下降 35.5%，冷却塔和空冷器风扇及制冷风机产品销售收入变化不大，能源通风冷却设备销售收入增长 235%，特种工业通风机及配件销售收入增长 44.3%。轨道交通风机销售收入下降，主要是因为动车和内燃机车订单的减少。公司已成功开发全部配套的 6 种风机并全部上线试运行，2016 年完成试运行的中车青岛四方机车车辆股份有限公司标准化动车组的牵引电机通风机、中车长春轨道客车股份有限公司的标动牵引电机通风机、株洲中车时代电气股份有限公司的两款变流器冷却风机。随着标准化动车组推向市场的进度趋近，公司在轨道交通类产品的订单将会出现较大幅度的增长。海洋工程风机销售收入同比下降 35.5%，主要是受国际油价下降和造船业下滑影响。公司海洋钻井平台、散货船业务出现较大下滑，为了应对不利影响。公司积极开发新的低噪高效风机并成功应用到客滚轮上，开拓出新的市场领域。能源通风冷却设备销售收入增长235%，主要是因为公司2016年在核电、燃气轮机、风电、分布式能源和航改发动机等新能源领域进行技术研发和市场投入取得了重大突破。当前公司已经成为GE Hungary Kft、哈尔滨电气股份有限公司、东方电气集团有限公司、康明斯（中国）投资有限公司等国内外知名企业的合格供应商。特种工业通风机及配件销售收入增长44.3%，主要是屋顶风机、变压器风机等产品有较大幅度的增长。

2016年，长沙鼓风机厂有限责任公司按照“以客户需求为导向，固本创新稳经营；以国际一流为标杆，搬迁转型谋发展”的经营方针，围绕年初制定的“2016年经理层企业管理重点专项计划”九大类28个项目，对应管理项目，抓进度、促落实，切实采取措施稳定生产经营，加速推进迁建项目。在销售方面主要开展了以下工作：①强化营销管理体系。以问题为导向，修订销售承包实施方案，完善《重点合同项目管理办法》；划小业务片区范围，由4个大片区增加到6个，同时对业务副总实行战线前移，直接参与各片区业务，并将销售指标完成情况与其绩效考核挂钩。②抓好信息源头和项目管理。利用网络平台，利用红圈营销管理软件、钉钉移动办公平台等现代营销管理工具开展营销业务工作。通过互联网APP应用，加强客户资源管理和信息管理，实现总部和片区之间的有效对接；扩大出口业务，以T330项目为龙头，加强项目管理，做好项目前期工作和投标方案，提升投标质量和中标率。③提高优势市场增量和明确后劲。在稳定罗茨传统市场基础上，积极开辟风机应用领域，重点维护MVR市场和离心风机市场，抓好硫磺回收、氯气循环压缩机市场；对国内外高压市场和气力输送行业进行分析，试制生产螺杆鼓风机产品。④优化售后服务。规范服务流程和风机修理内部流程，明确进度要求和职责界定，并统一纳入产销激励考核，改进和提高服务工作的质量和效率。2016年，公司罗茨风机产量1 563台，同比下降15.9%；完成订货同比下降34.5%；实现主营业务收入12 969万元，同比下降32%；综合回款率97.1%，同比提高5.4个百分点。从以上指标数据来看，2016年度产、销、利等关键指标均大幅下滑，几项主要经济指标与计划目标和上年同期相比存在较大差距。

2016年，湖北省风机厂有限公司实现产品销售收入46 213万元，新产品销售产值28 572万元。面对传统行业形势极其严峻的情况，公司在当前国家节能环保产业发展的背景下，积极开发新产品，扩大新市场，重点在节能、环保、基础设施建设市场布局，2016年年底成功实现销售市场战略转型。

2016年，河北骞海鼓风机有限公司生产风机77台（套），其中，用于冶金行业29台、电力行业22台、环保行业8台、水泥行业6台。市场占比分别为：冶金行业占37.66%，电力行业占28.57%，矿山行业占15.58%，环保行业占10.38%，水泥行业占7.79%。全年应收账款3 000万元，比上年增长76.47%；实现利润660万元，比上年增长13.79%。

2016年，甘肃省白银风机厂有限责任公司积极应对国内经济下行压力等不利因素，坚持“提质增效”发展主线，以安全生产为保障、经济效益为主导，以新产品开发为抓手，持续增强企业创新驱动能力，以抓项目订单为统领，瞄准市场广度，产品营销辐射全国市场。公司积极转变经营思路，逐步从低附加值产品向高附加值产品转型，从产品价值链的低端向价值链的中高端延伸；以抢抓高附加值订单为突破口，强化企业技术进步，产品积极布局全国市场，在全国电石行业炉气净化系统DW系列煤气鼓风机已凸显引领作用。以DW系列煤气鼓风机和4-72等系列种子加工行业离心通风机的销售为龙头，向甘肃、青海、陕西、宁夏、新疆、四川、云南、山东、山西、河南、内蒙古、黑龙江、湖南、广西等18个省区辐射，DW系列煤气鼓风机已占据国内电石行业炉气净化系统约70%的市场份额，与全国电石行业12强都已发展成为公司直接客户。2016年，公司与白银昌元化工有限公司签订合同79.2万元，与新疆塔城地区汇通有限责任公司签订合同 53.2 万元，与甘肃禾丰源种业有限责任公司签订风机合同 54 万元，与上海三友宝发环保工程技术有限公司、安徽维达科技股份有限公司累计签订煤气风机及其备件 737.8 万元，与河南平煤神马集团汝州电化有限公司签订煤气叶轮合同 98 万元。此外，与山东信发集团有限公司签订 16 台 6-51-15D 风机合同，合同额为 107 万元；与宁夏兴昊永胜盐业科技有限公司签订 6 台 Y9-28 № 23.5 风机合同，合同额为 99.4 万元。

四、科研成果及新产品

2016 年，风机分会根据 150 家企业统计，在科技研发方面累计支出 116 295 万元，比上年增长 17.7%。科研经费支出占主营业务收入的 3.3%，比上年增加 0.6 个百分点。其中：东北地区科研经费支出 43 103 万元，比上年增长 44.9%；华北、西北地区科研经费支出 15 915 万元，比上年增长 29.9%；华东地区科研经费支出 33 401 万元，比上年下降 8.6%；中南、西南地区科研经费支出 23 876 万元，比上年增长 17.9%。风机行业共完成新产品 412 种、106 805 台，分别比上年增加 35 种、10 540 台。获国家及部、省、市级科技进步奖和优秀新产品奖等近 30 项。

2016 年，沈阳鼓风机集团股份有限公司共承担或参研的国家级科技计划项目（风机类）8 项，其中：国家“973”计划子课题 6 项，国家重点研发计划 1 项，国家海洋工程装备科研项目 1 项。国家级科研项目主要完成了机械装备再制造的基础科学问题、多干扰复杂工况下压缩机系统的非稳定边界条件及性能变化规律、叶片局部柔性结构自适应的气动扩稳减阻原理及方法、极端条件下压缩机关键部件劣化机理及延寿关键技术、压缩机组复杂系统振动故障机理及可监测诊断设计方法 6 个项目课题研究，并通过国家科技部组织的技术验收；完成国家科技支撑计划“大型离心压缩机节能关键技术及应用”课题研究，并通过技术验收；国家海洋工程装备科研项目“天然气液化用大型混合冷剂压缩机研制”项目进展顺利，完成了机组设计和工艺方案规划，签订了电机和变频器主要采购件合同等。

沈阳鼓风机集团股份有限公司新产品研制项目主要包括：川气东送大功率变频电驱压缩机组国产化研制（列入辽宁省企业技术创新计划），以川气东送工程为依托进行大功率变频电驱压缩机组成套设计与研制，填补了国内空白，打破了国外公司的技术垄断，保障了我国能源与经济安全；自主开发研制低能耗、高效率大型空分装置 SVK32-6H 新型增压机（列入辽宁省企业技术创新计划），达到国际同类产品先进水平，填补了国内空白，实现了国产化。沈鼓集团 2016 年有两个新产品通过省级以上科技成果评价，“天然气田用离心压缩机组”是沈鼓集团依托伊朗南帕斯项目完成的国产第一台应用于上游气田领域的压缩机组。该机组的成功研制，打破了国外压缩机制造商在该领域压缩机的长期垄断，为国内压缩机技术向多元化发展奠定了坚实的基础。“320 万 t/a 连续重整装置循环氢离心压缩机组”以宁波中金石化有限公司 320 万 t/a 连续重整项目为依托，历时 3 年，开展大型循环氢压缩机组关键技术攻关，解决了机组大型化带来的设计、制造难题，是世界上单套规模最大的重整项目配套的最大筒形压缩机，多项指标实现了我国压缩机制造历史上的新突破，填补了国内外该项技术的空白。

2016 年，陕西鼓风机（集团）有限公司试制完成多级增压轴流压缩机组、增压型离心压缩机组、煤气透平与高炉鼓风能量回收机组（BPRT）、3H-TRT 高炉发电装置、MNG40/20 高转速凝汽式汽轮机组、MBG50/02 高转速背压式汽轮机组等新产品，经陕西省工信厅鉴定，均达到国内先进水平。“MVR 蒸汽压缩机组的开发和应用”项目获得 2016 年西安市科学技术进步奖一等奖和中国机械工业科学技术奖三等奖；“烧结余热与高炉顶压能量回收机组技术”获得中国机械工业科学技术奖三等奖；“煤气透平与电动机同轴驱动高炉鼓风机技术（BPRT）”获得中国机械工业联合会“十二五”优秀科技成果奖。

2016 年，上海电气鼓风机厂有限公司共完成科研项目 8 项，包括高温气冷堆核电站氦气压缩机关键技术与成套设备、低温风洞压缩机组初步设计研究、风洞用多级压缩机研究、高效超（超）临界 124 万 kW 级燃煤发电技术配套送风机技术研制、高效超（超）临界 124 万 kW 级燃煤发电技术配套一次风机技术研制、高效超（超）临界 124 万 kW 级燃煤发电技术配套引风机技术研制、高效聚变实验平台氦气压缩机组研制和 80% 反风矿机主扇风机技术研制，均达到国内先进水平。

2016 年，重庆通用工业（集团）有限责任公司成功获批建立市级博士后科研工作站，三大实验室以及高速动平衡检测中心等检测平台基础建设全面展开，蒸发冷机组性能实验室建设也已完成建设立项审批。集团本部和下属子公司成飞公司同时启动了试验室 CNAS 认证。重通集团在应用基础研究和产学研合作方面，单级离心鼓风机降噪与转子组稳定性研究取得历史性突破，产品噪声显著降低，一次性试车通过率大幅度提高；离心式制冷压缩机扩稳等产学研项目顺利结题，有效改善了产品性能；通过资源整合，构建了风机行业唯一的模型机开发与优化能力。成飞公司与 SSP 公司合作开发叶根预埋技术项目进行立项，挖掘了大量的设计方法和数据。在创新成果方面，“弱风区兆瓦级风电叶片”获得 2016 年重庆市科学技术奖；BCD230、BCD180 离心鼓风机和 W6-2×39-F 系列离心通风机入选《2015 全国机械工业用户满意产品名录》；船用齿轮箱竞优项目顺利完成，获得各方好评；双级高效离心式冷水机组、MVR 压缩机、无叶扩压器单级离心鼓风机系列化开发工作按计划基本完成。成飞公司根据市场形势以及客户需求，积极研发新品，已完成 CGI54.2A、CGI57.0B、CGI59.8A、CGI60.3A/59.5A 等叶片开发工作，并通过相关试验，取得了 DEWI-OCC 设计认证证书及型式认证证书。

2016 年，江苏金通灵流体机械科技股份有限公司投入研发费用约 3 000 万元，占公司销售收入的 3.2%。公司申请专利 7 件，其中发明专利 4 件；完成省创新能力建设计划——江苏省重点企业研发机构能力提升申报；完成南通市首台（套）重大装备及关键部件、市级关键技术研究工业创新项目、市重大科技成果转化项目、市科技进步奖等申报工作；完成了国内首台（套）低温升离心蒸汽压缩机的制造，顺利通过了各项出厂测试，并正式交付客户使用，产品各项性能指标均超出客户预期效果，达到国际先进水平。低温升离心蒸汽压缩机是公司鼓风机类产品向高端装备制造领域进军的最新成果，广泛应用于化学工业（蒸发浓缩、结晶、提纯）、制药及生物工程、海水淡化、高浓度废水处理等领域，具备和进口产品同台竞技的能力，可实现替代进口，为公司创造了一个新的增长点。公司开发了 6-42 系列、6-48 系列离心通风机模型机，6-48 系列已多次进行性能测试，初步达到设计要求；中煤平朔项目 GC666-31-1.79 风机的设计采用准三元叶片，解决了性能和强度设计之间的矛盾，与传统产品相比，机组运行平稳，风量调节范围和性能曲线平滑，效率高、耗能少。公司研发了轴流风机叶轮前回流装置（KSE 防喘振装置），通过该技术的应用，拓宽了静调风机的性能调节范围，增强了风机对系统的适用性，避免风机因运行参数与设计参数偏差过大引起的风机喘振破坏。公司进一步完善了压缩机产品标准机型的规格，完成了 JE60000、JE72000 空气压缩机标准机型，JEV7、JEV6、JEV4 等低温升系列蒸汽压缩机；D1000-2.0、D500 2.0 模型机的优化设计；在 D1020 1.3 煤气鼓风机的基础上，对焦炉煤气鼓风机系统产品进行应用推广。公司先后研发了电动机、汽轮机拖动的 JE72000 空气压缩机，二级电动机驱动的 JE36000 压缩机，JEV5.626-35/48-2367/1.99、JEV6.5-35/49-2734/2.09 超低温单吸大流量蒸汽压缩机；完成了 N30-2.30（538）、B12-13.2（538）/2.55、B12-4.9/0.245 反动式汽轮机，N5.65-0.98 拖动汽轮机以及 B6-8.63/3.63 高背压汽轮机等设计工作。市重大专项“MW 级新能源发电用新型蒸汽轮机研发及产业化”项目在持续推进中，通过了中期检查。公司成功开发 JRC500T 汽轮机驱动离心式制冷压缩机工艺，完成大型叶轮在数控镗床上粗开，减轻了五轴加工中心的压力，缩短了生产周期，降低了生产成本，为今后大型叶轮的生产打下了良好的基础。

四平鼓风机股份有限公司在选型设计时大力推广清华大学高效模型系列风机产品，提高市场占有率；为测绘轴流风机叶片型线设计了专用工装，解决了三维扭曲叶片测绘困难的问题；采购两种自动焊接小车并进行实际验证，为下一步加强自动化焊接积累了经验。同时，还解决了打砂机手动气泵不好用和工件打砂不到位的问题。在标准化方面，重新整顿了 FT18 观察门、FT551 联轴器图样，对方形调节门的联动机构进行改进，初步完成了整体支架形式风机和轴承箱常用型号重新筛选等工作。

2016 年，山东省章丘鼓风机股份有限公司的“ZN 型扭叶罗茨鼓风机”项目列入 2016 年山东省第二批技术创新项目，“大型铸造结构多级离心鼓风机”列入济南市 2016 年科学技术发展计划第二批项目。在罗茨鼓风机方面：应用五轴编程软件与五轴加工设备，对叶轮加工进行模拟仿真，首次成功完成单级高速离心风机叶轮的加工；完成 RRB-N、RRC-N、RRD-K 型分体机械密封的集装化机械密封升级改造工作，大大提高了风机的一次试车合格率，有效降低了生产成本；对 ZG 风机铝油箱进行制造工艺改进，采用压铸工艺做出 M60 主副油箱，外观有了很大提升，尺寸精度得到提高，减轻了重量，降低了成本；在 ZL8 风机的基础上，改进原有的密封形式，增加机械密封，开发了 ZL8-N 型机械密封风机，样机已试验合格；完成 ZR8 风机主油箱侧出轴增加电动盘车装置的结构设计工作；根据美国客户对风机排气体改进提出的建议，完成 M12、M16、M20 排气体改进设计。在透平机械方面，随着铸造结构多级离心鼓风机订单量增加，产品大件通用性基本实现，但风机的轴承座由于具有方向性，一直以来采用配钻，严重影响生产进度。为此，经过反复试验和调整，设计出成套钻模工装，以改善产品通用性；为提供产品外观质量，将 C150 回流器木模改用金属模具，使得回流器重量单件减轻 150kg，大大降低了制造成本。公司积极进行技术创新工作，承接大量适应市场需求的高新技术产品，完成新产品销售收入 2.88 亿元。公司成功开发多种罗茨鼓风机产品，其中：ZG-300 罗茨风机流量 84.1 ～ 184.4m^3/min，高压无需水冷，填补了公司其他系列风机在该性能参数范围内的空白；完成 T3HE-150A 型无中间冷却器的双级串联罗茨鼓风机的设计工作，满足了用户对性能要求，降低了成本；完成 V3HE-250WNJZ、M3HE-250WNJZP 等多台水蒸气压缩机的样机试制工作；完成 MB4509N 机械密封风机设计开发工作；设计开发 4 套集成撬装机组；完成 ZR8-800B1R 风机新产品的开发。在透平机械产品方面，根据销售订单，先后设计开发 7 种新型焊接风机，同时派生出脂润滑新型焊接风机，在与铸造风机实现轴承部通用的情况下，有效拓宽产品发展领域；开发 3 种新型焊接特殊密封风机、15 种新性能点的铸造结构多级离心鼓风机、3 种非标新型焊接结构风机。其中，C980-1.45Z 铸造多级离心风机是 2016 年新开发的重点产品，是在 C980-1.35Z 风机基础上进行设计优化而派生出的新型号风机。在通风机产品方面：开发的“高温大流量慢转装置”双吸量体裁衣通风机为公司当前生产的最大流量、最高温度的通风机，慢转装置以及稀油站均为首次使用；6-31 系列风机在工艺、工装、生产方面实现系列化，又相继开发了 4-79、4-72、6-48C 型常规通风机。在气力输送产品方面：SAP 气力输动系统首次采用栓流设计输送技术，在硬件设备及软件程序开发上都有了新的突破；承接的白区钛白粉气力输送交钥匙工程项目首次利用末端料仓微负压技术，而且在汽粉负压吸送线首次采用公司量身版离心风机作为动力源；完成 CR50WBS、CR70WBS、CR220WBS 不锈钢闭式焊接供料器的设计开发。在节能环保产品方面，承接的河北昂利化工 2.5t/h 氯化钠废水 MVR 蒸发结晶系统工程是节能环保公司成立以来的第一个项目，节电效果显著，为用户解决了二氧化碳的排放问题，而且排放的水达到国家环保排放标准，真正实现了节能减排。

南通大通宝富风机有限公司研制的“600MW 超临界循环流化床锅炉一、二次风机”和“单级高速离心鼓风机”，通过了由中国机械工业联合会组织的产品鉴定会。经与会专家和代表的鉴定认为：为 600MW 超临界循环流化床锅炉配套生产的一、二次风机属国内首台（套）产品，各项技术性能指标达到国际先进水平；单级高速离心鼓风机多变效率 84% 以上，技术性能指标达到国内先进水平。公司研制的三代核电大流量空调核级风机，设计寿命 60 年，进风口风量无级调节，能效等级不低于 2 级，形成自主知识产权的技术开发，并达到国内先进水平。2016 年，公司为 600MW 超临界循环流化床电站配套的高压高速大型离心鼓风机荣获中国机械工业科学技术奖二等奖。

2016 年 11 月，在深圳地铁大厦召开的轨道交通 7 号线和 9 号线开通试运营参建单位表彰大会上，浙江上风高科专风实业有限公司荣获 7 号线工程突出贡献奖。公司在 2013 年 12 月成功中标深圳市轨道交通 7 号线工程，涉及风机设备 1 100 余台、风阀设备 9 000 余台。深圳地铁 7 号线已于 2016 年 10 月 28 号开通试运营。经过近两年的供货合作，公司以快速优质的服务、高质量的产品，顺利通过各项验收工作。公司为杭州国际博览中心提供消防排烟风机、轴流风机等通风设备共计 450 余台，离心式消防排烟风机和轴流式消防排烟风机已在 2015 年获得国家强制性产品认证证书。

2016 年，浙江金盾风机股份有限公司在产品研发和工艺设计方面取得了丰硕成果。在轴流风机、离心风机、箱体风机、消声器等设计及生产工艺创新方面：完成国家重大专项 CAP1400 安全壳再循环冷却风机机组的叶轮与风机的设计，提高了该机组的产品性能，设计了该机组整机三维造型，用于该机组的抗振分析；设计用于阵列式消声器自动化生产的加工设备、阵列式消声器导流罩成型模具等，减少不必要的工序，提高生产效率，降低生产成本，设备及模具均已经安装调试完成，可对该消声器进行大批量生产；研发设计地铁圆形风阀，当前该风阀样机已经初步生产制作完成，等待检测中心进行风阀的各项性能检测；完成 JCZ-50C 耐高温轴流式船用通风机的设计与制作，风机气动性能完全达到客户要求，满足耐高温 400℃ 2h 的设计要求；根据东北农业大学工程学院要求，完成 BZF-740 播种风机的设计，并对风机叶轮及结构进行优化，同时创新叶轮新的焊接结构方式，满足了客户需要，提高了该播种风机的性能；根据中船重工七〇四研究所的要求，对 CLH50 双速全船通风机进行整体结构优化设计，叶轮采用整体铝合金铸造，机壳采用铝合金焊接制造而成，风机的自身重量有所减轻，新设计的叶轮比原对方设计的叶轮性能有进一步的提升，受到客户好评；完成清华大学核能与新能源技术研究院的 L14-46-0.9 核电用通风机设计，风机性能达到客户要求。在新型工艺技术改进方面：设计了 DTF-450-180-4 B1、DTF-450-180-6 B2、DTF-630-256-4 B1、DTF-560-256-6 B2、DTF 630 256 等高压风机的铸造叶片，解决了外协厂家高压铸造叶片所产生的质量问题。当前，以上高压铸造叶片已广泛应用到各地铁项目与民用项目，大大缓解了因公司低压铸造叶片生产进度慢而不能及时交货的问题。公司与南非厂家合作，设计生产机翼型碳纤维叶片，该叶片可用于 CCV 核电风机上。当前，第一批叶片已经生产加工完成，对方正在对该叶片进行相应的强度可靠性试验。公司完成丹麦旋压机的调试，设计旋压式防喘振环风筒的结构与尺寸。该旋压式防喘振环风筒比原焊接风筒具有结构强度高、生产效率高、外观美观等优点。该结构风筒已用到地铁项目上。大型风机导流罩旋压生产制作。公司完成了 ϕ1 200mm、ϕ1 320mm 铝合金导流罩成型模具的设计，在外协单位的设备上能将铝板一次旋压成型，解决了公司原大型导流罩成型难、加工费时间、部件重等问题。针对客户所提供的各项性能参数需要，专门设计了用于中车高铁的铸造离心叶轮和新的铸造工艺，完善了公司的产品型号，提升了公司的市场竞争力。在新产品开发与推广方面：地铁排热风机节能运行方案已在南京地铁 4 号线中应用，可节能 77%，该节能方案已在上海绿地地铁公司、宁波轨道交通公司、重庆地铁公司、深圳地铁公司等推介。公司参与起草的《排烟系统组合风阀应用技术规程》已于 2016 年 9 月发布并实施。参与开发风机物联网监控及大数据采集系统硬件、软件、系统设计及工程安装调试项目，该项目已成功应用于北京大兴线工程，并计划在青岛地铁红岛线、石家庄地铁 3 号线、长春地铁 1 号线、北京地铁 8 号线三期及杭州地铁西沿线等工程全面推广。公司研制的国家重大专项 CAP1400“安全壳再循环冷却风机机组及监控系统样机”于 2016 年 12 月 11 日通过鉴定。CAP1400 重大专项是由上海发电设备成套设计研究院和金盾公司共同联合研发，金盾公司承担的国家重大专项子课题 CAP1400 安全壳再循环冷却风机机组，是安全壳厂房保证安全运行、确保正常发电功能的重要设备。鉴定委员会认为，该机组已达到国际先进水平。

浙江明新风机有限公司每年以销售额的 5% 作为研发经费开展自主研发，2016 年投入 1 685 万元，实现科技成果转化项目共 13 项。其中：承担省级新产品 3 项，获授权实用新型专利 7 项，通过省级新产品鉴定 3 项，对主要产品的核心技术拥有自主知识产权。2016 年主要完成的新产品：①减振冷却风机。产品主要由风筒、叶轮、电动机、减速器、支架及支架撑脚组成。风机风量为 100 000 ～ 650 000m^3/h，全压为 130 ～ 380Pa，电动机功率为 7.5 ～ 55kW，叶轮直径为 1 800 ～ 5 500mm，角度为 10° ～ 50°。与老产品相比，改进之处：本产品电动机固定在减速器上，减速器固定在支架上，减速器与叶轮连接；支架与支架撑脚连接在一起，直接固定在设备钢架基础上；风筒与支架撑脚之间具有间隙彼此分离。这样的设计可以确保旋转部件产生振动后不会传递至风筒，而是通过支架撑脚直接传递到钢架基础上，从而使风筒和面板都不会产生振动和噪声。②静音冷却用轴流风机。产品主要由风筒、叶轮、电动机、减速器、带轮组及支架组成。风机风量为 40 000 ～ 300 000m^3/h，全压为 90 ～ 180Pa，电动机功率为 3 ～ 22kW，叶轮直径为 1 100 ～ 3 000mm，角度为 5° ～ 50°。与老产品相比，改进之处：对叶轮作了改进，由于在叶片及叶柄之间增加了一个连接板，这样间接地增加了叶片与叶柄之间的接触面积，减少彼此之间的振动从而减少噪声；叶柄通过 U 形螺栓可转动固定在轮毂上，可实时调整其角度，满足减少噪声及不同运行工况的要求。③带自动胀紧冷却用轴流风机。产品主要由风筒、叶轮、电动机、传送带减速器、带轮组及支架组成。风机风量为 40 000 ～ 220 000m^3/h，全压为 130 ～ 240Pa，电动机功率为 4 ～ 22kW，叶轮直径为 1 800 ～ 2 400mm，角度为 5° ～ 45°。该产品可以在开机的情况下自动胀紧传送带，省却了用户需关机后再检查的过程。

2016 年，威海克莱特菲尔风机股份有限公司研制了多种新产品，其中：为凯络文换热器（中国）有限公司配套的阳江 56 核电站备用柴油发电机组配套风冷散热通风机顺利通过抗振试验；TM2500+ 移动式航改燃气轮机发电机用通风机项目通过了 GE 能源首件认证，并开始批量生产；TJL425-3 和 TJL380-7 牵引电机冷却风机分别在中车青岛四方机车车辆股份有限公司和中车长春轨道客车股份有限公司标准化动车组上实现装车。公司自主研发的“TJL380-1 牵引电机冷却风机”产品被列入“2016 年度山东省首台（套）技术装备及关键核心零部件”目录；公司研发的变流器风机成功在中国标准化动车上运行；公司承担的“带襟翼的大型轴流通风机”科技计划项目通过专家组验收。

2016 年，山东海福德机械有限公司完成 THSR

型双级串联三叶罗茨鼓风机设计与制造。该机组为两台三叶型罗茨鼓风机，机组高排气压力可以达到200kPa，可以用于电厂脱硫、污水处理等多个领域。公司根据小型污水一体化工程的使用需求，研发设计了回转式系列鼓风机。该风机采用偏心缸体设计，具有体积小、风量大、噪声低、安装方便的特点。

山东格瑞德集团有限公司积极开展技术创新工作，加强与中科院长春应用化学研究所、机械科学研究总院先进制造技术研究中心等科研机构的合作。2016年，公司完成地铁专用冷却塔、硅藻土空气处理机组等研发项目19项，新型超低温空气源热泵、冰蓄冷双工况空调机组、污水源热泵空调机组等6项科研项目列入省级以上科技创新计划。

2016年，山东宏烨环境科技有限公司以主导产品为核心，向专业用途产品寻求增量。2016年开发的防爆型屋顶风机、防爆型边墙风机、防爆型箱式离心风机为公司在专业销售领域的进展起到积极作用；在消防排烟与耐高温风机方面推出了4款风机送国家检测中心进行性能测试。公司生产的轴流式消防排烟风机、离心式消防排烟风机产品通过了公安部消防产品合格中心的CCCF认证。

2016年，长沙鼓风机厂有限责任公司加快新产品的研发进度，稳定特型产品的技术优势，强化了市场技术服务意识，产品质量有所提升。公司在技术研发及技术管理方面开展了5项工作：①积极进行科技项目的申报。公司申报的“罗茨水蒸气压缩机的研究与开发”项目获得通过，并列入长沙市重点科技计划；“硫磺回收专用高温风机”项目获湖南省首台（套）重大技术装备认定及奖励。②注重特殊罗茨鼓风机应用的技术研发。在高端罗茨风机领域，2016年继续推出一批特殊用途的罗茨鼓风机，包括高温风机、硫磺回收风机、氯气风机、水蒸气风机和高压氮气风机等；对替代进口的甲醛循环风机进行了针对性应用改进，当前已投入正常运行；某出口项目4台同类装置风机也顺利实现交付。③加强新产品的研发。在螺杆风机研发方面，率先在国内成功试制出螺杆鼓风机样机，并进行样机试验，较罗茨鼓风机效率提高22.5%，基本接近国外领先水平。在多级离心鼓风机的开发方面，开发4个规格的多级离心鼓风机并生产投运10余台（套）产品，同时对离心鼓风机的结构及制造工艺进行了优化。④进行产品优化与设计工艺的改进。在产品优化方面，对JAS系列风机产品图样进行整顿；对MH/H型大风机进行优化设计升级，改进定型，当前已推出第二代样机ARH700H，并投入工业运行。在工艺改进方面，采用不锈钢专用涂层刀片、三叶轮铣削工艺、配合螺杆风机的氟涂层工艺应用。⑤加快推进三维CAD及PDM图文档管理系统的应用。公司引入了CREO三维设计软件，并对技术人员进行三维CAD系列培训。将公司主导系列产品图样分解到每一位设计人员，进行三维图样转换和同步优化设计，当前部分主机产品的三维图已基本完成，PDM项目详细设计通过方案正在初审。

湖北省风机厂有限公司自2016年1月开始研发MVR蒸汽压缩机，先后完成了项目研发和系列化等工作，生产的样机各项指标均达到设计要求，该产品已经进入市场推广阶段。2016年完成了两项新工艺的研制，其中，焊丝替代焊条工艺利用高强度焊丝ER76-G替代J807焊条对叶轮焊接收到良好的效果。2016年公司实现新产品销售收入2.85亿元，占总销售收入的71%左右。

2016年，甘肃省白银风机厂有限责任公司加大对技术创新的研发投入，DW450-11G离心鼓风机是继DW270-11G、DW550-11G离心鼓风机之后，针对不同用户差别化需求开发的又一款风机新产品。该产品在结构特点、密封技术等方面进一步得到提升，并取得了较好的经济效益和社会效益。在开展离心通风机研发方面，加强环保、高温、特种用途风机的开发，研发6-51、6-29、6-39等系列风机，具有代表性的产品有Y6-39 № 21.5F、Y6-51 № 22D等大型离心引风机。采用耐热不锈钢 310S 制造了耐温 500℃的 W4-73 № 15D 的高温风机叶轮；为用户设计制造转速 1 450r/min、叶轮直径达 2.6m 的大型高温风机转子；设计制造耐温 350℃的 W6-2×29 № 23.5F 大型双吸式高温风机。围绕烟气除尘脱硫系统用风机，开发了 Y7-41 № 17.5D 35t、65t 循环流化床锅炉一次风机、二次风机和引风机；开发了 Y6-39 № 17D、Y6-29 № 17D 锅炉烟气除尘脱硫系统用引风机。“高效风机及配套产品产业化项目”通过白银区工信局申报了“中国制造 2025”甘肃行动纲要重点项目。BWF-CI № 15.5D 高温风机新产品荣获 2016 年甘肃省机械工程学会科学技术奖二等奖。

此外，百事德机械（江苏）有限公司 2016 年研制生产了 YU-EG 无泄漏风机和 BK-3 系列高效罗茨鼓风机，均达到国内先进水平。河北骞海鼓风机有限公司 2016 年研制生产 60 台 QHX060 核电 BOP 消排风机，风量为 7 840m^3/h，转速为 1 450r/min。经沈阳鼓风机研究所（有限公司）机械工业风机产品质量监督检测中心检测，技术水平达到国内先进水平，投入使用后，用户反映风机运行稳定良好。内蒙古天福风机有限公司 2016 年结合市场销售批量少、型号杂的特点，开发 GY150T-B6 № 26D 风机产品，风机各项指标达到国内先进水平，投入市场后，用户反映良好。山东德克鼓风机有限公司 2016 年根据客户需要及市场需求研制生产 KHP250/280 单元式空气调节机组用双进风离心通风机，为公司增加了经济效益。

五、质量及标准

1. 质量管理

截至 2016 年年末，风机分会 211 家企业会员中，已有 195 家企业通过 ISO9000 质量管理体系认证。

2016 年，沈阳鼓风机集团股份有限公司突出落实“追求零失误，一次干好，第一次就干好，切实降低质量损失，提升顾客满意度”的工作目标，积极开展质量体系保持、质量指标考核、质量成本分析、质量责任制、关键工序优质优奖、质量事故调查、异常质量管理、8D 和 QC 质量改进等活动，全面提升了产品实物质量和质量管理水平。具体采取了 9 个方面的措施：①全面完善、执行质量规则体系，涵盖产品制造各环节，深化有效运行。公司通过美国石油学会、华信技术检验有限公司第三方监督审核，持续保持认证证书。②从严质量考核，建立质量责任追究制度，加大质量责任处罚力度，对影响集团信誉的质量事故严肃处理。公司修订了质量绩效考核方案，强化了质量管理活动制度、运行、点检、报告等内容的考核，突出了子公司开展质量管理活动的自觉性。③深入贯彻产品技术标准，落实产品质量要求，从严过程管控。公司完善设计流程管理，建立规范化的设计控制文件模板，推进建立技术过程控制卡，提高技术输出的完整性、正确性和有效性，强化试验台架、回路仪器仪表管理，保证试验数据和结果准确性。④增强风险意识，建立、健全系统的产品风险识别、评价及应急预案，切实开展产品质量风险识别、评估与预案管控活动。⑤推动开展“两个零”“两个 100%”活动，完善过程控制措施，保持质量管理的连续性和取得的成果。公司针对“零缺陷”，完善、固化、识别和建立过程质量控制卡，明确产前技术要求和控制要点；建立五坐标铣制过程控制卡，加工前走刀程序验证，避免叶轮加工错误问题；坚持焊壳、底座、转子、定子组部跨车间转序检验项目确认卡，并控制检验状态标识、外观质量，防止漏序、漏检转入装配；建立标识移植管理规定，对材料进车间前材质和编号进行确认；对生产车间现场实施质量督查，重点关注过程控制卡、生产现场工艺文件执行情况，检查现场产品实物质量和过程控制情况，并纳入质量线绩效考核。针对“零漏件”，规范包装形式，坚持采用照相方式记录包装状态，强化包装检验规范。针对“两个 100%”，开展生产现场质量监督检查活动，将控制点前移。⑥采取强有力措施，针对影响集团信誉的重大问题，落实到部门、落实到个人，系统解决。2016 年系统组织 6 项，落实了解决铸件外观质量问题、主机漏油问题、仪表管线外观质量问题、油站漏油问题等具体措施，取得了明显成效。⑦强化异常管理，完善异常问题处理机制，系统开展8D和QC等质量改进活动，确保各类问题得到快速有效的解决。⑧加强质量分析统计工作，分析、理清各类责任事故，从流程、规范上制定解决措施，规避类似问题再次发生。2016年，公司综合主件主项抽查合格率98.42%，零部件抽查合格率99.30%，与2015年相比均有提高。⑨全面践行“一次干好”的质量理念。“人人都是管理者”“人人都是最后一道防线”，推崇“工匠精神”，持续不断提升工作质量和产品质量。

2016年，重庆通用工业（集团）有限责任公司开展了质量、环境、职业健康安全三体系换证，离心式冷水机组扩容增项认证，压力容器设计许可换证等6次体系审核。下属的成飞公司启动了ISO9001:2015版体系文件转版工作，建立起质量激励和质量规避机制，产品一次交验合格率达75%，提高了客户质量认可度。通过强化全员质量意识，加强质量管理稽查、奖惩和曝光力度，有效促进了产品质量的提升，全年百元销售收入质量损失从2015年的0.52元降到2016年的0.34元，下降34.62%。

2016年，四平鼓风机股份有限公司加强质量管理，完成了外部审核和内部审核，对发现的一般不合格问题进行认真整改；严格质量检验与控制，在大型轴承箱内孔粗糙度、打坡口焊接、主轴防锈、涂装、铆焊件外观、联轴器安装时平行度等方面均有所改进和提高。

山东省章丘鼓风机股份有限公司坚持全面质量管理工作，不断完善质量管理体系，塑造质量品牌。公司始终坚持“质量第一，质量兴企”的意识，在各项工作中，按照“做，就做到最好”的工作理念，在全公司内开展“做精品工程”的号召。严抓进货、过程及最终检验，及时处理各类质量问题，并将质量信息及时反馈到各相关部门或供方。在过程检验方面，确保零部件100%受检，风机安装、试验和发货作为检验工作的重点，风机受检率100%；定期召开质量分析会，传递质量信息，对发现的问题制定整改措施，做到举一反三，防止同类问题再发生。公司继续推行以“整理、整顿、清扫、清洁、素养”为主题的“5S管理”活动，并开展“建立学习型组织”，实行“优质优价”即“优质岗”活动，每年通过80余项QC小组活动，运用多种质量改进工具和先进的管理方法，开展QC小组活动及顾客满意度调查活动，对于生产过程中出现的质量事故及时进行调查，提高了产品质量。公司于2016年11月通过山东世通质量认证有限公司ISO9001:2008认证，通过认证的范围有：罗茨鼓风机、罗茨真空泵、离心鼓风机、渣浆泵的设计、制造和服务。证书有效期至2018年11月15日。

2016年，山东海福德机械有限公司在质量工作中采取一系列措施：加强人员培训，提升工作技能；引进先进设备，提高加工精度；定期对设备进行维护保养，提高加工效率；对现有产品进行升级，稳定提升现有产品质量，提升风机性能，满足客户要求；加强工艺管理，严格操作工艺；加强过程管理，对每道工序进行质量检验，不合格品严禁流入下道工序，保证产品合格率100%。

2016年，浙江金盾风机股份有限公司完成了GB/T 19001—2008质量管理体系认证、GB/T 24001—2004环境管理体系认证、GB/T 28001—2011职业健康安全管理体系认证、GJB 9001B—2009国军标质量管理体系认证、CCSR 9001船级社认证和“浙江制造”产品认证等一系列质量体系的外部审查。公司完成了质量手册、核电质保大纲和相关程序文件的升版工作，以保证质量体系的符合性和改善实施的有效性；完成一系列核电项目的质保接口和合格供方源地评审资料提供以及质保监查工作，配合核电模块的调整及随着核电核级产品的制作，根据要求对项目质保大纲、程序文件及一些规程、表单多次进行梳理并完善和细化；启动军核取证、武装承制单位资格审查的质量保证体系工作，开展安全月活动、质量月活动。通过以上活动，公司形成了重视安全生产、重视质量进步、崇尚质量创新、关注质量安全、倡导资源节约的良好氛围。

2016 年，浙江明新风机有限公司对质量和环境标准进行换版，重新修订管理手册和程序文件，证书进行换版，于 2016 年 12 月审核通过。

肇东市风机制造总厂坚持以质量管理体系标准严格管理，各项质量水平都在稳步提升，特别是产品质量水平的提高比较明显。2016 年，全年产品质量出厂检验合格率达到 100%。

内蒙古天福风机有限公司的 ISO9001:2008 质量管理体系自建立以来，有效运转并持续改进，保证产品质量稳中有升。公司在 2016 年 10 月开始 ISO9001:2015 质量管理体系新标准的执行策划。公司的质量管理体系与内部管理整体相融，工作质量和产品质量都有严密的检验制度和细致的条款，形成了互动的链接，使公司管理科学而规范。2016 年公司产品抽查合格率达到 100%，顾客满意度达到 98%。

2016 年，甘肃省白银风机厂有限责任公司质量管理再上新台阶。公司由检验人员完成的质量管理成果“降低 DW 叶轮不平衡率”获甘肃省监狱企业质量管理第十次成果发表会二等奖，获甘肃省质量协会成果评比一等奖、中国质量协会成果评比优秀奖。公司以问题倒逼改进，加强工作创新和技术突破。针对产品表面质量较差、个别风机振动、部分产品变形剧烈、煤气风机泄漏和传动箱漏水、漏油等 11 类质量缺陷，组织多部门专题研讨，开展工艺攻关，解决问题，提高质量，增强效益。

2. 标准化管理

2016 年，全国风机标准化技术委员会主要开展了标准制修订、组织审查行业标准、标准复审、国际标准化等 4 个方面的工作。

（1）标准制修订工作。2016 年，制修订国家标准 2 项、行业标准 4 项。

《工业通风机　用标准化风道进行性能试验》（ISO5801:2007，IDT）代替 GB/T 1236—2000《工业通风机　用标准化管道进行性能试验》（等同采用 ISO5801:1997）；国际标准转化为国家标准：ISO13347-3:2004《工业通风机　在标准化实验室条件下通风机声功率的测定　第三部分：包络面法》。

制修订行业标准：《一般用途罗茨鼓风机能效限定值及节能评价值》《煤矿用通风机能效限定值及能效等级》《防爆罗茨鼓风机》和《罗茨鼓风机隔声罩》。

（2）组织审查 5 项行业标准，分别是《工业风机　标准实验室条件下风机声功率级的确定　第 3 部分：包络面法》《煤矿用通风机能效限定值及能效等级》《工业通风机　用标准化风道性能试验》《通风机叶轮超速试验》和《风机用消声器　技术条件》。

（3）标准的复审工作。根据上级主管部门的要求，2016 年风机行业推荐性标准的复审工作，共对 59 项风机行业标准进行了复审，复审结果：继续有效标准 40 项（行业标准 33 项、国家标准 7 项）；修订标准项目 17 项（行业标准 11 项、国家标准 6 项）；直接废止标准 2 项（行业标准 1 项、国家标准 1 项）；需协调标准 5 项。

（4）国际标准化工作。组织筹备国际标准化第 30 次会议，并成功承办了第 30 次国际标准化 ISO/TC117 会议。会议分别讨论了 WG07 ISO/TC 5801 通风机性能试验、WG09 风幕、WG11 能源效率等级和 WG12 系统影响因素等国际标准。此外，完成国际标准投票 4 次，完成国际标准及相关文件的翻译工作。

2016 年，沈阳鼓风机集团股份有限公司围绕企业主要产品离心压缩机，全面、系统和规范地执行美国石油学会标准（API617-2014 和 AIP 672-2004），组织起草了离心压缩机产品设计规范与产品工艺设计规范的起草工作，企业标准化体系更加完善、适用性更强、基础更加夯实。

重庆通用工业（集团）有限责任公司作为主要编制单位参与了两项国家标准的修订，并被中国建筑材料联合会确定为《关于第二代新型干法水泥和第二代中国浮法玻璃配套辅机及耐火材料研发攻关方案》中高效节能风机项目的牵头攻关单位。

浙江明新风机有限公司2016年参与行业标准的制定，并将新产品成果转化为行业标准。其中主持制定的标准有：JB/T 11417—2013《烟叶烘烤风机技术条件》、JB/T 11419—2013《蒸发式冷凝器冷却风机技术条件》、计划编号2010-1055T-JB《变压器专用低噪声冷却通风机》（待发）；参与制定的标准有：JB/T 8971—2013《干式变压器用横流式冷却风机》、JB/T 9642—2013《变压器用风扇》。

湖北省风机厂有限公司2016年制定了两项企业标准，参与制定了两项国家标准，相应产品严格按照标准执行。通过对标准的完善和复审，进一步提升公司的产品质量意识和品牌意识。

六、基本建设及技术改造

2016年，风机行业共完成固定资产投资160 596万元，同比下降18.5%。其中：设备购置投资123 014万元，同比增长30.8%。

2016年，沈阳鼓风机集团股份有限公司实施的技术改造项目如下：①营口透平装备有限公司建设项目。项目内容：大型透平压缩机组研发（实验）中心建设项目、国家能源大型透平压缩机组研发（实验）中心完善及为煤化工装置配套大型压缩机组研制项目。完成情况：项目建设完成各项单体及设备均交付使用，包括压缩机实验厂房、压缩机加工装配厂房、油包木工厂房、汽车库、废弃物库等。预期达到目标：建成年产165台（套）压缩机、工业汽轮机和燃气轮机的生产基地。②能力建设项目。项目全部建设完成，设备投入使用。预期达到目标：建成年产80台（套）的军用舰船主辅泵和空压机生产线。

2016年，陕西鼓风机（集团）有限公司自筹资金完成了叶轮自动焊技术研究、离心压缩机防喘振设计规范、离心压缩机组“无人值守”控制模式开发、小型轴流风机（A45-2）的研制、轴流压缩机防阻塞系统研究、轴流TRT叶片断裂研究、转子防锈技术的改进与应用等技术改造项目。

2016年，重庆通用工业（集团）有限责任公司海上风电叶片产业化项目一期工程已建成投产，二期于2016年11月开工建设，2017年9月建成投产。此外，完成风电重庆基地的搬迁建设及甘肃武威基地二期扩能项目。

2016年，山东省章丘鼓风机股份有限公司为适应公司发展要求，提高产品质量，先后投资600万元用于设备采购，为矿机购买1台精细等离子数控火焰下料机，为透平公司购买1台三坐标测量仪、1台五轴加工中心，对章鼓矿机和鼓风机8台500A全二氧化碳气体保护焊机、4台LGK-60空气等离子切割机等设备进行招标采购。

浙江明新风机有限公司“年产5 000台轴流通风机”技改项目建设期为2016年7月至2017年7月，项目总投入650万元。该项目购置数控机床、风口成型机、机器人焊接设备、液压机、精密测量仪、计算机及应用软件等设备。项目建成后，形成年产5 000台轴流通风机的生产能力，实现年销售收入3 000万元、利税630万元。项目总用地面积5 850m^2，项目建筑面积4 000m^2。2016年，公司对金工车间进行改造，购置焊接机器人、大功率激光切割机等先进设备，提高了环境空气质量，减少了维修和管理成本。

2016年，山东格瑞德集团有限公司的长纤维增强热塑性复合材料项目投资建设完工。在技术改造方面，主要是提升轴流式消防排烟风机效率，达成预期效果。

长沙鼓风机厂有限责任公司自筹50 000万元实施搬迁新建工程，已完成一部分前期工作。通风机分厂已于2016年8月从金盆岭整体搬迁至树木岭总厂，已完成土地移交。

2016年，湖北省风机厂有限公司投资7 000万元，购置五轴立式加工中心、四轴卧式加工中心、三坐标测量机、全自动数控旋压机、大型数控龙门镗铣加工中心等多加工及检测设备，公司的产品质量及加工精度有明显提高。

2016年，肇东市风机制造总厂加大了对风机产品的改造力度，为热电、化工等行业增加脱硫、脱硝等配套设施。通过对原使用效率低的风机进行大批量改造，使原风机使用效率显著提高5%～10%，节能和环保效果显著。

2016年，内蒙古天福风机有限公司公司新增加旋压机和翻边机的配套模具，并增加数控切割机，在提高生产效率的同时，提高了生产的精准度，基本解决了模具代用的不合格缺陷。

2016年，甘肃省白银风机厂有限责任公司实施新一轮技术改造升级，公司拥有激光切割机、卧式压力机、动平衡机、井式回火炉、通风机运行检测和性能实验数据采集系统等设备，有效地扩大了风机产能，生产自动化程度进一步提高，产品加工精度和生产效率显著增强，极大地提升了公司硬件实力。公司承接了青海泰宁水泥有限公司大型选粉机转子的维修平衡业务，整体机械制造能力提升了一个新高度。

七、企业经营管理及改革

2016年，沈阳鼓风机集团股份有限公司领导班子进行了调整，新一届领导班子结合企业实际，提出了新的管理思想和工作思路，制定了一系列措施，保证了集团的健康稳定发展。①全面布局沈鼓集团发展战略。完成集团“十三五”战略规划编制，确定了集团的战略目标、发展方向和实施路径。②创新政策联合研究新模式，政策联合研究和利用初显成效。全年通过政策利用和项目申报获得科研项目拨款、进口贴息及自主品牌建设建设项目等专项资金支持。③理顺企业各项会议职责，完善公司法人治理结构。公司不断完善和优化公司法人治理结构，强化各项决策的科学性，召开集团和透平公司年度董事会、监事会及股东大会。

沈阳鼓风机集团股份有限公司对原集团组织机构管理模式进行了升级优化，规范了集团组织机构管理。对集团营销系统组织机构设置及职责分工进行了新一轮调整，组建集团营销中心，打造“集团管总、区域主战、子公司主建”的营销体系。以强化集团管控为原则，对集团采购组织体系进行重构，成立了集团采购管理部，明确了集团和分子公司的管理界限和业务分工。公司组织专人系统研究组织机构设计与调整理论，起草了沈鼓组织机构评估实施方案。同时，结合国内外组织机构调整案例，对沈鼓集团实际情况进行了调研分析，以建立面向客户的组织为目标，提出了组织机构调整分析报告。

陕西鼓风机（集团）有限公司作为分布式能源领域的系统解决方案商和系统服务商，在“创新、协调、绿色、开放、共享”的发展理念驱动下，基于长期以来企业在能量转换领域的技术积累，在分布式能源领域不断研究和探索，形成了良好的技术和产业优势。公司首创的“冶金余热余压能量回收同轴机组应用技术（BPRT/SHRT）”就是基于几十年风机制造的技术积累，以分布式能源系统解决方案思维为指导，在流程工业节能降耗方面的具体创新实践。在BPRT机组应用前，大型高炉鼓风机和高炉煤气余压、余热回收机组各自独立运行，自成系统，能源的利用和机组运行管理成本相对较高。公司首创的BPRT技术对原来两个庞大系统进行了合并，将回收的能量直接补充到鼓风机轴系上，就地转换，就地应用，避免了能量转换的损失，大大提高了装置效率。从2005年开始，公司提出了“两个转变”发展战略，持续深化从单一产品制造商向系统解决方案商和系统服务商转型；从产品运营向品牌经营和资本运营转型的发展战略，深耕“能量转换设备制造、工业服务、能源基础设施运营”三大业务板块，致力于以分布式能源产业为“圆心”，为市场和用户提供专业化和个性化的系统解决方案，推动企业EPC、服务、运营、金融等业务的一体化发展，企业转型取得了显著效果。截至2016年9月，公司的工业服务和能源基础设施运营板块实现销售订货已占总订货量的70.89%，企业经营质量持续提升。

陕西鼓风机（集团）有限公司2015年为响应国家“走出去”的号召，按照企业国际化发展战略，与捷克EKOL汽轮机公司正式签订《股权收购协议书》，正式收购其75%股权，实现了产业国际化，完善了企业透平全产业链布局。为强化企业在分布式能源领域的技术能力，公司整合国际资源，依托捷克 EKOL 公司，设立欧洲研发中心，创建分布式能源技术装备创新中心，对共性关键技术进行研究和突破，实现能源高效利用技术装备的产业化发展。通过国际并购完善透平全产业链布局，促进了“压缩机＋工业汽轮机”、垃圾处理、综合能源一体化等分布式能源系统解决方案和服务方案能力的提升。

上海电气鼓风机厂有限公司 2016 年拉开改革转型的序幕，更名为上海电气鼓风机厂有限公司。公司的改革转型有其特殊性和复杂性，工作过程中夹杂着不确定性，这样的混改模式也是第一次尝试。“改革转型”是 2016 年工作的重中之重，日常生产经营工作保持稳定；重点项目确保按计划推进；安全、审计工作落实到位。此次改革转型是对总公司整体上市战略和“重技术、轻资产”“两头在沪、中间在外”思路的一次重要的实践。上海电气鼓风机厂有限公司于 2016 年 8 月 9 日召开首次股东会，2016 年 8 月 11 日完成工商注册，2016 年 11 月 1 日召开首次董事会。

重庆通用工业（集团）有限责任公司 2016 年混合所有制改革迈出实质步伐。为进一步深化企业改革，探索新的公司治理模式，按照《关于国有控股混合所有制企业开展员工持股试点的意见》的新要求，公司率先在下属的成飞公司、智远公司等子公司推行“混改”试点，规范有序地开展员工持股。当前，成飞公司“混改”已经完成；智远公司“混改”正在有序进行。通过“混改”，进一步优化了两个公司的股权结构，建立起利益共享、风险共担的激励约束长效机制，员工与企业成为利益共同体。为吸引和留住人才，充分调动员工积极性、主动性、创造性，提供了更具活力的平台和机制，公司运行更加高效。

2016 年，重庆通用工业（集团）有限责任公司持续推进企业管理和改革的重大举措。一是机构改革扎实推进，人员结构持续优化。为适应市场发展需要，缩短管理链，提升组织执行力和市场响应速度，公司对本部实行了事业部制改革。改革后本部中层管理干部从 31 人减少到 20 人，在岗职工从近 800 人减少到 647 人，集团本部人均销售收入达到 41.3 万元，比上年增长 21.47%。公司形成了 6 家子公司、3 个产品事业部、1 个加工分厂、1 个技术中心和 8 个综合职能部门的全新组织架构。二是新建与撤并子公司有序推进，2016 年 1 月，与重庆市信息产业促进中心、机电集团共同投资组建成立了重庆重通透平技术股份有限公司，为公司大型压缩机的研制提供重要硬件支撑和保障，同时还将向用户提供透平转子检测、维修和校核服务，为公司再添新的经济增长点。2016 年 7 月，与广州市华德公司和重庆通维公司合资组建了重庆重通智远空调设备有限公司，共同经营板管蒸发冷却式空调，完善了公司制冷产品结构，拓宽了产品市场覆盖领域。

2016 年，山东省章丘鼓风机股份有限公司制定了《关于外购、外协、基建合同的签订及出现质量问题处理规避法律风险的规定》《关于工会对职工奖惩的补充规定》《关于对部分高速发展的项目组实行特别奖励的规定》和《关于建立电机询价及服务微信平台的管理规定》等相关制度。公司在全国各地有 44 个销售网点，为适应市场发展要求，采取大区管理模式进行开展工作，使原有细化办事处结构发展到现在的大区销售管理模式。公司采用“电子商务 + 网络销售”线上模式，开发了线上销售，成立电子商务部和网销部，建立了网上商城、CC 客服平台、阿里巴巴、百度商桥等国内知名网络平台。利用网络平台资源优势，通过网上调研、大量搜集市场信息、整合市场信息，并及时将信息反馈给线下销售网点，实现信息资源共享。线上线下互动，充分利用互联网渠道优势，使普通工业产品更好地服务于国内市场，也对公司产品的推广和企业品牌的宣传起到了积极有效的作用。

长沙鼓风机厂有限责任公司企业管理工作重点：①强化执行力。对照年度管理工作重点和计划任务目标，年初确定了九大板块、28 个子项目，明确了各个管理层级各个阶段的重点工作，对照逐步推进实施。每周对工作执行情况逐一进行检查、督促进度与落实。②强化基础管理。一是实行领导班子月度重点工作计划评审制度和中层干部 KPI 考核制度，加强绩效考核；二是导入阿米巴经营模式，组织全体中层以上干部参加专题学习，并按照三步走的思路，逐步推进成本全面分析、确定组织架构、确定新的薪酬分配体系等工作；三是规范财务管理，规范资金收支审批及入账核算；四是加强物流管理和成本管理，重点是根据公司“压两金、降负债”的专项要求，分解落实指标并进行存货盘点，清理存量物资，盘活存量资产。③清理对外投资。根据公司要求，就精鑫公司的股权调整问题作出了退出股权、清算资产的决定；根据赛尔公司重组方案，拟进行股权减持或退出。

2016 年，长沙鼓风机厂有限责任公司在生产管理方面主要抓了 4 项工作：①加强计划管控和进度落实。公司调整计划思路和模式，加强机加工计划的制定、审批，加强与销售计划的衔接与落实，科学做好提前量管理；加强非常规产品计划、调度专项管理；加强与质量、技术、开发等职能部门的合作，通过发货会、提供生产进度等形式，及时通报信息，保证生产节奏的同步。②改进管理思路和工作方法。公司生产系统的干部在生产组织和带动员工中起到关键作用，重点抓好生产干部队伍管理，强调“统一行动”，提高全盘行动意识和整体执行力；完善产销激励考核办法，生产考核由月度调整为按旬进行，提高了按合同计划规定时日应点交付能力；加强物流管控，压缩库存，降低库存规模和资金占用额度。③解决加工瓶颈问题。规范分供方管理，完善外部协作生产布局，确保供应链的衔接和生产的有序运行；针对任务不足现象，调整机台设备和人员安排，同时组织加班加点抢修故障设备，维持设备的稳定运行；制定稳定一线员工的方案，并及时做好宣传动员和思想安抚工作，稳定人心，稳定生产秩序。④完成通风机分厂搬迁项目。通风机厂搬迁至总厂是 2016 年的一项重要工作，先后进行了翻修厂房、电气改造、设备搬运、废旧物资处理等大量的工作，该项目顺利完成。

2016 年，江苏金通灵流体机械科技股份有限公司坚持“安全第一，预防为主，综合治理”的方针，把以人为本与依法治企结合起来，落实安全生产的主体责任，加强安全生产管理，建立健全安全生产责任制和安全生产规章制度，加大安全生产投入，改善安全生产条件，推进安全生产标准化建设，落实安全生产保障措施，提高安全生产水平，确保安全生产。公司开展了“安康杯”竞赛活动，通过安全生产竞赛，完善并持续改进体系运行质量，提升员工行为素养，保障企业安全生产。全年实现了“三无”（无亡人事故、无职业病、无消防安全事故）的安管目标，总体保持平稳可控态势。公司在保证现有厂家的友好合作外，对不锈钢铸钢件、钛合金叶轮、高速轴承、空冷器、齿轮箱齿轴锻件、齿轮箱铸件等厂家开发、考察，优选 2 ～ 3 家关键部件厂家。同时对发生金额较大、标准程度较高的物资实行全年集中招标采购，对油品、板式换热器、油漆、鼓风机滑动轴承等物资进行全年招标采购，保证正常交货，有效地节约资金。公司进行年度 QEO 三体系文件的修订及三体系内、外审工作，顺利通过外审；开展了国军标及保密资格认证的前期准备工作；知识产权管理体系进行了首次年度监督审核，经过外审的整改和验证，于 12 月份通过了外部审核。

2016 年，四平鼓风机股份有限公司对企业组织机构进行了调整，将原来的 4 个生产车间合并为两个车间，重新任免中层干部，进一步精简了机构，提高了贯彻执行力。公司将生产、采购等部室搬迁至办公楼，实行集中统一管理；加强库房管理，对存放在金丰机械院内的物资和厂内露天库房进行了清点和清理；加强现场管理整顿和检查，对发现的问题及时进行通报和整改；狠抓精神文明创建，强化行政后勤保障，保证安全生产。2016 年，公司进一步加强党建工作，选举组建新的公司党委，重新调整配齐基层党支部；积极组织志愿者参加残疾人康复中心捐赠和珍爱环境、邻里守望、学雷锋等志愿服务活动，传递社会正能量；关爱职工，对困难职工和困难党员进行了走访慰问并积极争取上级工会的帮扶求助；加强生产、生活设施维护，并完成了新图书室建设。公司坚持不懈地抓安全生产，在环评、吊装设施更新、劳动保护和电焊等方面投入资金30余万元，完成20辆运输车辆检修和保养，并结合“安全生产月”活动，加强安全生产宣传教育和日常检查，增强了职工安全意识。

2016年，浙江明新风机有限公司积极配合上级组织开展安全生产月活动，参与街道组织的“安康杯”安全生产知识竞赛，以增强员工安全意识；在与街道签订安全责任状的同时，企业与车间、班组层层签订安全生产责任状，责任明确，措施落实到位；进一步完善安全生产台账，健全安全生产管理组织网络，定期召开安全生产例会，定期组织安全生产检查，制定事故应急预案和安全生产制度，保证了全年安全生产无重大安全事故发生。

2016年，山东海福德机械有限公司坚持“通过不断引进人才、设备升级、技术进步、加强管理，提高产品性价比来发展企业”的管理经营理念，紧紧围绕“把货及时发出去，把款及时收回来”中心任务开展各项工作，不断夯实基础管理，完善管理制度。公司继续完善办事处销售渠道，努力推进实体产业与互联网+的信息化发展之路，开展电子商务及公司自身销售业务，开创了公司营销工作新局面。

2016年，山东格瑞德集团有限公司代理商队伍进一步扩大，全国销售网点在原有32个网点的基础上继续增加扩大，逐步实现国内市场全覆盖。2016年新增老挝、印度尼西亚等3处国外营销网点，拓展了国外市场。

2016年，甘肃省白银风机厂有限责任公司狠抓企业内部管理，健全公司各项管理制度，进一步完善公司法人治理结构。公司落实内部审计制度，落实税收优惠政策，促进了公司经济良好运行；加强生产管理力度，解决生产过程中出现的瓶颈，强化采购管理，采取有效措施，严格控制采购成本；加强职工教育培训，完善后勤服务保障体系，保障公司各项业务正常开展；充分利用公司网站、微信公众号等传播平台扩大公司知名度。

八、企业节能、降耗、减排情况

2016年，风机行业参与统计的企业生产用钢材消耗量485 403t，比上年增长74.6%；全年用电量32 650万kW·h，比上年下降8.7%；水消耗量3 405 703m^3，比上年下降11%；综合能耗总量64 908t，比上年下降10.6%。

2016年，沈阳鼓风机集团股份有限公司有效落实集团经营方针，进一步强化能源管理，开展节能、降耗、减排工作。①不断完善集团公司能源管理三级网络。由集团公司领导任节能管理领导组组长，相关职能部门领导为成员。能源动力部负责全集团公司日常节能管理的组织、监督、检查和协调工作，并带动各车间开展节能降耗工作。②坚持巡检制，对厂区能源使用、节能降耗情况进行现场巡检监督。坚持日检查、周公示，月季总结，年评比，表扬先进，纠正违规用能现象。③加强能源统计分析工作，细化每月各种能源消耗量统计分析，增加各部门消耗情况变化与生产工时动态完成数据分析整理。④加强公司用能定额管理工作，制定和不断完善各种用能定额，对生产车间实施“机加工时单位耗能定额”，对非生产车间实施“限量定额”，认真下达、考核各指标的执行和完成情况。⑤加强对热处理车间为主的重点耗能管理，配合热处理车间提高炉热利用率、装炉率，并对热处理燃气炉加装了二次流量仪，准确区分生产用量和采暖用量。⑥加强对峰、谷、平用电的合理使用，下发峰、谷、平用电的指导意见，收到一定效果。针对大功率电动机试车、大功耗电炉、大型机加设备等，多利用下午（平）、后半夜（谷）进行，相同耗电量可节约电费1/3～2/3。合理调控用电设备，提高功率因数，达到电业局要求的功率因数95%以上，年节约电费120万元。利用直购电节约电费

240 万元。⑦大力开展节能宣传和节能技术培训工作。在 2016 年以“节能领跑 绿色发展”为主题的全国节能宣传周期间，组织集团节能员参加经济技术开发区“低碳节能活动月”宣传活动，组织人员参加活动月启动仪式、论坛、对话交流、工业蒸汽节能培训等活动。同时利用集团广播站、沈鼓信息报、办公局域网、各车间宣传板等，传达和宣传国家节能法及节能降耗小常识、节能先进事迹和各种节能措施。2016 年，集团综合能耗 14 313t 标准煤，万元产值综合能耗为 0.017 9t 标准煤，万元增加值能耗为 0.106t 标准煤。集团获得区“工业节能优秀企业”称号。

近年来，陕西鼓风机（集团）有限公司围绕高端装备制造、现代服务业、新能源与环保产业持续进行自主创新，实现了多项科技创新项目的突破。公司的冶金余热余压能量回收同轴机组应用技术“高炉鼓风机和煤气透平同轴技术（BPRT）”和“烧结余热回收汽轮机与电动机同轴驱动烧结主抽风机技术（SHRT）”，是陕鼓动力自主研发的针对分布式能源中的工业流程工业余热综合利用的高效能量转换新技术之一，为用户有效地节约了能量损耗，避免了能量转换带来的损失，提高了能量利用效率。当前已广泛用于冶金、煤化工等行业余热余压能量回收与机械驱动系统联合应用领域。其中，BPRT 创新性的三机同轴驱动技术比 TRT 发电回收的功率提高 8% 以上，回收功率占原驱动功率的 50%；SHRT 可使余热回收拖动效能比烧结余热发电提高 6% ～ 8%；回收功率占烧结主抽风机原动机电动机功率的 40% ～ 60%，节能环保效果显著。2016 年 1 月，国家发展改革委员会和澳大利亚工业部在国际能效合作伙伴关系组织下发起的国际“十大节能技术和最佳节能实践”项目评选结果出炉，西安陕鼓动力股份有限公司首创的“冶金余热余压能量回收同轴机组应用技术”入选《国际“双十佳”最佳节能技术和实践清单（节能技术）》第八项工业余热回收再利用技术。这是继该项技术入选中国“双十佳”最佳节能技术和实践清单后的又一次重大突破。

2016 年，公司针对环保产业的节能降耗，在垃圾发电领域进行探索和创新，研究垃圾发电装置与区域内其他装置排放端与需求端的结合，以及用能的相应转化，实现能量的循环利用、梯级利用。公司进行垃圾产生热能直接转换为机械能、改造中低压汽轮机为高温高压汽轮机等方式的研究，减少了垃圾发电装置对电、蒸汽等能源的使用量，提升用户装置的转换效率，减少能耗和排放。

2016 年，四平鼓风机股份有限公司加强成本费用控制，挖潜降耗。通过对采购人员的调整和物资采购价格的重新招标谈判等措施，铸锻件、轴承、配套件、气体和低值易耗品等物资采购价格均有不同程度的下降；对工具、刀具等低值易耗品采取以旧换新或自行修复的措施，减少损失和浪费，通过套材下料和合理利用边角余料提高了钢材利用率；自行改进滚床设备和自制设备易损件，提高了工作效率，节约了经费；在产品设计中对库存积压的 7 台产品进行重新利用，活化了资金；加强行政办公用品控制，调整和处置了多余电话，减少了费用支出。

2016 年，山东省章丘鼓风机股份有限公司开发了许多高效节能的新产品。公司开发的 ZN 型扭叶罗茨鼓风机是新一代低噪声节能罗茨鼓风机，具有工作平稳、输气脉动小、噪声低的特点，而且工作时具有一定的内压缩过程，比传统的直叶罗茨鼓风机效率更高、能耗更低，又具有寿命长、振动小、工作平稳、输气脉动小等特点。ZN-100 型扭叶罗茨鼓风机与国外产品相比，具有高效节能的显著特点，流量提高 20.5%，比国外产品节能 4%；与美国 GD 公司 HF408 型扭叶罗茨鼓风机相比，每年至少节省电费 0.754 万元。

浙江明新风机有限公司开发节能、降耗、低噪声及环保型的新产品。公司开发的烟叶专用烘烤风机，在节约铝合金原料的同时，可大大节约用电量；开发生产的防疫风机填补了国内军用防疫车防疫风机空白。公司有 37 个规格型号通过了“中国节能产品认证”，有 28 个型号风机通过能效标识备案。

2016年，山东格瑞德集团有限公司主要节能、降耗措施包括：①充分利用企业网站、内部刊物等，加强节约能源的宣传，营造节约氛围。②制定节约资源规章制度，严格监督检查，制定并发放员工节能手册，并定期、随机抽查。③推广使用节能设备。通过以上措施，公司综合能源消费量为681t标准煤。

九、企业人力资源管理情况

2016年，沈阳鼓风机集团股份有限公司秉承“以集团战略发展规划及经济工作会议精神为指导，以持续提高全员专业能力和综合素质为目标，强化全集团管控的现代化培训体系和机制。整合资源、挖掘潜能，不断提升培训工作的实效性，为实现全年工作目标，做好人才保障；为企业未来发展，做好人才储备”这一工作思路，充分利用现有资源，不断完善培训体系、强化培训力度，进而提升培训的整体实效性。集团实施严格的绩效考核制度，对绩效指标维度、考核方式、专业线数量等进行优化、完善。制定与中层领导干部职级相关的绩效奖惩办法，加大管控力度，促进集团各项工作落实到位。加强中层领导干部管理体系建设，修订《中层领导干部管理办法》，规范中层领导干部日常行为。强化人才培育，有2人获得国务院政府特殊津贴，1人获得沈阳市政府特殊津贴，6人获得辽宁省百千万人才工程资格认定。截至2016年12月，沈鼓集团组织的各类培训班有61个，共培训11 343人次，完成85 475学时的培训任务；沈鼓集团人力资源部监督指导各基层单位完成二级培训382项，涉及10 204人次，完成24 614学时。其中：沈鼓集团中层干部培训完成6学时，3个班次，221人次培训内容。新员工培训完成45名技术岗新员工技术理论学习（235学时）的培训课程。针对技术人员开展专利申请、标准化、有限元分析软件培训等十余项培训内容，共计完成3 793.5学时。按计划完成《机械基础及机械制图》培训班，大师工作室开展《风机基础知识》《主轴加工难点讲解》《MCL机组放样要点》等培训。组织办公软件培训，共培训21名学员。按照集团年初计划，开展了车工、钳工高级工、技师、高级技师的职业资格培训班。

2016年，陕西鼓风机（集团）有限公司持续加强企业队伍建设。一是深化推进体制改革，推动持续的流程再造和组织体系优化，以市场化为标准，启动了对陕鼓西仪和陕鼓西锅的业务整合和对陕鼓医院的改革。公司对原物流业务进行流程再造，成立集团公司采购事业部，共有117名员工竞聘上岗。公司还成立了系统方案中心和金融方案中心，增强员工对市场化的认识，进一步提升了公司管理的市场化水平。二是优化人力资源配置，建立市场化的用人与评价机制，建立和完善人员退出机制。公司持续践行市场化的人员管理机制，一方面向社会遴选优秀人才，一方面加速人员负资产清理工作，继续在流程再造中实施全员竞聘。通过考核淘汰、协商解除等多种渠道退出员工220人，形成“能上能下、能进能出”的管理格局，优化公司的人员结构，提升了员工的职业化素养。在2015年大练兵工作的基础上，公司以“聚焦分布式能源全员竞赛 助力企业抢占市场制高点”为主题，推进新一轮的岗位大练兵活动。通过持续的竞赛活动。提升分布式能源领域的核心能力，强化全体员工市场化意识。

2016年，江苏金通灵流体机械科技股份有限公司秉持“适度从紧，内部调配”的原则，招聘录用77人。公司积极做好燃气轮机和工程运营两个新成立公司的人员配备。全年对营销人员开展3次主题内训，分批安排7名车间主任参加管理技能提升专题培训。9月至11月，邀请南通技师学院的老师给装配钳工技师鉴定的人员进行考前培训，12人全部通过考试。2016年，公司首先从技术人员入手，建立了新的技术人员薪酬体系，7月份组织技术专业评审委员会成员对照《技术岗位级档评价表》对每个技术人员进行打分汇总，重新调整了技术人员的薪资档级。此次改革更关注专业技术能力，也拓宽了技术人员晋升的途径。

2016年，浙江金盾风机股份有限公司加强人才引进及培养工作，积极配合和参与上虞区政府组织的招聘活动，积极参加针对性的招聘会，为企业吸纳各方贤才。全年始终把培训工作作为重点工作，进一步完善培训机制，结合公司实际需求制定详尽的培训计划，按步骤进行。对新进员工通过个别面谈法或召开新员工座谈会等方式进行有效沟通，让他们对公司有一种归属感和被重视感。在用人方面，实行“唯才是用，唯德重用”的人才理念，在此基础上充分挖掘员工身上的潜在特质，真正做到“各司其职，各安其位”。在育人方面，结合部门培训需求，明确培训内容，组织专业知识培训教育活动。在留人方面，制定“职业适应”计划，让员工了解各部门不同的工作职责，在公司内部寻找发展机会。在此基础上，力争营造轻松和谐的工作氛围，充分信任和尊重员工，让员工充分发挥自己的才能。全年组织各种培训30余次。通过大量的培训，使员工进一步明确自身的工作职责，全面了解公司政策，更深刻地体会公司经营理念、企业文化及价值观。

2016年，四平鼓风机股份有限公司进一步加强人力资源管理，将原装配和维修车间相关人员调整到车间和有关部室，并招聘录用新员工25名。公司建立了人事电子档案管理系统，使人事档案管理更加规范；办理残疾人录用登记备案；加强职工教育培训，全年共组织职工教育培训47人次，计160学时。

2016年，山东省章丘鼓风机股份有限公司加强人才的引进和培养，定期进行专业技能培训。公司在培养人才方面，主要采取三种方式：一是“请进来”。公司聘请知名专家教授，为不同岗位员工进行培训。二是“走出去”。到同行业厂家外出参观学习，并派遣部分技术骨干到美国、日本、韩国、印度等国家参观学习考察。三是内部培训。公司招聘大学毕业生，并进行系统培训。公司持续开展各类专业技术学习、班组建设活动，充分调动技术人员的工作热情和创新积极性。在自主培养基础上，广泛引进高端人才，与国内外有志之士广泛联系与合作，引“智”借“力”，提升公司技术和管理能力。公司注重发现并培养有潜质的技术工人，提供从组长、副班长、班长、工段长、车间主任、副厂长、厂长的岗位晋升机制，体现能者多劳、多劳多得的工作机制。

2016年，山东格瑞德集团有限公司加强员工的思想教育，增强员工的敬业精神，培养员工的业务能力。全年共组织开展各类培训43次，受训人员合计1 209人次。

2016年，内蒙古天福风机有限公司加强人力资源的管理，对特岗到期复审人员和初培人员进行外部培训，经考试合格，均已取证上岗。

2016年，甘肃省白银风机厂有限责任公司与各部门签订安全生产责任书，明确各部门的安全主体责任和负责人的安全第一责任。公司开展安全竞赛、宣传活动，增强员工安全意识，改善安全生产环境。全年开展三个百日安全竞赛活动，发放安全奖励12万元。公司开展全员专题、专项安全培训。根据员工的工作岗位进行专项培训，人均达到8h。

十、信息化建设情况

2016年，沈阳鼓风机集团股份有限公司针对ERP运行瓶颈进行深入剖析，全面开展数据治理工作；搭建“沈鼓云”服务平台，被列为国家智能制造试点示范企业和辽宁省智能制造及智能服务试点示范标杆企业。集团建成先进的企业网络平台、网络安全系统、数据备份系统，提高了网络应用效率和信息数据安全性；建立CAD、CAM、Pro/Engineer等工程信息化系统，提升产品设计研发能力，加快了技术创新步伐；建立DNC系统、MDC系统等数字化加工系统，采用自主研发的特殊数字仿真加工工艺，减少了加工工序，缩短了制造周期，保证了产品加工质量，降低了企业的各种损耗。集团对ORACLE ERP系统进行全面升级改造，完成系统从原有单组织工厂管理模式向集团化多组织管控模式的转变。通过构建以财务业务一体化为核心的ERP平台，实现企业资源和信息的全面共享，实现了企业产供销、人财物等业务的流程化管控，实现了物流、资金流、信息流的统一，满足了企业集团化管控以及内控管理需要。对集团原有新编码系统、PDM 系统、CAPP 系统、MES 系统等进行全面整合和全方位优化升级，实现新编码系统、PDM 系统、CAPP 系统、ERP 系统、CRM 系统、MES 系统等的全面集成，实现数据的集成和共享，提高了工作效率和质量。集团自主研发新办公自动化系统，包括邮件、发文、公告、工程应用、秘密文件管理、精益管理、产品报价、行政审批管理等，该系统成为集团日常办公和生产经营流程中不可或缺的协同办公平台。CRM 客户关系管理系统在集团各子公司销售部门成功上线运行。产品主要功能包括对销售线索、商机、合同、回款等信息的全面深入管理，系统在各子公司的成功上线使用大大提升了销售业务管理水平及业务数据分析、处理和决策能力。集团利用网络技术和专家知识库，建立了物联网应用系统，实现机组远程在线监控、诊断和报警功能。对客服公司 Callcenter（呼叫中心）系统进行全面升级改造，现场服务效率不断提升，服务人员技能水平和服务质量明显提高。透平设计院通过全面实施 CREO 系统，实现透平主机产品三维协同设计。在集团 PDM 系统中建设统一、规范的编码器，规范标准件、外购件编码及参数，提高系统查询和调用效率，保证产品三维数据的正确性、完整性和一致性。

2016 年，陕西鼓风机（集团）有限公司为近千台机组安装远程在线监测系统，有 305 位技术专家在服务中心为 58 家客户、228 台（套）动设备机组提供 24h 在线服务。该技术使设备现场故障率降低 80%，达到国际先进水平。公司瞄准分布式能源领域，运用互联网思维，大力推进“陕鼓智造”，为客户提供能量转换领域的个性、定制化、系统的解决方案。通过产品智能化，在分布式能源领域形成包括能源互联岛、金融方案在内的“专业化 + 一体化”的核心竞争能力；将通过服务智能化进一步完善远程监测系统，强化 EAOC 的研究，形成用户问题感知、方案形成与推送的智能化。

2016 年，重庆通用工业（集团）有限责任公司信息化平台正式上线运行。集团本部正式启动了 OA 协同办公、HR 人力资源管理、进销存管理等信息化系统建设，并分步上线试运行。在试运行过程中，根据事业部改革和管理流程调整不断进行修订和完善。同时配套建立了物料编码系统，编制了《重通集团信息化项目实施管理制度》《重通集团产品物料代码编制规则》《重通集团企业邮箱管理办法（初稿）》等文件，有效支撑了进销存项目的实施。成飞公司 OA 协同办公系统正式上线使用，并完成了其他信息化模块建设调研论证工作。

2016 年，山东省章丘鼓风机股份有限公司以“以工业化促进信息化，以信息化带动工业化”为指导思想，将信息技术运用到公司管理、生产、财务、销售等各个环节，利用信息技术来改造和提升企业管理水平，及时为企业提供准确而有效的数据信息和决策参考。

2016 年，山东格瑞德集团有限公司将信息化管理成功运用于企业经营、运行之中。公司建立并运行商务运营平台，以商务运营平台为主，以 ERP 系统、人力资源系统、OA 系统等为辅，进行资源和信息的整合。通过信息集成技术，使企业、客户、供应商第一时间获取相对应的信息。由此，大大提高了工作效率，优化了管理效果。

2016 年，浙江金盾风机股份有限公司添加了 OA 系统和物联网项目。在移动应用上面，OA 系统可以通过手机、平板电脑实现随时随地办公。在系统应用上，企业内部具备沟通的简易化；OA 系统实现了流程审批的语音识别操作，让流程审核更具精准性。物联网项目是公司信息化重点工作，在新办公大楼专门划分了中控室，作为物联网控制中心。物联网可以将风机运作的实时信息安装预设好的时间间隔发送到后台服务器，主要运行数据、状态及报警情况每 30s 采集一次，保存在数据库中，随时可以查看。

2016 年，河北骞海鼓风机有限公司配置了 82 台计算机，涵盖公司各个部门、车间，所有技术人员全部实现计算机办公，利用计算机进行信息处理和辅助办公、设计、管理，公司实现了电算化。公司建立了局域网，通过光纤接入因特网，实现了公司内部与内部、内部与外部的信息共享。公司引进用友 U8 供应链管理模块，有效地管理库存物资，实现了在每个客户端都可以查询公司的物资库存、在制品存量、安全库存、成品存货情况，达到了数据统一。

2016 年，四平鼓风机股份有限公司加强企业信息化建设，完成了 OA 协同办公系统升级，并根据组织机构和人员变动对 OA 系统进行调整和完善。

2016 年，甘肃省白银风机厂有限责任公司主动适应互联网经济发展，大力推进“风机产品 + 互联网”平台建设，网上招投标渐成新常态。2016 年新增中国国电集团电力商务网及广东新华水泥股份有限公司电子采购平台，公司与 12 家网络平台正常招标交易。公司开通了电子承兑业务，建立了公司网站、微信公众号，推行网上在线电子商务营销新模式。

〔撰稿人：中国通用机械工业协会风机分会董友、刘蕾、邱娟　审稿人：中国通用机械工业协会风机分会郭绍华〕

2016 年阀门行业概况

一、行业总体情况

据国家统计局统计，2016 年，我国共有规模以上（年销售收入 2 000 万元以上）阀门制造企业 1 759 家，生产阀门 910.3 万 t，同比下降 2.01%。实现主营业务收入 2 558.3 亿元，同比增长 1.62%；实现利润总额 168.5 亿元，同比增长 0.12%；完成出口交货值 326.2 亿元，同比下降 4.08%。

根据中国通用机械工业协会阀门分会统计，2016 年参与统计的阀门骨干企业为 141 家，共完成工业总产值 434.54 亿元，比上年下降 9.68%，其中工业总产值超过 5 亿元的企业有 27 家。实现主营业务收入 406.42 亿元，比上年下降 12%；实现利润总额 39.69 亿元，比上年下降 5%；完成出口交货值 72.47 亿元，比上年下降 2.66%。2016 年阀门行业工业销售产值前 20 名企业见表 1。2016 年阀门行业利润总额前 20 名企业见表 2。

表 1　2016 年阀门行业工业销售产值前 20 名企业

序号	企业名称	工业销售产值（万元）	序号	企业名称	工业销售产值（万元）
1	苏州纽威阀门股份有限公司	178 569	11	陕西航天泵阀科技集团有限公司	70 502
2	河南通海流体设备有限公司	143 029	12	江苏神通阀门股份有限公司	65 188
3	江苏苏盐阀门机械有限公司	139 540	13	北京航天石化技术装备工程有限公司	63 765
4	远大阀门集团有限公司	95 290	14	浙江石化阀门有限公司	63 147
5	中核苏阀科技实业股份有限公司	94 473	15	浙江盾安智控科技股份有限公司	60 667
6	山东益都阀门集团股份有限公司	91 965	16	北京市阀门总厂股份有限公司	60 121
7	河南省高山阀门有限公司	79 666	17	江南阀门有限公司	58 765
8	上海凯科阀门制造有限公司	76 256	18	慎江阀门有限公司	57 483
9	承德高中压阀门管件集团有限公司	74 248	19	上海冠龙阀门机械有限公司	56 826
10	兰州高压阀门有限公司	72 769	20	江苏盐电阀门有限公司	55 522

表 2　2016 年阀门行业利润总额前 20 名企业

序号	公司名称	利润总额（万元）	序号	公司名称	利润总额（万元）
1	苏州纽威阀门股份有限公司	25 995	11	承德高中压阀门管件集团有限公司	6 236
2	江苏苏盐阀门机械有限公司	16 547	12	江苏神通阀门股份有限公司	6 008
3	河南通海流体设备有限公司	11 038	13	潍坊裕川机械有限公司	5 392
4	中核苏阀科技实业股份有限公司	7 926	14	慎江阀门有限公司	5 382
5	成都乘风流体科技集团有限公司	7 720	15	陕西航天泵阀科技集团有限公司	5 215
6	上海凯科阀门制造有限公司	7 575	16	江苏盐电阀门有限公司	4 775
7	北京航天石化技术装备工程有限公司	7 400	17	远大阀门集团有限公司	4 714
8	浙江石化阀门有限公司	6 709	18	江南阀门有限公司	4 681
9	浙江盾安智控科技股份有限公司	6 392	19	环球阀门集团有限公司	4 018
10	河南省高山阀门有限公司	6 372	20	北京市阀门总厂股份有限公司	3 523

二、生产经营情况

2016 年，大连大高阀门股份有限公司通过对内部各体系的岗位优化改革，全面提升员工工作效能，对现有各岗位进行改组、优化、分解、合并，达到了组建高效协作工作团队的目的。公司长兴岛地下管网改造工程按要求已完成阶段性工程；长兴岛 7 号车间设备基础已完成 12 个设备基础；完成设备采购 9 台。2016 年，公司完成订货额 3.3 亿元，其中核电市场 1.9 亿元、民品市场 1.4 亿元；完成产值 2.1 亿元。

2016 年，上海阀门厂股份有限公司在改革中谋发展，在调整中求壮大，不断创新。公司面对“去产能　调结构”的严峻经济形势、国内外经济环境以及行业环境的压力，通过不断改革创新，整体上仍保持了稳定发展。全年订单约 3 亿元，销售产值约 2.5 亿元，基本上与上年持平。公司在向高端制造企业发展的过程中，特别注重新能源、新材料、新工艺、新产品研发。公司通过多年的资金投入、队伍建设、技术积累以及新产品的研发，在一些关系国计民生的重要领域，如大型清洁高效率发电、超（超）临界火电、燃气、核电、国防工业等领域，皆有长足的发展。公司已经着手搬迁、扩建阀门热态全性能试验中心，提升公司新产品开发检测及试验的能力。

2016 年，远大阀门集团有限公司继续推进精益化管理。在行业竞争激烈和原材料价格上涨的情况下，产品销量有所增加，完成了既定目标。公司产品产量 47 969t，同比增长 16.14%；实现营业收入 65 881 万元，同比增长 38.57%；原材料消耗同比增长 24.02%。针对现有产能不能满足市场需求的现状，公司加大技改投资力度。公司坚持新建、改造、提升三措施并举，对铸造生产线进行更新改造，提高生产效率和铸件质量；坚持引进、消化、吸收，对机加工设备优化改良，实现装备专用化、智能化、机电一体化。公司加快新产品开发速度，瞄准行业技术前沿，围绕国内高端市场和国外市场的未来需求，重点研发铸钢、不锈钢系列产品。此外，公司积极引进技术型人才，加强高端人才队伍建设，加强企业管理力度，为提高产品质量打下坚实基础。

2016 年，甘肃红峰机械有限责任公司克服经济持续下行带来的不利影响，坚持稳中求进、以稳促进的工作总基调，贯彻“稳固市场，强化管理，开源节流，提质增效”的经营方针，全力稳固拓展市场，不断提高产品质量，狠抓节支降耗，企业基本保持了稳定发展。公司紧密围绕科学发展的主题和“质量、速度、效益”的发展主线，应对供给侧结构性改革和市场竞争新挑战，以稳固拓展市场为中心，以实施创新驱动为先导，以强化内部管理为重点，积极稳妥推进转型升级。2016 年，公司完成工业增加值 3 600 万元，实现销售收入 9 020 万元，上缴税金 927 万元，实现利润 26 万元。

2016 年，上海凯科阀门制造有限公司生产阀门 42 692t，同比略有增长。其中：闸阀产量 18 441t，同比增长 24%；截止阀产量 7 627t，同比增长 18%；止回阀产量 2 811t，同比下降 6.1%；球阀产量 5 330t，同比增长 4.1%；疏水阀产量 2 015t，同比增长 35%。为适应市场对产品的需求，公司本着“在量上减少，在质价上提高”的原则，对产品结构进行较大的调整，产品产量超过 4 万 t。在充分保证机器设备完好率的同时，增加设备和人力投入。2016 年实现主营业务收入 76 256 万元，同比增长 12.2%；实现利润总额 7 575 万元，同比增长 39.2%。

2016 年，潍坊裕川机械有限公司铸件产量达到 8 772.53t，实现销售收入 2.93 亿元，上缴税金 3 383 万元。公司的新铸造车间基建及设备投资项目共投资约 950 万元。全年购置生产、检测设备 16 台（套），用于技术改造的树脂砂线、喷塑线各 1 条，共计投资 450 余万元。公司开发了法兰式双偏心蝶阀、法兰式中线蝶阀、双瓣蝶形止回阀、轻型德英标闸阀等百余种新产品，完成阀门产品检测 37 项。公司对相关检测人员进行了 4 次培训，所有的检测人员均持证上岗。6 名特种设备操作和特种作业人员定期进行了换证和复审，36 名特种设备操作者和特种作业人员均持证上岗。2016 年 9 月，公司通过了 CQC 的质量、环境、职业健康安全管理体系审核。公司采购产品一次检验合格率为 98.22%（按批），阀门一次检验合格率为 99.03%，橡胶阀门一次综合入库率为 99.15%，阀盖一次入库合格率为 99.40%。

2016 年，天津津伯仪表技术有限公司坚持旬开调度会、日开碰头会，把任务分解到每一天，按照生产计划的时间要求，采用倒排工期的方法，分解每道工序完成的时间，按照时间进度对每道工序跟踪检查。2016 年阀门产品产量为 363 台，产值为 95 万元，均比上年有所下降。在仓库管理中，公司严格按照 6S 管理办法，随时监督，对出现的问题及时进行改进，确保物料入库、仓储、发放全过程的物资质量，每季度对重点仓库账、物、卡、一致性进行抽查。公司按季度对员工进行安全培训，增强员工的安全消防意识；按时对全公司的消防器材进行检验，对需要更换的消防设备及时进行更换。在采购方面，及时下达采购订单，多批次、小批量进行零部件采购，建立询价比价系统，每种零部件至少有 3 个以上的供应商，对供应商进行编档，及时跟踪市场行情。

江苏万恒铸业有限公司完成了砂铸 8T 吊包吹氩保护技术应用项目。该项目将吊包内冲氩精炼技术应用到产品生产过程中，还原净化优质钢水，浇注高端泵阀铸件，预计每年新增利润 10 万元以上。公司完成了砂铸 V 法铸造工艺研发项目。该项目通过干砂充填砂箱，负压硬化造型，不用粘结剂，落砂循环使用，提高尺寸精度，提高工艺出品率，效率高。将项目成果应用到大型阀门铸件生产过程中，预计每年为公司带来经济收益 15 万元以上。

三、新产品开发情况

2016 年，上海电气阀门有限公司研发的 56″ Class900 全焊接球阀（球形阀体），设计压力为 Class900，适用介质为净化后天然气，设计使用寿命为 30 年，最小流道直径为 1 345mm。该高压大口径的全焊接管线球阀，具有国际领先水平，通过了中国石油天然气股份有限公司西部管道分公司项目成果验收。

上海美科阀门有限公司研发的 CL1500 NPS36 大口径高压密封闸阀，压力等级为 Class1 500，适用介质为水、油、气、酸性介质等，适用温度为 -29 ～ 400℃；研发的 CL600 NPS48 高压大口径平板闸阀，公称通径为 48in（1in ≈ 25.4mm），压力等级为 Class600，适用温度为 -29 ～ 121℃，适用介质为原油、油品、天然气等非腐蚀性气体或液体；研发的 CL2500 NPS24 高压大口径加氢阀门，公称通径为 24in，压力等级为 Class2 500，适用介质为氢气或含氢介质（油品、烃类并伴随硫化氢），适用温度为 -29 ～ 550℃。

扬州电力设备修造厂有限公司研发的 HQ 核级气动执行机构，以压缩空气为动力，利用膜片推动阀杆，实现对阀门位置的控制。该设备具有非能动式安全位置复位功能，即核电站出现事故或故障、失去电源或气源时，执行机构在没有人工干涉的情况下能够自动回到安全的开、关位置，减少核事故带来的危害。主要技术参数：安全等级为 1E 级，膜片有效面积为 700cm²，额定行程为 24mm，阀杆输出力（关闭位置时的关闭力）为 21 000N，阀杆输出力（开启位置时的开启力）为 2 200N，气源压力 0.4 ～ 0.95MPa，动作时间＜ 15s。该产品已研制完成，达到国际先进水平，可实现经济效益 1 500 万元。

2016 年，良精集团有限公司研发的 LJGBZ 闸阀主要技术参数：公称通径为 50 ～ 250mm，公称压力为 1.6 ～ 16MPa，工作温度为 -29 ～ 150℃，适用介质为水、蒸汽、油品等。该产品设计一种下开上闭式闸板，提高了阀门的关闭速度；阀座上设置四氟环形密封装置，有助于清理附着在闸板上的杂质，提高密封能力；利用四氟的润滑性，减小启闭阻力，延长了使用寿命。产品相关技术已获实用新型专利 1 项，处于国内同类产品领先水平。该产品被评为“省级工业新产品”（项目编号：201501CF022），已经形成产业销售。研发的 LJHLJ 截止阀主要技术参数：公称通径为 40 ～ 250mm，公称压力为 1.6 ～ 16MPa，工作温度为 -196 ～ 600℃，适用介质为水、蒸汽、油品等。该产品为一种双进双出的四通结构截止阀，提高流道面积，并方便用户现场安装使用；金属密封有助于清除附着在阀座上的杂质，提高密封性能。产品相关技术已获实用新型专利 1 项，处于国内同类产品先进水平。该产品被评为“省级工业新产品”（项目编号：201501CF017），已经形成产业销售。研发的 LJSLD 蝶阀主要技术参数：公称通径为 100 ～ 1 000mm，公称压力为 0.6 ～ 6.4MPa，工作温度为 -100 ～ 425℃，适用介质为水、蒸汽、油品等。该产品设计了一种装有梳齿结构的蝶板，改善了介质紊流状况，减少噪声；采用三偏心蝶板结构设计，提高密封性能。该产品相关技术已获实用新型专利 1 项，处于国内同类产品领先水平。该产品被评为“省级工业新产品”（项目编号：201501CF024），已经形成产业销售。研发的 LJSXSQ 球阀主要技术参数：公称通径为 100 ～ 600mm，公称压力为 1.6 ～ 16MPa，工作温度为 -70 ～ 150℃，适用介质为水、蒸汽、油品等。该产品研制了一种软硬密封组合的三重密封结构，燕尾槽橡胶密封与四氟环状密封组成软密封，在软密封磨损后，介于四氟和橡胶密封间的 STL 金属密封在浮动阀座的推动下形成补偿密封；优化了浮动阀座设计，降低了阀座平移阻力，提高了密封性能；倒三角橡胶密封有助于清理球体密封面。该产品具有密封性能好、使用寿命长等特点，相关技术已获实用新型专利 1 项，处于国内同类产品领先水平。该产品被评为“省级工业新产品”（项目编号：201501CF019），已经形成产业销售。研发的 LJWSQH 止回阀主要技术参数：公称通径为 50 ～ 800mm，工作温度为 -29 ～ 350℃，工作压力为 1.6 ～ 42MPa，适用介质为水、蒸汽、油品、空气等。该产品研制了内置弹簧顶杆结构，减少了开启后阀瓣对阀体的冲击；采用外置缓闭锤，降低了水锤效应，提高了阀门的安全性能，延长了使用寿命。产品相关技术已获实用新型专利 1 项，处于国内同类产品领先水平。该产品被评为“省级工业新产品”（项目编号：201501CF023），已经形成产业销售。

浙江永盛科技股份有限公司研发的产品包括 AFCV80 系列轴流式调节阀，已完成样机试制、各项性能试验完成，各项技术指标达到设计要求，主要技术参数：公称通径为 6 ～ 48in，压力等级为 Class150 ～ 2 500。研发的 ACH800 系列轴流式止回阀，正在进行样机试制，公称通径为 2 ～ 60in，压力等级为 Class150 ～ 2 500，适用温度为 -46 ～ 540℃，适用介质为天然气、原油、成品油及其他非腐蚀性气体和液体。研发的 YSIQ68 系列严苛工况用耐冲蚀黑水角阀，已完成样机研制并通过用户试用，公称通径：进口端为 2 ～ 18in，出口端为 6 ～ 28in，压力等级为 Class150 ～ 1 500。研发的 ZHSE 系列苛刻工况用耐冲蚀偏心旋转阀，已完成样机研制并通过用户试用，公称通径为 1 ～ 18in，压力等级为 Class150 ～ 1 500。研发的 D1-200-110RF3 高温硬密封耐磨球阀主要技术参数：公称通径为 200mm，公称压力为 11MPa，适用温度为 -29 ～ 500℃，介质为蒸汽。该产品已完成整机研制，并通过相关性能测试，完全符合相关设计标准和市场性能要求。研发的 D2-4-600RF6-C3D2H9-1 煤化工硬密封耐磨球阀主要技术参数：公称通径为 4in，压力等级为 Class600，适用温度为 -29 ～ 300℃，介质为煤粉、飞灰等含固体颗粒介质。该产品已完成整机研制，并通过相关性能测试，完全符合相关设计标准和市场性能要求。研发的 B2 系列管线球阀，阀门为固定球阀，球体由支撑板支撑，此系列固定球阀阀门结构有 3 种：DBB（双截断和排放）、DIB-1（双隔离和排放，两端均双向密封）、DIB-2（双隔离和排放，上游端单向密封下游端双向密封）。DIB-1 和 DIB-2 均具有双密封功能，即上游阀座若泄漏，则下游阀座仍能切断介质。阀门具有防静电、防火、紧急密封功能。通过注射密封脂可保证在紧急状况下阻断源自阀杆和座圈处的泄漏，密封更安全可靠。该球阀已经在公司内设计制造完成，并经检测和验收合格，具备批量生产的能力。研发的 R 系列阀杆提升式轨道球阀，公称通径为 1 ～ 24in，压力等级为 Class150 ～ 2 500，介质温度为 -101 ～ 425℃。该产品已完成样机试制和各项性能试验，各项技术指标达到设计要求。研发的高压加氢 Y 型截止阀，公称通径为 6 ～ 24in，压力等级为 Class900 ～ 2 500，介质温度为 -29 ～ 425℃。该产品已完成样机试制和各项性能试验，各项技术指标达到设计要求。

湖北高中压阀门有限责任公司研发的一种高压黄铜截止阀，公称通径为 15 ～ 80mm，公称压力≤ 32MPa，适用温度≤ 80℃，适用介质为大气、淡水、海水、盐雾、油雾等。该阀门广泛应用于大气、淡水、海水、盐雾、油雾等介质和环境管路中。该阀门具有如下优点：①阀门的启闭属直接作用式，大大减少中间过渡环节。旋转手轮，带动阀杆作升降运动，阀杆直接作用于不锈钢阀瓣，控制阀门启闭。此结构传动效率高，启闭力矩小。②由原阀锥面密封改为软质密封圈与硬质合金平面组成的防内漏复合主密封。密封效果不受径向间隙影响，密封可靠。密封材料采用软质密封圈，具有密封比压小，密封性能好、密封可靠性高的优点。密封圈采用镶入法，过盈压入阀瓣底部燕尾槽，经时效后精车、研磨达到密封要求。由于采用软密封形式，即使介质中留存有少量杂质，同样能保证阀门的密封性能。③防外漏密封采用 U 形圈，材料为耐水解聚胺酯。此圈在初始态下密封效果就非常好，工作状态下，在介质压力作用下，两唇边能自动向外扩张，贴紧内、外密封件形成密封，具有压力越高、密封性能越好的优点，且自动补偿性能优，使用寿命长。④内件材料阀瓣采用超低碳不锈钢，消除因同类型材料搭配引起的粘合倾向。⑤增大阀门开启高度。原阀门开启高度不足，阀瓣开启帘面积小于阀门通道面积，容易加剧阀门密封面冲刷，同时产生较大噪声。⑥维护及更换易损件方便、快捷。该阀易损件为防内漏复合主密封组件，更换时只需整体旋出上部阀盖，顺时针转动手轮，退出阀瓣和防内漏复合主密封组件更换即可。

陕西航天泵阀科技集团有限公司的井口远程开关井智能控制系统电控平衡式控制阀额定压力为 70MPa，公称通径为 65mm，工作介质为石油、天然气，额定温度为 -29 ～ 121℃。该产品技术达到国内领先水平，现已进入试用阶段。

除上述列举产品外，还有一些企业开发了新产品。2016 年阀门行业部分企业新产品开发情况见表 3。

表 3　2016 年阀门行业部分企业新产品开发情况

企业名称	产品名称	主要技术参数	技术水平	完成情况
安徽省白湖阀门厂有限责任公司	Z45X-25Q 软密封闸阀	公称压力：2.5MPa；适用温度：≤ 80℃	国内先进	批量生产
安徽省屯溪高压阀门有限公司	Z（J）61Y 带接管整体锻造阀门	公称压力：800 ～ 1 500Lb；公称通径：15 ～ 50mm	国内领先	完成
安徽省屯溪高压阀门有限公司	轴流式止回阀	公称压力：150 ～ 800Lb；公称通径：15 ～ 500mm	国内领先	完成
安徽省屯溪高压阀门有限公司	Y 型波纹管截止阀	公称压力：150 ～ 800Lb；公称通径：15 ～ 200mm	国内领先	完成
北京航天石化技术装备工程有限公司	快速切换盲板阀	入口通径：1/2 ～ 48in；整定压力：Class150 ～ 2 500；温度：-104 ～ 760℃	国际先进	完成
北京航天石化技术装备工程有限公司	高温蒸汽先导式安全阀	入口通径：1 ～ 8in；公称压力：150 ～ 2 500Lb	动作及密封性能达到国际先进水平	完成
成都乘风流体科技集团有限公司	高压大口径全焊接球阀	NPS56，Class900	国内领先	已通过现场工业性试验
成都乘风流体科技集团有限公司	四阀座固定球阀	NPS20，Class900；NPS28，Class900	国内领先	已通过现场工业性试验
成都乘风流体科技集团有限公司	压力平衡式旋塞阀	NPS6，Class900；NPS16，Class900	国内领先	已通过省部级新产品鉴定
成都乘风流体科技集团有限公司	轨道式强制密封球阀	NPS14，Class900；NPS16，Class900	国内领先	已通过省部级新产品鉴定
成都航利阀门成套设备有限公司	强制性密封阀	公称通径：50 ～ 350mm	国内领先	工业化试验并合格，取得试验报告
大连大高阀门股份有限公司	三代核电核级主蒸汽隔离阀	公称通径：1 050mm；压力等级：Class 900；设计压力 / 温度：8.2MPa/ 320℃；工作介质：二次侧蒸汽	国际先进	完成
大连大高阀门股份有限公司	核级硬密封球阀	公称通径：125mm；介质：去离子水；设计压力 / 温度：6.5MPa/300℃；工作压力 / 温度：5.5MPa/228℃；工作方式：常开	国内领先	完成
大连大高阀门股份有限公司	CAP1400 大口径闸阀	公称通径：250mm；设计压力 / 温度：17.2MPa/350℃；工作介质：反应堆冷却剂；主体材料：不锈钢；设计寿命：60 年（除易损件）	国内领先	完成
大连大高阀门股份有限公司	CAP1400 主给水止回阀	公称通径：550mm；设计压力 / 温度：8.2MPa/320℃；工作介质：给水 / 蒸汽；主体材料：合金钢；设计寿命：60 年（除易损件）	国内领先	完成
大连大高阀门股份有限公司	ADS 自动降压阀	公称通径：200mm；设计压力 / 温度：17.2MPa/360℃；工作介质：反应堆冷却剂 / 稳压器蒸汽；主体材料：不锈钢；设计寿命：60 年	国内领先	完成
大连大高阀门股份有限公司	三代核电核级主蒸汽隔离阀	公称通径：1 050mm；设计压力 / 温度：8.2MPa/320℃；工作介质：二次侧蒸汽；主体材料：合金钢；设计寿命：60 年（除易损件）	国际先进	完成

（续）

企业名称	产品名称	主要技术参数	技术水平	完成情况
大连亨利测控仪表工程有限公司	高温三偏心金属硬密封蝶阀	使用温度：800 ℃，压力等级：Class 300，使用介质：再生空气	同类国际水平，国内空白	完成
大连亨利测控仪表工程有限公司	笼式导向型单座调节阀	使用温度：常温，压力等级：class300，使用介质：热气体旁路，特殊要求：流量实验	同类国际水平，国内空白	完成
哈电集团哈尔滨电站阀门有限公司	电磁泄放阀、	PAT-7832BF；公称通径：65mm；工作温度：571℃；工作压力：27.5MPa		已安装
哈电集团哈尔滨电站阀门有限公司	全量型安全阀、	PAT-7432F；公称通径：75mm；工作温度：571℃；工作压力：32.18MPa		已安装
河南省高山阀门有限公司	油田注汽高温高压安全阀	公称压力：2 500Lb；公称通径：50mm	国内先进	完成
河南通海流体设备有限公司	CPRV- Ⅱ智能压力管理系统	功耗：0.5W	国际先进	完成
河南通海流体设备有限公司	T6614 型大口径多级消能固定锥形阀	公称通径：250 ～ 1 800mm；公称压力：≤ 2.5MPa；排放系数：0.7 ～ 0.86	国际先进	完成
河南通海流体设备有限公司	TS811 型高压差多级消能淹没式调节阀	公称通径：250 ～ 2 200mm；公称压力：≤ 4.0MPa	国内领先	完成
河南通海流体设备有限公司	660MW 火电机组 CLASS3000 水压试验堵阀	公称通径：16in；压力等级：Class 3 000；适用介质：水、蒸汽；工作温度：576℃；工作压力：26.72MPa	国内领先	完成
河南通海流体设备有限公司	DN4100 全铸型耐海水核电蝶阀	公称通径：4 100mm	国内领先	完成
河南通海流体设备有限公司	上装式金属密封全通径半球阀	公称通径：600mm、900mm；公称压力：1.0MPa、1.6MPa	国内领先	完成
河南通海流体设备有限公司	超低温球阀	公称通径：2in；公称压力：150Lb	国际先进	完成
河南通海流体设备有限公司	海底球阀	公称通径：2in；压力等级：CLass2 500	国际先进	完成
环球阀门集团有限公司	新型抗冲刷截止阀		国内领先	通过省级新产品鉴定
江南阀门有限公司	低温蝶阀	公称通径：80 ～ 600mm；公称压力：1.6MPa	国内领先	小批量销售
江南阀门有限公司	角式轴流调节阀	NPS28，CL300	国内领先	小批量销售
江苏神通阀门股份有限公司	Z560Y-420I DN200 苛刻工况用闸阀	压力等级：Class150 ～ 4 500；适用温度：-29 ～ 538℃；适用介质：含氢和硫化氢气体等	国际先进	完成样机鉴定
江苏神通阀门股份有限公司	150DQ367F-50RL LNG 用波纹管密封上装式球阀	压力等级：Class150 ～ 600；适用温度：-196 ～ 80℃；适用介质：液化天然气	国际先进	完成样机鉴定
江苏亿阀集团有限公司	海上平台用大口径长寿命分级节流调节阀		国际领先	进入小试
精工阀门有限公司	气动切断阀	公称压力：600Lb；公称通径：250mm	国内领先	完成
精工阀门有限公司	上装式蝶阀	公称压力：600Lb；公称通径：500mm	国内领先	完成

（续）

企业名称	产品名称	主要技术参数	技术水平	完成情况
凯泰阀门（集团）有限公司	KFQ340H 偏心半球阀	公称压力：1.0 ～ 2.5MPa；公称通径：100 ～ 1 000mm	国内领先	2016 年
凯泰阀门（集团）有限公司	KTQM647Y-25C 喷煤粉球阀	公称压力：2.5MPa；公称通径：50 ～ 200mm	国内领先	
兰州高压阀门有限公司	DN1100 大口径闸阀	公称压力：150Lb；公称通径：1 100 mm；介质：水、蒸气、油品等；温度：-29 ～ 425℃	国内领先	完成
兰州高压阀门有限公司	硬密封氧气球阀	公称压力：300Lb；公称通径：100mm；介质：氧气；温度：≤ 200℃	国际先进	完成
兰州高压阀门有限公司	井口紧急切断阀	介质：天然气；温度：-29 ～ 120℃	国内领先	完成
陕西航天泵阀科技集团有限公司	大口径高压力低扭矩管线水煤浆切断阀	NPS24，900 磅级	国内领先	试用阶段
上海凯工阀门股份有限公司	撑拢式双向硬密封球阀	公称通径：50 ～ 600mm；设计压力：1.6 ～ 25MPa；设计温度：425℃	国内领先	批量生产
上海凯工阀门股份有限公司	LNG 球阀、闸阀、截止阀	公称通径：15 ～ 600mm；设计压力：1.6 ～ 25MPa；设计温度：-196℃	国内先进	完成
上海凯工阀门股份有限公司	上装式球阀	公称通径：100 ～ 600mm；设计压力：2.0 ～ 25MPa	国内先进	完成
上海凯工阀门股份有限公司	大口径高温硬密封球阀	设计温度：120℃；设计压力：300Lb；公称通径：600mm	国内先进	完成
上海凯工阀门股份有限公司	高压高温 Y 型截止阀	设计温度：425℃；设计压力：2 500Lb	国内先进	完成
上海科科阀门集团有限公司	Q967X-900LB 48″高压大口径全焊接球阀	公称通径：48in；压力等级：Class900；最小通径：1 149mm；结构长度：2 380 mm；设计温度：-46 ～ 150℃；介质：净化后的天然气	国际水平	现货销售
上海一核阀门股份有限公司	G6K41W-16C DN50 气动隔膜阀（精小型）	公称通径：50mm；公称压力：1.6	国内领先	完成
上海一核阀门股份有限公司	MINFSJ0080-F-G 核二级气动隔膜阀	公称通径：80mm；公称压力：2.0MPa	国内领先	完成
上海一核阀门股份有限公司	MINFSC0025-F-G 核三级气动隔膜阀	公称通径：25mm；公称压力：2.0MPa	国内领先	完成
上海一核阀门股份有限公司	MINFJ0080-A 核二级电动隔膜阀	公称通径：80mm；公称压力：2.0MPa	国内领先	完成
上海远高阀业集团有限公司	金属密封固定球阀阀杆和定心轴连接结构	耐磨合金卫司太立硬质合金，堆焊厚度不小于 1mm	行业领先	获得专利
上海远高阀业集团有限公司	高压阀门中腔四开环固定结构	每段四开环上的陆空设置为一个，陆空位于每段四开环的中间位置，四开环上的落空为盲孔	行业领先	获得专利

（续）

企业名称	产品名称	主要技术参数	技术水平	完成情况
上海远高阀业集团有限公司	对夹双瓣旋启式止回阀中心定位轴固定结构	月牙压板与阀体之间固定连接，月牙压板上的沉头螺钉炜两个，设置在中心定位轴对称的两侧，月牙槽处的壁厚采用补强方式局部加厚	行业领先	获得专利
上海自动化仪表有限公司自动化仪表七厂	H-ZZWP 核级自力式温度调节阀样机	公称通径：1in	国内领先	完成
上海自动化仪表有限公司自动化仪表七厂	CAP1400 稳压器喷雾阀	公称通径：125mm	国内领先	完成
上海自动化仪表有限公司自动化仪表七厂	CAP1400 主给水流量调节阀	公称通径：550mm	国内领先	完成
上海自动化仪表有限公司自动化仪表七厂	86-570SH 超（超）临界发电机组执行机构	推力：≥ 80 000N；行程：200mm	国内领先	完成
慎江阀门有限公司	上装式球阀	NPS18 ～ NPS36，CL600 ～ 1 500	国内领先	完成
慎江阀门有限公司	超低温球阀、闸阀、截止阀、止回阀	NPS1 ～ 12，CL150 ～ 800	国内先进	完成
慎江阀门有限公司	C9500 高压差液动角式节流阀	NPS6 ～ 8，CL2500	国内领先	完成
四川飞球（集团）有限责任公司	LNG 低温球阀	公称通径：20 ～ 32in；压力等级：Class 150 ～ 600；适用温度：-46 ～ 200℃	国内先进	已销售
四川飞球（集团）有限责任公司	全焊接硬密封锻钢固定球阀	公称通径：4 ～ 48in；压力等级：Class 150 ～ 900；适用温度：-29 ～ 200℃	国内先进	已销售
四川精控阀门制造有限公司	压力平衡式旋塞阀	公称通径：36in；公称压力：600Lb；介质：天然气	国内领先	已销售
四川精控阀门制造有限公司	清管阀	公称通径：24in；公称压力：300Lb	国内领先	完成样机
苏州安特威阀门有限公司	高频球阀	公称通径：15 ～ 1 200mm		
苏州安特威阀门有限公司	S-zorb 硬密封球阀	公称通径：15 ～ 300mm		
苏州道森阀门有限公司	超低温球阀	可用于液化天然气工况	国内领先	完成
苏州道森阀门有限公司	高硫化氢工况、高压、6A 硬密封球阀		国内领先	完成
苏州道森阀门有限公司	水下球阀	水下 450mm	国内领先	完成
苏州道森阀门有限公司	轨道球阀	金属密封	国内先进	完成
苏州道森阀门有限公司	全焊接球阀	公称通径：20in；压力等级：Class300	国内领先	完成

（续）

企业名称	产品名称	主要技术参数	技术水平	完成情况
苏州纽威阀门股份有限公司	空分系统冷箱内用全抽取、半抽取超低温闸阀、截止阀	锻钢阀：公称通径：1/2 ～ 2in，压力等级：Class150 ～ 800； 铸钢阀：公称通径：2 ～ 12in，压力等级：Class300 ～ 600	国内领先	开始市场推广
苏州纽威阀门股份有限公司	杂质工况用多级降压调节阀	用于杂质介质，高压差、强冲刷场合	国内领先	完成项目鉴定
苏州纽威阀门股份有限公司	轴流式调节阀	介质轴向流动	国内领先	完成项目鉴定
苏州纽威阀门股份有限公司	钛材硬密封球阀	公称通径：1/2 ～ 10in；压力等级：Class150 ～ 600；适用温度：-50 ～ 200℃	国内领先	样机试制阶段
苏州纽威阀门股份有限公司	高压低逸散性球阀	磅级：2 500Lb	国际领先	已经推广
潍坊裕川机械有限公司	法兰式双偏心蝶阀	型号：D342X；公称通径：300 ～ 1 200mm	国内先进	小批量生产
吴江市东吴机械有限责任公司	真空破坏阀	设计压力：0.45MPa；设计温度：156℃	国际先进水平	完成
吴江市东吴机械有限责任公司	调制式先导阀	公称通径：1 ～ 8in；压力等级：Class150 ～ 2 500	国际先进水平	基本完成
西安泵阀总厂有限公司	LNG（液压天然气）用低温阀门	公称压力：5.0MPa、15.0MPa；公称通径：50mm、150mm、250mm	国内领先	完成典型样机16 台
西安泵阀总厂有限公司	新型绝缘接头	公称通径：100mm、600mm	国内领先	完成样机制造
扬州双良阀门有限公司	电动转筒真空阀、手动转筒真空阀	最大工作压力：0.1MPa；工作温度：0 ～ 100℃	填补国内空白	完成
中核苏阀科技实业股份有限公司	8″ DPE15WA22R（YJ）LNG 超低温轴流式止回阀	公称通径：50 ～ 500mm；设计温度：-196 ～ 150℃；公称压力：150 ～ 1 500Lb	国内领先	完成
重庆川仪调节阀有限公司	高性能调节阀（ZJHR、VBJG、HKE）	公称通径：25 ～ 600mm；使用温度：-40 ～ 600℃	国内领先	批量生产
重庆川仪调节阀有限公司	粉尘防爆型智能阀门定位器（HVP）	输入信号：4 ～ 20mA 及总线信号；精度等级：0.5 级；气源压力：0.2 ～ 0.6MPa；环境温度：-30 ～ 80℃	国内领先	批量生产
重庆川仪调节阀有限公司	低温阀（H100、R100、VB100）	温度：最低温度至 -196℃；公称压力：ANSI150 ～ ANSI900；使用寿命：10 万次	国内先进	批量生产
株洲南方阀门股份有限公司	进水球阀	公称通径：800 ～ 1 600mm；公称压力：1.0 ～ 10.0MPa	国内领先	运行情况良好
株洲南方阀门股份有限公司	液控重锤式水轮机进水蝶阀	公称通径：2 200 ～ 3 800mm；公称压力：1.0 ～ 2.5MPa	国内领先	运行情况良好

〔撰稿人：中国通用机械工业协会阀门分会郭瑞、宋银立〕

2016 年压缩机行业概况

2016 年在去产能、去库存、去杠杆和国内外市场总需求不足的背景下，压缩机行业企业承压前行，顺应国家产业结构调整方向，努力发展适销对路产品，以“一带一路”战略为引擎，积极参与国际化竞争，提升品牌影响力。2016 年整体情况好于 2015 年，主要经济指标下行趋势得到抑制，尽管压缩机应用领域不同，具体情况也不一样，但从大的趋势上来看，走出底部的特征已经有所显现。

一、行业概况

截至 2016 年 12 月，中国通用机械工业协会压缩机分会共有压缩机会员企业 168 家，其中压缩机企业 87 家，配套企业 75 家，研究院所 3 家，地方协会 1 家，媒体 2 家。压缩机分会 168 家会员中，压缩机行业现有国有所有制企业 11 家（整机企业 8 家、配套企业 3 家），混合所有制企业 1 家，外商独资企业 14 家（整机企业 4 家、配套企业 10 家），台资企业 3 家，股份制企业 39 家，民营企业 100 家。在中国大陆登录主板市场的上市企业有 3 家（整机企业 1 家、配套企业 2 家），登录创业板市场的有 2 家，登录新三板市场的有 4 家，在香港上市企业有 2 家。

2016 年度统计样本数为 58 家，其中主机、整机企业 55 家，配套企业 3 家。

二、2016 年压缩机行业经济运行情况

国家统计局数据显示，气体压缩机企业 525 家（含制冷压缩机）2016 年资产总计 1 700.22 亿元，同比增长 7.43%；实现主营业务收入 1 811.15 亿元，同比下降 4.14%；出口 878.48 万台，同比增长 42.4%；出口总额 9.43 亿美元，同比增长 57.05%；实现利润总额 115.18 亿元，同比增长 0.35%；亏损面 13.14%，同比增长 14.10%；亏损额 9.98 亿元，同比增长 83.46%。流动资产周转率 1.17 次，同比增长 1.95%；主营业务收入利润率 6.73%。

58 家会员企业实现主营业务收入 118.39 亿元，同比下降 4.71%；实现利润总额 5.53 亿元，同比下降 35.72%；出口 99.2 万台，同比增长 27.17%；出口贸易总额 13.68 亿元，同比增长 27.53%。58 家企业完成各类压缩机 153.203 万台，同比增长 29.48%；从业人员 21 694 人，同比增长 0.13%。流动资产周转率 0.66 次，同比减少 5.7%；主营业务收入利润率 4.73%。

从不同应用领域来看，动力用空气压缩机板块主营业务收入同比增长 1.85%（其中双螺杆空压机同比增长 3.18%），出口贸易同比增长 30.82%（其中双螺杆空压机同比增长 30.82%），利润同比增长 35.11%（其中双螺杆空压机增长 37.76%）；天然气及油气压缩机板块主营业务收入同比下降 0.87%，出口贸易同比下降 34.35%，利润同比下降 605.03%（若剔除重庆气体压缩机厂有限公司及中国石油集团济柴动力总厂成都压缩机厂非经营性盈利和亏损因素，利润同比下降 18.46%）；特殊气体压缩机板块主营业务收入同比增长 0.01%，出口贸易同比增长 17.65%，利润同比增长 19.78%（但仍处于亏损状态）；石化工艺压缩机板块主营业务收入同比下降 18.57%，出口贸易同比增长 169.03%，利润同比下降 89.65%（若剔除无锡压缩机股份有限公司含非经营性亏损因素，利润同比下降 1.5%）。

（一）市场回暖，生产增速回升

1. 压缩机行业工业总产值降幅收窄

2016 年根据 58 家会员企业上报数据，压缩机行业完成工业总产值 136.46 亿元，同比下降 0.91%，

下滑趋势明显减弱。58家企业中，工业总产值与上年同期相比增长的企业有30家，动力用空气压缩机板块好于其他板块。与上年同期相比下降的企业共26家，其中降幅20%以上的企业达9家。2016年1—12月压缩机行业工业总产值增速情况见表1。

表1 2016年1—12月压缩机行业工业总产值增速情况

月份	增速（%）
1	0
2	-21.59
3	-24.65
4	-21.77
5	-9.43
6	-15.86
7	-20.13
8	-15.66
9	-4.46
10	-17.11
11	-13.18
12	-12.53

2. 主要产品产量温和增长

2016年58家会员企业共生产各类型压缩机153.203万台，同比增长29.48%。生产动力用压缩机150.62万台，同比增长28.54%。其中：生产各类型螺杆空压机27.79万台（据不完全统计2016年全国生产各类型双螺杆压缩机约30万台），同比增长39.23%；生产工艺用压缩机11 372台，同比增长1.88%。生产往复活塞式压缩机10 597台，同比增长1.15%。其中：生产隔膜式压缩机434台，同比增长7.43%；生产工艺用双螺杆压缩机347台，同比下降12.66%。

江阴开益特种压缩机有限公司、安徽省鸿申压缩机有限公司、沈阳申元气体压缩机有限责任公司、山东省潍坊生建集团、北京金凯威通用机械有限公司、北京中鼎恒盛气体设备有限公司、南京尚爱机械制造有限公司产销量同比增长5%以上。

3. 市场回暖，订单有所增加

58家会员企业2016年产品累计订货122.67亿元，同比下降3.56%。其中，32家企业与上年同期相比增长，20家企业累计订货额与上年同期相比下降。从累计订货来看，沈阳透平机械股份有限公司往复机事业部、宁波鲍斯能源装备股份有限公司、山东省潍坊生建集团、无锡压缩机股份有限公司、苏州鸿本机械制造有限公司、浙江杰能压缩机设备有限公司、江苏恒久机械股份有限公司、北京京城压缩机有限公司等企业产品订货都有20%以上的增长，好于行业其他企业。

4. 出口交货值有较大幅度的提升

国家统计局数据显示，2016年机械工业累计出口3 747.69亿美元，同比下降3.6%。其中，石化通用行业出口640.21亿美元，同比下降2.49%。石化通用行业气体压缩机进口1 962.72万台，同比下降4.86%。

2016年压缩机分会58家会员企业完成出口99.2万台，同比增长27.17%；出口交货值13.68亿元，同比增长27.53%。2010年产品出口交货值占全行业销售产值的4.1%，2012年占比6.6%，2013年占比6.7%，2014年占比达到7.5%，2015年占比7.1%，2016年迅速增长至10.39%。这说明在国家“一带一路”倡仪指引下，行业企业积极拓展海外市场，参与国际市场的竞争。2014—2016年58家企业出口交货值见表2。2016年压缩机行业出口交货值前10名企业见表3。

表2 2014—2016年58家企业出口交货值

年份	出口交货值（万元）	同比增长（%）	占销售产值比例（%）
2014	122 916	18.72	7.50
2015	99 592	-18.98	7.10
2016	136 802	27.53	10.39

表 3 2016 年压缩机行业出口交货值前 10 名企业

序号	企业名称	出口交货值（万元）
1	苏州通润驱动设备股份有限公司	38 304
2	浙江开山压缩机股份有限公司	30 680
3	温岭市鑫磊空压机有限公司	24 780
4	苏州鸿本机械制造有限公司	22 377
5	上海东方压缩机制造有限公司	6 194
6	上海斯可络压缩机有限公司	3 890
7	厦门东亚机械有限公司	2 372
8	四川金星清洁能源装备股份有限公司	2 369
9	温州固耐化机制造有限公司	1 360
10	安瑞科（蚌埠）压缩机有限公司	1 051

（二）经济运行情况

1. 主营业务收入完成情况

58 家会员企业实现主营业务收入 118.39 亿元，同比下降 4.71%。2016 年 1—12 月压缩机行业主营业务收入增速情况见表 4。

主营业务收入从 2016 年 3 月份触底，4 月份之后开始回暖。58 家上报统计数据的企业中，主营业务收入与上年同期相比增长的企业有 30 家，其中增长 10% 以上的企业有 13 家；与上年同期相比下降的企业有 26 家，其中下降 20% 的企业达 13 家（2015 年下降 20% 的企业有 26 家）。2016 年压缩机行业销售收入前 20 名企业见表 5。

表 4 2016 年 1—12 月压缩机行业主营业务收入增速情况

月份	增速（%）
1	0
2	−36.6
3	−37.4
4	−28.9
5	17.0
6	−22.1
7	−22.2
8	−24.4
9	−10.5
10	−22.5
11	−20.5
12	−16.0

表 5 2016 年压缩机行业销售收入前 20 名企业

序号	企业名称	销售收入（万元）	序号	企业名称	销售收入（万元）
1	浙江开山压缩机股份有限公司	148 608	11	中国石油集团济柴动力总厂成都压缩机厂	29 791
2	红五环集团	124 521	12	温州固耐化机制造有限公司	25 600
3	苏州通润驱动设备股份有限公司	112 390	13	中国人民解放军第四八一二工厂	24 052
4	沈阳远大压缩机股份有限公司	59 417	14	上海汉钟精机股份有限公司	23 805
5	温岭市鑫磊空压机有限公司	55 221	15	苏州鸿本机械制造有限公司	22 559
6	厦门东亚机械有限公司	43 660	16	上海斯可络压缩机有限公司	22 150
7	四川金星清洁能源装备股份有限公司	42 658	17	山东省潍坊生建集团	22 002
8	沈阳透平机械股份有限公司往复机事业部	40 537	18	浙江志高机械股份有限公司	19 407
9	宁波鲍斯能源装备股份有限公司	38 528	19	自贡通达机器制造有限公司	19 347
10	无锡压缩机股份有限公司	30 792	20	安瑞科（蚌埠）压缩机有限公司	17 726

2016 年主营业务成本 94.35 亿元，同比下降 4.16%，销售费用、管理费用、财务费用分别较上年同期增长 6.32%、6.28% 和 90.01%。销售费用和管理费用的小幅提高说明 2016 年各企业加大了市场推广力度，财务费用大幅提高说明有可能是行业借贷增加。

2. 市场虽有所向好，但利润下滑趋势未能得到有效控制

根据 58 家会员企业上报数据，全行业实现利润 5.53 亿元，同比下降 35.72%。2016 年压缩机行业利润排名前 20 位的企业见表 6。

表 6　2016 年压缩机行业利润排名前 20 位的企业

序号	企业名称	利润（万元）	序号	企业名称	利润（万元）
1	苏州通润驱动设备股份有限公司	24 250	11	红五环集团	4 209
2	上海汉钟精机股份有限公司	18 772	12	沈阳透平机械股份有限公司往复机事业部	2 544
3	浙江开山压缩机股份有限公司	12 998	13	苏州鸿本机械制造有限公司	1 933
4	厦门东亚机械有限公司	11 227	14	上海斯可络压缩机有限公司	1 731
5	宁波鲍斯能源装备股份有限公司	8 889	15	温州固耐化机制造有限公司	1 536
6	温岭市鑫磊空压机有限公司	7 355	16	上海优耐特斯压缩机有限公司	1 527
7	重庆气体压缩机厂有限责任公司	6 348	17	浙江志高机械股份有限公司	1 184
8	大丰丰泰流体机械科技有限公司	5 179	18	中国人民解放军第四八一二工厂	1 156
9	四川金星清洁能源装备股份有限公司	4 982	19	山东省潍坊生建集团	1 025
10	沈阳远大压缩机股份有限公司	4 561	20	上海东方压缩机制造有限公司	942

国家统计局数据显示，压缩机（含制冷压缩机）行业 2016 年 525 家企业中亏损企业 69 家，亏损面 13.14%，同比减少 6.7%；亏损额 9.98 亿元，同比增长 83.46%。

58 家统计数据显示，全行业亏损企业 12 家，亏损额为 7.42 亿元（其中，中国石油集团济柴动力总厂成都压缩机厂含非经营性亏损共计 56 868 万元，无锡压缩机股份有限公司含非经营性亏损 10 567 万元），企业亏损面 20.7%。2014—2016 年压缩机行业 58 家企业亏损概况见表 7。

表 7　2014—2016 年压缩机行业 58 家企业亏损概况

年份	亏损企业数（家）	亏损额（万元）	亏损面（%）
2014	8	10 907	7.8
2015	15	17 661	24.2
2016	12	74 166	20.7

3. 应收账款总量偏高，产成品库存增长过快，企业经营风险加大

国家统计局数据显示，通用机械行业 2016 年度应收账款 4 462.05 亿元，同比增长 4.46%，应收账款总额占全部流动资产比重 34.11%，较上年减少 1.95 个百分点；产成品库存达到 1 062.87 亿元，同比增长 2.98%，较上年同期减少 1.35 个百分点。压缩机（含制冷压缩机）行业 2016 年应收账款 394.27 亿元，同比增长 13.25%，应收账款总额占全部流动资产比重 36.96%；产成品库存达到 108.11 亿元，同比增长 12.28%。

根据 58 家会员企业上报数据，2016 年度企业应收账款 47.04 亿元，同比下降 7.84%；产成品库存 19.79 亿元，同比增长 21.26%。截至年末，应收账款规模总量持续偏高，全年应收账款总额占主营业务收入的比重高达 39.73%，比上年增加 3.09 个百分点；占同期全部流动资产比重达 28%，比上年同期增加 7 个百分点。库存同比增长 8.85%，流动资产周转率 0.66 次，较上年同期的 0.7 次减少 0.04 次。

影响企业资金周转的主要原因除历史货款的拖欠外，主要是石化用工艺压缩机板块经营风险加剧。一方面市场无序竞争，在产能过剩导致激烈竞争的市场环境中，低价中标和优厚的付款方式甚至赊销的商业行为（如螺杆空压机），成为企业扩大销售的竞争手段之一；另一方面付款方式不合理，以 2-3-3-1-1 的付款方式较多，而机器供给用户后，用户又以各种理由拖欠尾款，10% 的质保金基本无望收回；加上大型项目安装建设周期长，影响企业回款周期，这就给企业流动资金周转增加了难度。事实上，付款方式的不合理，再加上原材料涨价等因素，已经使不少企业的流动资金大大缩水。这些因素严重影响了企业的正常运行，加剧了企业的经营风险。

4. 主要经济效益指标不尽如人意

根据 58 家会员企业上报数据，从经济效益综合指数所反映的指标来看，反映企业全部资产的获利能力和企业经营业绩和管理水平，评价和考核企业盈利能力的核心指标即总资产贡献率为 4.51%，较上年同期减少 1.35 个百分点，低于国家标准值（10.7%）6.19 个百分点；反映企业经营状况、资金利用效果，衡量企业流动资金周转快慢，即再生产速度的流动资产周转率为 0.66 次，较上年同期低 0.04 次，低于国家标准值（1.52 次）0.86 次；反映企业投入的生产成本及费用的经济效益的成本费用利润率为 4.8%，较上年同期减少 1.76 个百分点，高于国家标准值（4.51%）0.29 个百分点，说明企业虽加强生产成本的管控力度，但盈利水平仍然偏低；反映企业经营风险的资产负债率为 49.85%，同比增加 3.6 个百分点，低于国家标准值（60%）10.15 个百分点，反映出近几年企业投资愿望持续下降；反映企业资本完整性和保全性及增值情况的资本保值增值率为 94.22%，较上年同期减少 8.43 个百分点，低于国家标准值（120%）25.78 个百分点；反映企业产品产销衔接状况的产品销售率为 96.5%，较上年同期减少 10.11 个百分点，高于国家标准值（96%）0.5 个百分点。各项指标中，只有资产负债率和产销率略好于国家标准值，行业综合效益指标不如人意。

三、2016 年行业新产品研发、创新能力建设及转型升级、结构调整情况

压缩机行业企业在《中国制造 2025》强国战略等相关产业政策的引导下，在市场倒逼机制的推动下，自主创新寻求新的经济增长点，积极探索转型发展的新路径。

（一）产品研发及应用情况

1. RTY3360 高速往复式天然气压缩机组

2016 年 3 月，中国首台拥有自主知识产权的国内最大功率高速往复式天然气压缩机组——RTY3360 压缩机组，首次运用于页岩气增压，日处理量高达 430 万 m^3，成为国内首台应用于非常规天然气增压集输的大功率高速往复式天然气压缩机组。

该机组原应用于西南油气田重庆气矿，日处理天然气 232 万 m^3，运行指标优于同类进口机组。经济柴动力总厂成都压缩机厂量身改造后，由常规油气处理“转战”纳安线管道的页岩气增压集输，2015 年 12 月 26 日，该机组正式投运，增压功率达到 3 000kW。当前，机组运行平稳性、噪声、能耗等指标达到或优于设计标准。

该机组由成都压缩机厂自主创新研制，曾获得国家专利授权 9 项，多项技术填补国内空白，实现国产替代进口。RTY3360 压缩机组成功应用于页岩气增压，对推进非常规天然气开采重大装备国产化进程、实现油气增储上产具有极其重要的意义。

2. 双作用隔膜压缩机

双作用隔膜压缩机是北京京城压缩机有限公司“十三五”产品规划确定的研发项目，于 2016 年 3 月在延庆生产基地顺利完成样机性能试验，各项性能检测指标全部达到设计项目要求。双作用隔膜压缩机研发成功解决了传统高压比（约 10 以上）需采用两台机组（需要两套电机、传动部件、箱体部件等）造成材料浪费、成本增加的问题，解决了国内传统单作用隔膜压缩机无法满足客户多级压缩使用条件的问题。

3. 工艺离心压缩机

2016 年 6 月，无锡压缩机制造有限公司（简称锡压）承接了主要用于天然气化肥领域的第一台工艺离心压缩机（工厂代号 1001 项目）。该项目与日本神钢合作，由神钢对锡压公司进行技术指导。9 月 8 日，神钢—锡压合作制造的首台工艺离心压缩机顺利发往内蒙古鄂尔多斯用户现场。

通过该项目，锡压公司可达成工艺活塞压缩机、工艺螺杆压缩机、工艺离心压缩机齐头并进的战略目标，为进一步开拓工艺压缩机市场奠定坚实的基础，取得工艺活塞机、工艺螺杆机、工艺离心机的全系列业绩。

4. 助力“长征七号”运载火箭发射

6 月 25 日 20 时 00 分，“长征七号”运载火

箭点火升空。无锡压缩机股份有限公司自主研发的变频无油螺杆压缩机在海南文昌航天发射现场协助执行火箭发射任务，为发射场发射区气源库的设备运行保驾护航；重庆气体压缩机厂有限责任公司独家研制的全套地面供应系统成功运行助力“长征七号”成功发射。

5. 4.0MPa 无油螺杆空气压缩机

2016 年 8 月 23 日，浙江杰能压缩机设备有限公司自主研发的 4.0MPa 无油螺杆空气压缩机顺利通过 ISO 8573-1 无油认证，推出上市。无油螺杆空气压缩机是浙江杰能压缩机设备有限公司于 2014 年开始自主研发的新产品，突破了控制系统的密封结构、无油润滑核心材料的选用等多项技术壁垒，相比活塞压缩机节能 30% 以上，无振动、低噪声，机器运作不使用任何润滑油，完全可以替代进口。

在用气品质要求高的领域，如纺织、冶金、食品、化工、医药、石油和空分等各种需要纯净无油压缩空气的场所，原大多使用国外阿特拉斯和日本三井的无油螺杆压缩机。该产品与日本三井水润滑压缩机相比具有以下特点：选用脂润滑传动轴承，解决了水螺杆轴承的不利影响，使用寿命长、可靠性好、效率高；产气量大，达到 40m³/min，功率 250kW；控制阀采用不等径活塞两位两通控制阀，可靠性好，防止油污染泄漏，可靠耐用。

6. 全橇装式原料气压缩机

2016 年 10 月，四川金星清洁能源装备股份有限公司（简称四川金星）首台（套）全橇装式原料气压缩机研制成功并发往用户现场，成为该公司当前为止最大设计活塞力（220kN）的成橇机型。该机具有活塞力吨位大、活塞平均速度低、运输方便、现场安装简单等特点，为公司成功打开低转速短行程的大吨位活塞力成橇式压缩机市场。

压缩机整机采用两列双一级对称平衡型橇装结构，采用隔爆型电动机 YB800M1-12（710kW、10kV、50Hz，Exd Ⅱ BT4，IP55 F 级），气体介质为原料气，压缩机排量 23 000 m³/h（标准状态）；轴功率 630kW（最大），最大活塞力 125 ～ 175kN，设计活塞力 220 ～ 242kN；额定转速 500r/min；机组重量 47 000 kg；主机外形尺寸（长 × 宽 × 高）9 500mm×7 500mm ×4 500mm；压缩机气缸缸径 / 活塞杆直径 1 级；气缸润滑方式为无油。

7. 新型低压节能双螺杆空压机

上海优耐特斯压缩机有限公司经过多年的市场调研和工艺研究，开发出新型低压节能双螺杆空压机，应用在玻璃容器企业中能够比现有的空压机节能 15% 以上。该产品的先进性在于：可直接将气体压缩到所需的压力，而不需要降压使用；双螺杆主机的阴阳转子之间不直接接触，可以有效保证长时间运行气量不下降、效率不衰减；放大油气分离系统，一方面保证气体含油量最低，另一方面保证系统内压跟排气压力基本持平，降低压差；采用高效永磁电机和智能变频技术，实现空压机的恒压供气和智能控制。

（二）创新能力建设情况

1. 无锡压缩机股份有限公司综合试车监控管理及测试平台

2016 年 6 月，无锡压缩机股份有限公司综合试车监控管理及测试平台初具规模。该平台是基于通用喷油、工艺喷水、工艺喷油试车台位的综合组态监控数据采集，以便于试车状态数据采集及后续分析管理的系统。该平台主要由监控信号采集柜、试车台位集中监控台、NI 综合分析系统、现场监控采集室隔断及现场连接辅件等部分组成，集成了各通用和工艺螺杆主机试车台位的信号采集分析、试车现场视频监控、NI 分析系统现场及远程管理等功能。

2. 无锡压缩机股份有限公司压缩机技术研究院研发场所建设

2016 年 8 月，无锡压缩机股份有限公司压缩机技术研究院经过三年的建设与发展，完成了 2 086m² 的研发场所建设，新增仪器设备 11 台（套），引进本科以上专业技术人员 21 名，国内外进修培训 36 人次，内部技术培训 216 次。该研究院先后开展了压缩机转子型线优化分析、压缩机气流脉动及管道振动分析、压缩机高效节能控制等产业关键共性技术研究，提高了压缩机的能效等级。研制了首台特大型六列迷宫密封压缩机、1 250kN 活塞力工艺流程往复活塞压缩机、510mm 和 630mm 转子直径工艺螺杆压缩机、1 500r/min 高转速活塞压缩机、航天用新一代氦气螺杆压缩机等多款高端压缩机产品。

无锡压缩机股份有限公司压缩机技术研究院项目是 2013 年由无锡市科技局立项及授牌的无锡市科技研发（设计）机构项目，旨在通过政府资金的支持，鼓励企业改善科研技术条件和开展科研基础设施建设。

项目实施期内，申请专利 39 件，其中发明专利 20 件；获得专利授权 26 件，其中发明专利 12 件；修订行业标准 3 项；获得计算机软件著作权 1 件；获得省高新技术产品 1 项，发表论文 6 篇；承担省市科技项目 4 项；获得中国机械工业科学技术奖二等奖 1 项、江苏机械工业科技进步奖三等奖 1 项。项目实现了科研成果产业化转化和应用推广，为无锡市乃至我国的压缩机行业发展提供了核心技术支撑，形成了压缩机行业的新型自主创新研发基地。

3. 压缩机健康智能监控中心揭牌

2016 年 9 月 6 日，合肥通用机械研究院压缩机技术国家重点实验室压缩机健康智能监控中心揭牌仪式在北京举行。揭牌仪式由北京化工大学高金吉院士主持，科技部基础研究司原司长彭以祺、合肥通用机械研究院院长陈学东、北京化工大学党委副书记关昌峰出席揭牌仪式并共同为压缩机健康智能监控中心揭牌。

压缩机技术国家重点实验室压缩机健康智能监控中心依托北京化工大学机电工程学院设立。该中心的成立，将为进一步完善合肥通用机械研究院重点实验室“产学研用”合作机制、加强合肥通用机械研究院与北京化工大学的交流合作、推动中国压缩机监测诊断技术发展发挥重要作用。

4. 四川金星清洁能源装备股份有限公司院士（专家）工作站签约

2016 年 9 月 23 日，四川金星清洁能源装备股份有限公司院士（专家）工作站签约仪式隆重举行。金星股份公司董事长吴军与中国工程院院士刘人怀院士签署了“工作站建站协议书”。双方将围绕企业技术研究、战略规划、科研成果转化，在节能环保领域方面谋求新的合作，进一步促进企业技术创新，加快企业的发展壮大。

刘人怀院士是我国板壳结构理论与应用研究开拓者之一。他创造性地系统研究了六类板壳：波纹板壳、单层板壳、双层金属旋转扁壳、夹层板壳、网格扁壳和复合材料层合板壳，建立了非线性理论，求解了非线性弯曲、稳定和振动问题，对航天航空、精密仪表、石油化工、船舶和建筑等工程设计有重大意义。同时，他还创立了实用的厚壁结构理论，成功地用于高压超高压容器和铁路高桥墩试制设计。共计获省部级自然科学奖、科技进步奖一等奖 3 项，二等奖 2 项。发表论文 140 余篇，培养博士近 40 人。

5. 上海汉钟精机股份有限公司智能化工厂

2016 年，上海汉钟精机股份有限公司开始建设智能化工厂，将生产线合理化工程以及试车站的自动化、省力化工装等纳入重点工作。除了生产线原有系统的自动化动作外，SCM、CRM、MES 和自动化生产线相继投入，FMS 智能化工厂也逐步导入和实现。“汉钟工业 4.0”是该公司的长期战略，将通过不断升级各项技术与设备、网络技术、通信技术来实现。

6. 上海汉钟精机股份有限公司第二厂区投产

2016 年第四季度，上海汉钟精机股份有限公司第二厂区投入生产。第二厂区的技术中心引进了有限元分析软件、3D 打印设备，提升了新产品的研发速度。而各项支持研发速度提升的加工设备与实验室、测试设备也将陆续投入建设，进一步有助于该公司新产品的开发与验证。

四、获奖及入选目录情况

1.“环瑞 HRCS 往复压缩机气量无级调节系统”获中国机械工业科学技术奖一等奖

台州环天机械有限公司研发的“环瑞 HRCS 往复压缩机气量无级调节系统”广泛应用于化工

厂、炼油厂、气体储运厂等多个工业领域。根据压缩机用户对气量不同的需求，系统所发挥的节能效果也不同，最高可节能 60%。该套系统打破了国际技术垄断，成为全球第二套、全国首套往复压缩机气量无级调节系统。该项目始于 2008 年，由沈阳透平机械股份有限公司、西安交通大学和台州环天机械有限公司联合开发，并于 2011 年研发成功。2012 年，该系统被列为国家“十二五”科技支撑计划，并于 2013 年在中石化广州分公司成功运行。2014 年 10 月，该系统通过了中国机械工业联合会专家委员会鉴定。

2.2016 年度中国通用机械行业科技进步贡献奖

2016 年度中国通用机械行业科技进步贡献奖评选出科技创新突出贡献奖 30 名、能工巧匠突出贡献奖 13 名。压缩机行业获得“科技创新突出贡献奖”科技工作者有（排名不分先后）：四川金星清洁能源装备股份有限公司吴涛副总裁、江苏杰尔科技股份有限公司金炳庆总工程师、安瑞科（蚌埠）压缩机有限公司汪文波总工程师；获得“能工巧匠突出贡献奖”的工人技师是：安瑞科（蚌埠）压缩机有限公司董宏杰技师。

3. 入选目录情况

《节能机电设备（产品）推荐目录（第七批）》共涉及 12 大类 432 个型号产品，其中压缩机 51 个型号产品。厦门东亚机械有限公司的 7 个型号产品、中车北京南口机械有限公司的 2 个型号产品、宁波鲍斯能源装备股份有限公司 3 个型号产品、宁波欣达螺杆压缩机有限公司 1 个型号产品、上海斯可络压缩机有限公司 10 个型号产品、釜玛机械（江苏）有限公司 7 个型号产品、苏州牧风压缩机设备有限公司 8 个型号产品、郑州永邦机器有限公司 11 个型号产品、泉州市华德机电设备有限公司 1 个型号产品、广东葆德科技有限公司 1 个型号产品列入其中。

《能效之星产品目录（2016）》涵盖了 13 大类 86 个型号产品，其中压缩机 6 个型号产品：宁波鲍斯能源装备股份有限公司 GMFII45-8 6.34 kW/(m^3/min)；苏州牧风压缩机设备有限公司 E11A 7.26 kW/(m^3/min)；厦门东亚机械有限公司 ZLS50-2i/8 6.62kW/(m^3/min)；厦门东亚机械有限公司 ZLS100-2i/8 6.2kW/(m^3/min)；上海斯可络压缩机有限公司 SCR150E1-8 6.12kW/(m^3/min)；上海斯可洛压缩机有限公司 SCR30PM-8 7.02kW/(m^3/min)。这些机组输入比功率优于能效一级。

五、知识产权申请和保护情况

1. 四川金星能源装备股份有限公司（简称四川金星）

2016 年 7 月 28 日，四川金星“复合涂层活塞杆及其制造方法”发明专利获得国家知识产权局授权，专利号为 ZL201410060422.8。该专利公开了一种复合涂层活塞杆及其制造方法，涉及空气压缩机活塞杆领域，提供一种具有高表面硬度的复合涂层活塞杆及其制造方法，既可以应用于空气压缩机活塞杆中，也可以应用于其他表面需要高硬度的零件。

2016 年 8 月，四川金星 4 项实用新型专利获得国家知识产权局授权：

（1）“压缩机空气冷却填料”实用新型专利（专利号 ZL201620383633.X，授权时间 2016.08.02），专利发明人柳强。该专利公开了一种压缩机空气冷却填料，通过设置在填料盒和填料法兰上的空气流动腔，由流动的空气带走填料盒与活塞杆摩擦产生的热量，降低密封环与减压环温度，提高填料使用性能与寿命。

（2）“压缩空气干燥设备的控制系统”实用新型专利（专利号 ZL201620381904.8，授权时间 2016.08.12），专利发明人李斌。该专利公开了一种压缩空气干燥设备的控制系统，在膜干燥器的反吹放空口设置反吹电磁阀，并采用 PLC 控制反吹电磁阀的打开与关闭，从而控制膜干燥器的干燥作业，流程简单，使用方便可靠。

（3）“用于往复活塞式压缩机的空冷结构”实用新型专利（专利号 ZL201620346786.7，授权时间 2016.08.23），专利发明人兰海。该专利公开了一种无需增加额外动力源的用于往复活塞式压缩机的空冷结构，仅需增加扫风部件，不需要额外的动力源进行驱动，而扫风部件与活塞杆的运动频率相同，这样就可以根据往复活塞式压缩机本身的功率自动调整风量。

（4）“低温液体储罐真空夹层吸附干燥结构”实用新型专利（专利号 ZL201620380164.6，授权时间 2016.08.26），专利发明人钟梁。该专利公开了一种低温液体储罐真空夹层吸附干燥结构，采用此组合结构和合理装配实施顺序，可有效保证再生分子筛在装填后至储罐全部完工前不受潮，保持吸附活性。储罐制造完毕后，打开吸附通道，分子筛能很好地吸附残余水分，起到对真空夹层进行吸附干燥的作用。

截至 2016 年年底，四川金星拥有专利 87 项，其中发明专利 7 项。

2. 浙江开山压缩机股份有限公司

2016 年研发投入 6 109 万元，比 2015 年增长 23.88%，获得各项专利 19 项。截至 2016 年年底，该公司拥有各项专利 111 项。

3. 宁波鲍斯能源装备股份有限公司

2016 年该公司研发投入 2 134.4 万元，占该公司营业收入的 3.77%。截至 2016 年年底，宁波鲍斯能源装备股份有限公司拥有各项专利 90 项，其中发明专利 17 项、实用新型专利 69 项、外观设计专利 4 项。

六、标准工作

2016 年 6 月 30 日，3 项压缩机国家标准实施：《压缩空气 第 2 部分：悬浮油含量测量方法》《压缩空气 第 3 部分：湿度测量方法》《压缩空气 第 4 部分：固体颗粒测量方法》。标准起草单位包括：合肥通用机械研究院、杭州日盛净化设备有限公司、广州市汉粤净化科技有限公司、无锡市华灵过滤设备有限公司。

2016 年 10 月 10 日，JB/T 6905—2004《隔膜压缩机》标准修订启动会在北京京城压缩机有限公司延庆生产基地召开。JB/T 6905—2004《隔膜压缩机》标准实施已十余年，在这期间国内外的市场变化较大，隔膜压缩机为适应市场做了很多重大的变化，也相继开发了多种大型隔膜压缩机《隔膜压缩机》的标准修订工作迫在眉睫。2017 年将完成《隔膜压缩机》标准的修订工作。此次标准修订单位有：北京京城压缩机有限公司、北京华英联压缩机产品有限公司、北京金凯威通用机械有限公司。

2016 年 4 月，由金星股份燃气产业技术研究院组织编写的企业标准 Q/20208621-X.12—2016《站用压缩天然气钢瓶集束装置》经全国气瓶标准化技术委员会专家审核及秘书处确认，通过备案。该标准规定了公司自主研发的气瓶集束装置的结构形式、设计、制造、检验及验收等相关技术要求，整个气瓶集束装置纳入特种设备监管，在安全技术方面高于 GB/T 28054《钢制无缝气瓶集束装置》。

七、企业并购、重组及资本运作情况

1. 江苏杰尔科技股份有限公司在新三板正式挂牌

2016 年 1 月 22 日，江苏杰尔科技股份有限公司（简称江苏杰尔）在新三板正式挂牌，证券简称杰尔科技，代码 835510。江苏杰尔专业设计和生产用于污水处理厂曝气应用的 GL-TURBO 系列单级高速离心压缩机，产品节能效果显著，具有适用性广、占地面积小和安装操作维护简单等优点，属国内首创、国际领先水平。

2. KS ORKA 可再生能源有限公司成立

2016 年 1 月 4 日，浙江开山压缩机股份有限公司子公司开山压缩机（香港）有限公司与 Hugar Orka ehf（简称 ORKA 公司）在新加坡合资设立 KS ORKA 可再生能源有限公司（KS ORKA RENEWABLES PTE.LTD.）共同开拓全球地热发电市场。KS ORKA 公司设立之初由开山压缩机（香港）有限公司出资 200 万美元，持股 70%，ORKA 公司以无形资产出资，持股 30%。合资双方约定：KS ORKA 公司首期出资全部到位后，后期增资无论 ORKA 是否参与出资，双方承诺 ORKA 公司持有的 KS ORKA 公司股权比例不低于 10%。

3. 北京普发动力控股股份有限公司在新三板成功挂牌

2016 年 2 月 29 日，北京普发动力控股股份有限公司在新三板成功挂牌，证券简称普发动力，代码 836468。北京普发动力控股股份有限公司是一家国际高品质天然气压缩机制造商，总部位于北京，旗下包括意大利赛福燃气有限公司、普发动力东北（哈尔滨）分公司等技术研发、生产制造基地及营销服务机构。

4. KS ORKA 公司全资收购 OTP 公司

2016 年 4 月 12 日，开山压缩机（香港）有限公司控股子公司 KS ORKA 公司以 6 000 万美元的对价，全资收购新加坡 OTP Geothermal Pte., Ltd（简称 OTP 公司）100% 股权。OTP 公司拥有 PT Sorik Marapi Geothermal Power（简称 PT SMGP）95% 的股权，因此获得印尼 240MW SorikMarapi 地热项目的特许开发经营权。PT SMGP 已与印度尼西亚国有电力公司 PT PLN 签署了有效期 30 年的照付不误电力购买协议（PPA，PPA 电价为每千瓦时 0.081 美元），获得了印度尼西亚政府有关部门发放的地热许可证（IPB）、IMB 许可、地表水 / 钻井取水许可证、环境管理 / 监控和电力业务许可证（IUKUS）。

5. 瑞士布克哈德压缩机公司收购沈阳远大压缩机公司

2016 年 3 月，瑞士布克哈德压缩机公司（Compression Holding AG）收购了其中国的竞争对手——沈阳远大压缩机公司的多数股份，仍保留沈阳远大压缩机有限公司品牌；哈德压缩机（Compression Holding AG）的技术和产品研发逐步转移至中国。

6. 浙江开山压缩机股份有限公司收购 LMF

2016 年 4 月 12 日，浙江开山压缩机股份有限公司子公司开山压缩机（香港）有限公司以 2 302 万欧元的对价收购 LMF Unternehmensbeteiligungs GmbH（简称 LMF 或目标公司、标的公司）95.5% 的股权。其中，收购该目标公司 95.5% 股权的对价为 1 欧元；收购目标公司 4 500 万欧元的股东借款（包括本息），收购对价为 1 欧元；收购目标公司 5 010 万欧元的银行及债券借款（包括本息），收购对价为 2 300 万欧元。

LMF 始建于 1850 年，是全球领先的高端能源装备制造企业。LMF 往复压缩机的主要特点是高转速短行程、体积小、重量轻、振动小、可靠性好，除了通常的应用于油气、化工、食品及饮料、水处理的相关产业外，还特别适合于船舰以及钻井平台等。最大轴功率为 6 200kW（8 300hp），最高压力 70MPa。

7. 宁波鲍斯能源装备股份有限公司通过收购扩大产业布局

2016 年 4 月，宁波鲍斯能源装备股份有限公司完成对阿诺精密的收购，公司业务拓展至数控机床用高效硬质合金刀具的设计、制造与销售，以及刀具数控修复服务，快速进入汽车制造、航空制造、电力设备、工程机械、医疗器械以及其他精密机械等行业，成为提供全方位、个性化、专业化的金属切削整体解决方案服务商。

同期，该公司开始进行对宁波新世达精密机械有限公司的并购，拟以发行股份及支付现金购买资产的方式收购新世达 100% 的股权。通过收购，该公司业务将扩展到精密传动部件的研发、制造与销售。新世达精密传动部件中的主要产品技术属于国家重点支持的高新技术领域的范畴。

8. 开山压缩机收购 Turawell 公司

2016 年 7 月 5 日，在匈牙利布达佩斯，开山压缩机（香港）有限公司旗下的 KS ORKA RENEWABLES PTE. LTD. 出资 200 万欧元收购了匈牙利 Turawell Befektetö é s Szolg á ltat ó Korl á tolt Felelöss é g ü T á rsas á g（简称 Turawell 公司）5% 的股权。匈牙利外交部长和 Tura 市市长参加了合作奠基仪式。

Turawell 公司现有 3 口地热井，现有地热井净发电能力为 2.7MW，并拥有开发地热电站所需的相应许可、证件。该公司对所拥有区块的地热资源具有排他性开发权，潜在地热资源约为

70MW，第一期计划开发 30MW。

9. 浙江红五环重工股份有限公司与阿特拉斯·科普柯（中国）投资有限公司签署合资协议

2016 年 7 月 28 日，浙江红五环重工股份有限公司与阿特拉斯·科普柯（中国）投资有限公司在中国浙江衢州签署露天钻机合资项目协议。双方将组建合资公司，生产和销售面向中国客户的露天矿山开采设备。

八、“一带一路”走出去，参与国际市场竞争

1. 杭州杭氧压缩机有限公司与美国 AP 公司的合作

近年来，杭州杭氧压缩机有限公司与美国 AP 公司的合作越来越紧密，先后为美国 AP 公司在中国的投资项目和美国 AP 公司在海外的投资项目配套多台设备。

美国 AP 公司对采购的氧气压缩机的设计和制造标准要求严格，对氧气压缩机的安全性、使用寿命都作了明确的规定。比如，对于高压氧气，达到某特定条件需要使用蒙乃尔材料，易损件的使用寿命 8 000h 以上，且要求压缩机运转过程中无人值守。

该公司为美国 AP 公司配套的用于美国本土的 7 366 m^3/h 氧气压缩机项目，须满足美国的相关标准和美国 AP 公司的标准，同时用户要求氧压机整体橇装且需要将防爆墙也与机组集成在一起。

2. 四川金星 CNG 压缩机发货乌兹别克斯坦和塞尔维亚

2016 年年底，四川金星设计生产制造的出口乌兹别克斯坦的 20 台 CNG 压缩机和出口塞尔维亚的 CNG 压缩机顺利完成检测并发货。近年来，该公司不断调整和升级产品结构及品牌战略，积极响应国家“走出去”号召，不断开拓国际市场。当前，该公司产品远销俄罗斯、白俄罗斯、乌兹别克斯坦、哈萨克斯坦、土库曼斯坦、乌克兰、巴基斯坦、孟加拉国、印度、秘鲁、苏丹、缅甸、朝鲜等十多个国家。四川金星依靠技术的不断创新、优良的品质和服务，在国际市场上获得良好的声誉。

3. 浙江开山压缩机股份有限公司投资印尼地热发电项目

2016 年 4 月，浙江开山压缩机股份有限公司投资 58 亿元规模的印度尼西亚地热发电项目。该项目拟建设在印尼北苏门答腊的苏门答腊断裂带上，拟采用“一井一站”的开发模式建设净发电量 240MW 的地热发电站。

4. 金星股份公司就非洲合作项目进行了会谈

2016 年 4 月 19 日，金星股份公司董事长吴军与来华访问的坦桑尼亚前总统基奎特及其代表就非洲合作项目进行了会谈。吴董事长向基奎特总统详细介绍了金星股份公司在城市燃气、CNG 加气站、LNG 液化厂等方面的研发、制造、运营综合实力，以及合作项目计划等情况，同时希望能投资参与坦桑尼亚清洁能源产业项目建设。基奎特总统表示欢迎金星股份公司等中国企业到坦桑尼亚来投资，参与清洁能源产业建设，为中坦双方的协同发展和长久友谊做出积极贡献。

金星公司积极开拓国际市场，建立起以巴基斯坦为重点、面向南亚地区的市场拓展、产品销售及售后服务体系。近年来，公司积极贯彻“一带一路”国家战略，对刚果（金）、坦桑尼亚等国资源和投资环境进行了深入了解，结合金星公司自身优势，制定出非洲市场开拓战略。

下一步公司将加快走出去步伐，稳步推动公司产品走向非洲。

九、行业存在的问题

1. 市场需求虽有所回升，但社会诚信环境令人堪忧，企业经营环境亟待改善

一方面，最低价中标是对整个制造业的巨大伤害，导致行业优汰劣胜，助长了以次充好、偷工减料等行为。正常利润被吞噬，阻碍了企业的创新动力。另一方面，付款方式不合理，产能过剩，企业为争得订单，被迫签下霸王条款，陷入接单就亏损、不接单又无法持续经营的尴尬局面。这些问题严重影响了企业的正常运行，加剧了企业的经营风险。

2.转型发展面临的最大困难是创新能力薄弱，行业中原创技术少

行业企业普遍缺乏高层次的创新人才，尚未形成合理的人才梯队和完善的人才激励机制，直接制约了原创技术的发展。同时由于行业整体产能严重过剩，恶性竞争充斥在产业链的各个层面，这些均严重影响企业盈利水平，无法投入开展新品研发。企业没有新的经济增长点，没有新动能，创新转型艰难。

3.行业整体发展水平良莠不齐

一方面，动力用螺杆空压机领域发展迅速。近几年在国家鼓励节能机电产品政策引导下，国内企业特别是民营企业，不断提高螺杆空压机能效水平，研制开发出两级螺杆一级能效空压机、双永磁电机驱动的两级螺杆超一级能效空压机及变频螺杆空压机等新型节能产品。空压机节能改造的存量市场，加之管理模式、商业模式的创新给节能型螺杆空压机产品带来了巨大发展空间。但此领域仍面临产能过剩问题，企业要慎重投资。另一方面，工艺用气体压缩机却遇到了前所未有的挑战，面对市场需求疲软、产能过剩带来的利润骤降以及尚未明朗的经济形势，企业试图通过技术创新实现效益的提升，但行业整体未能针对长期存在的根本性问题实施有效的解决办法，如针对产能过剩带来的市场恶性竞争对产品提供方案的经济性考量，僵户企业退出补偿机制的建立等。

4.标准的滞后和缺失使行业整体水平难以提升

当前压缩机行业标准体系尚不完善，特别是新型节能产品的能效标准、涉及安全及运行维护等方面的相关标准缺失，部分标准老化，无法代表行业的先进水平，不利于在用户采购中真正体现具备先进技术和质量产品的价值。

十、面临的形势和任务

严酷的市场竞争环境，正在全面检验着所有压缩机企业的竞争能力、风险控制能力和把握新机遇的能力。由竞争走向合作是企业发展的客观要求，也是市场经济的必然结果。随着社会分工的细化，任何一家企业向用户提供的产品或服务不仅受制于其自身的生产、经营能力，还受到上下游关联产业的影响和制约。企业要保持持续的竞争力，就必须学会跳出自身和区域的圈子，利用和优化社会资源配置，实现优势互补的发展新模式。因此，加强产业链建设是增强企业竞争力的有效途径，也是整合建设高效产业链的最好时机。在技术开发应用、精益管理、内外贸易、投资融资、人才培养等方面，压缩机企业要更加紧密、更加广泛、更高层次、更加有效地进行区域性合作、产学研用的合作，行业内外、国内与国际的合作，在国内外经济大格局中开拓生存与发展空间。

国家仍处于结构调整的关键阶段，经济结构问题、体制与机制问题、改革问题、市场建设问题没有解决，体制与机制对企业的发展起着至关重要的作用。当前全行业尚有11家国企，其中部分企业面临混合所有制改制任务。

专业化系统服务已成为工业领域的发展趋势，需要企业在商业模式上创新，由单纯的生产制造模式转变为“核心制造＋成套服务”模式，即依托工艺、主机和品牌优势，向用户提供完整的解决方案，从单一的主机供应商向成套服务商转型。

市场需求是企业经营发展的载体，寻求新的市场突破目标才能为企业发展注入新动力。关注和分析近年来海关进口产品数据，寻求企业研制开发的主攻方向和新的经济增长点。

为顺应时代对标准化的发展要求，对于标准的缺失、不完善问题，需要发挥协会优势，推广团体标准，供社会和市场选用。

要为装备制造安装上“资本市场”这个重要引擎。企业通过上市解决融资问题，为企业的持续发展获得长期稳定的融资渠道；企业通过上市，增强企业的品牌效应，积聚企业的无形资产；企业的经营管理更加公开透明，为企业长远健康发展引入良好的机制，拓宽发展空间。

〔撰稿人：中国通用机械工业协会压缩机分会刘海芬〕

2016 年真空设备行业概况

一、生产发展情况

2016 年，面对国内外严峻的经济形势，真空设备生产企业积极调整产品结构，开拓国内外市场，行业主要经济指标保持小幅上升的态势。但是，影响行业经济运行的不确定因素仍然较多，投资下滑趋势尚未止住，对外贸易需求不旺的态势并未明显改善，行业经济运行下行压力依然较大。

据中国通用机械工业协会真空设备分会对行业内重点企业统计，2016 年完成工业总产值比上年略有增长。2016 年真空设备行业重点企业工业总产值见表 1。

表 1　2016 年真空设备行业重点企业工业总产值

序号	企业名称	工业总产值（万元）
1	广东肯富来泵业股份有限公司	61 941
2	兰州真空设备有限责任公司	60 838
3	淄博水环真空泵厂有限公司	59 628
4	北京中科科仪股份有限公司	40 000
5	中国科学院沈阳科学仪器股份有限公司	21 381
6	湘潭宏大真空技术股份有限公司	21 000
7	川北真空科技（北京）有限公司	15 000
8	浙江杭真能源科技股份有限公司	12 000
9	中山凯旋真空技术工程有限公司	11 037
10	浙江真空设备集团有限公司	8 740

2016 年，北京中科科仪股份有限公司以精益制造为核心，深入学习德国制造的丰富文化内涵和精髓，弘扬精益求精、追求卓越的工匠精神，通过创新生产过程管理，提高效率，降低成本，持续完善制造系统，全面加强制造能力建设，将精益制造理念落实到生产制造的各个环节。公司坚持市场为先，以销定产，优化生产布局，落实现场精细化管理，保证生产计划的有效落实，确保供应；通过强化绩效考核，优化工时核算以及加强关键物料成本管控，提高效率，降低成本；加强对供应商的指导和培训，引入竞争退出机制，提升供应质量。

2016 年，兰州真空设备有限责任公司围绕年初制定的经营目标，以市场需求为导向，拓展业务领域，实现了经济效益的快速增长，较好地完成了各项指标。全年完成工业总产值 6.08 亿元，同比增长 54.8%；实现营业收入 5.65 亿元，同比增长 54.8%；实现利润 1 107 万元，同比增长 16.4%。2016 年，公司资产总额为 4.5 亿元，负债为 2.63 亿元，负债率为 58%，处于正常运营水平。

中国科学院沈阳科学仪器股份有限公司围绕整体经营和发展目标，以市场为导向，进行业务调整，重新定位发展方向，改善战略布局。2016 年，公司继续贯彻实施“标准化、产业化、市场化”的战略方针。公司加快产品结构优化升级，加大企业技术创新与研发能力。公司在研国家级研发项目 5 个，共投入科技经费 2 710 万元；在巩固原有标准化产品优势地位的同时，全力进行干泵、单晶炉等具有高增值效益和广阔市场前景的产品研发和产业化工作，对公司产品结构进行优化调整。公司对组织机构进行合理调整，优化了管理体系，整合资源，充分适应新战略规划要求。公司的 IC 与 LED 薄膜制备装备、新材料薄膜制备各领域实现了系统升级与新业务的开发。对干泵产品进行目标市场聚焦，兼顾发展维修业务，产品质量得到提升，运作模式得到改善。2016 年，公司继续贯彻实施“清仓挖潜、降低生产成本”的指导精神，通过不断改进和创新，成功地控制了研究开发成本。公司严格贯彻实施质量考核办法，成立了质量仲裁工作小组，为质量管理工作提供技术支持。

2016 年，北京北仪创新真空技术有限责任公司积极适应新常态，稳定大局，抢抓机遇，以落实公司“十三五”规划为目标，深入推进以“T、C、S”三大业务板块为基础的公司发展新模式，加快改革步伐，抓好提质增效、优化资源配置、加强内控体系建设工作，完成全年经济工作指标，公司实现了扭亏脱困。

2016 年，山东华成集团淄博水环真空泵厂有限公司面对错综复杂的宏观经济形势和经济增速放缓的新常态，积极应对经济下行压力，扎实工作，努力拼搏，确保企业在困境中平稳发展，各项工作都取得了较好的成绩。2016 年公司完成工业总产值 59 628 万元。

2016 年，淄博真空设备厂有限公司面对复杂多变的客观环境，经济下行的巨大压力，市场低迷、萎缩及恶性竞争加剧的状况，围绕“科技创新拓市场，管理升级增效益”的企业方针，攻坚克难，锐意进取，妥善应对市场变幻的大环境，适时调整经营思路和策略，取得了一定的成绩，基本止住下滑趋势，生产经营实现稳定运行。

湘潭宏大真空技术股份有限公司坚持技术优先的发展理念，始终把技术创新和自主研发作为提高公司核心竞争力的重要举措。公司拥有省级认定企业技术中心，搭建了真空镀膜生产试验线及配套的检测平台，长期专注真空镀膜设备的研发，在真空镀膜的关键技术领域拥有 15 项发明专利、48 项实用新型专利、3 项软件著作权和多项专有技术。公司多个项目先后荣获湖南省专利奖一等奖、中国专利奖优秀奖、湖南省科学技术进步奖二等奖及湘潭市科学技术进步奖一等奖。公司加大投资力度，推进技术创新，继续保持在国内大型连续镀膜生产线设备制造领域的领先地位。2013—2016 年，公司每年研发费用投入近 1 000 万元，分别占当年营业收入的 3.09%、4.92%、6.7% 和 16.9%。公司加快技术成果的产业化，扩大向产业链下游的延伸投资，与深圳某光电公司共同成立真空镀膜子公司。公司研发出市场最新需求的膜层，如手机面、背盖板 DLC 膜层（类似金刚石膜层）。

二、市场及销售

2016 年，兰州真空设备有限责任公司真空炉合同同比增长 108%，真空镀膜机合同同比增长 429%，真空环模设备合同同比增长 57%，真空获得产品合同同比略有增长。同时，还顺利签订了新型液氧罐研制合同，实现了军工产品持续发展。公司与多家单位建立了合作伙伴关系，签订了长期代理协议，通过销售代理承接了多项合同。

2016 年，北京中科科仪股份有限公司在“抢抓机遇、精准发力、协同进取、确保发展”的总体经营工作指导方针指引下，各项工作扎实推进，取得了较好成效。2016 年实现营业收入 4 亿元、净利润 4 500 万元。北京中科科仪股份有限公司子公司经营业绩取得新突破。成都唯实子公司全面完成全年任务，营业收入首次突破 1 亿元。2016 年 3 月 16 日，持股企业“瑞拓科技”（证券代码：835769）正式在全国中小企业股份转让系统挂牌，进入资本市场；2016 年 7 月，将气阀业务单独设立子公司，独立运营。中科科美子公司经营质量日趋稳健，在中国惯导陀螺设备制造领域、重大项目和重点行业、大科学工程领域均取得重要成果。2016 年完成股份制改造，启动新三板挂牌工作。公司面向用户，面向市场，做好应用技术研究，支持市场开拓，磁悬浮项目着力解决新品在生产、客户应用等推向市场的过程中出现的技术问题，小批量推向市场；场枪电镜 8000F 实现 4 台销售及现场安装，对国外竞争对手造成一定冲击，国内市场价格出现大幅下降。

中国科学院沈阳科学仪器股份有限公司以市场为导向进行业务调整、定位与布局。科研真空仪器设备向“自动化、集成化、小型化”方向发展，并通过高精制造、提供基础工艺包等措施提升质量，向高端领域发展。同时，下大力气开拓国家重大科学基础设施建设项目领域，加大资源配备，从项目布局阶段就跟踪各项目建设，力争获得持久、相对稳定的大客户业务来源。公司大力开展模块化、通用化、差异延后化业务运作模式。①IC、LED薄膜制备装备和先进光电晶体材料制备设备业务重点围绕相关薄膜、材料制备领域，以整机批量产品需求为主，积极跟踪薄膜、新材料制备手段和发展方向，深化设备与工艺结合能力；同时加强其他相关品种设备开发制造，如硬碳膜、离子镀、离子清洗机等。②新材料薄膜制备设备重点围绕大型镀膜工业化产品应用领域，发展集成线列式或团簇式产品，跟踪新型设备发展方向，并扩展到手机触摸屏、ITO、FPD、OLED、石墨烯等大型工业化镀膜类设备，开拓新业务领域，实现业绩的突破与提升。③干式真空泵、离子泵等真空获得产品聚焦目标市场，集中发展2～3类干泵，捋顺研发、中试、批量化生产各环节，持续提高产品质量与可靠性，降低成本，使产品真正形成市场竞争力。④技术服务与部件业务以公司现有科研真空仪器装备客户群体为目标，扩大宣传，提供技术咨询、维护维修、提供部件、设备改造和搬迁，可最终实施机、电、控一体化全方位服务，同时探索为其他公司的真空产品提供技术服务，扩大服务范围与规模。2016年，公司实现销售收入13 451万元、利润总额1 558万元，缴纳税金432万元，主导产品的国内市场占有率为10%～15%。

2016年，浙江真空设备集团有限公司销售收入与上年相比略有增长，利税同比增长4.8%，利润同比增长13.3%。

2016年北京北仪创新真空技术有限责任公司遇到诸多突发的不利因素，严重影响了当期经营业绩。为配合公司高端装备发展需求，结合新工艺、新市场，重点发展高科技含量产品“HL-150型微波等离子体生长硬质材料装备”项目。根据客户反馈，快速高效地对设备进行了3个版本的改进升级，最终设计出用户满意的产品。当前，第一批产品已经交付用户验收使用，实现合同额1 300万元，产品毛利率35%左右。

浙江杭真能源科技股份有限公司积极拓展海外市场，先后参与了意大利、印度尼西亚项目投标和海外展会，积累了经验。公司开设了门户网站，并针对微信开发了移动宣传网页；利用中国采购与招标网、中能联合等电子商务平台，积极获得商机并开展电子商务活动，通过阿里巴巴和生意宝等平台开展电子商务营销。公司建立了客户满意度管理制度，对用户反馈的产品和售后服务信息进行主动搜集和跟踪，售后服务质量纳入工程部考核，实现闭环管理，确保公司能针对客户意见进行针对性分析和改进。2016年，公司实现销售收入1.2亿元，同比增长30%，其中：冶金精炼抽真空系统销售收入6 000万元、石化蒸馏抽真空系统销售收入4 000万元、化工成套机组销售收入2 000万元。

山东华成集团淄博水环真空泵厂有限公司出口俄罗斯2BEY1-100高压水环压缩机于2016年5月成功验收发货。这是我国首次对外出口气量达到100m^3/min的高压水环压缩机。当前欧美国家高压水环压缩机抽气量只能达到70m^3/min，公司产品填补了国际空白。

2016年，山东精工泵业有限公司继续加大拥有自主知识产权的新产品宣传推广力度，在化工、制药、煤炭、轻工等传统市场开拓新的营销渠道，提高主导产品市场占有率，并重视电力（包括核电）、石油、环保、高端化工、城市供水及污水处理和农业灌溉等目标市场的开发。通过高新技术产品的推广应用，增强企业创收能力，产品利润率提高10%，基本满足公司研发创新、技术改造及日常生产经营活动的资金需求。2016年公司营业收入达到5 225万元，同比增长2%。2015—2016年，公司出口各类水环泵 / 机组726台（套），实现出口交货值1 361万元。在国内通用机械产品出口总量下降的情况下，公司不仅保住了传统出口市场，而且发展了印度、伊朗、新加坡等国家的用户。2016年公司产品在出口数量、品种、附加值等方面均实现稳中向好、稳步增长，尤其是2016年研发的DLV系列高效率双级水环真空泵，作为前级泵配置于罗茨－水环机组，广泛应用于需要大抽速和中高真空的各种真空系统中，达到国际同类产品先进技术水平，已成功打入欧美及东南亚高端市场。

三、科研成果及新产品

2016 年，兰州真空设备有限责任公司在大型重载立卧式真空高压气淬炉和自动化生产线设计方面取得了突破，在成套复杂整机和部件层级外包方面进行了新的实践，为今后设计研发提供了技术储备，逐步拓展了“系统集成＋分供方”的技术开发路线。在真空炉设计中，强制执行“通用规格书”并结合公司真空炉运行经验实施“真空炉特殊规格书”，确保了工作周期和总体要求的实现；通过 0.6MPa 高压气冷、改善气流通道等措施，提升了真空钎焊炉降温速率；通过优化设计布局和系统集成，采用 0.8MPa 高压气冷、顶底结合对流加热、分段悬挂抗冲击金属屏和气流冷却结合技术，实现了大型立式高压气淬炉技术指标；采用创新的平移式炉门、工件输送系统、轨道低压取电等技术，实现了工件对两台炉体、冷却室、装卸料台的多工位自动化进出；针对 15t 重载工件，对设备布局、加热、真空、冷却、工件提升进行了改型提高，并首次应用低温脱脂技术解决了炉内脂污染问题。核工业真空应用领域是公司 2016 年重点开拓市场，公司在确保可靠性的前提下，兼顾先进性，重点解决了核级锆卷（板）真空退火炉重载工件进出料、核工业真空装置双层方箱结构、氢化炉高温压力炉壳和手套箱内部工件进出装卸料等难题。

2016 年，北京中科科仪股份有限公司持续加大研发投入力度，公司合并研发投入共计 4 800 万元，本部研发投入 3 330 万元，分别占合并营业收入和本部营业收入的 12% 和 15%。公司不断加强自主知识产权工作，获得授权国际专利 5 项，其中，美国 2 项、德国 3 项。明确关键技术研发的方向和重点，完成了国家重大项目 02 科技重大专项磁浮分子泵系列产品开发与产业化项目、场发射枪扫描电镜项目及光电发射电子显微镜（PEEM）项目。

中国科学院沈阳科学仪器股份有限公司开发的干泵和真空阀门产品先后攻克了表面防腐、阀门密封、电机与驱动系统设计等七大关键技术，具有完全自主知识产权，可应用于不同使用环境。产品核心技术指标达到国外同类产品先进水平，但售价仅为国外产品的 60% 左右，具有极高的性能价格比，打破了国外产品的市场垄断。公司在研国家级科研项目共 5 项。国家重大科学仪器设备开发专项项目“耐腐蚀超洁净系列涡旋干式真空泵开发和应用”，拟攻克涡旋干泵的关键技术，开发出耐腐蚀超级净系列涡旋干泵，研制形成具有一定功能的耐腐蚀超洁净系列涡旋干式真空泵成套样机。开展涡旋干泵在同步辐射光束线、质谱仪等科学仪器设备以及航天工程等国家重大工程上的应用测试，验证功能和总体性能，形成具有自主知识产权、功能健全和质量稳定可靠的耐腐蚀超洁净涡旋干泵。国家科技重大专项项目“防腐真空集成系统研发和示范应用”，针对 20-14nm 栅刻蚀工艺对真空获得系统提出的特殊要求，拟提供由耐强腐蚀、高精度和快速反应的智能调压真空阀门；高耐腐蚀、高可靠性、节能、安全的小体积、大抽速真空获得及真空检测等设备和零部件组成的智能联动调压防腐真空集成系统，增强国产真空集成系统的配套能力，降低国产化 20-14nm 栅刻蚀机设备的核心零部件的采购成本，促进 20-14nm 栅刻蚀机产品具备产业化能力。同时形成具有同类产品国际先进水平和完全自主知识产权的核心零部件产品。通过整机用户的考核与采购认证，使 20-14nm 栅刻蚀机的核心零部件产品具备产业化能力及市场竞争力。全年共申请专利 6 项，获得授权专利 3 项，全部为发明专利。“干式真空泵单元及具有该干式真空泵单元的干式真空泵”荣获沈阳市专利奖三等奖。

2016 年，浙江真空设备集团有限公司完成 2H150A 双级滑阀泵的开发，“一种风洞洞体抽真空系统”项目已获发明专利，“2H150A 重大科技计划”通过政府部门验收。公司针对现有产品技术落后、附加值低的状况，坚持以信息技术、新材料技术改造传统产品，逐步减少高能耗、低效率的泵类产品生产，充分利用有限的研发资金开发具有高效、节能、绿色、环保特色的高新技术产品，使新产品产值能够始终保持较快的增长速度，逐步形成在耐腐蚀真空泵及机电一体化真空设备领域的领先优势，跻身国内外高端市场。

山东精工泵业有限公司科研投入的专项资金平均达到年销售收入的 5% ～ 6%，2016 年的研发资金为 273 万元。公司在现有 2SK 双级水环泵基础上，启动高效率双级水环泵关键技术研究及产业化项目，研发 DLV 系列同轴串联双级水环真空泵系列产品。其主要性能指标极限真空度、抽气速率达到国际先进水平，其中两种产品效率指标超过了英国 SEK 12、德国 SPECK 同类产品水平，泵的效率比国内同类产品提高 6% 以上，具备高效节能、运行稳定、安全可靠、使用寿命长等特点。该系列产品实现了当年研发、当年向国外用户供货。项目产品在工业运行中体现出的优异技术性能，深得国外用户青睐。2016 年 7 月，“高效率双级水环真空泵”通过了省级科技成果鉴定，鉴定结论是：项目总体技术水平国内领先，并提议按照当前国际同类产品先进指标进行系列化产品设计。2016 年 10 月，“高效率双级水环真空泵”申报国家专利。针对美国市场需求，以现有的 2BV 系列单级水环泵为基础，通过改进产品结构，配用频率为 60Hz 的交流电机，研发一种适用美国电网频率、设计新颖、结构紧凑、耗用材料少、性能稳定可靠、使用和维修方便的直联式单级水环泵 / 机组。2016 年开始进行产品设计和实验改进，尽快达到向美国市场批量供货，并推向其他国家市场。当前，该产品已完成全部 9 个品种的设计，具备了批量生产能力。公司在已有的 GSN 系列产品基础上，开展高效节能的大流量离心泵新品种研制工作，2016 年完成了 5 种大型中开泵的研发设计，并向用户供货。该产品于 2016 年 7 月通过了科技成果鉴定。公司的 ZJT-600 罗茨真空泵和 2BE1-202、2BE1-153 水环真空泵智能机组获得实用新型专利 1 项；2BV5-121、2BV5-131 60Hz 水环式真空泵获得实用新型专利 1 项。公司技术研发中心被批准升级为山东省省级企业技术中心，“复合材质水环真空机组”获淄博市科技进步奖三等奖，“机电一体化水环真空机组”申报山东省技术创新项目，高效双级水环真空泵技术改造项目列入淄博市重点技改项目。截至 2016 年年底，公司已有授权专利 18 项，其中发明专利 2 项。

浙江杭真能源科技股份有限公司研发投入占销售收入比例突破 6%。2016 年获得 3 项实用新型专利：一种罗茨泵润滑油的保护装置（ZL 2015 2 0360716.2），一种精细雾化旋流喷头（ZL2016 2 0103970.9），一种油脂装置用的真空系统（ZL2015 2 1085476.6）。

2016 年，北京北仪创新真空技术有限责任公司开展了国家重大科技专项超高真空大抽速磁悬浮分子泵的相关工作。通过与北航进行合作，成功试制出两台 CXF-400/4000 磁悬浮分子泵样机，并对其真空性能进行了厂内测试。经过测试，其抽速为 4 000L/s 极限真空可达 5E-8Pa，性能指标均优于立项指标。公司进行大抽速直联泵的研发工作，完成图样三维造型及工程图样设计，投产了样机的主要零部件，已进入零部件加工阶段。公司完成了“MDP 系列抗大气冲击分子泵”的科技成果外部鉴定工作，取得了“原创性创新、国际首创、国际领先”的鉴定结果，并取得由中国仪器仪表协会颁发的 2016 年度优秀产品奖、中国机械工业联合会颁发的科学技术成果鉴定证书，提升了企业品牌形象和行业知名度。2016 年新增授权发明专利 1 项，另有 2 项发明进入实质性审查工作阶段。公司累计拥有有效知识产权 43 项，其中，发明专利 2 项、实用新型专利 37 项、外观设计专利 1 项、计算机软件著作权 3 项。

四、企业管理及改革

北京中科科仪股份有限公司战略管理精准定位。2016 年，公司对战略执行情况进行了深入梳理，重点分析战略实施中存在的问题，对市场、销售、研发、工厂、电镜业务发展战略进行了专题研讨，推进业务战略的细化落实和公司经营管理。公司研究制定了2017—2020年战略规划，提出未来三年5项突破目标。公司始终将人才视作发展的决定性因素，在人力资源配置结构上重点做好高素质、专业、领军型人才的引进和培养。2016年，公司研究生和本科以上学历员工占员工总数的60%，人员结构不断优化，人均效益持续提升。公司加强落实各级管理者的管理责任，建立目标导向的内部激励机制，进一步激发干部队伍活力。公司进一步改革业务单元预算管理考核机制，突出考核收益贡献，提升了业绩；修订薪酬管理制度，不断完善员工福利。

浙江杭真能源科技股份有限公司引进了TOC管控工具，实现了销售订单、生产全过程的计划管控，形成了主计划、冷凝器二级计划、喷射泵二级计划、中间管件二级计划，以及销售发货管控、技术部进度管控、工程施工管控、采购订单管控和负荷分析等全套TOC管理表单。在管控表格中，能准确掌握各订单的缓冲状态，改变了过去生产优先级与用户交期脱节的矛盾，大大提高了客户满意度。

中国科学院沈阳科学仪器股份有限公司将信息化建设作为技术创新的基础，保证了及时、快捷、准确地收集和传递外部最新的市场信息、科研成果及行业动态，提高企业对外部市场的快速反应能力。公司的网络通信设施齐全，产品设计遵循国际标准并通过内部网络系统实行网络化管理，保证了产品与国内外同类装备的配套衔接。公司采用CAD、PDM、CAPP、ERP等系统，为产品研发、工艺技术开发及生产经营管理提供了技术信息平台。

“十二五”以来，山东精工泵业有限公司遵照国家关于“加快两化融合”的科技进步指导方针，积极致力于以信息技术改造传统产品，并就此开展对外技术交流，认真学习和借鉴国外先进技术，初步实现了自动化、信息化技术与水环真空泵这一专用生产设备的融合。公司研发的远程监控智能型水环真空机组应用于化工、电力、冶金、轻工等诸多行业。公司认真贯彻“以质量求生存，以创新求发展”的宗旨，结合实际，在生产全过程注重质量改进工具和先进质量管理方法的学习和应用，注重现场管理，逐步学习和推行6S、ERP等先进管理方法，取得了较好的效果，以全员的、全过程的工作质量保证产品质量，实现了管理体系的良好运行。公司高度重视引进国外智力助推企业技术创新工作，在省市政府关于引进国外智力战略合作框架协议及相关政策引导下，有的放矢引进国外高层次专家，对接国际先进技术，以迅速淘汰落后产能，促进企业转型升级，2016年取得了显著成效。

五、基本建设及技术改造

2016年，山东精工泵业有限公司以“DLV系列高效双级水环泵/机组产业化”为目标启动了技术改造项目。该项目总投资1 200万元，其中固定资产投资840万元，2017年度计划投资500万元，主要用于设备购置、涂装车间配套环保设施建造、新产品样机研发制造费用投入等。预计新增销售收入5 000万元、利税1 500万元，新增就业30人；通过提高产品效率，减少原材料消耗，可实现节能11 750t标准煤（产量达到10 000台）的目标。项目新增加工中心、数控机床、检测仪器设备、各类工装模具、微机及应用软件等近200台（套），新增双级水环泵多品种轮番生产的生产线（含检测线）1条，建设（主要是改建）厂房及配套设施约2 500m^2，扩建试泵站水池1 600m^3。当前，车间改造工程已经完工，产品试验站扩建项目也已竣工投产，购置加工中心7台（已投产4台）、数控车床3台已投入使用。公司用于开展对外交流合作和引进外国智力的工作累计投资300万元，其中购置立式（卧式）加工中心、三坐标测量机，为研发队伍配备高性能微机及开发设计软件等投入160万元，试泵站升级改造投入120万元，为外国专家提供办公场所及配套设施、改善环境条件、整修配套公共服务设施投入20万元。上述投资提升了公司研发设计水平，改善了工作环境条件，为今后更好地开展对外交流合作打下了良好的基础。

山东华成集团淄博水环真空泵厂有限公司积极开展工艺技术改进、节材降耗。在厂区积极实施绿动力提升工程，对燃煤锅炉进行改造，置换为高效低排放天然气锅炉，解决冬季取暖的能源供应问题；宿舍区接入热力公司管网，为宿舍区住宅楼装上保温层；完成大型翻转机液压系统改造，保证操作安全，提升工作效率；为提高焊接质量，引进数控相贯线切割机；购买西门子工业设计 UG 软件，用于产品及模型设计；全面启动 ERP 管理系统，图样整理、BOM 建立、数据录入等基础工作基本完成。

浙江杭真能源科技股份有限公司坚持抓投入、抓设备更新，先后投入了数百万元，实施“机器换人”项目，引进了数控埋弧焊机、等离子切割机、等离子焊机等一批先进设备。公司还积极推动已有生产设备的自动化改造，大大提高了生产装备自动化水平，生产过程管控达到了较高的智能化水平，使企业加工能力、产品质量和劳动效率得到很大的提升。公司部署通达 OA 系统，安装了电脑版和手机端 APP，实现了办公室和移动端的办公自动化；公司技术、管理人员都安装了钉钉 APP，通过其电话会议和项目管理功能，实现了 PC 与移动数据互通，完全满足日常办公需要。公司部署新中大 ERP 系统，开通了销售、采购、生产和财务等多个模块，实现了从销售订单到生产任务、采购任务、成本管控的全面功能覆盖，减少了信息传递错误造成的物料、人工损失。公司还引进部署了大天加密软件（GS-DES）PDM 系统，对设计图样进行全流程控制管理，有效保护了知识产权。公司在核心产品真空管理系统中积极应用智能监控系统，在真空管理系统中安装温度、压力、真空度等远程传感器，并通过无线信号进行采集，实现智能管理。公司积极探索能源中心建设，以实现所有产品的远程、集中监控。

〔撰稿人：中国通用机械工业协会真空设备分会苏原〕

2016 年干燥设备行业概况

一、生产发展情况

受市场因素影响，2016 年干燥设备行业的 19 家重点骨干企业，共完成工业总产值 257 929 万元，主营业务收入 209 030 万元。

2016 年干燥设备行业 19 家重点企业工业总产值见表 1。2016 年干燥设备行业 19 家重点企业主营业务收入见表 2。

表 1　2016 年干燥设备行业 19 家重点企业工业总产值

序号	企业名称	工业总产值（万元）	序号	企业名称	工业总产值（万元）
1	天华化工机械及自动化研究设计院有限公司	74 854	11	浙江尔乐干燥设备有限公司	6 671
2	石家庄工大化工设备有限公司	47 826	12	无锡市林洲干燥设备有限公司	5 285
3	常州市范群干燥设备有限公司	24 274	13	上海千山远东制药机械有限公司	4 000
4	山东天力能源股份有限公司	17 000	14	常州金陵干燥设备有限公司	3 673
5	常州一步干燥设备有限公司	15 566	15	哈尔滨东宇农业工程机械有限公司	3 180
6	东台市食品机械厂有限公司	13 258	16	成都望昌干燥设备有限公司	2 750
7	江苏省范群干燥设备厂有限公司	11 493	17	青海三四一九干燥设备有限公司	1 398
8	江苏先锋干燥工程有限公司	9 799	18	成都倍力干燥设备有限公司	913
9	常州市宇通干燥设备有限公司	8 321	19	常州普兰达干燥设备有限公司	668
10	溧阳正昌干燥设备有限公司	7 000			

表 2　2016 年干燥设备行业 19 家重点企业主营业务收入

序号	企业名称	主营业务收入（万元）	序号	企业名称	主营业务收入（万元）
1	天华化工机械及自动化研究设计院有限公司	48 231	11	无锡市林洲干燥设备有限公司	4 587
2	石家庄工大化工设备有限公司	42 568	12	溧阳正昌干燥设备有限公司	3 800
3	常州市范群干燥设备有限公司	22 636	13	上海千山远东制药机械有限公司	3 800
4	常州一步干燥设备有限公司	14 750	14	哈尔滨东宇农业工程机械有限公司	3 087
5	东台市食品机械厂有限公司	12 436	15	青海三四一九干燥设备有限公司	3 064
6	山东天力能源股份有限公司	12 086	16	成都望昌干燥设备有限公司	2 234
7	江苏省范群干燥设备厂有限公司	10 946	17	常州金陵干燥设备有限公司	1 450
8	常州市宇通干燥设备有限公司	8 321	18	成都倍力丁燥设备有限公司	890
9	江苏先锋干燥工程有限公司	7 358	19	常州普兰达干燥设备有限公司	547
10	浙江尔乐干燥设备有限公司	6 239			

2016 年，由天华化工机械及自动化研究设计院有限公司自行研制开发、加工制造的国内首套 PTA 精制 RPF 以及氧化单元溶剂交换机组顺利完成安装调试、投入生产。2015—2016 年天华化工机械及自动化研究设计院有限公司指标对比见表 3。

表 3　2015—2016 年天华化工机械及自动化研究设计院有限公司指标对比

指标名称	单位	2015 年	2016 年
工业总产值	亿元	7.13	7.48
工业销售产值	亿元	7.41	6.50
资产总额	亿元	14.03	14.94
负债总额	亿元	6.74	7.54
利润总额	万元	5 066	1 212

2016 年 4 月，山东天力干燥股份有限公司更名为山东天力能源股份有限公司，7 月获得 QSE 管理体系认证，现已取得了 ISO9001：2015、ISO14001：2015、GB/T28001—2011/OHSAS18001：2007 等管理体系认证证书；10 月公司产品被工信部列入“2016 能效之星”产品目录；12 月，公司研发的“重质纯碱流化床煅烧冷却机”获中国专利优秀奖、“过热蒸汽内加气流化床干燥技术和装置研究”获山东省节能奖、“污泥低成本减量化、资源化关键技术与装备”获中国产学研合作创新成果奖二等奖，公司获 GC1、GC2、GC3 压力管道设计许可资质。

2016 年，石家庄工大化工设备有限公司工业总产值 47 826 元，比上年减少 8 312 万元；销售收入 42 875 万元，比上年减少 5 407 万元；利润总额 4 986 万元，比上年减少 624 万元。

2016 年，常州市范群干燥设备有限公司共生产各类产品共计 398 台（套），其中：高低温带机 35 台，流化床 25 台，预干燥机、焙烧炉 52 台，非标产品 286 台，产品产量比上年减少 10 台；工业总产值 24 274.72 万元，销售收入 24 158.65 万元，利润总额 1 970.61 万元。

2016 年，常州一步干燥设备有限公司实现销售收入 13 280 万元、新产品产值 4 420 万元、利润总额 1 349 万元，完成了 300 台（套）设备。与上年同期相比，销售收入下降 10%，新产品产值下降 7.3%，利润总额下降 7.5%。下降的主要原因是在国内外经济下行压力下，下游用户不景气，造成销售减少，同行业产能过大，致使企业不计成本激烈竞争市场。

尽管国内外经济下行压力较大，但常州一步干燥设备有限公司的拳头产品“喷雾干燥机”在市场销售中却独占鳌头。2016 年公司在中药配方颗粒生产领域实施的项目有：广东康美药业、江西百神、浙江佐力、四川好医生、天津天士力、修正药业亳州制药等企业的中药配方颗粒生产项目。同时，公司的喷雾干燥机应用于河北双吉化工、山东爱普香料、上海凯鑫、内蒙古乌海化工等食品和化工行业的大型喷雾干燥项目，体现了公司专业化和多元化经营发展战略。

常州一步干燥设备有限公司 2016 年开发了国内最大直径的滚筒刮板干燥机，已用于世界 500 强企业百威啤酒对酒糟的干燥。公司还对热泵技术、冷冻干燥技术进行了研究，启动了热泵烘干机、食品专用冻干机等新技术、新产品的开发项目，当前正在积极投入和实施中。同时，该公司对带式干燥机等老产品进行优化设计，对其密封性能、物料粘网及如何避免物料在上下层之间的散落等问题进行研究，提高公司产品的多样性并扩大市场范围。该公司还将根据国家提出的环保节能、尾气余热利用理念，设计与干燥设备相关的尾气回收系统、气味脱除系统等，为公司生产的干燥产品配套，提高公司产品的竞争优势。2016 年，公司申请发明专利 2 项、实用新型专利 2 项，获批发明专利 2 项、实用新型专利 2 项。

另外，常州一步干燥设备有限公司为了进一步规范公司产品，实现标准化，对现有产品的部件（如散热器）起草了内控标准，并对公司起草的中药浸膏喷雾干燥机国家标准进行了宣贯和实施。

东台市食品机械厂有限公司主要产品完成情况如下：①辊筒干燥机。生产 51 台（套），总产值 8 152 万元，实现销售 7 946 万元，利润 373 万元，工业增加值 2 125 万元。②薯类全粉生产线。生产 3 台（套），总产值 3 122 万元，实现销售 3 122 万元，利润 253 万元，工业增加值 904 万元。

2016 年，哈尔滨东宇农业工程机械有限公司对购置的哈尔滨市宾西经济技术开发区 6.2 万 m^2 的生产基地进行了进一步的建设和完善。完成了“提升机筒壁专用焊接设备”等 5 项技术改造项目，同时完善了生产管理平台，简化了工作程序，提高了工作效率和质量。

2016 年，哈尔滨东宇农业工程机械有限公司完成谷物干燥机、装配式金属筒仓、提升机、输送机、清选机等产品共计 162 台（套）的生产和制造，实现工业总产值 3 180 万元，新产品产值 509 万元，工业增加值 205 万元，销售收入 3 064 万元，利润总额 75 万元。

2016 年，江苏宇通干燥工程有限公司的经营思路是：在稳定和做大现有市场的基础上开发新市场，同时加强公司内部管理，提高产品质量，以质量保市场，向管理要效益。2016 年，公司圆满完成了“产值 8 000 多万元，净增资产 300 万元以上”的指标，承建制药、化工及环保等项目 50 多个。公司产品覆盖全国各地，并出口到东南亚地区。

二、重大技术装备及关键设备的完成情况

2016 年，山东天力能源股份有限公司“污泥低成本减量化、资源化关键技术与装备”获中国产学研合作创新成果奖二等奖。

2016 年，东台市食品机械厂有限公司的“滚筒法银杏全粉生产线”被评为“江苏省首台（套）重大装备”。该项目具有以下 4 个方面的优势：

第一，可以满足我国银杏全粉制品生产发展的需要。如果把我国银杏深加工率从当前的 5% 提高到 30%（西方发达国家深加工率达 50% 以上，美国 60%，荷兰 80% 以上），则每年可以为农民和加工企业增收数千万元，对推动农业结构升级，增加农民收入具有十分重要的意义。

第二，可替代进口为国家节约大量外汇，同时也推动我国银杏深加工机械设备和工艺技术的不断完善和快速发展。

第三，促进新材料、新技术以及自动化生产线控制技术和机电仪一体化技术在农产品深加工技术领域的应用。

第四，可促进银杏产业的高效发展，增加农民收入。

该项目的研发实施对食品制造、机械加工、农业结构升级、农民增收等都具有明显的带动作用，并已投入使用，主要应用于将银杏果加工成全粉。

2016 年，哈尔滨东宇农业工程机械有限公司研制了“果穗干燥机 500t 专用压力机”和“金属仓锥底板专用压力机”两台大吨位液压设备，改进了“提升机筒壁专用焊接设备”和“皮带机托辊自动焊接机”。

针对国内油莎豆大面积推广种植，但油莎豆收获机械、干燥机械和清选设备水平较低，制约产业发展的问题，哈尔滨东宇农业工程机械有限公司对油莎豆收获机、干燥机和抛光机设立专项课题进行攻关。已制作了2种型号油莎豆收获机、2种型号油莎豆抛光机、1种油莎豆干燥机，技术性能有较大突破。产业装备的突破，为该行业发展起到了较大的推动作用。

2016年，江苏宇通干燥工程有限公司研发的“防熔融离心喷雾干燥机”主要是针对化工、食品、制药等行业中易熔融、易吸潮、易吸水物料的干燥而立项的，该机是一种非常完美的中药浸膏干燥设备。中药浸膏的干燥是一个世界性的难题，日本某公司曾生产一种“中药浸膏专用喷雾干燥机”，但经过用户使用问题较多，主要是粘壁问题没有完全解决。由于没有从根本上了解粘壁的原因和机理，为了吹扫壁上所粘或吸附的物料，在主机内安装了一个吹扫装置，依靠压缩空气将壁上的粉料吹掉。但吹扫装置本身也有物料堆积，无法清除，时间长了，物料在高温环境中会发黄变质，如掉到产品中，会污染产品造成浪费。该项目的研发成功将对我国中药行业的发展起到了很好的促进作用。

三、市场及销售

天华化工机械及自动化研究设计院有限公司坚持以市场为导向、以创新为驱动，致力于公司经营业绩和经营水平的不断提升。作为我国重要的化工、石油化工非标设备研究开发和生产制造单位之一，该院的营业收入主要来源于石油石化行业，而石油石化行业对专用设备的需求主要受到原油价格波动、国家宏观政策变化等多种因素的影响，存在周期性波动的情况。为降低市场风险、提升盈利能力，该院主要进行了以下内容建设：

一是以市场需求为导向，完善市场营销体系建设，积极转变营销观念和经营方式，积极推进传统营销与电子商务的有机结合，丰富营销体系。采用“6+2营销工具”，探索建立“业务数据化、数据业务化”的营销模式，开展营销变革。拓展升级电商平台“一达通”“诚信通”等业务，创建了手机端二维码旺铺和支付宝企业账户，实现了产品搜索、浏览和交易模式的多样化，拓展了电商推广平台。

二是发挥新产品创新驱动作用。2016年，化工、石油化工行业受产能过剩影响，对化工装备需求大幅下降，而节能环保产品需求处于上升趋势。公司抓住机遇，深入开展关键设备、节能环保设备的研发，大力推进成果产业化应用，并在重点领域、关键技术上取得重大突破。原煤预干燥、城市污泥干化、低NOx燃烧系统、氨氮废水处理成套技术逐渐成为公司发展的支柱产品。PTA压力过滤机、裂解炉用低NOx燃烧器、湿法冶金用整体浇筑电解槽等新产品投放市场并获得市场好评，对公司业绩起到了重要支撑作用。

三是围绕“中国制造2025”，以物联网和务（服务）联网为基础，积极开展新产品和技术的研究开发，用高新技术改造提升传统产业，阳极保护远程监控系统和阳极保护微信公众号的工业化应用推广，开启了化工设备售后远程监控、预警和售后服务的信息化服务模式。

四是充分发挥公司在设备质量监督检验方面的龙头地位和行业影响力，加大设备质量检验检测的市场开拓力度，服务领域涉及化工、石油化工、煤化工、电力等多个行业，对稳定公司业绩发挥了重要作用。

五是加大科技创新力度，以创新驱动实现公司的可持续发展。

2015—2016年天华化工机械及自动化研究设计院有限公司营收情况见表4。

表4　2015—2016年天华化工机械及自动化研究设计院有限公司营收情况

指标名称	单位	2015年	2016年
营业收入	万元	69 034	48 231
营业成本	万元	65 449	35 786

2016 年，石家庄工大化工设备有限公司在巩固现有的销售领域的基础上，深入分析相关行业市场，加大市场开拓力度。当前，该公司的产品销售已遍布全国各地。

2016 年，石家庄工大化工设备有限公司实现出口额 1 680 万元。该公司盘式干燥机、桨叶干燥机等产品销往印度尼西亚、埃及、法国、美国等国家，标志着该公司产品迈出国门，走向国际。

2016 年，常州市范群干燥设备有限公司实现出口额 4 357.25 万元，“范干”牌产品先后出口到德国、美国、日本、韩国、马来西亚、越南、伊朗等 10 多个国家和地区，在国际市场上有着较高的信誉。公司历年荣获了江苏省名牌产品、江苏省机械工业科技进步奖二等奖、国家农业部乡镇企业科技进步奖三等奖、中国石油和化工联合会科技进步奖三等奖及江苏省著名商标等荣誉。

2016 年，东台市食品机械厂有限公司在全球金融危机的大背景下，集中优势力量、举全公司之力寻求发展机遇，重点围绕对内做活销售、对外做大外贸的“两大目标”，全方位拓展国内外市场。在淀粉、全粉生产设备销售上实行了拉动经济增长的以销售网络为核心发力点的营销模式，实现了以单纯的产品销售向市场营销、市场策划、用户服务等全面的营销整合的战略转变。首先，在国内全面做活销售。积极发挥食品机械厂在国内的影响力，把深化网络建设作为提高销售“龙头”地位的基础工程，使产品能快速进入市场最前沿，充分发挥其导航和“窗口”的作用。同时，积极参加科技研讨会、行业协会等学术性会议，借用外部力量发展壮大自己，广交市场朋友，形成社会资源网，延伸销售触角，开拓目标市场。全年销售全粉生产线 3 台（套），辊筒干燥机 51 台（套）。其次，积极实施以产品出口为支撑的海外发展战略，重点做大外贸。产品出口到泰国、印度等国家和中国台湾地区，实现销售 350 万美元。

2016 年，溧阳正昌干燥设备有限公司在巩固现有的销售领域的基础上，深入分析相关行业市场，加大市场开拓力度，当前公司的产品销售已遍布全国各地，取得较好的销售业绩。通过网站增加与客户的互动，达到双向的沟通，及时了解客户的需求。公司网站既是一个购物中心，又能为客户提供全方位的服务，分担了部分人员的工作，节省了市场开发与业务销售及客户服务的成本，缩短销售体系的距离，提升企业的附加价值。

2016 年，哈尔滨东宇农业工程机械有限公司承建粮食干燥、种子加工及粮食仓储项目 40 余项，实现销售收入 3 064 万元，实现利润总额 75 万元，产品已覆盖 20 多个省、市、自治区。公司研发的“组合式连体方仓”等实用新型专利产品已应用在谷物种子仓储工程项目中，使用效果良好。

2016 年，江苏宇通干燥工程有限公司产品销售形势良好，产量同比增长 30% 以上，实现销售总收入 8 321 万元，实现利润总额 648 万元。产品畅销全国 28 个省、市、自治区，并出口美国、土耳其、希腊、英国等欧美国家及东南亚国家。公司将保持自己独特的经营理念，以全新的面貌来赢得市场，赢得新老客户的真诚合作。

四、进出口分析

当前，我国干燥设备行业尚未形成一定的出口规模，干燥设备出口量还不及总产量的 5%，且主要销往东南亚国家，极少数产品销往欧美等发达地区。但据权威预测，随着技术发展，未来几年我国干燥设备出口量占总产量的比例将由 5% 提升至 10%，外销市场也将逐渐由东南亚拓展到欧美。行业企业要不断提高技术水平，对能效、环保以及产品的质量进行综合考虑，变单一粗放型干燥设备为组合、智能型干燥设备，进行全面、多层次的节能技术改造，大力发展应用可再生能源与工业余热的干燥新型技术，加强自动化程度、测试技术、制造工艺和材料材质外观设计等方面的研究，结合实际使用经验，探索新工艺，开发新技术，开发新品，改善国内大型干燥设备制造水平与国际水平存在较大差距的局面。

1998 年，常州一步干燥设备有限公司在干燥设备行业内第一家取得自营进出口权，至今发展已有近20年的历史，每年的外销收入占公司销售收入的30%以上。出口目的地从最初的印度尼西亚、日本等东南亚国家以及中国香港和澳门地区，到后来的美国、俄罗斯、德国等国家，当前，公司产品已远销70多个国家和地区。公司生产的喷雾干燥机、沸腾制粒干燥机、空心桨叶干燥机、真空冷冻干燥机、双锥回转真空干燥机等多个产品通过了CE认证、UL认证。为了不断提高“一步”品牌的影响力，公司多次组织人员参加在德国杜塞尔多夫、印尼、墨西哥等地区举办的制药、食品行业专业展览会。

常州一步干燥设备有限公司2016年干燥设备产品进出口统计见表5。

表5　常州一步干燥设备有限公司2016年干燥设备产品进出口统计

产品代码	产品名称	型号规格	累计(台)
010914	烘箱	CT-C-II	5
010910	旋转闪蒸干燥机	XSG-1850	2
010912	喷雾干燥机	LPG-5/LPG-100	2/2
010904	振动流化床干燥机	GZQ系列	2
020102	方锥混合机	FZH-300	2
020119	沸腾制粒机	FL-200	10
	其他		5

近年来，我国干燥设备工业的市场形势持续红火，辊筒干燥机制造企业有所增加，但企业间的规模、水平、质量差距明显。虽然配套日益完善，但高水平的配套件仍以国外为主。进出口总量仍不断增加，但总体上没有质的变化，高端失守、低端混战的局面虽有较大的改观，但高端产品靠进口、中低档产品靠国内的市场心态没有明显的变化。

国内辊筒干燥机市场的竞争日趋激烈，东台市食品机械厂有限公司的发展空间受到了限制，仅依靠国内市场“一条腿”走路的弊端日益显现出来。针对这一实际情况，公司果断调整企业战略，坚持国内国外“两条腿”走路的方针，将外向战略摆到企业非常重要的位置，取得了很好的效果，打破了长期以来外向经济发展缓慢的出口纪录。2016年，东台市食品机械厂有限公司出口辊筒干燥机23台（套），主要销往泰国、印度、巴西等国家和中国台湾地区，销售额约350万美元。

2016年，溧阳正昌干燥设备有限公司响应国家战略，积极对接“一带一路”，发挥中小企业作为“一带一路”建设经济基石的群体优势，积极开拓“一带一路”市场，并取得丰硕成果。公司业务涵盖欧洲、南美、中东、东南亚、非洲等地区，与俄罗斯、哈萨克斯坦、越南、印度尼西亚、菲律宾、新西兰、马来西亚等数十个国家客户建立有良好的业务合作关系。2016年，溧阳正昌干燥设备有限公司实现出口额1 900余万元。该公司连续谷物烘干机、滚筒烘干机、卧式环流烘干机等产品销往印尼、巴西、委内瑞拉、菲律宾、哈萨克斯坦等国家，标志着公司产品逐步打入国际市场。

2016年，哈尔滨东宇农业工程机械有限公司玉米干燥机及装配式金属粮仓设备出口到非洲安哥拉，项目已安装调试完毕，运行良好，受到用户好评。

五、科技成果及新产品

2016年，天华化工机械及自动化研究设计院有限公司牵头筹备组建的“甘肃省节能环保干燥装备产业技术创新联盟”获甘肃省工信委批复，并成功申报国家知识产权优势企业。先后获得第十八届中国专利优秀奖1项，中国化工专利优秀奖1项，甘肃省专利奖三等奖1项，2016年度中国化工专利工作先进企业奖 1 项，2016 年度海外专利申请先进企业奖 1 项，中国化工集团公司科学技术奖一等奖 1 项，获中石化 2015 年度科技进步奖一等奖 1 项，甘肃省科技进步奖二等奖 1 项，中石化 2015 年度科技进步奖三等奖 1 项，2016 年度第九届全省职工优秀技术创新成果奖三等奖 1 项，通过中石化、省科技厅、市科技局组织的技术鉴定、验收 3 项。

2016 年，石家庄工大化工设备有限公司“传导式干燥器中压缩式热泵的利用”项目获得石家庄市科技进步奖二等奖。申请专利 3 项，其中发明专利 1 项，授权专利 9 项，其中发明专利 0 项。

江苏省范群干燥设备厂有限公司重视企业自主创新，建有江苏省 (企业) 技术中心、江苏省干燥工程技术研究中心。依托中心，公司历年共承担国家、省、市各级科技项目计 11 项，获政府资金支持 1300 多万元，拥有省高新技术产品 5 个。9 个产品通过国家制药机械检测中心权威检测，多个产品通过经贸委制药机械 GMP 评审。公司拥有授权发明专利 2 项、实用新型专利 32 项，在干燥技术创新领域成为领先企业。

江苏省范群干燥设备厂有限公司本着“高效、节能、环保、安全”的理念，进行新产品开发和传统产品改造升级。先后研发了 PE 塔式干燥器、焙烧炉远程诊断系统、还原球团网带式冷却机、回转焙烧炉无线温度采集系统、集成催化剂制浆系统、SCR 催化器研发生产线、板式脱硝催化器再生系统、钢厂冷泥压块球团干燥机、纳米材料无尘混合系统、脱硫剂成型干燥系统、含能材料生产线的研发、锂电池材料生产线、正极材料预混研磨系统等项目。

2016 年，江苏省经信委对东台市食品机械厂有限公司新研制的“滚筒法银杏全粉生产线”组织了新产品鉴定，并给出“该技术总体水平处于国内领先，一致同意通过鉴定”的评价。

2016 年，东台市食品机械厂有限公司自主研发新产品主要有 4 项：SALB8X2 摆式烘干机的研究与开发；ZCRL14 塔式烘干机（内置热源型）的研究与开发；ZCRL14 塔式烘干机（外置热源型）的研制；ZCWY-900 卧式移动干燥机的研制。

2016 年，东台市食品机械厂有限公司获授权专利 4 项：实用新型专利“ZL201620763574.9”大型塔式烘干机；“ZL201621212309.8”烘干机换向装置；“ZL201621211848.8”家庭农场用卧式移动高效烘干机；“ZL201620763575.3”塔式烘干机角状盒。

东台市食品机械厂有限公司丰储 HDX-30 循环式干燥机获第十四届粮油展金奖，丰储 HDX-15 循环式干燥机获得国内领先科技成果证书和新产品新技术推广证书。完成科技成果转化 5 项推广应用的新产品 1 项。

2015 年 12 月，根据项目产品与哈尔滨东宇农业工程机械有限公司烘干机配套使用的情况积累，组织了相关材料进行“连续式自动控制烘干塔”发明专利的申报，获得了发明专利申请号：201511007914.1。2016 年该项目通过了黑龙江省科技厅的验收。

2016 年年初，哈尔滨东宇农业工程机械有限公司通过调研、考察，并结合市场需求，决定研发“玉米大缓苏烘干塔”“大型种子干燥机”“基质板制板机”“钢带式输送机”“基质板烘干房”等新产品。公司各部门严格执行《新产品开发及科研项目管理办法》文件要求，各尽其责，确保新产品开发及科研项目的各项工作规范、严谨、科学。截至 2016 年 10 月，新产品已按项目计划要求完成了开发工作，项目产品性能稳定，已投入了市场。其中“玉米大缓苏烘干塔”产品已申报国家实用新型专利，并获得授权。

江苏宇通干燥工程有限公司注重技术创新，先后与上海、武汉、沈阳等各大院所合作开发了多项新产品。如 LPGB 系列闭路循环喷雾干燥机、FZGB 系列低温高真空干燥机、PGLC 系列喷雾干燥机等。现有各类专利 60 项，其中发明专利 20 项。公司奉行“科学技术是第一生产力”的宗旨，每年推出 2 个以上新品，申报 5 项以上专利，制定 2

个以上产品标准。长期以来，公司重视市场调研，不断开发新产品，一直致力于干燥、粉碎、混合、制粒、提取浓缩等设备的开发和生产，并十分注重科技创新，先后和国内多家知名院所合作开发项目。近年来，公司每年投入300万元，用于新品开发、市场开拓，并获得了较好的经济效益和社会效益。

公司FG-II型沸腾流化干燥机经工信部主管部门及各行业协会推荐、专家评审，列入2016年《节能机电（设备）产品推荐目录（第七批）》。该项目研发成功，将对该公司的效益有较大的贡献，对有关行业的发展也有推动作用，可产生较大的社会效益。公司真空盘式干燥机被评为江苏省高新技术产品。

六、质量与标准

1. 天华化工机械及自动化研究设计院有限公司

（1）质量方面。通过了ISO9001：2008质量体系认证和GB/T24001、GB/T28001以及中石油、中石化环境职业健康安全和HSE管理体系认证。

（2）标准方面。自2013年开展安全生产标准化建设以来，天华化工机械及自动化研究设计院有限公司以安全生产标准化创建为主抓手，本着“领导重视，管理严格，全员参与”的原则，成立HSE管理委员会和HSE管理委员会办公室；认真贯彻、落实“安全第一、预防为主、综合治理”的安全生产方针；不断推进安全生产标准化建设、运行及考核工作；积极完善各项安全生产管理制度和操作规程；强化落实安全生产责任制和“　岗双责”；持续加大安全生产投入，提升安全生产软、硬件条件；加强员工安全培训教育，增强全员安全生产意识；认真组织各部门开展隐患排查和整改，定期复查，本质安全水平得到提高；积极建设应急预案体系，完成生产安全事故应急预案备案工作；组织员工开展应急救援演练，提高员工对安全事故的防范和处置能力；制定和完善各项职业卫生管理制度，建立职业健康管理体系，组织专家完成“安全生产现状评价”和“职业病危害现状评价”审查和备案工作。

2. 东台市食品机械厂有限公司

（1）质量方面。通过了ISO9001质量管理体系认证，并且每年都顺利通过复查（认证公司：中鉴认证有限责任公司，有效期：3年）。在质量管理体系持续改进过程中，加强了采购和物资检验管理，通过严把主要原辅材料质量关，杜绝了不合格原材料流入生产环节，从源头上确保了原材料质量。在生产过程控制方面，理顺管理思路，夯实基础管理，要求各职能部门完善规章制度，规范管理流程，加大现场监督检查力度，提高服务保障能力。各生产车间优化工艺技术条件，修订设备操作规程，引导职工严格按照操作规程精准执行操作，减少了人为因素对产品质量的影响。

（2）标准方面。公司开展标准工作情况、采用标准执行情况如下：

一是确定组织机构及人员。为了加强公司标准化工作的领导，成立了标准化工作领导小组，由总经理担任组长，并设置了标准化办公室，配置了1名专职标准化人员，各部门、科室、班组、车间共设有8名兼职标准化人员，形成了一个较为完善的标准化管理网络，为更好地开展标准化工作提供了有力的保证。

二是制定企业标准化管理标准。为了加强公司标准化工作的管理，特制定了《标准化管理标准》，明确了管理原则、管理对象、标准的制定、修订、审批、发布和复审、标准的贯彻实施、标准化审查、标准化培训与教育、标准资料管理等内容。

三是编制管理标准、工作标准和产品标准。对公司原有的技术标准、管理标准、工作标准和产品标准进行了全面的整理，根据实际需要，制定了新的管理标准1个、工作标准8个和产品标准4个，参与了马铃薯雪花全粉行业标准的制定，基本覆盖了公司的各个部门和所涉及的各项工作。

四是标准化培训教育。为了进一步增强全体员工的标准化法制意识和标准化意识，提高标准化人员的业务素质，公司多次组织了《标准化法》

《产品质量法》、GB/T 19001—2000《标准化管理办法》等的培训学习，又通过发文件、资料，黑板报，贴宣传资料及员工自学等方式进一步加强了有关标准化知识及法律法规的宣传和学习。并积极派员参加外单位组织的有关标准化知识培训，有 2 名同志报名参加了标准化函授培训。通过上述多种渠道的培训和学习，全体员工的标准化法制意识和标准意识、标准化业务水平有了明显的提高，各项标准均能顺利贯彻实施，特别是专兼职标准化人员的业务水平有了显著提高，均能顺利适应和开展当前的标准化工作。

东台市食品机械厂有限公司对适应的国家标准、行业标准，通过质量技术监督系统、行业管理部门及网络及时进行了收集、更新，确保其有效性。该公司编制的企业标准均经审批后发布实施，以确保其充分性和适应性。所有标准均受控，按《文件控制程序》的规定进行发放、更改、作废等控制，以确保所有的使用处均能得到有效版本。各级员工认真执行标准的规定，做好各项记录，特别是狠抓了生产过程的控制和产品质量的检验。同时，通过内部审核、管理评审、质量目标考核、标准执行情况检查、自我评价等方法加强对标准实施情况的监督检查，及时收集有关的信息，发现存在的问题及时采取纠正和预防措施，不断提高标准化水平。

3. 哈尔滨东宇农业工程机械有限公司

（1）质量方面。于 2001 年在同行业中率先通过了 ISO9001：2000 国际质量管理体系。2008 年通过了 ISO9001：2008 换版认证。建立了质量管理目标，建立了以总经理为核心，以管理者代表为主管，各职能部门参加的质量管理体系。为确保体系有效运行，对标准中所有要素进行分解，制订质量手册及程序文件在内的 70 余项质量系统文件，落实到相关部门，并坚持内部审核，及时发现解决体系执行过程中存在的问题，使质量管理不断完善，在生产经营各个环节有效运行，做到从产品设计、采购、加工、组装、调试、出厂等各环节严格把关，使产品质量长期稳定，为开拓市场奠定了良好基础。

（2）标准方面。哈尔滨东宇农业工程机械有限公司所有产品均执行累计 42 个国家标准或行业标准。

七、企业发展情况

1. 企业结构调整及转型升级情况

2016 年，石家庄工大化工设备有限公司为了提高企业自主创新能力，推动企业与高等院校产学研用的有机结合，加快科技成果转化，与天津大学国家工业结晶工程技术研究中心王静康院士团队签订了企业院士工作站合作协议，在政府科技部门的帮助下，2016 年 9 月挂牌成立“石家庄工大化工设备有限公司院士工作站”。工作站以河北省蒸发结晶及干燥工程技术研究中心、全国石油和化工行业蒸发与结晶节能技术工程研究中心、石家庄市干燥装备工程技术研究中心做支撑开展科研活动，在工业废水蒸发结晶及资源化利用方面取得了显著成效。

江苏省范群干燥设备厂有限公司建立广泛的合作协作网络，鼓励并吸纳国内相关科研机构、科研院校、大专院校以科技成果参股，合作开发，效益共享。充分发挥工程中心各方面的综合优势，使创新工程化研究向协作层企业扩散，可技术转让，带动同行科技进步。公司一贯重视与国内大专院校、研究机构开展产学研活动，在干燥技术领域共同进行一些前沿性探索研究、新产品开发应用以及现有产品工程技术改造方案的制定与试验。与南京理工大学、常州大学、中科院昆明贵金属研究所、中国兵器工业二〇四研究所、北京化工大学、大连理工大学、南京工业大学、中国农业大学、天津科技大学等是产学研战略合作伙伴，使高校和专业研究所成为企业技术创新、新品开发坚强的技术支撑后盾。除与国内的科研机构建立紧密合作关系外，公司还积极参与国际科技合作，与德国巴斯夫、德固赛、美国阿莫斯庄等公司在产品技术、硬件设备、检测技术、质量管理体系等方面已建立了合作意向。

江苏省范群干燥设备厂有限公司迄今为止拥

有授权专利32件，发明专利2件，全球独占许可专利1件。公司尊重知识、鼓励创新，形成自主知识产权，公司授权和转让的专利项目转化率达95%以上，为企业带来数百万元的利润。专利项目的成功实施转化，推动了技术创新工作的开展，促进了公司的技术进步，为公司创造了可喜的经济效益，为公司的可持续发展奠定了坚实的基础。

溧阳正昌干燥设备有限公司在2016年年底制定了新的战略规划，要做成世界一流的粮、油、饲料机械制造与工程公司，致力于提高人类的生活水准，为客户创造价值，为员工创造机会。以"人和于心，诚信负责，团结共搏，做客户价值，在结果上积累"为核心价值观，坚持提供优质产品、精良技术与贴心服务；产品向环保、低耗、智能、低碳方向发展，不断推动行业的发展。

2. 企业管理理念和经营方式的转变情况

江苏宇通干燥工程有限公司除了不断引入各种优秀技术人才，增强开发能力外，还不断引进国外新技术和新装备，提升了公司的制造工艺水平和产品档次。管理上同样通过引入高级管理人才所带来的先进的管理理念，对各层次的管理人员进行系统全面的培训，逐步完善了公司的管理体系，提升了公司的管理水平，从而提高了公司的效益。营销上通过成立外贸部，加快了进入国际市场的步伐。近年来，公司产品分别出口美国、俄罗斯、日本、新加坡、土耳其、伊朗、越南等国家和中国香港地区，扩大了公司的知名度，提升了公司的实力和规模，也奠定了公司在行业中的地位。

3. 企业人才培养情况

天华化工机械及自动化研究设计院有限公司根据战略发展需要，加大人力资源开发，搞好人力资源的储备工作。坚持以人为本，把加强领导班子建设放在首位，全面提高员工素质，创造一个公开、平等、竞争、择优的用人、育人环境，建立了一个领导能上能下、人员能进能出、充满生机与活力的人才机制。培养选拔了一支懂管理、善经营的管理队伍；一支科研开发、工程化设计、市场开拓复合型的专业技术人员队伍；一支工种合理配套、业务熟练的技术工人队伍。

一是人才引进工作。根据人力资源规划，从全国重点高校引进大学毕业生，引进的本科生以上毕业生和技术研发人员全部充实到科研、生产一线，为新进专业技术人员指定导师，发扬"传、帮、带"的优良传统，为中心的业务发展配置、培养了合理的专业人才。

二是重视技术研发人员职业技能的提高，对研发人员进行了压力容器、软件制图、CAESAR Ⅱ管道应力分析培训；组织相关人员参加节能评估培训、压力管道等培训学习；先后组织人员参加国家注册咨询师、注册安全工程师、造价师、一二级建造师以及注册化工、注册电气、公用设备、注册环保工程师的培训和考试工作。

同时充分利用中央党校化工班、高等院校、中国化工集团公司网络培训平台，加大青年人才培养力度。

三是组织员工安全、职业健康培训，开展新入职员工"三级安全教育"，组织开展安全培训考试。对技术工人技能培训，组织百余人次参加起重作业、焊接、电气等特种作业培训和安全教育培训。

四是按计划招收全日制硕士生2名。

五是加强领导干部队伍建设。健全和完善了干部评价考核、激励体系，加大考核力度，做好领导干部和新提拔干部的考核评价工作。

山东天力能源股份有限公司培养工程硕士7人，1人毕业、6人在读。

东台市食品机械厂有限公司始终遵循"以技术为基础，以质量为根本，以人才为核心"的原则，尽力谋求与国内外有关企业、院校进一步合作，促进资产、技术、人才等方面的流动与融合，保持企业活力，促进企业发展。

一是放手培养技术骨干。公司总经理、生产副总经理亲自参与研发工程，公司研究设计人员、工艺设计人员倾力合作，相互配合，不断加强自身建设，个人综合能力明显提高。同时对产学研合作方的科研人员发挥传、帮、带的纽带作用，让他们学有所用、学以致用。

二是抓研发队伍的建设。在普遍提高研发团队素质的基础上，公司还加大了人才引进力度，先后从高校毕业生中招聘录用了8名人员，通过车间实习后，直接安排到技术部门，参与产品研发。

三是抓人力资源的优化整合。将部分专业素质好、业务能力强、在外安装调试的人员充实到研发队伍中来。每年在一线员工队伍中开展生产操作技术演练，组织车、铣、磨、钻等工种参加公司组织的技能竞赛，培养和锻炼了一批一专多能的生产骨干力量。

哈尔滨东宇农业工程机械有限公司一是注重人才队伍建设。2016年引进电气硕士研究生1名，已通过试用期考核，进入相应岗位工作，并指定了经验丰富的高级工程师对其工作进行指导。招聘工人技师15人，全部进入相关岗位工作。二是注重培训工作。全年组织工程技术人员、技术工人参加技术培训、技术考察等12次，累计培训130人次。

江苏宇通干燥工程有限公司注重人才培养和人才引进工作，设专人负责员工培训、人员招聘和人才引进等工作。公司注重对年轻技术人员的使用和培养，为新毕业的大学生安排有经验的高级工程师做师傅，为年轻人提供了一个很好的发展空间。

4.信息化在生产经营管理中的应用情况及成果

搭建“信息分享平台”提升生产运营管理水平。企业的生产运营离不开大量的生产要素及其复杂的组合方式，生产运营的流动即依据信息流而进行。高效能的企业一定是信息技术被高度应用、信息资源被高度分享的企业，也一定是人的积极性、潜力被充分发挥，生产物资高效流动的企业。

天华化工机械及自动化研究设计院有限公司充分利用“班组现场看板”和“服务器项目群”搭建的信息分享平台，有效地提升了生产运营管理水平。“班组现场看板”将班组的日常安全管理、人员管理、物料管理、设备管理、项目进度管理、工时管理、技术文件等信息在看板上予以公开，既便于班组长和班组员工管理使用，也方便生产部管理人员及时掌握信息、提前协调计划、检查确认。“服务器项目群”按项目设置，将项目管理控制中的一些关键性、预防性、提醒性的信息向使用这一平台的所有人员进行随时随地地分享和传递。通过信息的传递，提醒相关人员准备、落实相关工作。更具积极意义的是，“服务器项目群”信息的充分分享，将项目生产运营工作中的缺陷和不足强制进行了暴露，极大地提高了项目团队人员工作积极性。

东台市食品机械厂有限公司成果显著：

（1）统一优化了业务流程。建立以业务流程为中心的应用架构，在公司与部门的垂直业务之间、公司内横向业务部门之间、甚至公司整个产业链之间统一优化流程。并固化到企业信息平台中实现无缝协同，对内推进集约化管理，对外促进市场竞争力。

（2）创新了生产作业方式和经营管理模式。只有信息的快速传递和处理，企业才能高度集中地控制分布在国内各公司的生产运营，也可实现各公司相互之间的资源共享。信息系统还可取代中层监督控制部门的大量职能，能使组织结构扁平化，使决策层与执行层的沟通更为直接有效，从而可减少管理层次和削减管理机构规模。

（3）强化了过程管控和优化资源配置。借助信息技术和自动化技术来强化企业生产经营活动的管控，使其成为公司安全生产、节能减排、管理优化、质量提升的必备手段。广泛通过网络化的信息系统来实现对信息资源的深度开发和广泛利用，从而提高经济效益和提升企业核心竞争力。

（4）提高了企业运作效率和决策水平。企业可通过互联网和移动通信等手段，进行内外信息发布和沟通交流，让企业内成员随时、随地，以最快捷、最有效的方式把要传递的信息传递给想传递的人，使企业沟通永远在线，让各级管理者实时了解公司的关键业绩指标，增加管理决策的透明度。

哈尔滨东宇农业工程机械有限公司一是借助互联网的功能，在合同分解落实、技术资料共享交流、生产信息等方面得到了充分利用。二是生产基地建立了“生产管理平台”和“技术、生产动态信息平台”，促进了生产管理的规范和生产水平的提高。三是充分利用4G通信技术，传递、沟通、交流工作信息，迅速、快捷、准确、方便。

八、发展过程中存在的问题和困难

天华化工机械及自动化研究设计院有限公司科研、生产及行业服务各方面的工作有序运行，但由于产业化发展迅速，当前也存在如下问题需要进一步解决。

（1）需进一步完善管理制度，尤其是生产管理制度，加强设备制造质量和进度控制，提高管理水平。

（2）需要加强培养国际化技术交流人才，加大国际市场开拓力度，将具有国际先进技术水平的技术产品推向国际市场。

（3）在一批节能环保科技成果投放市场的同时，部分传统专业创新能力不足，专业结构尚不合理，仍面临较大的生存压力，专业结构调整任务繁重。

（4）国内市场需求疲软，产品销售量下降。

随着现代科学技术的迅速发展，东台市食品机械厂有限公司产品更新越来越快。面对激烈的市场竞争，尽管公司在技术创新方面付出了很大努力，但与国内外同行业相比，资金投入力度、研发速度、技术储备和水平等各方面都存在较大差距。

（1）技术创新工作局限于项目实施，长远发展目标不够明确；现有技术创新资源优势没有得到充分发挥，资源配置不够优化。

（2）与国内外同行业知名厂家相比，技术开发能力还不够强，科研力量不能集中使用，制约了技术创新的速度和进程。

（3）技术力量薄弱，高技术人才引进困难。公司循环经济产业链涉及食品、饲料、化工、建材、医药等行业，虽然公司技术人员较多，但高层次通晓多行业的人才较少，又因公司地处边远，距大中城市较远，对高技术人员吸引力不大，引进困难。

（4）在工艺装备上，现有关键生产设备的先进性和自动化程度还不高；另外，研发基地的建设和拓展还需进一步完善。

江苏宇通干燥工程有限公司发展过程中存在资金不足和场地过小的问题，2016年该公司已扩大厂房建设，增加了数控机床等加工设备和检测设备。

〔撰稿人：中国通用机械工业协会干燥设备分会高书燕〕

2016年减变速机行业概况

一、生产发展情况

2016年，减变速机行业加快培育新的发展动能，改造提升传统产业优势，努力改善企业效益，积极应对市场变化，全面落实“去产能、去库存、去杠杆、降成本、补短板”五大重点任务。市场竞争格局也在发生着巨大变化，成本优势、技术优势在行业中凸显，研发和科技投入提高，转型升级的步伐加快。2016年，减变速机行业总体发展好于预期，实现了“十三五”良好开局。

据国家统计局统计，2016年，减变速机行业规模以上企业有839家，拥有资产总额188.24亿元。实现主营业务收入1 834.91亿元，同比增长 7.96%；实现利润总额 137.86 亿元，同比增长 7.18%；完成出口交货值 116.54 亿元，同比增长 14.79%，较上年提升 6.06 个百分点。

2016 年，减变速机行业完成固定资产投资 359.3 亿元，同比下降 24.37%；新增固定资产投资 237.82 亿元，同比下降 38.75%；设备工器具购置投资 183.29 亿元，同比下降 1.05%。

减变速机行业 90% 以上的企业都是中小企业，在 839 家规模以上企业中，亏损企业有 54 家，亏损额为 8.21 亿元，同比下降 16.4%。

2016 年，减变速机产量 581.77 万台，同比下降 0.26%，较上年提升 6.33 个百分点；齿轮产量 274 万 t，同比增长 6.61%，较上年提升 10.25 个百分点。

江苏泰隆减速机股份有限公司的主导产品包含模块化齿轮减速电机、行星模块化减速器、重载模块化齿轮减速器、点线啮合减速器、风电齿轮箱、水力发电变速装置、核电循环水泵驱动变速装置等，同时为客户定制各类非标齿轮箱。公司近三年累计投资 2 亿多元进行技术改造，按当年新产品的销售额的比例进行创新奖励。新产品开发速度达到年均 30 种左右。为确保机加工关键过程质量，使用国内外先进的自动化生产设备。参与制定国家或行业标准 11 项，拥有专利 114 件，年生产能力 10 万台（套）。在企业管理中采用 RS10 ERP 软件和生产计划管理软件，自行开发了生产计划管理软件和 BOM 参数化选配功能，实施 PLM、ERP 项目。PLM 项目实施后，规范了产品设计流程，保证产品数据的一致性，提高产品数据的共享程度，提高产品规范化、标准化、系列化、通用化程度，降低了生产成本。ERP 项目实施后，信息传递、数据统计分析及时准确，提高了供应链管理水平，提高了合同履约率和成本核算准确率。公司坚持了 11 年的“个、十、百、千工程”（一个车间培养一个金蓝领工人、十个技术全面的工人，一个生产区培养一百个技术骨干，整个生产线形成一千名熟练操作工队伍），制定的学历、技术职称补助制度，大大激发了职工业余进修学习的热情。2016 年，一线操作工经过考试，获得技师、初级工、中级工职称的达到 180 人。公司加速推进偏心轴类零件加工生产线、针齿壳类零件加工生产线、摆线轮类零件加工生产线、行星架类零件加工生产线、齿轮类零件加工生产线和产品装配、检测加工生产线等六大重点生产领域的建设速度，在备料、粗加工、热处理和半精加工等生产领域，充分利用现有生产与检测设备，以期加速产业化进程，减少项目重复投入。

2016 年，江苏国茂减速机股份有限公司为提高产品质量，开展全员制造改善活动，掀起全过程实施精益制造和管理的热潮。公司加强质量保证体系建设，投资扩建减速机检测中心，新检测中心拥有世界先进的高精密检测设备；加快推进信息化建设，在公司 GCWS 工作系统上进行“互联网下单”营销管理新模式；员工协作门户采用的是可以与微信企业号对接的 OA 系统，有效提高了管理效率；采用金蝶 K/3HR 人事管理系统、SRM 供应商关系管理等信息化系统。公司改变营销模式，即由单一区域营销模式逐步转向区域营销加项目营销模式，以项目为主线，可以协同各片区、各销售公司，横向加强与大型制造企业的直接合作，纵向与设计院保持深度接触。公司加快北美市场的开拓，2016 年在美国设立子公司。当前，产品主要出口越南、泰国、马来西亚、印度尼西亚、印度、俄罗斯和伊朗等国家。公司与中国航空发动机集团有限公司常州天山重工机械有限公司签约，将在精密重载齿轮方面开展广泛和深度的制造研发合作，致力于打造精密重载齿轮生产基地。公司投资上亿元购进先进设备，其中包括近 20 台六轴数控高效滚齿机、4 台高效磨齿机、先进的自动化齿轮热处理设备，以及齿轮检测仪、金相检测仪、拉伸检测仪等专业测量仪器和完善的物流器具。同时，还购入了 2 台先进的数控摆线成形磨床，以提高摆线齿形加工精度，从而为开发高承载能力摆线减速机提供设备保证。公司率先在齿轮部建立热前、热后产线的系统规划，实现了生产系统的顶层设计。首次导入 TS16949 体系的品质保证方法，应用 CPK 品质管理方法，系统性地应用专业检测仪器，填补了过去品质检测能力的空白。2016 年，公司位列“2016 中国民营企业 500 强”第 487 位，位列“2016 中国民营企业制造业 500 强”第 281 位。

山东华成中德传动设备有限公司不断进行技术改造，持续投入高端装备，主攻精密减速机。公司在德国慕尼黑设立研发中心，引进德国先进的设计技术和工艺标准，从慕尼黑工业大学齿轮研究所引进齿轮全性能检测。

浙江通力重型齿轮股份有限公司保持平均每年不少于 4% 的研发费用的投入水平，多次承担省市科技计划和国家火炬计划项目。2017 年 4 月，技术中心通过了浙江省级企业研究院认定，企业研究院将每年开发不少于 5 项新产品、不少于 2 项产品通过省级新产品鉴定，且保证科技成果的有效转化。公司产品出口到韩国、智利、马来西亚等地区。

2016 年，山东柳杭减速机有限公司成为第五届国家建筑材料工业机械标准化技术委员会委员单位，在临沂国际墙体屋面材料技术交流大会中被评为全国墙体材料装备优秀创新企业。公司通过采用 PDM 和 SolidWorks，把多年沉淀的知识和成果实现了共享，做到了可视化管理，提升了公司的管理水平和创新能力，大大提高了公司对市场变化的反应速度。

河南蒲瑞精密机械有限公司始终坚持以“专业铸造未来，诚信共赢天下”的核心价值观。公司减速机类产品有常用的 ZQ、ZQA、ZSCA 等产品，有轻量化起重机用的 QJ、QY、ZSY 等系列产品，有欧式起重机用的 NDC、F、K 等系列产品。近三年，公司每年技术研发投入占主营业务收入的 6% 以上。公司和省内以及全国十几所重点院校签订了引进人才的协议，并在省内一些院校设立了联合研发机构。2016 年，公司与武汉理工大学共同研制起重机垂直式集成化运行单元、DXH 点线啮合高强度减速机、基于点线啮合齿轮技术的起重机专用硬齿面减速机系列等技术，并在国家科技网申报科技成果登记。起重机用直联式硬齿面点线啮合驱动单元和内平衡支持硬齿面模块化减速机被评为河南省科学技术成果，DQJ 点线啮合齿轮减速器和起重机用底座式硬齿面减速器 QY 系列产品被评为河南省工业节能产品，“轻量化起重机专用硬齿面减速器关键技术研究”项目入选河南省科技攻关计划，并已完成相关研究工作。公司产品出口到南非、孟加拉国、西班牙等地。2016 年，公司实现销售收入 3 亿元，实现利润 2 042 万元。

江苏省减速机产品质量监督检验中心坚持把装备载体及专业技术能力两方面作为抓手提升自身实力，助推泰兴市减速机产业转型升级。该中心投入近 300 万元用于装备载体建设，建成国内首家百万级机械产品检验恒温恒湿洁净实验室，除基本满足机器人精密减速器等高端产品的检验检测外，还能进行标准化数据验证和几何量的精密测量等基础性研究。2016 年，该中心承接的本地检验绝大多数是在研新品。

浙江午马减速机有限公司研发的 NMRV 系列减速机、WAH 准双曲面齿轮减速机、四大系列减速机、MB（MBN）行星锥盘无级变速机通过欧盟共同体安全及防爆认证（CE 认证），获得 CE 证书。

二、进出口情况

1. 行星齿轮减速器进出口情况

据海关统计，2016 年，行星齿轮减速器进口额为 1.78 亿美元，同比下降 13.13%。进口额排在前五位的国家分别是：德国（进口额 5 713.98 万美元，同比下降 3.79%）、日本（进口额 4 483.42 万美元，同比下降 4.6%）、意大利（进口额 2 668.46 万美元，同比下降 7.25%）、韩国（进口额 1 085.71 万美元，同比下降 7.35%）、印度（进口额 1 051.98 万美元，同比增长 17.4%）。这 5 个国家进口额合计 1.5 亿美元，占比为 84.27%。

2016 年，行星齿轮减速器出口额为 1.88 亿美元，同比增长 15.43%，较上年提升 15.23 个百分点。出口额排在前五位的国家分别是：美国（出口额 3 748.11 万美元，同比增长 66.04%）、日本（出口额 3 299.76 万美元，同比增长 22.78%）、德国（出口额 3 255.02 万美元，同比增长 87.7%）、印度（出口额 1 473.22 万美元，同比增长 12.72%）、意大利（出口额 1 397.86 万美元，同比增长 12.5%）。这 5 个国家出口额合计 1.32 亿美元，占比为 70.21%。

2. 齿轮及其他变速、传动装置进出口情况

2016 年，齿轮及其他变速、传动装置等进口额为 10.17 亿美元，同比下降 22.62%，较上年回落 5.71 个百分点。进口额排在前五位的国家（地区）分别是：德国（进口额 30 795.75 万美元，同比下降 16.69%）、日本（进口额 19 288.45 万美元，同比下降 3.70%）、中国台湾（进口额 16 130.73 万美元，同比下降 0.95%）、美国（进口额 7 313.24 万美元，同比下降 60.3%）、意大利（进口额 6 864.45 万美元，同比下降 18.4%）。进口额合计 8.04 亿美元，占比为 79.06%。

2016 年，齿轮及其他变速、传动装置等出口额为 18.93 亿美元，同比下降 4.77%，较上年回落 23.71 个百分点。出口额排在前五位的国家（地区）分别是：美国（出口额 72 927.17 万美元，同比增长 1.05%）、印度（出口额 16 505.07 万美元，同比增长 0.74%）、德国（出口额 9 559.34 万美元，同比下降 16.12%）、巴西（出口额 8 243.08 万美元，同比增长 16.95%）、意大利（出口额 6 814.74 万美元，同比下降 9.34%）。这 5 个国家（地区）出口额合计 11.4 亿美元，占比为 60.22%。

三、重大技术装备及关键设备研发情况

工业和信息化部为深入贯彻实施《中国制造 2025》，进一步推进船舶工业结构调整、转型升级，加快提升我国船用设备配套能力和水平，制定并印发《船舶配套产业能力提升行动计划（2016—2020 年）》。南京高精船用设备有限公司抓住这一历史机遇，组建海工推进及传动设备研究中心，加大对推进和传动设备的自主研发力度，致力于为客户提供各种海洋平台和船舶的推进和传动系统的最佳解决方案。公司已取得国家授权专利近百项，完成包括 CKTS1225 双机并车船用齿轮箱在内的 13 项新产品的系列开发。CKTS1225 双机并车船用齿轮箱顺利通过了江苏省经信委组织的新产品鉴定。鉴定委员会专家一致认为，该产品的技术指标和结构均达到国内领先、国际先进水平，打破了国外垄断，填补了该领域的国内空白。CKTS1225 双机并车船用齿轮箱最大传递能力为 18.6kW/（r/min），最大承受推力为 950kN，是当前传递能力最大的双机并车齿轮箱。

南京高精传动设备制造集团有限公司当前拥有国家授权专利 351 项，2016 年获得专利 13 项。基于公司多年经验累积、大量现场实践以及行业应用大数据分析，应用了标准化、模块化理念和可靠性技术，开发了 NGC StanGear 系列化风电齿轮传动产品平台。该系列平台具有新品研发成本低、开发周期短、可靠性高、规模效益强、维护费用低等优势。用户可根据 NGC StanGear 平台样本和自身主机设计要求，直接选用一款最为匹配的风电齿轮传动产品，或选择最近似产品并进行少量适应性修改，从而实现低成本快速上市的竞争优势。

机器人用精密减速器是工业机器人中最关键的功能部件，当前国内机器人所配套的减速器中，RV 减速器的占比在 70% 以上，谐波减速器的占比在 20% 左右，RV 减速器成为制约全球机器人发展的核心部件。江苏泰隆减速机股份有限公司与重庆大学机械传动国家重点实验室联合研发了具有自主知识产权的机器人摆线针轮减速器、谐波减速器、轮边马达减速器、摆线钢球减速器等高精密减速器，获得了多项专利，具有自主知识产权，成为江苏省 2015 年度重大科技成果转化项目，获得国家项目资助 1 200 万元。该机器人关节用精密减速器具有传动比范围大、传动效率高、输出刚度大、使用寿命长、体积小、重量轻等优点，完全可以替代同类进口产品，在国内处于领先地位。当前，该产品已完成机体理论结构设计、加工制造、性能测试、成套技术实验室验证与批量生产考核及科技成果鉴定，确认总体技术水平国内领先，核心技术达国际同类产品先进水平，已

进入批量生产阶段，即将进入市场。该产品可配套应用于电子、化工、塑胶、医疗器械等国民经济领域机器人的智能型切割、焊接、涂装、包装、搬运、码垛等高科技、高难度、高效率作业的机器人的移动机座、运行大臂、代步行走、重载旋转、智能转换等关节部位。项目全部达产后，将占国内机器人精密减速器市场的30%，占全球精密减速器市场的5%以上。

江苏泰隆减速机股份有限公司以再制造引领重大技术攻关和突破。公司拥有国际先进水平的地下隧道开凿盾构装置高精密传动装置技术。随着我国城市化建设的不断推进，对盾构机的需求越来越多，其中核心零部件如主轴承、减速机等是进行再制造的主要部件，而再制造费用最高不超过购买新机的50%，极具有再制造价值。近年来，公司不断加强技术储备，向大型隧道工程装备领域进军，与中铁建合作两年来，维改国际知名品牌大型盾构机减速机100多台（套），产品达到国外同等产品水平，获得多项技术成果，成为企业新的经济增长点。同时，深入进行手掘式盾构机、挤压式盾构机以及机械切削式盾构、气压盾构、泥水加压盾构等盾构机传动装置的前伸后延。2015年12月，公司完成了具有自主知识产权的国内首台（套）最大的矿山强力对辊矿粉压球机配套用YQJ900型硬齿面减速机，该设备长4.93m、高4.46m，总重量80t。

当前，我国常规用桥式起重机配套的减速器为ZQ系列、QJ系列、QY系列等产品，其结构普遍存在尺寸偏大、精度偏低、接口形式单一、机型笨重、齿轮精度差、功率密度低、噪声大等弊端，严重制约了我国起重机械的升级换代与现代化应用。“桥式起重机轻量化减速器关键技术研究与应用”项目由江苏泰隆减速机股份有限公司牵头，与4家协办单位组成科研技术同盟，实施对起重机轻量化减速器传动装备的科技创新与开发研制。历时两年，公司完成了QQY315型与QQY400型两种规格轻型化减速器的样机制造，以及QQY450型、QQY630型、QQY710型三种规格产品的总体设计制造装备图，并完成新型减速器的测试台架设计制造与专项检测装备设置。经专家组评审，认定轻量化减速器与传统起重机械配套的JB/T10817型减速器相比，实现了功率密度提高20%、重量减轻10%、噪声降低3dB的技术要求。采用该传动机械装备的桥式起重机，整机重量可减轻15%～20%，使用能耗降低10%以上，为我国起重机械实现轻量化、智能化、绿色制造奠定了坚实的技术基础。

大功率船用齿轮箱传动与推进系统是通过齿轮系将发动机的功率传给螺旋桨，是将主机动力转化为船舶推动力的关键装置。船舶尤其是大型军舰执行巡逻任务时螺旋桨必须保持低噪声，高速追逐时保持高航速，因此对船舶的推进系统有着非常严苛的要求，要求齿轮箱重量轻、体积小、精度高，螺旋桨直径小、噪声低、效率高。由浙江大学机械工程学院、杭州前进齿轮箱集团股份有限公司、重庆齿轮箱有限责任公司、中国船舶科学研究中心（中国船舶重工集团公司第七〇二研究所）和无锡东方长风船用推进器有限公司共同完成的“大功率船用齿轮箱传动与推进系统关键技术研究及应用”项目荣获国家科学技术进步奖二等奖。该项目成功研发了高效率、高可靠性、低振动和低噪声船舶动力推进系统，并实现了自主设计配套，对推动大功率船舶快速发展具有重要意义。

浙江通力重型齿轮股份有限公司主持的浙江省重大产业项目“风电齿轮箱及大型工业齿轮箱产业化”于2016年竣工。该项目达产后，可年生产风电齿轮箱、大型工业齿轮箱2 000台，新增年产值5.6亿元，将提升风力发电机组、大型工业齿轮箱的整体水平和市场竞争力，促进高精密齿轮箱在国内的推广应用。2016年完成浙江省级技术创新项目“工业沼气发电用混料TJH减速器”、温州市技术创新项目“LMC3系列工业用紧凑型减速机”，分别通过验收；TKA188螺旋锥齿轮减速机和TLB4HH直角轴硬齿面减速机通过2016年度浙江省级工业新产品鉴定。新产品项目“PWED

系列混合行星齿轮减速机”获得浙江省重点新产品三等奖。

此外，江苏国茂减速机股份有限公司对传统产品不断改进，新研发的 GB600 系列行星摆线减速机体积比原普通摆线减速机缩小 1/3，承载力是原普通摆线减速机的 1.8 倍。山东华成中德传动设备有限公司研制的“ML 系列模块化大型减速器”项目获得 2016 年度中国机械工业科学技术奖二等奖。河北北方减速机有限公司完成了电力公司利用新能源发电项目所需定日镜的试制及首批订单，拓展了公司产品种类。浙江午马减速机有限公司开发的 DJY3-4 石材切边机旋转刀架减速机和 HSK 系列海底浮水传动减速机，通过了浙江武林新产品新技术鉴定中心的鉴定。

四、标准制修订情况

2016 年国家标准工作开展情况：完成《行星齿轮传动设计方法》标准的报批，完成国家标准《机器人用精密行星摆线减速器》的立项；成立《机器人用精密摆线针轮减速器》标准工作组，成立《重载行星齿轮减速器通用技术要求》标准工作组。

2016 年行业标准工作开展情况：完成《摆线针轮减速机》等 7 项标准的制修订和上报工作。具体内容为：JB/T 2982—2016《摆线针轮减速机》（修订），JB/T 5561—2016《双摆线针轮减速机》（修订），JB/T 7253—2016《摆线针轮减速机噪声测定方法》（修订），JB/T 12929—2016《摆线针轮减速机温升测定方法》（修订），JB/T 12930—2016《摆线针轮减速机清洁度测定方法》（修订），JB/T 12931—2016《摆线针轮减速机承载能力及传动效率测定方法》（修订），JB/T 12932—2016《WP 系列圆柱蜗杆减速器》（制定）。

2016 年成立了《摆线针轮精密传动减速机》《转向减速器》和《行星锥盘无级变速器》三个标准起草工作组。

根据机联秘标〔2016〕76 号《关于开展机械工业领域推荐性标准集中复审工作的通知》文件要求，完成 GB/T 30819—2014《机器人用谐波齿轮减速器》、JB/T 11618—2013《齿轮连环少齿差减速器》、JB/T 11619—2013《QDX 点线啮合齿轮减速器》和 JB/T 11993—2014《回转式减速机》的复审工作。

我国《风力发电机组 齿轮箱技术要求》现行国家标准为 2008 年版，且内容上比国际风电行业现行标准相对简单。2016 年，由南京高精传动设备制造集团有限公司主持完成了《风力发电机组 齿轮箱技术要求》讨论稿，下一步报送全国风力机械标准化技术委员会批准后发布。

江苏省减速机产品质量监督检验中心积极推进行业标准化建设。该中心起草的机械行业标准《砼罐车用行星齿轮传动装置》已于 2016 年 10 月 22 日发布，2017 年 4 月 1 日开始实施；机械行业标准《立体驻车设备齿轮传动装置》已于 2016 年 9 月顺利通过全国齿轮标准化技术委员会的技术审查；《小模数精密齿轮传动装置试验方法》和《机器人用精密摆线针轮减速器》国家标准已经进入工作组讨论、草案编写过程中；《机器人用精密行星摆线减速器》和《机器人用精密减速器名词术语》国家标准正在立项申请中。

五、行业发展中存在的问题

（1）市场竞争更加激烈。中国市场依然被世界看好，世界 500 强企业超低价进入中国市场参与竞争。因此，减变速机生产企业更应该重视产品可靠性研究，不断增强核心竞争力和企业发展的内生动力，实现新旧动能的转换。

（2）结构调整步履艰难。技术进步的步伐持续加快，促进产能向高端和高品质迈进，在快速进步的同时，转型升级任务很艰巨，技术和市场依然是转型升级的最大阻力，过剩产能的消化还需要一个过程。

（3）生产成本不断上升。原材料涨价、人工成本不断提高，行业运行中的一些痼疾（如价格竞争、用户付款方式、应收账款居高不下等）还没有好的解决办法，使得企业利润空间被压缩。

六、行业发展面临的形势

1. 能源领域

2017 年能源行业形势：一是化解、防范产能过剩。2017 年要退产能 5 000 万 t；要淘汰 400 万 kW 以上的小火电，装机控制在 11 亿 kW；油品国Ⅴ标准在全国推广。二是推广非化石能源的规模化发展，主要是指水电、核电、风电、太阳能，要积极发展水电、安全发展核电、稳步发展风电、大力发展太阳能。其中风电的消纳形势依然严峻。国家能源局发布的《关于 2017 年度风电投资监测预警结果的通知》显示，内蒙古、黑龙江、吉林、宁夏、甘肃、新疆（含兵团）6 省（区）为 2017 年风电开发建设红色预警区域。红色预警的省（区）不得核准建设新的风电项目，并要采取有效措施解决弃风问题。随着风电装机齿轮箱的运行时间递延，风电齿轮箱的维修和维护市场容量将会迅速上升。三是推进化石能源的清洁利用。煤炭绿色高效开发，要节能减排；油和气的开发，要扩大天然气的应用，比如城市的供暖。四是补强能源系统的短板。一是调峰能力的建设，比如储能；一是输送管路的建设，比如电厂、油气管网的建设。

2. 工程机械行业

中国社会科学院发布的《经济蓝皮书》预测，2017 年固定资产投资增速要达到 8% 左右，2017 年基建投资增速将保持在 20% 左右。当前已经明确公布 2017 年固定资产投资目标省份有 22 个，累计投资目标超过 40 万亿元。随着国家“一带一路”在国外友好国家相关项目的落地，一批中资建设企业走出去，势必会带着一批设备走出去。因此，工程机械将为减变速机带来新的增量需求。

3. 精密减速器

精密减速器主要应用于工业机器人、数控机床和自动化装置装备中。未来几年，我国工业机器人产业将处于高速发展期，高精度、高性能的关节减速器市场前景广阔，未来 3 年将形成 100 万台的产能，将支撑我国机器人及智能装备产业的发展。

4. 船舶工业

2017 年，工业和信息化部发布的《船舶工业深化结构调整加快转型升级行动计划（2016—2020 年）》中指出，当前国际船舶市场需求持续低迷，高技术船舶和海洋工程装备市场急剧萎缩，世界造船业全面陷入困境，我国船舶工业正面临金融危机以来最为严峻的挑战，行业结构调整转型升级的任务紧迫而艰巨。到 2020 年，海洋工程装备与高技术船舶国际市场份额达到 35% 和 40% 左右；配套能力明显增强，散货船、油船、集装箱船三大主流船型、高技术船舶和海洋工程装备本土化设备平均装船率分别达到 80%、60% 和 40% 以上。在市场机制作用和产业政策引导下，骨干企业优势不断扩大，高端船舶的需求将继续增长，预计舰船齿轮箱，科考船、商用客船及各类执法船齿轮箱等特种高端产品的市场形势仍将较好。

2017 年，国家稳增长及深化供给侧改革的各项调控政策及措施将会不断推出，各行业“十三五”规划项目将陆续启动，新的市场需求不断出现，传统产业升级和节能改造市场潜力巨大，“一带一路”倡议推进对外投资增长等，都将形成减变速机行业良好的外部发展环境。另外，近几年行业企业结构调整、产业升级力度不断加大，使得行业的创新能力、抗风险能力、设备成套能力和运维、国际市场的开拓都有了全面的提升，并具备了一定的水平。预计 2017 年减变速机行业工业增加值将保持 8% 的增速。

〔撰稿人：中国通用机械工业协会减变速机分会李多英〕

2016 年分离机械行业概况

一、行业概述

分离机械是装备制造业的重要组成部分，具体包括气体和液体的提纯、分离、液化、过滤、净化等设备。根据拟分离对象的不同分为固液分离、液液分离、气液分离和气固分离等机械，其中固液分离机械是最为常见和应用领域最广泛的分离机械。随着我国国民经济和社会的快速发展，我国分离机械行业也得到了快速发展，产业规模迅速壮大，据《中国通用机械专业企业名录》（2016 版）统计，当前有过滤及分离机械专业企业 704 家（实际上有一些规模较小的企业没有进入统计），绝大多数是民营企业。

当前，分离机械产品主要分为四大类，即离心机、分离机、过滤机、过滤分离器四类，除此之外，还有少量的离心萃取机。离心机产品主要有螺旋卸料离心机、活塞推料离心机、刮刀卸料离心机、平板式离心机（正逐步取代原三足式离心机）、上悬式离心机、离心卸料离心机、振动卸料离心机、翻袋卸料离心机和进动卸料离心机等；分离机产品主要有碟式分离机、管式分离机和室式分离机等；过滤机产品主要有厢式压滤机、板框压滤机、转鼓过滤机、圆盘过滤机、转台过滤机、翻盘过滤机、叶滤机、筒式过滤机、带式过滤机、密闭加压过滤机、动态过滤机、锥盘过滤机、浓缩机和滤油机等；过滤分离器产品主要有各种滤芯式过滤器、自动滤水器、膜过滤设备和旋流分离器等。

依据分离机械产品的工作原理以及分离机械行业当前制造厂家主导产品的情况，可将企业分为两大类，即离心机、分离机类产品企业和过滤机、过滤分离器类产品企业。制造离心机、分离机类产品的企业有 400 家左右，主要企业有重庆江北机械有限责任公司、江苏赛德力制药机械制造有限公司、江苏华大离心机股份有限公司、海申机电总厂、广州广重分离机械有限公司、南京中船绿洲机器有限公司、浙江轻机实业有限公司、苏州优耐特机械制造有限公司、安徽普源分离机械制造有限公司、江苏牡丹离心机制造有限公司、江苏巨能机械有限公司、上海航发机械有限公司、湖南湘潭离心机有限公司、上海化工机械厂有限公司、中国石油集团东北炼化工程有限公司吉林机械制造分公司、辽宁富一机械有限公司、成都天翔环境股份有限公司和辽宁双联化工制药机械有限公司等。

2016 年，离心机、分离机类产品市场规模约为 60 亿元。随着国家经济结构不断优化调整和转型升级，石油化工、制药、污水处理等领域进一步加大了对先进工艺和节能环保的投入，为先进的大型离心机生产企业发展带来了良好的契机。但应用领域“三去一补”，给离心机行业带来了较大的压力。当前，离心机制造企业数量众多，离心机市场竞争十分激烈。一些具有完善研发手段、制造能力较强的企业市场占有率相对较高。为应对日益激烈的市场竞争，行业企业间的合作越来越多。重庆江北机械有限责任公司与江苏赛德力制药机械制造有限公司共同推进混合所有制改革，实现了行业企业间的强强联合，优势互补，通过整合资源，联合建设技术研发和服务平台，继续致力于分离机械新产品和新型分离工艺的研究开发。江苏华大离心机股份有限公司主动与四川环能德美科技股份有限公司联姻，实现了产业产品优势互补，抓住国家加大环境保护方面的机遇，企业稳步发展。海申机电总厂、苏州优耐特机械制造有限公司专注于卧螺离心机，对卧螺离心机应用技术开展深入研究，在细分市场抢得先机；安徽普源分离机械制造有限公司在卧螺离心机设计制造上也下足了功夫，取得了不错的业绩；江苏牡丹离心机制造有限公司、湖南湘潭离心机有限公司等经营情况也较为稳定。

制造过滤机和过滤分离器类产品的企业有300多家，主要企业有景津环保股份有限公司、杭州兴源过滤科技股份有限公司、核工业烟台同兴实业有限公司、江苏新宏大集团有限公司、衡水海江压滤机有限公司、杭州化工机械有限公司、浙江华章科技有限公司、浙江金鸟压滤机有限公司、浙江建华集团压滤机有限公司、湖州核华机械有限公司、飞潮（无锡）过滤技术有限公司、石家庄科石机械设备有限公司、无锡市通用机械厂有限公司和吉林华工机械制造有限公司等。从事过滤分离研究的主要科研院所有合肥通用机械研究院、上海化工研究院等。

国内制造过滤机和过滤分离器类产品的企业中，生产压滤机（包括厢式压滤机和板框压滤机）的企业100多家，因近年来整体经济不景气且行业存在一定的壁垒，行业新进入者较少，企业数量较为稳定，尤其是销售额过亿元的大型企业数量稳定。2016年随着国内经济的回暖，压滤机行业取得了稳定的发展。2016年国内压滤机产量约17 200台，销量约16 500台，产销量较上年均取得了明显的增长。2016年压滤机市场规模38.5亿元，比上年略有下降。在产量增长的情况下，压滤机生产企业根据成本和市场情况相应调低了售价。在过滤机生产企业中，景津环保股份有限公司产品种类多样、规格型号齐全，产销规模大，在全球都有着较高的知名度和市场占有率；杭州兴源过滤科技股份有限公司产品技术领先，多项产品获得省部级科技奖项；核工业烟台同兴实业有限公司的带式真空过滤机国内外市场占有率极高；浙江金鸟压滤机有限公司是制造压滤机的老牌企业，近年来企业经营一直稳中有进；后起之秀浙江华章科技有限公司研发的钢带式压榨过滤机技术独到，在造纸、污泥处理等行业增长迅速；衡水海江压滤机有限公司、江苏新宏大集团有限公司、杭州化工机械有限公司等公司的板框压滤机、厢式压滤机、翻盘过滤机都有着较好的经营业绩。在产品供需方面，整体来看，过滤机供过于求，价格竞争不断加剧，进口压滤机对国内市场也有较大的冲击。在产业结构和产品结构不断优化调整的过程中，一些在技术、规模上落后的企业将会遭遇经营瓶颈。

从事过滤分离研究的主要大专院校有天津大学、四川大学、浙江大学、华东理工大学、中国石油大学、南京工业大学、重庆工商大学、浙江工业大学、青岛理工大学、四川理工学院和浙江理工大学等。

当前，我国分离机械行业共有职工10余万人，生产的品种逾1 500种规格，有着广阔的发展前景。分离机械设备门类齐全，除少数大型设备仍需进口外，基本上满足了国内市场的需求。

《2014—2018年中国分离机械行业市场前瞻与投资规划分析报告》显示，国产部分分离机械产品（如压滤机），以其较高的性价比，正逐步赢得国际市场的青睐，现已出口到南美、北美、东南亚、中东、欧洲等地。由于国产分离机械成本优势明显，在逐步走入国际市场的同时，也部分实现了替代进口，近年来我国分离机械进口数量呈逐年下降趋势。此外，由于传统应用领域竞争激烈，而系统集成服务具有更大的附加值，也将使得一些分离机械企业向系统集成服务模式转变。

二、行业发展特点

2016年是“十三五”规划的开局年，分离机械行业经济运行总体情况基本平稳，各主要企业的生产订单比上年同期有所回升，行业经济运行延续了2015年下半年回升态势，开始呈现出积极向好的局面。

1. 行业发展存在明显的区域性

我国过滤机及过滤分离器企业主要分布在南北两大区域，南区主要是浙江杭州、江苏无锡、上海等地，以杭州为中心；北区主要是山东德州、河北衡水、河南禹州等地，以德州为中心。从而形成了以德州、杭州为代表的两大过滤机制造基地，向华东、华北及中南地区辐射。而离心机、分离机企业则形成了以张家港为代表的离心机制造基地和川渝湘集中区，其中华东区域占据离心机及分离机行业的半壁江山以上。

2. 服务型制造初现端倪

近年来，随着需求市场的不断发展和变化，客户不再满足于对定型单机产品的需求，而是倾向于一套分离解决方案。国内部分领先企业抓住机遇，及时调整经营模式，行业呈现出向服务型制造转型升级的良好趋势。

3. 产品向大型化、个性化、自动化及智能化迈进

当前，提高设备效能和生产效率，减少基建投资，降低原材料、能源消耗和人工成本，已成为各专业设备的发展趋势。分离机械产品“三化”已取得重大成果，如最大过滤面积 1 000m^2 的压滤机、钾矿脱水能力 100t/h 的螺旋过滤离心机、直径 1 800 ～ 2 000mm 的刮刀卸料离心机等。

4. 应用领域不断拓宽

分离机械应用领域覆盖了化工、制药、轻工、石油、冶金、煤炭、矿产、染料、食品、酿造、造纸、环保、水务等国民经济和基础设施建设的重点领域。近年来，分离机械细分应用领域不断拓展，污泥处理正成为分离机械最具潜力的应用领域之一。当前，我国分离机械生产企业仍以提供单机及配套销售为主要模式。随着我国工业向新型工业化方向的发展，分离机械越来越多地应用于新的领域，这些领域客户对过滤与分离的要求更加严格。以压滤机为例，客户往往将过滤系统标段作为标的，在招标合同中明确约定分离机械产品应达到的处理能力，此时供应商能否提供系统集成服务就成为关键定标要素。针对这些客户，具有较强研究设计能力、能为客户提供过滤解决方案的企业，就能在竞争中逐渐显现出优势。

三、重大技术装备及关键设备完成情况

2016 年，重庆江北机械有限责任公司承担并完成了国家战略性新兴产业节能环保项目——餐厨垃圾资源化处理用关键设备技术及一体化设备项目。针对城市餐厨垃圾处理厂“厌氧消化、热电联产”及好氧发酵制生物肥料等资源化处理先进工艺技术的需求，完成了 CCJ-1200 餐厨垃圾除杂制浆一体机、CCJ-1200S 果蔬垃圾除杂制浆一体机、CX-1200 餐厨垃圾分选机和 LWS 新型三相卧式螺旋卸料沉降离心机等核心装备的研发及产业化生产。其中，CCJ-1200 餐厨（果蔬）垃圾除杂制浆一体机属国内首创，打破了国外技术垄断，产品技术达到国际先进水平，可完全替代进口。该项目产品的研发和应用不但实现了节能、减污和资源节约，同时大幅提高了我国节能环保技术装备技术水平，实现了相关资源的综合利用。

杭州化工机械有限公司针对国家对磷酸化工制造企业的环保要求，开发出 PFS 双翻盘真空过滤机及工艺，其“磷石膏湿排干堆用双卸料翻盘式真空过滤机”项目已成功应用；“海水溴化物提取用单盘真空过滤系统的研发”是公司与以色列化工集团共同研发的新领域的一种过滤系统，取得了较好的使用效果；“酸浸溶法处理高铝粉煤灰提取冶金级氧化铝专用翻盘真空过滤机”是公司结合粉煤灰特性研发的一种机型。以上项目受到国家奖励共计 350 余万元。通过研发项目，解决了磷酸行业尾渣干排、海水溴化物提取、电厂煤灰再利用中过滤环节的问题。

四、市场及销售

2016 年，分离机械行业整体的市场及销售基本保持平稳增长的态势。

2016 年，景津环保股份有限公司合同订货额 220 000 万元，其主导产品为全自动厢式及高压隔膜压滤机。全年生产各类压滤机 9 680 台（套），实现销售收入 154 430 万元，同比下降 2.46%；利润总额 20 242 万元，同比增长 6.67%；净利润 15 975 万元，同比增长 12.01%。

2016 年，重庆江北机械有限责任公司产品订货量 312 台，同比增长 12.2%，其中新产品订货 31 台（套）。按产品分类统计，产品销量 284 台（套），

其中：刮刀卸料离心机80台、活塞推料离心机131台、卧式螺旋卸料离心机35台、平板式离心机18台；针型冲击磨、餐厨垃圾除杂制浆一体机等其他类产品20台（套）。公司完成工业总产值9 024万元，同比下降18.5%；工业增加值2 891万元，同比下降9.5%；实现销售收入10 198万元，同比下降10.8%。

2016年，江苏赛德力制药机械制造有限公司生产各类离心机2 176台（套），实现销售收入52 450万元，保持了稳定增长的趋势。

江苏华大离心机股份有限公司的主要产品销售领域是精细化工及农药、医药及中间体、新能源等，其畅销产品为PLD拉袋式刮刀卸料离心机，出口销售情况与上年基本持平。随着国内对清洁能源的需求增加，国内电池材料的研发取得重大进展，锂电池正极、负极材料形成产业化发展，镍、钴、锰三元材料，石墨和石墨烯、碳酸锂等电池原料在生产过程中需要过滤与分离。针对市场需求，公司对上述产品的分离工艺进行了改进，取得了很好的过滤应用和销售业绩。2016年公司主要产品产量1 500台，同比增长11.5%。完成工业总产值25 000万元，同比增长10.5%；工业增加值12 300万元，同比增长5.6%。实现销售收入26 000万元，同比增长1.2%；利润总额3 800万元，同比增长4.6%。

2016年，杭州化工机械有限公司完成国内首台FWU160（160m^2）翻盘过滤机的试制并成功投产运行，公司共生产160m^{2}翻盘真空过滤机2台，120m^{2}翻盘真空过滤机6台，25m^{2}翻盘过滤机1台，GK1250型离心机42台，160m^{2}转台真空过滤机1台，80m^{2}转台真空过滤机2台，DPF型单盘过滤机系统5套。2016年完成工业总产值5 479万元、新产品产值1 450万元、工业增加值2 461万元，实现销售收入5 479万元、利润总额353万元，与2015年相比，利润增长92万元。

2016年，浙江轻机离心机制造有限公司生产、销售170多台（套）离心机与分离机。公司完成工业总产值6 005万元，同比增长7%；新产品产值4 331万元，同比增长18.33%；工业增加值2 857万元，同比增长6.92%。实现销售收入6 583万元，同比增长2.24%，利润总额634万元，同比增长11.23%。

广州广重分离机械有限公司主要生产上悬式、卧式刮刀、活塞推料、离心力卸料、碟式、螺旋卸料式、管式、离心萃取式共八大类、20多个品种的离心机，2016年共生产离心机91台。公司完成工业总产值4 970万元，同比增长15.1%；新产品产值4 413万元；工业增加值1 331万元，同比增长8.28%。实现主营业务收入4 811万元，同比增长11.29%，归属于母公司所有者净利润260万元，同比增长23.81%。

五、科技成果及新产品

2016年，分离机械行业企业面对产业“创新驱动”的新常态，结合企业转型升级和可持续发展，围绕技术创新和持续发展，进一步优化产品结构，提高核心竞争力，并积极拓展新的服务领域。根据国内外分离机械发展经验和现状，不断深化和完善创新体系建设。

景津环保股份有限公司建有院士工作站和博士后科研工作站，先后承担国家重点新产品计划、国家火炬计划、国家水体污染控制与治理科技重大专项等科研项目，取得授权有效专利165项，其中国际PCT专利11项。公司在市政污泥处理、工业污泥循环再利用等领域取得了技术突破，实现了污泥的减量化、无害化和资源化利用。2016年新产品为10MP超高压隔膜压滤机。

重庆江北机械有限责任公司先后完成国家战略性新兴产业节能环保项目“餐厨垃圾资源化处理用关键设备技术及一体化设备”和重庆市科技计划项目“高速卧螺离心机（LW-NB）型系列化关键技术攻关及产业化”；完成国家、省部级新产品的试制5项（LWS650×2405-N、LW650×2405-NB、CCJ-1200S、LWM520×540-N、LW520×1924-NB）、产品鉴定5项（LWS650×2405-NB、LW650×2405-NB、LW520×2184-NB、LW450×1890-NB、CCJ-1200）。全年通过自主研发、“产学研用”合作研发完成各类新产品开发计划11项、新产品试制7项，完成产品鉴定7项。公司新产品产值率60%左右。

江苏赛德力制药机械制造有限公司成功申报“模块式卧式刮刀卸料离心机”“连续式全自动滚筒混合机”两个江苏省高新技术产品，已获得证书。2016年共获得授权专利22项，其中，发明专利7项、实用新型专利15项。“新型壁式出液卧式螺旋卸料沉降离心机”项目获得江苏靖江市科学技术进步奖三等奖。

江苏华大离心机股份有限公司注重新材料、新工艺、新技术的研发，2016年研发新产品12项，新产品销售收入占总销售收入的86.54%。在13项专利中，有6项专利已获授权，实施科技成果转化项目8项。

浙江轻机实业有限公司完成P-25、P-40B推料离心机，LW550卧螺离心机和DHC730碟式分离机新产品的研制；完成“离心机运行参数远程监控”项目，并在用户现场进行了运行应用；完成2个省级新产品项目的鉴定工作。2016年共获得授权专利5项，其中，实用新型专利4项、发明专利1项。

2016年，广州广重分离机械有限公司完成了1.6m上悬式刮刀离心机、1.25m自动虹吸刮刀离心机、虹吸刮刀离心机门盖液压锁装置、上悬式离心机的新型进料管和刮刀、IL1450-N离心卸料离心机、IL1550-N离心机电气控制系统、离心机远程诊断、监控系统的研发等项目，并取得良好的效果。“DBP710-23-31自动活塞排渣型碟式分离机的研发”项目正在实施中。

六、基本建设及技术改造

重庆江北机械有限责任公司的“分离机械产业化基地建设暨环保搬迁（一期）项目”是重庆市第六批环保搬迁项目和重庆机电控股（集团）公司重点技术改造项目。该项目位于重庆两江新区鱼复工业园Q10-1/01块地（重庆市江北区鱼嘴镇康明路8号），建设用地11万m^2（165亩）。一期建设总投资2.56亿元，建筑面积38 645m^2，于2014年8月开工建设，至2016年4月基本完成。该项目完成后，公司创新能力、制造能力、服务能力得到进一步提升，年新增大型分离机械设备及其系统生产能力达800台（套）。

江苏赛德力制药机械制造有限公司的中一黄桥工业园建设项目正式启动，于2016年10月正式开工建设，预计2018年6月将完成一期工程建设并进行整体搬迁。

浙江轻机实业有限公司自主完成了大直径碟片旋压机的设备改造工作，为顺利完成DHP730新产品的研发奠定了基础。公司采购了多台数控机床，提高了生产加工能力。

七、企业经营管理及改革

为进一步优化企业的资本配置，加强科技创新和转型升级，优化经营质量，提升企业市场竞争力，分离机械行业一些主要企业在机构改革、兼并重组以及企业的结构调整和转型升级方面进行了有益的尝试。

重庆江北机械有限责任公司在数十年发展中，秉持“以真诚服务客户，以效益奉献社会”的企业宗旨，铸就了“艰苦创业、勇于拼搏、求实创新、诚信奉献”的江机精神，坚持“一次做对、零缺陷”的质量理念，建立了以“和、诚、新”为核心价值观的企业文化，致力于达成“中国一流，世界知名”的愿景。重庆江北机械有限责任公司与江苏赛德力制药机械制造有限公司进行了股权重组工作，并于2016年1月顺利完成混合所有制的改革。按照战略规划，两家公司将壮大科研人员队伍，共同搭建国内离心机行业最高端的研发平台，合力打造国家级研发中心。同时，重庆江北机械有限责任公司通过工厂的整体搬迁和分离机械产业化基地建设，实现了内部结构的调整、流程的优化再造，主导产品已基本实现了从低中端到高端的升级。公司开发了CCJ-1200（S）餐厨（果蔬）垃圾除杂制浆一体机、LW650-NB高速卧螺离心机、LWS650-NB三相高速卧螺离心机、GK800-NZ密闭防爆特种刮刀卸料离心机等一批具有核心竞争力的产品，由原有的单纯制造环节、低附加值产品与服务向高附加值产品与服务升级发展。公司在混合所有制下的经营中，进一步实现了经营方式的市场化，通过管理机制创新，以市场为导向，以经营为中心，以技术创新为依托，为经济转型发展增加了新动力。企业经营迈出了单纯的制造环节，实现了从传统制造企业向“制造+服务”的服务型制造企业的转变。

江苏华大离心机股份有限公司以“设计-科学合理，制造-精益求精，服务-专业规范”作为企业的经营理念，以不断的技术创新、完美的产品和专业应用经验为顾客服务。江苏华大离心机股份有限公司作为分离机械产业的优质资产，于2015年11月被环能科技股份有限公司（股票代码300425.SZ）以3.83亿元收购100%股权。环能科技股份有限公司是国内磁分离水体净化技术龙头企业，凭借技术实力在冶金浊水、煤炭矿井等水处理领域占据领先优势。经过不断研发，公司成功将超磁分离水体净化技术应用到黑臭水体治理市场，并凭借占地小、处理水量大、建设成本低、见效快等优点获取了北京、河北燕郊、深圳等地的项目，并已初步完成以京津冀、长三角、珠三角、成渝经济区为重点的全国性市场布局。其技术特别适合应急黑臭水体治理，将会受益政策驱动带来的订单释放。与此同时，环能科技股份有限公司在积极将磁分离水体技术与高效生化复合处理技术结合，实现黑臭水体处理后水质达到一级A标准，不断拓展完善产业链，水环境治理服务商初步成型。该项目研发成功后，借助黑臭水体行业的高景气，有望实现企业的高速发展。

景津环保股份有限公司为了更好地实现过滤需求，引进德国从原料拉丝生产到滤布成型整套滤布生产线，结合公司近30年的过滤经验，在恒温恒湿的织造环境下，德国重磅剑杆织机将最细的丝线织成密度最高和不同孔形的滤布，以获得过滤性能更好的过滤介质。公司在其主导产品全自动厢式及高压隔膜压滤机的基础上，自主研发高压污泥压干机、重力浓缩机、U型混合器、搅拌机、输送机、自动加药机、刮泥机、滤饼破碎机等，与其主导产品配置成过滤成套装备，广泛应用于环保、化工、食品、制药、冶金、选煤、尾矿等固液分离领域。

杭州化工机械有限公司以产品质量求生存，以技术进步促发展，以产品品种争优势，以“优质服务树信誉，以团结合作创和谐”作为企业的发展理念，结合国际大环境，积极响应“一带一路”的倡仪，把产品销往有关国家，积极转型升级，生产高附加值的产品，摒弃低技术、低附加值的淘汰产品。

八、企业信息化管理

企业信息化管理的精髓是信息集成，其核心要素是数据平台的建设和数据的深度挖掘，通过信息管理系统把企业的设计、采购、生产、制造、财务、营销、经营、管理等各个环节集成起来，共享信息和资源，同时利用现代的技术手段来寻找自己的潜在客户，有效地支撑企业的决策系统，达到降低库存、提高生产效能和质量、快速应变的目的，增强企业的市场竞争力。ERP、OA、CRM、BI、PLM、电子商务等都已经成为企业在管理信息化过程中不可或缺的应用系统。其中，ERP正在向高度整合的全程管理信息化迈进。

2016年6月，重庆江北机械有限责任公司OA系统上线，并全面组织员工培训。

江苏赛德力制药机械制造有限公司的ERP项目于2016年12月1日正式上线。

江苏华大离心机股份有限公司自主研发ERP系统，2011年研发成功并投入运行，运行良好，系统涵盖了销售、技术、采购、生产、仓储、成本管理、质量管理、设备管理、人力资源管理、售后服务等模块，日常管理运行实现了流程规范化、便捷化、数字化，运行数据实时，无纸化办公，单据生成、审核、审批、流转等快速生成和快速响应，实现了全过程信息化管理。

杭州化工机械有限公司为了达到零库存目标，结合生产、仓库等部门数据，采用仓储管理软件，实现了低库存运行。在传统的C2C的基础上，公司通过各种网上采购平台，实现部分配件B2B交易，并且份额在不断地攀升。

九、标准化情况

全国分离机械标准化技术委员会（SAC/TC92）（简称标委会）是分离机械行业对口的全国性标准化组织，负责全国范围内的过滤与分离机械的标准化工作，标委会秘书处挂靠在合肥通用机械研究院。第六届标委会于 2016 年 12 月进行了换届，成立了第七届标委会。当前分离机械标准体系共有现行标准 83 项，其中，国家标准 16 项、行业标准 67 项，主要产品的标准覆盖率超过 90%。

1. 分离机械行业国家标准和行业标准的计划立项、申报和制修订工作

2011—2016 年，标委会根据分离机械标准体系和“十二五”标准化发展规划的规定和要求，结合国家产业政策和行业的发展以及市场与技术创新发展的需要，积极申报国家标准和行业标准项目。共申报国家标准项目和行业标准项目 30 项，其中，国家标准项目 6 项、行业标准项目 24 项。2011—2016 年分离机械行业标准申报立项情况见表 1。

表 1　2011—2016 年分离机械行业标准申报立项情况

序号	项目名称	标准项目编号	制（修）订	主要起草单位
1	过滤机型号编制方法	20131914-T-604	国标修订	合肥通用机械研究院
2	离心机 安全要求	20140247-Q-604	国标修订	合肥通用机械研究院
3	活塞推料离心机	2013-0455T-JB	行标修订	重庆江北机械有限责任公司
4	螺旋卸料沉降离心机	2013-0456T-JB	行标修订	海申机电总厂
5	刮刀卸料离心机	2013-0457T-JB	行标修订	重庆江北机械有限责任公司
6	浓缩带式压榨过滤机	2013-0458T-JB	行标修订	无锡金禾环保工程有限公司
7	上悬式离心机	2013-0459T-JB	行标修订	广州广重分离机械有限公司
8	钢带式压榨机	2013-2238T-JB	行标制定	浙江华章科技有限公司
9	浅层砂水过滤器	2013-2237T-JB	行标制定	安徽菲利特过滤系统股份有限公司
10	碟式分离机 第 8 部分：润滑油分离机	2013-2239T-JB	行标制定	江苏巴威工程技术股份有限公司
11	翻袋式自动卸料离心机	2013-2240T-JB	行标制定	合肥通用机械研究院
12	离心机用电气控制系统 通用技术要求	20153300-T-604	国标制定	合肥通用机械研究院
13	带式过滤机 织造滤带	2015-0433T-JB	行标修订	厦门厦迪亚斯环保过滤科技有限公司
14	分离机 型号编制方法	20151435-T-604	国标修订	合肥通用机械研究院
15	离心机 型号编制方法	20151436-T-604	国标修订	合肥通用机械研究院
16	板框式加压滤油机	2015-0432T-JB	行标修订	四川高精净化设备有限公司
17	碟式分离机 第 3 部分：乳品分离机	2015-0434T-JB	行标修订	南京中船绿洲机器有限公司
18	碟式分离机 第 6 部分：植物油分离机	2015-0435T-JB	行标修订	南京中船绿洲机器有限公司
19	外滤面转鼓真空过滤机	2015-0436T-JB	行标修订	石家庄科石机械设备有限公司
20	叠片式过滤器	2015-1363T-JB	行标制定	安徽菲利特过滤系统股份有限公司
21	分离机械用柔性非织造过滤介质 过滤性能测试方法	2015-1210T-JB	行标制定	上海化工研究院
22	离心机、分离机 安全使用规范	申报中	国标推荐制定	合肥通用机械研究院
23	振动卸料离心机	申报中	行标推荐	景津环保股份有限公司
24	厢式压滤机和板框压滤机　第 5 部分：使用规范	申报中	行标推荐	景津环保股份有限公司

（续）

序号	项目名称	标准项目编号	制（修）订	主要起草单位
25	碟式分离机 第5部分：淀粉分离机	申报中	行标推荐	南京中船绿洲机器有限公司
26	流砂过滤器	申报中	行标推荐	安徽菲利特过滤系统股份有限公司
27	螺旋紊流水分离器	申报中	行标推荐	上海翱途流体科技有限公司
28	螺旋稳流浓缩机	申报中	行标推荐	山东莱芜煤矿机械有限公司、核工业烟台同兴实业有限公司
29	立式自动压滤机 第1部分：主机	申报中	行标推荐	山东莱芜煤矿机械有限公司
30	立式自动压滤机 第2部分：滤板	申报中	行标推荐	核工业烟台同兴实业有限公司

2011—2016年，标委会秘书处组织行业相关企业、科研单位及大专院校等组成标准起草工作组，完成国家标准和行业标准制修订任务。其中2016年完成了《离心机 型号编制方法》和《分离机 型号编制方法》两项国家标准的修订以及《分离机械用柔性非织造过滤介质 过滤性能测试方法》和《叠片过滤器》两项行业标准的制定。2011—2016年分离机械行业标准制修订情况见表2。

表2 2011—2016年分离机械行业标准制修订情况

序号	项目编号	项目名称	标准性质	主要起草单位
1	20091697-T-604	过滤与分离 名词术语	推荐国标	上海化工研究院、合肥通用机械研究院、天津大学、四川大学
2	2010-1043T-JB	带式过滤机 非织造滤布	推荐行标	大连华隆滤布有限公司
3	2010-1044T-JB	分离机械离心铸造不锈钢筒体	推荐行标	四川维珍石化设备有限公司、合肥通用机械研究院
4	20100871-T-604	液体过滤用过滤器 性能测试方法	推荐国标	上海化工研究院
5	20112004-T-604	过滤机性能测试方法 第1部分：加压过滤机	推荐国标	合肥通用机械研究院
6	2011-1693T-JB	碟式分离机 第4部分：胶乳分离机	推荐行标	浙江轻机实业有限公司
7	2011-1694T-JB	工业用水自动反冲洗过滤器	推荐行标	四川高精净化设备有限公司
8	2011-1696T-JB	离心机、分离机不锈钢锻件超声检测及质量评级	推荐行标	合肥通用机械研究院
9	20112005-Q-604	过滤机 安全要求	强制国标	合肥通用机械研究院
10	2011-1695T-JB	集束管式反吹过滤器	推荐行标	飞潮（无锡）过滤技术有限公司
11	2013-0455T-JB	活塞推料离心机	推荐行标	重庆江北机械有限责任公司
12	2013-0456T-JB	螺旋卸料沉降离心机	推荐行标	海申机电总厂（象山）
13	2013-0457T-JB	刮刀卸料离心机	推荐行标	重庆江北机械有限责任公司
14	2013-0458T-JB	浓缩带式压榨过滤机	推荐行标	无锡市金禾环保工程有限公司
15	2013-0459T-JB	上悬式离心机	推荐行标	广州广重分离机械有限公司
16	20131914-T-604	过滤机 型号编制方法	推荐国标	合肥通用机械研究院
17	2013-2237T-JB	强力带式压榨机	推荐行标	浙江华章科技有限公司
18	2013-2238T-JB	浅层滤料水过滤器	推荐行标	安徽菲利特过滤系统股份有限公司
19	2013-2239T-JB	碟片分离机 第8部分：矿物油分离机	推荐行标	江苏巴威工程技术股份有限公司
20	2013-2240T-JB	翻袋式自动卸料离心机	推荐行标	合肥通用机械研究院、合肥通用环境控制技术有限责任公司

（续）

序号	项目编号	项目名称	标准性质	主要起草单位
21	20140247-Q-604	离心机 安全要求	强制国标	合肥通用机械研究院
22	2015-0432T-JB	板框式加压滤油机	推荐行标	四川高精净化设备有限公司
23	2015-0433T-JB	带式过滤机 织造滤带	推荐行标	厦门厦迪亚斯环保过滤科技有限公司
24	2015-0434T-JB	碟式分离机 第 3 部分：乳品分离机	推荐行标	南京中船绿洲机器有限公司
25	2015-0435T-JB	碟式分离机 第 6 部分：植物油分离机	推荐行标	南京中船绿洲机器有限公司
26	2015-0436T-JB	外滤面转鼓真空过滤机	推荐行标	石家庄科石机械设备有限公司
27	20151435-T-604	分离机 型号编制方法	推荐国标	合肥通用机械研究院
28	20151436-T-604	离心机 型号编制方法	推荐国标	合肥通用机械研究院
29	2015-1363T-JB	叠片式过滤器	推荐行标	安徽菲利特过滤系统股份有限公司
30	2015-1210T-JB	分离机械用柔性非织造过滤介质 过滤性能测试方法	推荐行标	上海化工研究院

2. 组织召开标准协调讨论会和标准审查会

2016 年 6 月和 2016 年 10 月，标委会秘书处召集标准起草组和部分标委会委员，分别召开了行业标准《分离机械用柔性非织造过滤介质 过滤性能测试方法》的起草工作组启动会议和工作组讨论稿协调会。这两次会议分别讨论了该标准的主要内容和范围、主要试验方法，并就各项内容进行了细致、严格的讨论分析，最终形成标准的征求意见稿。

3. 完成相关部门布置的其他各项任务

根据国家标准化管理委员会《推荐性标准集中复审工作方案》（国标委综合〔2016〕28 号）和《工业和信息化部办公厅关于开展工业和通信业推荐性标准集中复审工作的通知》（工信厅科函〔2016〕321 号）以及机联秘标〔2016〕76 号集中复审工作通知的要求，标委会秘书处组织开展了分离机械专业领域的推荐性国家标准和行业标准及计划项目的集中复审工作。根据明晰范围、厘清边界，问题导向、重在应用，调整结构、提高效能的复审原则，经函审投票，得出最终复审结论，并上报主管部门。

4. 开展行业之间的交流活动

2011—2016 年，标委会利用召开标准协调会和年会的机会，多次组织委员单位参观学习和交流。例如，分别组织委员和代表到四川维珍石化设备有限公司、海申机电总厂（象山）、江苏巴威工程技术股份有限公司、上海化工研究院、安徽菲利特过滤系统股份有限公司、重庆江北机械有限责任公司、浙江华章科技有限公司、景津环保股份有限公司等企业参观。各企业介绍了各自先进的质量标准建设、技术、市场、管理方面的经验，参观者受益匪浅。这些活动深受委员单位的欢迎，有利于提高企业管理人员的素质，促进整个行业的质量技术和管理水平的提升，增强企业的竞争力。

十、行业发展中存在的问题

（1）产能过剩。石化、电力、冶金等传统市场需求不旺，激烈竞争进一步加剧。环保和节能改造、医药、食品、造纸、个性化定制等领域市场增加，但量能有限。

（2）拓展高端装备市场步履艰难。中国市场依然被世界看好，国内市场每一套高端装备都是国际化竞争。国产高端装备市场化两头受挤，一头是用户的排斥，另一头是外国品牌的强力冲击。

（3）出口能力低下。行业中大部分企业没有开拓出口的能力，个别企业虽开拓了出口，但产品在海外市场的占比甚微。

（4）企业分化严重。在行业普遍资金困难的情况下，市场的恶性竞争仍然持续，企业利润普遍下降。一些企业老产品竞争力下降，新产品推出迟缓；员工综合素质有待提高，人才欠缺的现状有待改善，创新能力与现代化先进企业和实现跨越式发展的经济要求存在差距，将进一步加剧企业分化。

针对分离机械行业存在的问题，行业企业应积极关注国家产业政策动态，聚焦国家投资导向和供给侧改革的新举措，紧盯固有市场需求与开发新的应用领域并举；不断增强技术研发力度，加快技术进步，优化产品结构；加强成本管控，不断增强企业发展内生动力；大力推进转型升级，拓展服务理念和业务，增强企业竞争力；加强与有关机构的联络与合作，积极开拓出口。行业企业要继续加强自律、规避恶性竞争，走质量效益型发展道路，促进行业健康有序发展。预计2017年分离机械行业将会保持平稳运行、稳中有升的态势，与通用机械大行业保持同步，工业增加值增长7%左右，主营业务收入增长9%左右，利润总额增长6%～8%。

〔撰稿人：中国通用机械工业协会分离机械分会赵洪亮〕

2016年气体分离设备行业概况

2016年是实施“十三五”规划的开局之年，是推进供给侧结构性改革的攻坚之年，在世界经济不景气的大背景下，我国经济仍然保持了较快发展速度。在以习近平同志为核心的党中央坚强领导下，积极地适应和引领经济发展新常态，坚持全面深化改革，实现了“十三五”时期良好开局。

随着宏观经济层面推出的供给侧结构性改革，气体分离设备行业继续受到“去库存、去杠杆、去产能”的较大影响，市场需求严重不足，产值进一步下降，全行业产值、利润等降幅仍很明显。

一、2016年行业发展概况

根据国家统计局及相关统计单位数据，2016年全国实现GDP 74.4万亿元，按可比价同比增长6.7%，增幅同比下降0.2个百分点；全国规模以上企业工业增加值同比增长6.0%，增幅同比下降0.1个百分点。机械工业企业工业增加值同比增长9.6%，增幅同比提高5.1个百分点。

1. 气体分离设备行业产值完成情况

2016年全行业产销增速继续降低，全年实现工业总产值146.38亿元，同比下降18.81%；实现工业销售产值140.61亿元，同比下降17.28%；实现营业收入144.96亿元，同比下降20.72 %；营业成本106.24亿元，同比下降18.42%；营业税金及附加7 939万元，同比下降3.83%；销售费用2.42亿元，同比增长2.28%；管理费用12.09亿元，同比增长1.35%；财务费用3.24亿元，同比增长3.82%；利润总额5 982万元，同比下降93.26%。全年生产深冷空分设备折合制氧总容量156.83万m^3/h，同比下降21.16%。

2016年全行业产销指标是继2012年达到历史最高水平后连续第四年下滑，利润总额降幅明显大于工业总产值、营业收入的降幅，因为在工业总产值和营业收入下降了约两成的情况下，销售费用、管理费用、财务费用等成本却保持了小幅度增长，利润的大幅下降给企业经济运行带来非常大的压力。2016年全行业工业总产值与利润指标均走到了近几年以来的最低点。

2011—2016年气体分离设备行业工业总产值完成情况见表1。2011—2016年气体分离设备行业实现利润总额情况见表2。

表1　2011—2016年气体分离设备行业工业总产值完成情况

年份	2011	2012	2013	2014	2015	2016
工业总产值(亿元)	162	201	197	192	180	146
同比增长（%）		24.07	-1.99	-2.54	-8.75	-18.81

表2　2011—2016年气体分离设备行业实现利润总额情况

年份	2011	2012	2013	2014	2015	2016
利润总额(亿元)	11.42	12.34	11.95	9.11	8.46	0.60
同比增长（%）		7.5	-0.68	-23.7	-14.84	-93.26

2016年行业利润总额5 982万元，同比下降93.26%。行业中大部分企业利润下滑，下滑幅度超过40%，但仍有利润；行业中仍有2家企业利润比上年有所增长；亏损企业有3家，其中，杭州制氧机集团有限公司的基数大，其利润由正转负，是造成行业利润下滑93.26%的主要因素。

2. 产量和订货情况

2016年全行业共计生产空分设备124套，比上年减少10套。其中，生产1万m^3/h以上空分设备39套，比上年减少10套；年内新生产的成套空分设备折合制氧总容量约156.83万m^3/h，同比下降21.16%。

2016年气体分离设备行业生产大型空分设备规格分布见表3。

表3　2016年气体分离设备行业生产大型空分设备规格分布

规格（m^3/h）	≥1万	≥3万	≥4万	≥6万
数量（套）	39	17	14	10

2016年天然气液化装置产量及订货情况：由于油价下跌和前期国家油气价格不合理，导致液化天然气价格也出现了下降，结果是对液化天然气的需求增速减缓，相应的天然气液化装置的市场需求也不旺盛，新项目稀少，直接导致新增订货量比前两年有较明显减少。

不少已投入运行的液化天然气工厂出现了开工不足的现象，处于停产、半停产状态，有些项目难以维系，这又反过来影响了对液化天然气装置的投资热情。

2016年，全行业空分设备、液化天然气装置及其他行业产品累计订货额为174亿元，与2015年相比大致持平，全年新增订货量均有所增长，超过了上一年的水平。具体体现在：虽然行业各厂家2016年的产品数量、工业总产值均大幅下降，但行业累计订货额并没有出现相似幅度的下滑，主要的骨干企业均拿到了1万m^3/h以上的空分设备订单。这种情况说明市场下行到2016年开始企稳，在2016年三四季度甚至开始出现回暖的迹象，气体分离设备行业有望走出低谷。

3. 产品出口情况

2016年完成的产品出口额比上年下滑幅度较大，全年完成出口交货值7.39亿元，同比下降49.16%。2016年行业没有出口1万m^3/h以上的大型空分设备，出口产品主要为中小型空分设备、制氮设备及单机设备等。

二、行业发展中的亮点

在严峻的市场形势倒逼作用之下，行业各企业积极适应市场需求，全年行业呈现了不少亮点：

1. 特大型空分设备保持旺盛发展势头

杭州制氧机集团有限公司继续引领我国大型空分设备的制造。2012年以来先后设计、制造了8万m^3/h、12万m^3/h、10万m^3/h等级的空分设备，2014年取得了9万m^3/h空分设备合同，2015年又取得了8.5万m^3/h、7万m^3/h空分设备合同。至此，杭州制氧机集团有限公司在6万～12万m^3/h等级特大型空分设备中均有了系列产品。2017年3月15日，由杭州制氧机集团有限公司为神华宁煤集团公司年产400万t/a煤炭间接液化示范项目配套的7# 10万m^3/h等级大型空分设备顺利产出合格氧氮产品。经在线分析确认：氧纯度为99.6%，氮纯度99.999%，系统运行稳定，装置各项指标达到设计要求。在神华宁煤集团公司与杭州制氧机集团有限公司领导的见证下，10万m^3/h空分设备一次开车成功并顺利出氧，为我国重大装备领域又增添了一件中国神器，这标志着杭州制氧机集团有限公司在10万m^3/h等级特大型空分设备设计制造方面已跨入世界第一梯队，是我国空分设备发展史上又一个重要里程碑。在试车仪式上，央视《大国重器》节目摄制组全程记录了这一激动人心的时刻。

此前，四川空分设备（集团）有限责任公司在2015年7月签订了10万m^3/h空分设备设计供货合同。

杭州福斯达深冷装备股份有限公司2016年签订了出口伊朗的3套8万m^3/h空分设备供货合同，标志着行业内又有一家制造厂商正式进入特大型空分设备制造商行列。

2016年，开封东京空分集团有限公司与山西一丁煤化工公司签订6万m^3/h空分装置供货协议，成为行业中继杭州制氧机集团有限公司、开封空分集团有限公司、四川空分设备（集团）有限责任公司、杭州福斯达深冷装备股份有限公司之后又一家能够生产制造6万m^3/h等级空分设备的制造厂商。

伴随特大型空分设备的发展，国内主要设备制造商也逐渐进行产品结构的调整，并由此展现出新的行业竞争趋势。杭州制氧机集团有限公司在8万m^3/h及以上特大型空分设备市场已经具备和林德、法液空等国外厂家同台竞技的能力，四川空分设备（集团）有限责任公司、开封空分集团有限公司、杭州福斯达深冷装备股份有限公司也在向制造特大型空分设备的目标努力，而原来主要生产4万m^3/h以下空分设备的开封东京空分集团有限公司等企业，瞄准6万m^3/h空分市场，把自己的产品等级提升了一个层次，为以后参与这块市场的竞争做准备。

2. 不断迈出“走出去”的新步伐

2016年，杭州制氧机集团有限公司与马来西亚联合钢铁（大马）集团签订了2套2万m^3/h制氧海外工程EPC总承包项目的商务合同。该合同除成套空分设备供货外，还包括负责工程设计、工程材料、安装和土建。这是杭州制氧机集团有限公司承接的首个国外EPC工程总承包项目，具有重要意义，标志着杭州制氧机集团有限公司的品牌价值在海外市场得到进一步提升，为以后大规模“走出去”奠定了基础。

2016年，开封东京空分集团有限公司在伊朗投资建设了1套6 000m^3/h制氧能力的气体公司。该项目除了EPC总承包外，还负责日常运行。这项积极参与“一带一路”建设和国际产能合作的创新举措，开创了我国空分设备制造业到国外开设、运营气体公司的先河，具有非常好的借鉴意义。

3. 上市公司不断增加

公司上市不仅能方便企业融资，而且能改善企业的股权结构，提升企业的知名度，而且，为了满足上市条件，企业必须规范经营管理行为，提升管理水平和企业效益，可以说上市对企业来讲有非常多的益处。公司上市和资本市场密切结合，成为企业发展的一种时代新特点。

行业中继杭州制氧机集团有限公司（002430）、四川天一科技股份有限公司（600378）、杭州中泰深冷技术股份有限公司（300435）等上市后，河南环宇石化装备科技股份有限公司（831130）、洛阳建龙微纳新材料股份有限公司（833540）两家公司也成功上市进入资本市场。2016年4月27日，苏州制氧机股份有限公司在北京新三板挂牌上市；2016年8月23日，成都深冷液化设备股份有限公司在深圳创业板挂牌上市，行业又增加了两家上市公司。短短几年时间，行业内已经有大约10家企业成功上市，并且多家知名的行业企业也都在酝酿上市。

4. 新技术、新产品不断涌现

在传统空分设备和液化天然气设备需求减少、企业效益不佳的情况下，行业企业根据自身的设计制造实力，挖掘新的市场需求，开发新技术、新产品。如开发石化乙烯、丙烷脱氢、甲醇制取低碳烯烃、沼气等装备，开发电厂富氧空分设备、新型节能空分流程、焦炉煤气制甲烷或LNG设备，CO/H_2 分离提纯流程等新产品或新技术，取得了较好的效果。

在新产品、新技术开发方面，国际知名空分设备制造商为我国企业树立了典范。它们除制造空分设备外，还可以承接上游产品，如煤化工设备中的煤制氢、甲醇洗等设备，下游产业中的精细化工设备，冶金工业的用氧、用氮设备，焦炉气综合利用设备，液化天然气产业链中的天然气预处理设备、液化设备、贮存运输设备、汽化设备、加气站、加液站，工业气体的精制与应用设备等。我国企业在这方面还有很大的提升空间。

三、标准制修订情况

1. 年度标准计划项目立项等情况

2016 年，《空气分离设备能效限额　第 1 部分：外压缩流程设备》《空气分离设备能效限额　第 2 部分：内压缩流程设备》《空气分离设备能效限额　第 3 部分：液化设备》《空气分离设备能效限额　第 4 部分：液体设备》4 项行业标准项目申请立项，当前处于待批阶段。此 4 项行业标准由杭州制氧机集团有限公司提出，经标委会全体委员审议一致同意后上报中国机械工业联合会。

2. 年度计划项目进展情况

2016 年 12 月审查并通过了《纯氮设备》《溶解乙炔设备》《铝制空气分离设备制造技术规范》《粉末绝热低压深冷贮槽》4 项行业标准，当前正在准备相应的报批资料；完成了《特大型空气分离设备》《空气分离设备流程图图形符号和文字代号》2 项国家标准项目的征求意见稿及意见征求工作。

《特大型空气分离设备》项目进展：2016 年 3 月，来自杭州制氧机集团有限公司、开封空分集团有限公司、四川空分设备（集团）有限责任公司 3 家公司的多名专家在杭州成立标准制定工作组，讨论形成了征求意见稿。2016 年 8—10 月，通过各种渠道广泛征求社会各界意见并收到相关单位的回复，处理意见后形成送审稿。

3. 标准审查会情况

2016 年 12 月 14 日，在杭州召开标准评审会议，会上审查通过了《纯氮设备》《溶解乙炔设备》《铝制空气分离设备制造技术规范》《粉末绝热低压深冷贮槽》4 项行业标准。4 项标准的审查结论如下：

《纯氮设备》投票表决情况：1 票反对，24 票同意，占全体委员的 96%，通过审查。

《溶解乙炔设备》《铝制空气分离设备制造技术规范》《粉末绝热低压深冷贮槽》3 项行业标准经与会委员协商讨论，一致同意通过审查。

4. 标准批准发布情况

2016 年批准发布了《氩提取设备》《小型空气分离设备》《真空绝热管道》《空气分离设备用活性氧化铝验收技术条件》《无润滑往复活塞高纯氮气压缩机》《空气分离设备用低温截止阀和节流阀技术条件》《空气分离设备用离心式低温液体泵》《往复式低温液体泵技术条件》8 项行业标准，无国家标准批准发布。

〔撰稿人：中国通用机械工业协会气体分离设备分会徐建平、王世超〕

2016年度中国通用机械行业科技进步贡献奖获奖人员介绍

综述
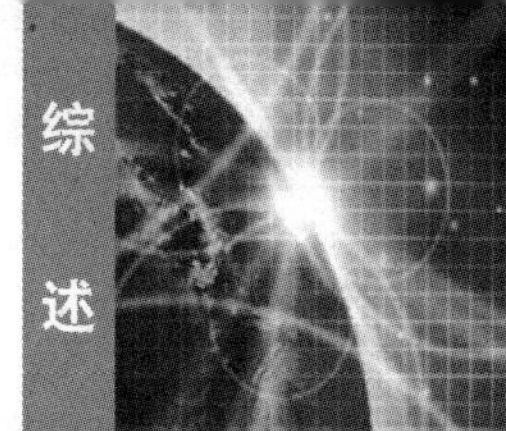
专文

行业概况

人物

企业概况

统计资料

产品与项目

大事记

附录

人物

2016年度“中国通用机械行业科技进步贡献奖”获奖名单

“科技创新突出贡献奖”获奖名单

序号	姓名	性别	职务／职称	所属单位
1	刁　全	男	技术部副部长	沈阳鼓风机集团股份有限公司
2	李　红	女	高级工程师	沈阳鼓风机集团股份有限公司
3	梁维好	男	高级工程师	杭州杭氧股份有限公司
4	韩一松	男	高级工程师	杭州杭氧股份有限公司
5	曹洪强	男	总经理助理	陕西鼓风机（集团）有限公司
6	邓建平	男	高级工程师	陕西鼓风机（集团）有限公司
7	方树鹏	男	副董事长	山东省章丘鼓风机股份有限公司
8	张　勇	男	副总工程师	重庆通用工业（集团）有限责任公司
9	程　林	男	室主任	重庆通用工业（集团）有限责任公司
10	王玉心	男	产品线经理	上海凯泉泵业（集团）有限公司
11	陈　阳	男	总经理	山东精工泵业有限公司
12	王家斌	男	总工程师	山东双轮股份有限公司
13	孟凡瑞	男	技术部部长	淄博水环真空泵厂有限公司
14	吴　涛	男	副总裁	四川金星清洁能源装备股份有限公司
15	宫武旗	男	副教授	西安交通大学能动学院
16	李　静	女	董事长	北京亿玮坤节能科技有限公司
17	刘　森	男	总经理	北京亿玮坤节能科技有限公司
18	徐广磊	男	工程师	开封空分集团有限公司
19	孙校辉	男	工程师	开封空分集团有限公司
20	曾品其	男	总工程师	成都成高阀门有限公司
21	江　蓉	女	研究院院长	四川空分设备（集团）有限责任公司
22	缪郑东	男	副总经理	东台市食品机械厂有限公司

（续）

序号	姓名	性别	职务／职称	所属单位
23	吴　辉	男	总工程师	中核苏阀科技实业股份有限公司
24	金炳庆	男	总工程师	江苏杰尔科技股份有限公司
25	马　强	男	总工程师	兰州真空设备有限责任公司
26	汪文波	男	总工程师	安瑞科（蚌埠）压缩机有限公司
27	吴建新	男	董事长	江苏神通阀门股份有限公司
28	万胜军	男	副总工程师	哈尔滨电站阀门有限公司
29	王秋林	男	技术总监	上海阀门厂股份有限公司
30	王中升	男	总工程师	辽宁长志泵业有限公司

“能工巧匠突出贡献奖”获奖名单

序号	姓名	性别	职务／职称	所属单位
1	张腾蛟	男	高级技师	沈阳鼓风机集团股份有限公司
2	刘跃臣	男	高级技师	沈阳鼓风机集团股份有限公司
3	孙　超	男	高级技师	西安陕鼓动力股份有限公司
4	温忠于	男	高级技师	西安陕鼓动力股份有限公司
5	程远华	男	技师	重庆通用工业（集团）有限公司
6	孙越海	男	技师	重庆通用工业（集团）有限公司
7	谢德肆	男	技师	四川望昌干燥设备有限公司
8	鲁慧珉	男	高级技师	哈尔滨空调股份有限公司
9	戴向东	男	工程师	江苏海鸥冷却塔股份有限公司
10	王利明	男	高级技师	杭州杭氧股份有限公司
11	董宏杰	男	技师	安瑞科（蚌埠）压缩机有限公司
12	么延青	男	高级技师	哈尔滨电站阀门有限公司
13	孙志强	男	技师	辽宁长志泵业有限公司

人物介绍

"科技创新突出贡献奖"人物介绍

刁全

刁全现供职于沈鼓集团齿轮压缩机公司技术部。他于2001年7月毕业于沈阳工业大学机械制造专业毕业，2014年9月获得西安交通大学动力工程硕士学位，多年来一直从事压缩机设计工作，主要负责组装式压缩机、鼓风机设计开发工作，16年来，在新产品的研发过程中具有开拓创新精神，取得了显著成绩。

刁全在大型聚乙烯循环气压缩机研发工作工作中成绩显著，经过长期努力终于签订了中石化武汉分公司80万t/a乙烯项目300KT/Y LLDPE装置用循环气压缩机和中石化齐鲁分公司250KT/Y HDPE装置用循环气压缩机合同。同时他也是国家"863"项目"低碳烯烃及衍生物关键工艺、技术及装备"课题骨干，主导完成的项目"SVK224（空）NKS71/3.2+CE1402（尾）多轴组装式压缩机"获得了2014年辽宁省优秀新产品奖二等奖、"SVK32 5S多高速轴齿轮增速离心压缩机组"获得了2014年辽宁省优秀新产品奖三等奖、"SV12单级悬臂循环气压缩机"获得了2012年辽宁省优秀新产品奖三等奖、"组装式CO_2压缩机研制"获得了沈鼓集团科技成果奖一等奖。"新一代组装式离心鼓风机系列化"研制开发以来已经取得了50多台订单，并且他完成的其他项目多次获得省市奖项及集团的科技创新奖，产生了巨大的经济效益。2012—2016年共获得实用新型专利7项，授权发明专利2项，发表论文11篇。

刁全获得了2015年度沈阳市五一劳动奖章、2015年度辽宁省第九批百千万人才工程千人层次、2012年度沈阳市职工技术创新能手称号、2014年度沈鼓集团优秀科技工作者、2016年沈鼓集团劳动模范、2016年度沈鼓集团技术标准创新贡献优秀个人奖等一系列荣誉称号。

李红

李红，中共党员。2000年毕业于沈阳工业大学检测技术及仪器仪表专业，学士学位。2010年通过国家统考，进入东北大学控制工程专业学习，2013年取得工程硕士学位。2000年9月至今在沈鼓集团仪控设计部门从事离心压缩机成套装置仪控设计工作。

被誉为"国家砝码"的沈鼓集团为国家重大技术装备国产化和国民经济发展作出了卓越贡献，不断刷新国产装备制造新高度，打破国外跨国公司的技术垄断。在沈鼓集团仪控设计岗位工作的16年里，李红先后在湖北黄冈500万m^3/d LNG国产化示范工程项目制冷剂压缩机组、中石化重大装备国产化项目扬子石化PTA节能改造工程主空气压缩机组、国内规模最大的中海油惠州炼化120万t/a乙烯装置中乙烯三机等一批有重要战略意义的国产化首台（套）项目中负责压缩机组成套装置的仪控主导设计。

同时，李红还参与了一系列国产化技术储备研发项目，如北帕斯天然气液化技术及关键设备研发项目冷剂压缩机组研发、南帕斯天然气液化装置关键设备——冷剂压缩机国产化研究、300万 t/a 浮式液化天然气生产储卸装置（LNG-FPSO）等，负责仪控主导设计研究。

李红负责仪控主导设计的“60 万 t/a 天然气液化装置用双混合冷剂离心压缩机组研制”获得了 2016 年度中国机械工业科学技术奖一等奖，“大型天然气液化装置用离心压缩机组”获得了 2013 年沈阳市科技进步奖一等奖，“SVK224（空）NKS71/3.2+CE1402（尾）多轴组装式压缩机”获得了 2014 年辽宁省优秀新产品奖二等奖。同时，李红还获得了 2015 年度沈鼓集团优秀科技工作者、2013 年度沈鼓集团优秀共产党员等一系列荣誉称号。

梁维好

梁维好，1976 年 9 月出生，中共党员。1996 年 9 月至 2000 年 7 月，在上海理工大学制冷与低温技术专业学习，获工科学士学位；2000年8月至2002 年12月，在杭州制氧机集团有限公司板翅式换热器厂从事换热器和冷箱设计工作，任助理工程师；2002 年 12 月至今，在杭州制氧机集团有限公司下属石化工程公司从事换热器、冷箱的设计与开发，以及石化低温分离相关的流程开发和设计工作，历任助理工程师、工程师、高级工程师，流程项目部副部长、技术部副部长，现任流程成套部部长。

梁维好自毕业进入公司以来，在公司的关心和培养下，逐渐成长为公司的技术骨干，先后以项目主要参与者或项目主要负责人身份参与了国家乙烯冷箱国产化、液氮洗冷箱国产化、百万吨级乙烯冷箱的开发与研制、煤制乙二醇氢气 / 一氧化碳分离装置的开发与研制、容器内板翅式换热器的开发设计等公司的大型、重点项目。作为项目主要参与者参与了国家“十一五”重点科技攻关项目“百万吨级乙烯冷箱的开发与研制”，对冷箱整体技术方案、相变流的传热计算、两相流的均布结构进行了优化，并开发和应用了一批高效低阻的翅片，换热器传热效率得到了提高，使多个不同位号的换热器可以串并联为一组，结构更加紧凑，减小了冷箱体积。对多工况运行的换热器，综合考虑各个工况，在不影响不同工况换热的前提下，对原位号换热器进行了流股拆分、重组，将原本一个位号的换热器拆分成几组，通道排列也进行了针对性排布，这种创新性的设计能够使原本不具备调节功能的一台冷箱能够适应多种设计工况，使冷箱有更好的适应性，为满足下游用户多种不同需求的弹性操作提供了可靠的保证。百万吨级乙烯冷箱的成功研制打破了国外少数公司在该市场上的垄断局面，为国家节约了大量外汇，降低了成套乙烯装置的投资成本，也为民族工业振兴作出了贡献。百万吨级乙烯冷箱的成功研制对天然气液化、大型化肥装置，CO/H_2 深冷分离等其他行业的冷箱设备的研制也具有指导意义。百万吨级乙烯冷箱是浙江省装备制造业重点领域国内首台（套）产品，并获得浙江省科学技术奖二等奖。

韩一松

韩一松，1979 年 7 月出生，中共党员，2007 年 6 月毕业于浙江大学材料与化工学院化工系，获博士学位。先后担任项目工程师、院长助理、副院长、常务副院长， 2016 年 4 月至今担任杭州杭氧股份有限公司设计院院长，高级工程师。主持低温空分技术领域方面的技术研究及新产品开发方面的工作，特别是特大型空分设备的研发。

韩一松同志于 2007 年 7 月进入杭州杭氧股份有限公司设计院任项目工程师。十年来，韩一松同志一直兢兢业业、无私奉献，为空分行业的发展及杭氧的科技进步贡献自己的力量。

韩一松长期从事低温空分技术领域方面的技术研究及新产品开发方面的工作，着重于低温空分流程技术研究及低温精馏过程分析计算，掌握多种空分流程的设计计算方法，并把有关技术直接应用于新产品的设计开发中。他参与过多项重大的科技研发项目，均取得了突出的科技成果与良好的经济效益。其所主持开发的配套“神华宁煤400万t煤制烯烃”项目的10万等级空分设备，为当前世界上最先进的空分设备，该设备的成功研制打破了国外公司在这一等级空分设备上的技术垄断，使中国空分的技术水平向前推进了一大步，为企业创造了超过20亿元的经济效益，对我国的煤化工和重型装备的发展来说均具有重大的战略意义。当前，他正在负责研制的世界上规模最大的单体空分设备——“十二万等级空分设备”也已取得了突破，实现了中国空分设备在规模等级上超越世界上任何一家空分设备厂商的目标，该项目的顺利实施将使我国国产特大型空分设备在国际上占有举足轻重的地位。此外，参与研制的6万等级内压缩空分装置获得了中国机械工业科学技术奖一等奖，KDON-58000/97500型空气分离设备被评为国内首台（套）产品。

另外，韩一松主持参与编制行业标准4项，特别是《大中型空气分离设备》和《煤化工特大型空分设备》两项标准，很好地规范了行业的关键技术要求，为行业的健康发展打下了基础。为行业近1 000名骨干进行空分设备的技术培训，积极推广节能技术、节能理念在空分设备运行中的应用，为整个行业的技术进步作出了积极贡献。曾发表论文6篇，获发明专利2项，实用新型专利4项，先后被评为杭州市青年科技创新能手，浙江省机械工业优秀科技工作者。

曹洪强

曹洪强，2008年毕业于西安交通大学机械工程学院，硕士学位。就职于西安陕鼓备件辅机制造有限公司，任技术总监，公司技术质量负责人，科研带头人，创新带头人，“曹洪强创新工作小组”负责人。

曹洪强工作至今主导多项省市级科技创新项目，其中包括“静叶轴承开发研制”“蜂窝密封开发研制”“18000L大型润滑油站开发研制”“润滑油站新三化”“碳环密封开发研制”“TH系列高速中高压碳环密封开发研制”等一大批优秀的项目。

在日常工作中，曹洪强非常注重创新，其主导的创新项目多次获得陕鼓集团公司嘉奖，并被陕鼓集团公司授予“创新带头人”称号。2013年度公司成立了“曹洪强创新工作小组”，2014年被授予“陕西省优秀职工创新工作室”称号。

面对公司新产品销售乏力，好项目无法打开市场的境况，经过细致的思考，他力排众议组建碳环密封产业推进小组，将该新产品的销售、研发、制造、管理、发货、服务等全面流程纳入到小组管理。经过几年的努力，当前碳环密封已经拥有TF、TB、TS、TH四大系列，年销售额达到700余万元。其中，TS系列产品成功替换日本三井轴流压缩机密封产品，是产业进阶的一个大胆尝试。经过几年的努力，公司的密封产业已经初具规模。这条产业推进道路的摸索充满艰辛，注定荆棘密布，但其意义重大，为公司后续新产品产业的建设和发展提供了借鉴。

在曹洪强的带领下，公司的技术能力得到了快速发展，涌现出一大批技术专家和创新能手，许多人经过技术部门的培养，输出到公司其他部门，成为各个部门的骨干和中坚力量。

在科技成果方面，其主导项目“新型静叶轴承及蜂窝密封开发研制”获得陕鼓集团“十二五”科技成果奖三等奖，新型静叶轴承申请国家专利 1 项，“蜂窝密封开发研制”获得陕鼓集团第一届员工创新博览会最佳创意奖，“新型高位油箱法兰窥视镜应用”获得陕鼓集团第二届员工创新博览会最佳创意奖。同时，他还获得员工岗位创新创效成果奖二等奖、三等奖、四等奖若干项，陕鼓集团 QC 成果奖三等奖 3 项、一等奖 1 项，西安市 QC 成果奖一等奖 1 项，行业内刊《风机工程师》发表学术论文 3 篇，国家级核心期刊《润滑与密封》发表论文 1 篇，获专利 4 项。

他先后获得陕鼓集团“‘十二五’先进科技工作者”、2009 年度陕鼓集团劳动模范，2011 年度陕鼓集团“技术文化之星”、陕鼓集团“党员标杆”、西安工业资产经营公司“优秀党员”、2012 年度陕鼓集团“十佳青年”、西安市国资委“四优党员”及其他各类集体、个人奖项 20 余项。

邓建平

邓建平，西安陕鼓动力股份有限公司设计研发部高级工程师。1994 年 7 月参加工作，2007 年 7 月加入中国共产党。工作 20 年来，邓建平凭借着对研发事业的热爱，对技术工作的执着追求，从一名普通的工艺员成长为企业设计研发的中流砥柱。

早在从事叶片加工工艺工作时，邓建平就表现出特别能吃苦、特别能钻研、特别有悟性的特点，他参与了仿型刨加工工艺的引进，突破了五坐标叶片数控编程软件只能在一台计算机上使用和叶片编程的瓶颈，为企业在该技术领域的发展作出了突出贡献。他本人也因此多次荣获省级、市级颁发的荣誉证书。

2015 年 2 月，邓建平参与设计的我国第一套国产化丙烷制冷压缩机组不仅走出了国门，打破了国外垄断的局面，而且各项指标均达到国际水平，成为陕鼓集团在拓展新市场和新领域的里程碑项目。

2015 年 11 月，邓建平参与设计的我国第一套国产化 40 万 t/a 丙烷异丁烷混合脱氢（PDH）装置顺利投运，机组各项性能稳定良好，满足工艺要求，获得用户赞誉。该项目的顺利投产对其后续开拓国内市场具有成功的示范效应。

通过多年来的不懈努力和钻研，邓建平与团队成员刻苦攻关，不断研发新技术，形成了陕鼓集团具有自主知识产权的高炉煤气能量回收透平和高压特殊介质离心压缩机的设计、制造成套技术。特别是设计制造的用于空分设备、循环气、天然气、氢气、裂解气、原料气等离心压缩机已广泛应用在石化行业的重大项目中，为国家提供了动力强劲的国产“心脏”。

在对煤化工领域市场调研和有关技术的消化吸收后，邓建平已掌握了空分压缩机、合成气压缩机、丙烯制冷压缩机等机组的设计制造及成套技术，使企业开始向煤化工领域提供这三大核心设备，为进一步优化能源结构，大力开发新型替代能源，解决石油短缺及由此造成的能源安全问题作出了重要贡献。

近年来，随着节能环保产业市场需求加大，以及陕鼓集团向分布式能源产业进军的脚步加快，机组系统优化和节能环保技术成为客户关注的焦点，为此，邓建平也不负众望地进行技术创新和研发。

邓建平参与设计的“大型高炉煤气余压回收透平机组”获得2006年西安市科学技术奖一等奖；以邓建平为主要负责人的“硝酸‘四合一’透平机组系统技术开发及应用”分别获得2011年陕西省科学技术奖二等奖、中国机械工业科学技术奖二等奖、陕西省职工优秀发明创新成果奖金奖，以及2013年国家能源科技进步奖三等奖；作为机组总成负责人，邓建平参与的“风机制造企业全国产化双加压法年产27万t稀硝酸总包技术开发项目”获得2012年西安市临潼区科学技术奖一等奖；作为第一发明人，邓建平研制的“一种氧化氮压缩机防喘振装置”和“一种烧结余热回收与烧结主抽风机联合驱动机组”分别于2009年和2011年取得了实用新型专利，成为陕鼓集团在国内的首创，为陕鼓集团分布式能源产业发展，提供了能量转换领域的相关技术支持。

方树鹏

方树鹏，2009年6月，中国矿业大学研究生毕业，中共党员，现任山东省章丘鼓风机股份有限公司副董事长、董事会秘书，是济南市章丘区第十七届人大代表。先后荣获济南市章丘区“第四批、第五批青年学术技术带头人”“第十届十大杰出青年”荣誉称号；拥有外观设计专利授权1项，实用新型专利5项， 完成12项山东省技术创新项目， 正在进行4项省技术创新项目。

方树鹏作为公司董事会秘书，打造了良好的企业形象和投资关系，成功将公司推向资本市场，成为章丘县域经济“第一股”。他在企业管理中开创管理新模式，先后提出了“一人多机”的加工管理模式、“网状管理梯队理论”“人才储备”等新的管理思路，使公司的产品销售、新产品开发、市场开拓、内部管理等各项工作连续几年稳步推进，并取得了总公司下属的两家核心子公司鼓风机厂稳步发展、透平机械公司连续两年销售翻番的好成绩。

方树鹏重视新产品开发和技术进步，亲自主导设计和参与研发的多项新产品填补了国内空白，荣获省市级奖励，列入省市重点项目。他带领技术人员艰苦攻关，研发设计的“干气密封罗茨鼓风机”“新型铸造结构多级离心鼓风机”“LRA（C）型水环真空泵”“大型铸造结构多级离心鼓风机”“高压力单级高速离心鼓风机”等多项新产品均列入山东省技术创新项目。他同时完成了4种MVR罗茨式水蒸气压缩机产品的开发工作，扩大了罗茨鼓风机的应用领域；设计开发了最大型号铸造多级离心鼓风机C950型模型机等80多种型号铸造结构多级离心鼓风机。他主导开发的“B型单级高速离心鼓风机”荣获山东省机械工业科技进步奖二等奖和济南市章丘区科技进步奖一等奖，“大型焊接离心鼓风机”荣获山东省机械工业科技进步奖二等奖和济南市科技进步奖三等奖，参与研发设计的“特种柱面插销加工数控系统、机床研制与罗茨风机叶轮开发关键技术”获得山东省科技进步奖二等奖。

方树鹏运用所学专业知识，领导技术人员不断创新，提升了产品的竞争力，拓宽了市场，树立了良好的品牌。与此同时，他不忘自己所承担的社会责任，积极参与到社会公益事业中，响应政府的号召解决就业问题，支助困难人士，为年轻人树立了榜样。这就是年轻而又睿智的80后青年，从学生到领头人，从“知识分子”到成功的管理者，他以自己年轻人的蓬勃朝气、拼搏进取的精神，为章鼓的发展贡献着力量！

张勇

张勇，男，50 岁，工程硕士学位，高级工程师。重庆通用工业（集团）有限公司副总工程师、风机事业部总工程师。

张勇牢固树立爱岗敬业、乐于奉献的信念和主动服务意识，工作上兢兢业业、刻苦钻研、锐意进取，将产品开发与市场的贴合做到深入细致，出色地完成了各项技术研发任务。

张勇在离心通风机技术研发领域拥有 30 余年的技术和现场经验。其主导建立了风机现场测试的标准规范，制定了用户现场测试开孔标准规范、风机测试计算程序模板、节能改造用户方案模板，推动了风机节能改造技术测量、计算的标准化。在其主持参与的高效节能风机研发中，他在深入了解风机系统工艺运行情况下，结合其对风机长期在不同工艺系统中运行的研究，开展了风机系统合成后的优化分析，改进了风机结构设计和风机整机流场优化，提高了风机整机效率，并提出风机在使用系统中高效率运行的解决方案，最终促使研发工作顺利完成，该项目的完成有力扩大了产品的应用领域，带动整个风机行业开始在水泥、钢铁等领域大规模开展风机节能改造，同时协助实现了中国第二代新型干法水泥生产线的设计建设能力，降低水泥生产线装机功率 10% 以上，降低能耗 10% 以上。在已完成的国内多个高效节能离心通风机系统改造项目中取得了圆满成功，风机节能效果显著，已成为行业内高能耗领域风机节能改造的示范项目，深受用户好评，受到了行业专家的一致好评，技术水平处于国内领先水平，部分技术已达到国际先进水平。为此，2016 年 4 月，张勇同志被中国建筑材料联合会评选为“推进第二代新型干法水泥技术与装备创新研发突出贡献先进个人”，并成为《第二代新型干法水泥配套辅机设备技术验收规程》标准制定专家组成员。

作为副总工程师，张勇同志在把好技术方案关、解决好营销工作中的售前、售中、售后的技术支持工作的同时，带领系统分析团队对风机应用系统进行深入地了解、分析和合理应用，提升设计技术人员的技术水平和系统思考问题、解决问题的能力。并把用户系统现场处理方法和技术经验，结合技术营销的理念，与设计技术人员进行了分享，提升技术人员的市场意识和技术服务意识，受到公司同仁好评。

程林

程林，男，1985 年 8 月生，中共党员，大学本科学历，工程师。2007 年 7 月毕业于华北水利水电大学制冷暖通专业，同月参加工作。工作至今一直就职于重庆通用工业（集团）有限公司（以下简称“重通集团”），主要从事技术研发及技术管理工作。曾担任重通集团技术分工会主席、制冷 / 压缩机研究所室主任等职务，现任重通集团技术中心制冷 / 压缩机研究室主任。

程林同志曾获得重庆市科学技术成果奖、重庆市职工优秀技术创新成功奖、重庆机电集团技术研发之星、重通集团年度十大标兵、重通集团年度技术工作先进个人、重通集团劳动竞赛优秀个人、重通集团年度改进工作二等奖、重通集团年度安全保密先进个人、重通集团年度优秀工会干部等荣誉或奖励。

程林同志在离心式冷水机组技术研发领域拥有 10 余年的丰富技术经验，主持研发了国家重大专项课题“核电站定频水冷离心式冷水机组研制”，于 2015 年 11 月顺利通过了由国家能源局委托、中国机械工业联合会组织的科技成果鉴定，达到国际先进水平，并荣获 2016 年中国国际制冷展创新产品奖、重庆机冶工会劳模创新工作室 2015 年优秀创新项目一等奖，成功实现了国产化，为我国第三代核电自主化及出口作出了积极贡献。主要参与研发的“船用离心式制冷机组”2015 年 12 月荣获重庆市科学技术成果奖、“核电用双级离心压缩机组”荣获重庆市职工优秀技术创新成果优秀奖。主持研制的“双级高效离心式冷水机组”综合能效远超国家一级能效水平，成功达到世界先进水平。当前已累计申请专利 14 项，其中发明专利 3 项，发表行业论文 1 篇，参与制定企业标准 2 项。

同时，程林注重学习和提高，参加了西安交通大学透平压缩机理论知识的在职学习、势加透博 Concepts NREC 专业技能培训学习、重庆机电集团“第一期青年骨干人才培训班”学习、国军标质量管理体系培训学习等，有效提升了综合素质。

程林同志以自身的实际行动践行着一名优秀共产党员和新一代科技工作者的诺言，在技术创新的道路上积极作为、敢拼敢闯。在日后的工作中，他定将继续发扬艰苦奋斗的精神，不忘初心，在科学技术的创新发展中发挥好新生代专业技术人才的能量，为公司乃至行业的技术进步发展作出积极的贡献。

王玉心

王玉心，高级工程师，现为中国机械工业标准化技术协会第一届排灌专业委员会委员，中国水利协会泵及泵站专业委员会委员。2004 年毕业于兰州理工大学水机专业，同年进入上海凯泉泵业（集团）有限公司技术中心工作，长期从事水利用泵和电厂主循泵的设计研发工作。

王玉心于 2010 年设计了亚洲最大的南水北调淮安二站，4500ZLQ60-4.89 型立式全调节轴流泵，叶轮直径 4.5m，单机流量 60m^3/s，扬程 4.89m。该泵是旧泵站改造，其原有的流道不动，水泵层、电动机层等高程不变，各土建层中的预埋件不动，要求将新生产的泵能在原泵站基础不变的情况下顺利安装，需要多次到现场复核原有基础尺寸。选用的水力模型型号为 TJ05-ZL-02，该模型的主要特点是：流量大，叶片厚。由于模型泵的叶片比较厚，在设计大泵后，叶片的强度就会好很多，水泵在日后的运行中，不容易产生叶片振动、断裂等现象，叶片的生产工艺性也比较好。该模型泵在河海大学做了装置模型试验，试验结果基本满足招标文件要求，并于 2011 年 1 月 8 日在南京通过了江苏省南水北调淮安二站改造工程建设处的验收。

2016 年，王玉心主持的“特大型混流泵和轴流泵节能关键技术研究与应用”课题获得中国机械工业科学技术奖一等奖，“特大型混流泵和轴流泵及装置研制与应用”获得 2016 年度江苏省科学技术奖三等奖。2017 年，其主持研发的“特大型混流泵”荣获 2017 年泵阀行业荣格技术创新奖。王玉心获得了“一种开敞式轴流泵”“一种全调节轴流泵”“一种斜式轴流泵”“一种卧式轴流泵”等 20 余项专利。

陈阳

陈阳现任山东精工泵业有限公司总经理，天津大学毕业。自参加工作以来，曾先后担任山东精工泵业有限公司销售部西南地区经理，公司分管生产、外经贸的副总经理。就职以来，始终不渝地践行创新发展理念，率领全体员工，励精图治，开拓进取，为公司实现高质量、跨越式发展作出了卓越贡献。

根据企业总体发展思路，陈阳主持制定了公司发展规划。近 3 年来，公司自主研发高新技术

产品 17 种，其中 16 种实现了系列化生产。以各种机电一体化、耐腐蚀真空泵 / 机组为主导的高新技术产品销售收入已占公司总收入的 85% 以上，并实现了持续增长，产品技术达国内领先水平。

陈阳意识到，中小企业要在残酷的市场竞争中立于不败之地，必须转变发展方式，坚定不移地走以我为主和集约化发展的道路。2012 年以来，在董事长的支持下，他多方奔走，组织协调，组建了产学研相结合的企业研发中心和山东省泵类产品出口基地公共服务平台 —— 公共技术研发中心，极大地提高了企业的创新水平和在行业、地区的影响力。

陈阳认真践行"以质量求生存、以创新求发展"的经营理念，他视技术创新、产品质量和市场开拓为企业发展的生命线，为提升产品技术水平和经济、社会效益作出了不懈努力。以陈阳为首的公司新的领导班子立足于企业实际，确立了"以增强研发创新能力、加快产品结构调整为着力点，推进企业转型、产品升级"的发展目标，团结、率领全体员工积极、从容地应对国际、国内严峻的市场形势，使公司生产经营活动得以健康、稳定的发展。公司积极研发用户需求的各类真空机组，加快科研成果的转化速度，实现了当年研发设计、当年通过科技成果鉴定、当年具备生产能力并向用户供货。

陈阳深知，企业要实现持续发展，产品核心技术必须拥有自主知识产权。公司在工作环境、激励政策诸方面支持和鼓励员工创新，悉心构筑企业自主知识产权体系。2012 年以来，公司申报专利 10 项，其中发明专利 1 项，已有 9 项获得国家专利局授权；受全国泵标准化技术委员会和全国真空技术标准化技术委员会委托，公司近年来先后负责翻译泵产品国外先进标准 1 项，主持和参与起草国家和行业标准 6 项，陈阳总经理被推选为全国泵标准化技术委员会委员。近三年来，公司承担山东省科技创新项目 1 项、山东省科技发展计划项目 1 项，淄博市科技发展计划项目 3 项，有 3 项科研成果通过了淄博市科技成果鉴定，其中 2 项获淄博市科技进步奖三等奖，1 项获得中国通用机械科学技术进步奖三等奖。

陈阳坚持国内、国外两个市场一起抓的经营方针，积极创造条件，力争使公司产品打入国际市场。在他的主持下，公司取得自营进出口权，近 3 年来，多种真空设备出口德国、美国、俄罗斯、新加坡、苏丹、罗马尼亚及中亚、东南亚各国，出口交货值达 1 500 万元，并进一步培养外贸专业人才，充实力量，加强国际贸易，力争使产品更多地进入国际市场，提高企业的出口创汇能力。

陈阳意识到，作为企业的总经理，必须时时有一种紧迫感和危机感。为使公司在风云变幻的市场竞争中永远保持科学、健康的发展，他更加重视并积极开发企业文化资源，在夯实和完善企业管理体系的基础上，逐步构建精工泵业独具特色的企业文化。

王家斌

王家斌毕业于江苏工学院，现任山东双轮股份有限公司总工程师、监事会主席，全国泵标准化委员会委员、中国机械排灌委员会委员、中国农机学会排灌协会委员。曾任山东博泵科技股份有限公司产品开发处处长，山东双轮集团股份有限公司技术部副总工程师，山东省自主创新及成果转化专项项目负责人，国家科技支撑计划项目负责人。

王家斌自参加工作以来一直从事水泵的设计、开发和技术管理工作。他在技术创新工作中坚持科学发展观，尊重人才，尊重科学，围绕国家大力支持的技术创新领域，制定符合企业实际的产品发展规划，把全部精力投入到企业的新产品开发工作中，把自己掌握的技术毫无保留地传授给其他技术人员，提升了企业整体技术水平，为企业发展作出了突出贡献。荣获山东省首届十大杰出工程师、威海市人才项目产业工程特聘专家、中国通用机械行业科技进步贡献奖、威海市优秀科技工作者、环翠区有突出贡献中青年专家。近三年来获得山东省科技进步奖二等奖1项（首位）、中国机械工业科技进步奖三等奖1项（首位）、威海市科技进步奖一等奖1项（首位）、教育部科技进步奖一等奖1项、水利部大禹科技进步奖一等奖1项、威海市科技进步奖二等奖1项（首位）。

王家斌组织建设了国家认定企业技术中心和博士后科研工作站，提升了公司在行业中的技术领先地位。组织实施了技术中心信息化建设，对研究中心科研设备进行大幅度更新、改造和完善。在行业内第一家采用3D打印技术制作叶轮模型，消除了手工制作偏差，保证水泵效率，带动了行业技术进步，大大缩短了水泵新产品的试制周期，达到了国际先进水平，使公司成为全国信息化500强之一。

2014年，王家斌主持申报国家科技支撑计划“海水淡化高效节能高压泵、增压泵研发及产业化”项目，并担任项目负责人，获得科技扶持专项资金557万元。他主持、参与修订了GB/T 5662—2013《轴向吸入离心泵（1.6MPa）标记、性能和尺寸》等8项国家和行业标准，荣获“全国泵标准化工作突出贡献奖”。在不断研发新产品的过程中，取得了“反渗透海水淡化多级高压泵”等6项发明专利和24项实用新型专利，2017年被评为“山东省第五届优秀发明人”。他应用这些专利技术主持研发了10个系列新产品，并通过了教育部、经信委的产品鉴定，技术水平均达到国内领先水平，近3年合计实现销售收入7.8亿元，实现新产品销售利润2.4亿元，为企业持续发展奠定了基础。

孟凡瑞

孟凡瑞，男，1977年4月出生，内蒙古喀喇沁旗人，现任山东华成集团淄博水环真空泵厂有限公司项目技术部部长。

孟凡瑞多次参与承担国家能源自主创新项目、国家重点新产品项目、国家科技火炬计划、山东省技术创新项目、山东省科技重大专项等项目。其中，在核电及煤炭制油制气用真空成套设备项目列入国家能源自主创新项目中，2BEC100水环真空泵和煤矿井下移动式瓦斯抽放泵站两个项目列入国家重点新产品项目，2BEC系列新型水环真空泵、2BEC80水环真空泵和2BEC120超大抽气量高效水环真空泵3个项目列入国家火炬科技计划项目。

孟凡瑞作为核心成员，与公司享受国务院津贴的专家一起坚持高起点，参考国外先进技术和经验，结合国内产品生产工艺现状，反复计算论证试验，成功设计开发出多种超大型真空泵产品及其成套真空设备。先后有9个项目通过省级科技成果鉴定：技术达到国际领先4个，国际先进4个，国内领先1个。取得国家授权专利33项，其中国家发明专利5项，国家实用新型专利28项。研发的超大型水环真空泵产品效率提高20%，节能效果明显，取得很好的经济和社会效益，成功应用于国家某部队风洞试验、国家高速列车穿越隧道模拟试验等国家重点项目。

孟凡瑞为公司科研工作及企业发展作出贡献的同时，个人也取得了一些荣誉：“智能型煤矿井下移动式瓦斯抽放泵站研究开发及产业化”等4个项目先后获得山东省科技进步奖，“大型节能煤矿瓦斯抽放泵开发”项目获得国家能源科技进步奖，“核电火电大容量水环真空泵成套机组研究开发”等5个项目获得中国机械工业科技进步奖。同时获得山东省专利奖2项，山东省机械工业科技进步奖4项，淄博市科学技术奖6项。

在设计开发产品的同时，孟凡瑞还负责产品市场推广的技术交流工作，与用户和设计院做好沟通交流，为煤炭、造纸、电厂、化工、石化、航空航天等行业使用公司产品提供技术支持。产品产销额连续十五年在同行业中排名第一，市场占有率达30%以上，同时大量出口欧洲、非洲、东南亚及印度、俄罗斯、赞比亚等地区和国家。

吴涛

吴涛，四川金星清洁能源装备股份有限公司副总裁兼研究院常务副院长，工程师。

吴涛具有很强的技术创新和开发能力。自任公司研究院常务副院长以来，在其带领下，公司研发部门经过了整合、稳定、播种、耕耘，2014年迎来了快速发展的一年，公司研究院被认定为国家企业技术中心。吴涛主持开发的自主创新产品——燃气净化橇装模块式自动化工厂成套装备、橇装式全集成CNG标准加气站被列入四川省重大装备研制项目，通过了四川省经济和信息化委员会鉴定，其各项技术性能指标达到国际先进、国内领先水平。吴涛主持研发的燃气净化橇装模块式自动化工厂成套装备荣获四川省科技进步奖三等奖、成都市科技进步奖二等奖。2016年主持研制的基于工业互联网标识的远程运维新模式应用，通过标识服务解决产业链不同企业、不同环节互联互通问题，对于设备、部件等进行标识化管理，降低运营成本，提高生产效率。

吴涛不仅重视企业的技术发展和创新，同时注重知识产权的保护，由他主导开发的创新新产品共有15项，通过成果鉴定的4项，获得国家专利68项（其中6项发明专利，62项实用新型专利）。在他的指导下，培养出一大批技术骨干，为行业科技进步和发展作出了突出贡献。

同时，吴涛注重加强企业职工的基础技术培训和岗位能力的提高，组织计算机软件、专业知识培训。并且重视借助外脑，聘请外部专家并进行产学研合作，2016年与四川大学、西安交通大学、中国科学院、工业和信息化部电信研究院等科研院所进行了多项合作研究开发，大力提升了公司在行业和通用机械领域的地位，为公司装备研发技术在行业中处于领先作出了贡献，使本公司技术始终处于国内领先、国际先进水平，在行业具有一定的影响力。

本着紧跟国家战略和产业发展的方向，积极服务国家重点工程。吴涛正带领研发团队开发研制CNG加气站用高转速大功率节能压缩机、撬装立体式高效节能压缩机、基于工业互联网标识的远程运维新模式应用，以填补国内空白，使公司技术创新产品跟上国家战略和产业发展，扩大应用领域，为企业可持续发展提供强有力的技术保证。

宫武旗

宫武旗，工学博士，西安交通大学能动学院副教授，辽宁重大装备制造协同创新中心专家成员。

宫武旗主持完成国家自然科学基金项目1项，国防军工科研项目2项，企业科研项目20余项，发表学术论文50余篇，其中EI论文30余篇，SCI论文12余篇，获得授权的国家发明专利2项。以第一和通讯作者在国际著名学术期刊Experiments in Fluids和AIAA Journal上发表流体力学领域研究性学术论文。

宫武旗主要从事流体机械试验技术和高性能流体机械产品研发。开展气动探针、热线风速仪（Hot Wire Anemometry）、粒子图像速度场仪（Particle Image Velocimetry）、激光多普勒测速仪（Laser Doppler Velocimetry）等技术在流体机械流动测试方面的应用研究。主持完成的“透平压缩机气动探针自动校准测试系统研发”项目，2016获得中国通用机械行业科技进步贡献奖之科技创新突出贡献奖，2017年获得了陕西省高等学校科学技术奖二等奖。该系统成功应用5年以来，为多家企业研制各类气动探针500余套，用于高性能透平压缩机模型及产品的研发，解决了一系列重大关键测试问题。负责完成的主要项目有：西安航天动力研究所发动机部件的设计优化及试验测试研究；沈鼓的离心压缩机模型及产品试验规范研制；陕鼓的轴流压缩机模型试验台方案设计及关键技术研究、烧结风机的三元流改造及轴流压缩机噪声预测等；荏原的两级高效离心式制冷压缩机研发；骞海鼓风机的4000kW风机试车台测试系统研发等。

李静

李静，工学博士，北京科技大学控制理论与控制工程系。现今任北京亿玮坤节能科技有限公司董事长。2004年11月，在西门子自动化与驱动培训中心进行西门子SIMATIC PCS 7/ ST-PCS7 SYS系统配置调试编程等工程培训。2006年3月，在西门子自动化与工业解决方案培训中心进行西门子SIMATIC TDC（CT-P9TDCCN）编程、测试与通信培训。2010年8月，在西门子自动化与驱动培训中心进行西门子传动SINAMICS S120系统设计与调试培训。2010年9月，在西门子管理培训中心进行领导力精要培训。

当前，李静主要完成科研鉴定成果2项，获得科研奖励2项，发表学术论文30余篇，获得授权的国家发明专利2项。以第一作者在国际著名学术期刊《科技导报》上发表控制理论与应用领域研究性学术论文。

李静主要从事高炉冲水余热回收技术和中厚板热处理线（常化＋控冷）的开发与应用研究。主持完成的“高炉冲渣水余热回收技术研发及应用”项目，2016年获得中国通用机械行业科技进步贡献奖之科技创新突出贡献奖。该系统成功应用多年来，为多家企业解决了一系列问题，并节约了大量能源。负责完成的主要项目有：稀土永磁悬浮密封技术在带钢热镀锌中的应用研究；北京高效轧制国家工程研究中心冷轧机改造项目及400mm双机架冷连轧三电控制系统项目；教育部主持的“十五”211工程建设项目的三电平PWM交直交变频系统开发项目；国家经贸委、科委主持的国家重大技术装备（科技攻关）研制项目中的子课题——冷连轧主传动交流调速控制系统研制等。

刘森

刘森，北京亿玮坤节能科技有限公司总经理。1994年8月至1999年8月在山东威海供电局任电气工程师。1999年9月至2003年7月在新加坡工作，任职电气工程师及项目经理，参加了3个船舶自动化项目的调试和管理。2003年8月至2008年5月在山东日照钢铁公司热轧带钢厂任设备副厂长，主抓带钢厂的设备维护和电气自动化的调试，荣获2007年公司优秀员工奖。2008年6月至2010年8月在北京安德里茨有限公司任项目经理，参加多个水力发电项目，涉及多个国家，主要负责印度尼西亚水力发电项目，连续获得公司最佳项目经理奖、最佳项目管理奖等多项荣誉。自2010年8月至今，担任北京亿玮坤节能科技有限公司总经理。

刘森于2004—2008年在山东日照钢铁公司热轧带钢厂任设备副厂长期间，发现冲渣水余热回收问题，从此开始其研究工作，于2010年8月联合高校，利用多年来的研究成果及专利技术，在中关村产业园基地成立了北京亿玮坤节能科技有限公司。

刘森自任职北京亿玮坤节能科技有限公司总经理以来，以市场为导向，以增强自主核心技术开发能力为基石，加强市场意识、工程意识和服务意识，在冶金行业开展的高炉冲渣水余废热回收供暖系统一体化技术装备开发、余废热回收发电系统一体化技术装备开发等取得了良好的业绩。完成科研成果鉴定 2 项，参与授权发明专利 2 项，实用新型专利 14 项，软件著作权 1 项，荣誉奖项包含北京市科学技术奖、金桥奖、首都蓝天行动科技示范工程、综合能源系统创新项目等多项。

2010—2017 年，依靠现有的专利技术和专利产品，公司相继承接山东西王特钢有限公司、西安陕鼓动力股份有限公司、中阳钢铁有限公司、首钢股份公司迁安钢铁公司、中铁钢铁集团有限公司、唐山国丰钢铁有限公司、邯郸钢铁集团等公司的低温余热回收项目 40 余个，建造了 80 多个换热站，供热面积超过 1 000 万 m^3，节约了大量燃煤燃气，减少了 CO_2、SO_2、烟尘及有害气体的排放，为企业创造了经济效益、社会效益和环境效益。截至 2015 年，公司所有运用该技术正在运营的项目全年产生的节能量合计 241 088.48t 标准煤，居于 2016 年的节能服务公司百强 19 名，节能效益明显，为地区蓝天工程作出了贡献。

徐广磊

徐广磊，男，出生于 1985 年 9 月，中共党员，毕业于兰州理工大学过程装备与控制工程专业。2007 年 7 月进入开封空分集团有限公司，同年 10 月进入开封空分集团设计研究院透平机械室。

徐广磊同志自 2007 年进入开封空分集团设计研究院透平机械室至今已经有十年，在这段时间里，他始终对自己的工作充满激情，努力工作，勇于创新，团结同事，取得了不小的成就。

徐广磊同志严格要求自己，努力进步，得到公司团委的认可，获得 2009 年和 2010 年优秀共青团员的称号。经公司推荐获得 2011 年开封市优秀共青团员的称号。他不断加强自己的思想觉悟，积极向党组织靠拢，其努力获得单位的认可，经其所在部门室主任的推荐于 2013 年正式加入中国共产党，成为一名合格的共产党员。

徐广磊同志工作认真，态度端正，时刻充满激情，保质保量完成领导交办的任务。这期间参与了几十套膨胀机的设计任务，自己主持设计了十几套空分配套的膨胀机。参与设计的 PLPK-67/8.4X0.5 型透平膨胀机荣获 2009 年度公司技术革新和技术进步奖三等奖；参与的大流量小膨胀比透平膨胀机的研制荣获 2014 年度河南能源化工集团有限公司科技进步奖二等奖。徐广磊同志现场处理问题能力很强，从进入集团公司以来平均每年都有 100 多天的现场服务经历，帮助用户处理各种膨胀机的问题。2011 年—2012 年，公司膨胀机由于各种原因在用户现场多次出现问题，情况不够乐观。公司成立技术攻关小组，在他的带领下，专业维修人员多次往返于公司和用户现场，不分昼夜抢修，不怕辛苦，不畏严寒，最终将问题解决，得到用户的认可和公司的表彰。2009 年被评为设计院年度最佳新人。2012—2015 年连续四年获得年度最佳质量奖。2011 年公司与西安交通大学共同研发液体膨胀机项目，决定由徐广磊同志担任主任设计师。接到任务后，他顶住压力，学习研究，通过与西交大教授、博士生共同探讨，翻阅国外资料，调研国内企业进口液体膨胀机的使用情况，结合自身情况不断修改设计，步步跟踪保证生产装配质量，反复多次试验产品样机，指导现场安装、调试，与用户共同制定出《液体膨胀机的试车方案》。功夫不负有心人，2015 年 9 月液体膨胀机在河南龙宇煤化工有限公司试车成功，打破国外企业长期垄断的局面，填补了国内此类产品的空白，并获得国家实用新型发明专利 1 项。

孙校辉

孙校辉，男，毕业于哈尔滨理工大学热能与动力工程专业。2004年7月进入开封空分集团有限公司，同年10月进入开封空分集团设计研究院换热器室。

孙校辉同志自2004年进入开封空分集团设计研究院换热器室，至今已经有13年。在平时的工作中，态度积极，工作认真，敢于创新，严格控制工作质量，注重团队合作，对空分集团的发展起到了积极作用。

孙校辉同志严格要求自己，思想进步，乐于帮助别人，注重培养自己的人生观和世界观，先后多次被公司评为优秀共青团员和先进个人。

孙校辉同志不怕苦，不怕累，工作认真，积极向上，时刻充满激情，敢于创新，敢于担当。完成了几百台换热器的设计、校对、审核任务，并完成了大量的换热器报价，同时完成了多个新产品研发任务。在绕管换热器方面做了大量工作，在2014年利津石化的投标项目中，通过对计算方案的优化，使6台绕管换热器的总重量由260t减少到210t，投资成本降低300余万元，同时对方案的严谨评审也取得了用户的信赖，为公司最终签订合同起到了关键作用，当前该套装置运行良好；在2015年安庆石化设备更新项目中，重量为86t的绕管换热器现场运行时壳程阻力超出允许值，致使该套装置达不到规定负荷。通过对该换热器设计参数和现场运行的分析，最终制定了新的改造方案。当前该设备已顺利开车，运行数据完全达到了预期，该设备的改造取得了圆满成功。在板翅式换热器方面，长期以来，他对常规板翅式换热器的设计制造早已成熟，但对两相流设计方面的均布问题始终没有解决。2015年，公司与安珂罗签订一套小型LNG冷箱，该项目涉及两相流均布问题。孙校辉同志接到项目以后，查阅相关资料，做了相关试验，反复验证，最终确定了两相流均布的结构形式，为以后公司在该市场的发展奠定了基础。在管壳式换热器方面也做了很多工作，包括空分设备和化工设备，积累了很多经验，其中在蒸汽加热器方面做了很多创新工作，首先用高翅片管代替了原来的光管，提高了传热效率。后来又通过结构的改进，利用饱和冷凝水的潜热，达到了节能减排的效果。2009年、2012年、2015年多次获得开封空分集团和河南能源化工集团先进个人，2014年凭LNG绕管式换热器制造关键技术获得河南能源化工集团科技进步奖二等奖。

曾品其

曾品其，自2015年至今，同时担任乘风阀门集团和成都成高阀门有限公司总工程师。曾任自贡高压阀门厂设计科设计工程师，从事产品设计、产品试制工作；自贡高压阀门厂研究所副所长，负责新产品开发工作；成都成高阀门有限公司技术副总经理（兼总工程师）。

1984—1992年在自贡高压阀门厂从事产品研发工作，先后获得自贡市人民政府授予新产品开发先进个人称号，盐都十年青年群英称号；1990年获自贡市委、市人民政府授予有突出贡献的中青年拔尖人才称号，同年获自贡市新产品开发先进工作者称号；开发的气液联动球阀获四川省优秀新产品奖二等奖；城市燃气工程用球阀获四川省优秀新产品奖一等奖。1991年获四川省新长征突击手称号，四川省100名优秀青年称号；期间授予实用新型专利8项。

1993年，曾品其与他人合作组建成都成高阀门有限公司，任总工程师。期间着重培植公司技术研发能力，研发一些技术含量高的以国代进产品。2003年组织研发全焊接球阀，于2008年在中石油西二线西段得到全面应用，打破了国外同行的技术垄断。

2010—2013 年主持研发了能源局与中机联下达的 40in、48in 全焊接球阀，获能源局颁发荣誉证书和机械工业科学技术奖一等奖，并大批量应用于国家能源管线，使国产高压大口径球阀占据国内市场主导地位；研发的 56in 全焊接球阀率先通过工业性试验，为“中俄输气东线”所需阀门做好技术准备。

曾品其主持公司的产品研发及产品创新，获选四川省科技成果名录，获国家专利局授予专利 44 项。

2015 年任飞风阀门集团总工程师，继续推动技术创新与市场同步发展，为国家能源安全战略作出应有贡献。

江蓉

江蓉 2009 年从华中科技大学硕士研究生毕业来到四川空分设备（集团）有限责任公司（简称“四川空分”），并迅速成长为公司优秀的技术型和管理型人才。她先后获得了资阳市女职工建功立业标兵、四川省机电冶煤系统女职工技术创新先进个人、（集团）公司 2014 年度劳动模范、四川省五一劳动奖章等荣誉，还是资阳市青年联合会第二届委员会委员。

不是每一次努力都伴随成功，但每一次成功都必定来自于努力。多年来，公司研究院担负着公司技术创新的重任，作为研究院院长的江蓉更是重任在肩。

江蓉先后负责的空分装置设计项目有：中海油宁波 LNG 冷能空分装置工艺包、湖南湘钢梅塞尔 510TPD 液化装置、唐山荣程 2 万空分装置、青海盐湖 18000 高氮装置等。2015 年 1 月，中海油宁波 LNG 冷能空分项目一次开车成功，生产出的液氧、液氮、液氩产品的产量和纯度及能耗均达到设计要求。该项目的成功运行，标志着中海油和四川空分成功地将自主专利技术转化为了成熟的工业化产品，打破了发达国家长期的技术封锁，为国内 LNG 冷能的高效利用提供了有力的技术支撑。

10 万空分成套装置研发是（集团）公司的重要研发项目，作为领军人物，江蓉带领着研发团队经过两年不懈的努力，取得了丰硕的回报。项目组突破了煤化工项目配套 8 ～ 12 万等级特大型空分上的关键技术 —— 工艺流程技术、径向流吸附器、特大型空分冷箱设计等，当前已经完成了 10 万等级空分的工艺流程设计、配套设备研制、关键部机选型等工作，并获得了国内空分专家的肯定。这标志着（集团）公司已具备设计、制造、成套 8 万～ 12 万等级大型空分装置的能力。

在科技领域里不断攻坚成长的江蓉终于破茧成蝶，她用自己的拼搏精神感染着大家，引领着研究院这个研发团队在技术创新的道路上勇往直前。现在，江蓉带领的研究院团队又在进军空分行业更高端的技术领域 —— 稀有气体精制设备的研发，并在一些方向上已经取得了丰硕的成果，具备了承接合同的能力。

展望未来，任重而道远。江蓉和她带领的团队正以自强不息、勇于创新的精神，推动着（集团）公司与他们的自己事业一道向前发展。

缪郑东

男，1971 年 10 月生，中共党员，高级经济师，东台市食品机械厂有限公司副总经理。

缪郑东同志在工作中能以身作则，严于律己，宽以待人，有着强烈的事业心、责任心和使命感，刻苦学习，积极钻研，坚持用科学知识武装自己的头脑。通过不断地夯实本行业的基础理论和技术知识，较为系统地掌握了本行业相关的技术规范和法律法规，拓展并熟悉相关专业知识，了解本行业国内外的发展现状和发展趋势，能够根据国家产业政策和学科发展要求确定研究方向，并能根据国家和省级科技指南承担并完成多项省级以上的重点科研项目，创造性提出了解决项目执行过程中所遇到的技术难题的方法，取得了显著的社会效益和经济效益。

近年来，缪郑东同志坚持做到技术上精益求精，业务上不断进取，并及时跟踪和把握国内外食品机械生产和制造技术的前沿发展动态，注重理论联系实践，刻苦钻研技术，敢于实践，大胆创新，成为公司技术创新方面的骨干。先后主持和参与研制了大型化辊筒干燥机、蒸汽去皮机、自动签语饼机等专利产品以及变性淀粉生产线、营养米粉生产线、薯类全粉生产线等大型成套技术及装备，其中薯类全粉成套技术装备为国内首创，被评为“国家级重点新产品”和“江苏省高新技术产品”。此装备的成功研制，打破了我国薯类全粉设备长期以来依赖进口的状况，投放市场以来，已累计为国家节约引进资金近 5 000 万美元。先后主持和参与研究了十几项科研课题，均获公司技术革新奖励。参加了国家“十一五”重大科技支撑计划项目“食品加工关键技术研究与产业化开发”的研制和开发，参与研制的“薯类精深加工关键技术装备研发及产业化”项目被列为江苏省科技成果转化专项资金项目。

吴辉

吴辉，男，1961 年 9 月出生，西安交通大学核反应堆工程专业毕业，中核苏阀科技实业股份有限公司副总经理、总工程师，研究员级高级工程师，中国石油设备专业技术委员会副主任，中国石油和石油化工设备工业协会常务理事。多次参与国家重大科研开发项目并担任项目的主要负责人；多次获省部级科技奖励；拥有多项专利；享受国务院特殊津贴。

吴辉同志近年来主持的重大科研项目有：国家重大科技专项“AP1000 爆破阀制造技术”“CAP1400 系列关键阀门研制”“ACP100 系列关键阀门研制”，国防科工委核能开发项目“核电站关键阀门设计及制造技术研究开发”“浓缩铀生产关键阀门研发”，国家能源局重大专项“超（超）临界火电机组关键阀门研发”，国家重大科技成果转化项目“百万千瓦级核电站用关键阀门产业化”。

吴辉同志近年来在国内流体机械期刊及论坛上发表了多篇论文，主要有《高温阀门密封螺栓预紧力的计算》《阀门橡胶隔膜承压能力和应力的分析计算》《阀门的可靠性试验》《低温阀门的性能试验及试验装置》及《核电阀门的应力分析及抗震计算研究》。

吴辉同志主持或参与的项目获得多项奖励，其中，“核电站关键阀门研发与产业化”项目获苏州市科学技术进步奖一等奖，“核电阀门应力计算、抗震分析及其软件开发”项目获得江苏省科技进步奖三等奖和核工业部科技进步奖二等奖。

吴辉主持的项目获得多项专利，其中："步进电机驱动耐压真空调节阀"等 7 个项目获发明专利，"一种核二级主蒸汽隔离阀"等 9 个项目获实用新型专利。

金炳庆

金炳庆，江苏杰尔科技股份有限公司总工程师。金炳庆已在机械行业默默奋斗了近 40 年，钻研技术，具有丰富的生产实践经验和卓越的技术能力。

2007 年，金炳庆开始研制用于污水处理曝气用的单级高速离心鼓风机，他不断进行技术升级创新，研发的产品在国内同行中处于领先地位。2007 年开始研发的单级高速离心鼓风机当前已形成批量生产能力，近 3 年年销售额约 5 000 万元。

在金炳庆的带领下，公司以先进技术为基础，以不断创新为动力，技术团队不断奋进，成功研发了污水处理恒 DO 曝气控制系统，现已投入市场运行。该系统通过鼓风机风量的实时自动调节实现恒 DO 控制，满足污水处理厂生化反应需求，减小进水冲击影响，保障出水稳定达标，同时提高污水处理厂的节能降耗水平，市场应用效果良好，获得业内专家和业主的一致好评。近年来，金炳庆还研发了多项新技术新产品，已授权发明专利 7 项，实用新型 18 项，参与科技研究项目近 10 项。为我国污水处理事业的发展及节约能源等方面作出了突出贡献。

汪文波

汪文波，安瑞科（蚌埠）压缩机有限公司总工程师兼技术中心经理。1988 年 7 月毕业于西北工业大学热能动力机械与装置专业，高级工程师。2012 年获"安徽省技术领军人才" 称号；2012 年评为蚌埠市"3461"行动计划先进个人；2016 年获蚌埠市劳动模范荣誉称号；2016 年被评为"安徽省特支计划创新人才"，有 28 年科技工作经验，在自主创新、关键技术、科研成果转化、专利技术、创新品牌、行业推广等工作中取得了重大突破。

汪文波拥有个人专利 5 项，分别是："压缩机气缸填料的冷却装置""中高压铝、钢件活塞的组合装置""差压式气动执行阀""压缩机方舱进风口防风沙装置""取消平衡段的倒级差气缸""气阀三角密封垫"均已获得实用新型授权。参与制定行业标准 5 项，国家标准 2 项。

近年来，汪文波带领团队承接并完成了"井口气回收系统技术研究""大型工艺流程压缩机研发及产业化""国家火炬计划产业示范项目""安徽省压缩机与高压成套设备省级实验室""安徽省工程技术研究中心""国家重点新产品项目"等多个省级项目。

在企业内每年主持多项科技项目研发，公司研发的产品规格多、变型快，有 S 型、L 型、V 型、W 型、M 型、Z 型、D 型、H 型八大系列 1 000 多个品种，引进的德国 ZP 系列无油压缩机和奥地利 VHGd 系列中高压、中排量压缩机设计、制造技术，经消化吸收后，不断推出新产品，成功开发了 V 型、W 型系列天然气充瓶、增压机、螺杆活塞复合式压缩机等。近年来主要研发项目有：一体化加气站，D 型、M 型 32t 以下活塞里工艺压缩机集成、井口气集成业务等。在研发创新方面硕果累累，D-1.95/（6-12）-250 型天然气压缩机、D-3.45/（3 ～ 8）-250 型天然气压缩机、D-4.4/（1-3）-250 型天然气压缩机、MF-2/（25 ～ 35）-250 型天然气压缩机、MFD-5/（2-

4）-250 型天然气压缩机、W-7.5/（1-2）-250-C 型天然气压缩机、MW-21/2.6-29 型制冷循环压缩机等 7 个产品分别被安徽省经济和信息化委员会评为安徽省新产品、安徽省首台（套）重大技术装备、国家重点新产品。

汪文波这样说：市场的国际化正迫使企业必须不断以科技创新为生产动力，未来，他将继续带领团队向“专、精、强”奋力前行，以“振兴民族工业，实现中国制造 2025”为己任。

吴建新

吴建新，1965 年生于江苏启东，大学专科学历，高级工程师、高级经济师。1981 年 7 月参加工作，先后任启东阀门厂技术员、技术科副科长、厂长助理、副厂长、厂长、厂党总支书记，启东市机械电子工业公司党委书记、经理，2001 年 1 月起任江苏神通阀门有限公司董事长、党委书记，2007 年起至今任江苏神通阀门股份有限公司董事长、党委书记。吴建新同志担任国家科技部科技进步奖评审专家库专家、中国通用机械工业协会副会长、中国通用机械工业协会阀门分会副理事长、江苏省阀门工业协会副理事长、南通市工商联副会长、启东市机械商会会长。

吴建新同志自 1981 年任阀门厂技术员以来，30 多年兢兢业业地工作在企业技术创新、管理第一线，默默无闻地耕耘于阀门新技术领域，为我国高端特种阀门自主化作出了巨大贡献。曾被授予全国优秀科技工作者、江苏省有突出贡献中青年专家、江苏省首批科技企业家、南通市科技兴市功臣、江苏省劳动模范等荣誉称号。吴建新同志坚持“要么不做，做，就是要做到最好”的经营理念，带领“神通”团队，以质量求生存，以创新求发展，实现了我国核电建设工程中核级蝶阀、球阀的全部国产化，2011 年荣获国家能源局科技进步奖一等奖。

吴建新同志拥有强烈的事业心和社会责任感，提出了让“用户满意、员工满意、政府满意、社会满意、投资者满意、合作者满意”的“六个满意”经营目标，为企业的发展、阀门事业的进步作出了自己的努力。作为一名企业带头人，他始终把科技创新、产业报国作为自己的不懈追求，刻苦攻关、无私奉献，取得了一系列重大科技成果，并迅速转化为生产力，为阀门行业的技术进步作出了贡献。通过不断的努力，公司总资产从 2001 年不足 300 万元到 2016 年总资产 195 015 万元。公司于 2010 年 6 月在深圳中小板上市，是当前国内阀门行业上市公司之一。

近五年来，吴建新同志作为项目负责人，承担了多项国家火炬计划项目、国家科技成果转化项目、国家产业振兴计划和技术改造项目、国家工业转型升级强基工程项目、江苏省工业和信息产业转型技术改造项目、江苏省“专精特新”创新能力项目的实施；作为第一完成人，通过了 24 项科技成果鉴定；获江苏省科技进步奖三等奖 2 项、中国机械工业科技进步奖二等奖 1 项、南通市科技进步奖特等奖 2 项、江苏省高新技术产品 34 项、江苏省新产品金奖 1 项、国家重点新产品 2 项；担任 3 部著作编委会委员 / 副主任委员，主持发布了 2 项行业标准。

吴建新同志在不断提高自身素质的同时，始终不忘给社会和需要帮助的人们送去温暖，已累计向启东市慈善基金会捐款 800 余万元，向市教育局基金捐款 150 万元。

万胜军

万胜军，现任哈电集团哈尔滨电站阀门有限公司副总工程师，兼任设计研发部部长、工艺部部长。哈尔滨电气集团公司集团级技术专家，中国通用机械工业协会阀门分会技术委员会专家，全国电力行业电站阀门标准化技术委员会副主任委员。

万胜军是“省政府特殊津贴”获得者，近年来，获得多项国家、省市奖项，其中中国机械工业科学技术奖特等奖1项、三等奖2项，省科技进步奖三等奖2项，市科技进步奖一等奖1项、二等奖1项、三等奖2项等。因其在我国超超临界二、三类关键阀门国产化工作中贡献突出，2012年、2014年获国家能源局“超（超）临界关键阀门国产化突出贡献奖”。

作为课题负责人或主要完成人，承担并完成了10余项国家、省市科研课题，主要项目如下：

（1）600～1 000MW超（超）临界火电机组高端阀门关键技术引进。万胜军是该国家科技部国际合作项目的负责人，开发了1 000MW及以下火电机组配套抽汽逆止阀、高排逆止阀、锻造截止阀等系列新产品。该系列产品已大量用于铜陵、漕泾、越南阿诺谱、菲律宾普丁巴图等超（超）临界机组。

（2）超（超）临界火电机组关键阀门国产化技术研究和应用示范。万胜军是该国家能源局国家能源应用技术研究及工程示范项目的主要完成人。该项目完成16类28种超（超）临界二、三类关键阀门研制，开发了过热器及再热器安全阀、主蒸汽闸阀、高加三通阀、小汽机蝶阀、调节阀、高低压旁路阀等新产品，并通过国家能源局组织的技术鉴定。开发的产品已成功用于南通、句容、焦作龙源、长兴、茌平、蔚县等发电厂的660～1 000MW超(超)临界火电机组，成功替代进口产品。

（3）核电关键阀门研制。万胜军作为项目负责人，承担并完成了国家核电重大专项中阀门子课题——CAP系列主给水止回阀、CAP1400主蒸汽安全阀的研制任务。完成了主给水止回阀、主蒸汽安全阀设计、制造、试验等关键技术研究，并通过上海核工程研究设计院组织的验收。

万胜军作为技术带头人，开发了AP1000核电机组配套安全阀、泄压阀、波纹管截止阀、MSR安全阀等新产品，并已成功用于岭澳、防城港、三门、海阳等核电站常规岛。

万胜军作为全国阀门行业技术专家，完成GB/T 10869《电站调节阀技术条件》、GB/T 29462《电站堵阀》、DL/T 531《电站高温高压截止阀闸阀技术条件》等8项国家及行业标准的编修订工作，获得“电磁泄放阀”“全量型安全阀”等10余项国家专利，并在《阀门》《通用机械》等期刊发表了10余篇学术论文，为阀门行业的发展作出了贡献。

王秋林

王秋林，1994年西安交通大学本科毕业，主修机械设计及制造专业，辅修工商管理专业，高级工程师，中国通用机械工业协会阀门分会第二届、第三届科技专家委员会委员。

1994—2001年在上海阀门厂技术部从事阀门的设计开发工作，期间主要研发了用于沈阳某研究所风洞试验的DN1600/PN25高压大口径蝶阀；参与双偏心金属硬密封蝶阀系列产品开发；参与了巴基斯坦C1工程核级止回阀的设计；负责了秦山二期核级气动平板闸阀和气动截止阀的研发。

2001—2002年在英国独资的斯派莎克工程（中国）有限公司市场部从事产品技术应用工作，负责蒸汽系统用各种调节阀、减压阀、疏水阀、安全阀、疏水泵、加湿器、减温减压器等产品的技术应用、技术支持以及客户的培训工作。

2002—2009年在上海安德森·格林伍德·克罗斯比阀门有限公司担任工程部经理，从事安全阀的研发和技术管理工作。期间负责了ASME UV钢印的认证工作；负责了红沿河和宁德项目NSSS

和 BNI 核级安全阀的设计工作；负责氧气系统用安全阀的研发；负责了安全阀全性能试验台架项目可行性研究、方案讨论、系统用设备的选型等工作；2008 年在美国完成了为期 3 个月的安全阀培训。

2010 年 6 月至今，在上海阀门厂有限公司技术部主管阀门的设计研发和技术管理工作，担任副总经理、总工程师、技术总监。在此期间，负责了超（超）临界火电机组关键阀门 II 类阀中再热器安全阀、小汽机蝶阀、高加三通阀、疏水阀以及 III 类阀中过热器安全阀、电磁泄放阀（PCV）的国产化项目，样机通过了国家能源局组织的鉴定，再热器安全阀、过热器安全阀样机鉴定结论为“国内领先、国际同等水平”，产品分别使用在江苏句容电厂和重庆万州电厂的超（超）临界火电机组上，实现了我国超（超）临界火电机组再热器安全阀和过热器安全阀的首台（套）应用。负责了包括 300MW、ACP1000、HL1000 及 CAP1400 核电站主蒸汽安全阀、稳压器安全阀系列化样机研制工作，其中 ACP1000 主蒸汽安全阀样机已通过鉴定，各项性能指标达到国际同类产品的先进水平。百万千瓦主蒸汽安全阀和稳压器安全阀产品将出口应用于巴基斯坦 K2、K3 项目中。负责了军工项目核一级弹簧式安全阀和先导式安全阀的研制。负责了 AP1000 核电站汽水分离再热器先导式安全阀样机研制。领导研发部开展了 AP1000 核电站定压差升降式止回阀的研制，国家重大专项 CAP1400 主给水止回阀、低压差开启止回阀的研发。

王中升

王中升，1978 年 9 月出生，2001 年毕业于哈尔滨工业大学热能与动力工程专业，本科学历，高级工程师，现为辽宁长志泵业有限公司总工程师。

王中升同志一直在国内知名泵业公司从事技术研发、应用及技术管理工作，对于流体机械设计及应用具有较深造诣。先后在英国 ATE 公司、英国 ClydeUnion Pumps 公司、美国 Concept NREC 公司、德国 Bayern Design 公司进行 CFD 流场分析、工业泵工程设计及应用、叶片泵设计、工业设计的培训，具有扎实的理论基础及工程实践经验。主要研究领域为 API 标准石化流程泵、火电用泵、核电用泵、低温泵、能量回收透平等，主持开发了 30 多个系列的产品，并成功推向市场。作为主要课题研究人共承担了 5 个省级课题项目并顺利通过验收；获得了 12 个省级技术创新奖项、4 个市级技术创新奖项。自主开发的产品共获得发明专利 1 项，受理发明专利 2 项；实用新型专利 30 项。国内核心专业杂志发表论文 7 篇。

2010 年，王中升带领研发团队进行国际最新标准的“API 标准石化流程泵”的研发，与国际最新技术接轨，同年被评为“第二届威海市十大杰出工程师”。2014 年至今，带领研发团队进行石油化工装置及华龙一号核电站关键用泵的研发，共进行了大功率重载荷中长距离管线输油泵、煤化工贫甲醇泵及除氧水泵、高温高压耐磨泵、LNG 超低温潜液泵、液氧泵、能量回收透平、核岛消防水泵及稳压泵、核岛地坑泵、常规岛消防排水泵及排污泵、非核级离心泵、安全壳喷淋泵等多个系列产品的研发，经验证综合技术指标居于国内前列，部分产品达到国际先进水平。

在立足于企业技术研发的同时，致力于推动行业技术水平的进步。王中升先后编写了《泵基础理论》《离心泵选型》《石化装置流程及泵应用》《泵基础理论、使用、维护培训教程》《煤化工装置工艺及主要用泵》等 60 余份视频培训教材，将深奥、抽象的知识以深入浅出的形式予以讲解。2013 年，参与编写国家出版基金项目《装备制造业节能技术减排手册 泵部分》材料。2016 年 4 月，被评为“临淄区第四届有突出贡献的中青年专家”。

当前，王中升正在联合公司德国慕尼黑海外研发中心，带领技术团队进行多项关键装备国产化的工作。

“能工巧匠突出贡献奖”人物介绍

张腾蛟

张腾蛟，男，1977 年 7 月出生，中共党员，沈阳鼓风机集团股份有限公司总装车间焊工高级技师。主要从事鼓风机、透平压缩机工程管路的焊接工作，他本着干好本职工作，立足岗位成才的理念，在自己平凡的工作岗位上取得了突出的成绩。

张腾蛟同志参与了多台荣获市、省及国家科技进步奖的重点大型项目压缩机组的工程管路焊接工作，包括国产化首台（套）百万吨乙烯压缩机，国产化首台（套）PTA 项目，国产化首台（套）120 万 t 乙烯裂解气压缩机，西气东输管道压缩机，国产化首台（套）十万空分压缩机组等。他在工作中不断摸索，总结出了“熔池下沉法”和平衡气管路“反变形组立法”“定点标记放线组立法”等操作方法，不仅提高了生产效率，而且有效地克服了管路在组立焊接过程中出现的质量问题。凭着“干就干好，还求更好”的工作态度，创造了焊接管路 X 射线探伤一次合格无返修的纪录，到当前为止，他焊接的管路数百台，没出现过任何质量事故。

张腾蛟同志刻苦钻研技术，不断创新。在沈阳市举办的“百千万技术人才培育工程和职工职业技能竞赛活动”中，他蝉联了两届焊工组冠军，并改进了仰板焊条电弧焊单面焊双面成形和 CO_2 气体保护焊药芯焊丝单面焊双面成形的操作手法。

凭借技能优势，他在生产中多次解决制约生产的瓶颈问题，在完成三台百万吨乙烯装置的大型压缩机组工程管路焊接任务时，解决了几十项焊接机壳修复、管路改造等技术问题，补救了多次生产漏洞。几年来，经他额外处理的产品问题 30 多次，缓解了生产紧张的情况，使生产工作得以顺利进行。

在铸铝密封牙尖上焊接，无异于在刀刃上绣花！经过不断实验，张腾蛟总结出“铸铝密封牙尖焊接修复法”，并在生产中应用。经过他焊接修复的铝密封在加工后完好如初，丝毫看不出修复的痕迹，被同事们誉为“神技”。

张腾蛟立足岗位，不断创新。几年来他完成提案改善、技术革新和合理化建议共 107 项，改进总结操作方法 5 项。

在担任沈阳市职工技协铆焊协会会长期间，他创新工作方法，打造网络交流平台，建立技师 QQ 群，把自己掌握的专业知识和会员一起交流，共同进步。走访企业基层，根据各企业的不同需求，利用业余时间，为沈飞、特变电工、北方重工、惠天热电及东北钻探机械等 10 余家企业的员工进行义务技术培训，提高全市焊工的整体技术水平。充分利用技能大赛的机会，在理论培训期间为来自各企业的参赛选手讲解大赛试题，并为部分参赛选手解答工作中遇到的难题，在练兵期间为多个单位的会员提供实际操作项目的培训 80 余人次，提高了会员的理论和实际操作水平。组织协会会员在企业内部针对生产瓶颈问题进行技术攻关和技术革新，其中“盾构机硬岩刀盘组对”项目获得沈阳市技术成果奖二等奖。完成技术攻关和技术革新 300 余项，创造了很大的经济效益。

有一分耕耘就有一分收获，每一朵成功的花朵都是汗水浇灌的。张腾蛟同志作为一名普通的电焊工人，在自己平凡的工作岗位上，作出了不平凡的业绩。在思想上，他深入学习领会科学发展观思想；在行动中，他努力学习专业知识，立足岗位成才。他正在继承和发扬新时期的劳模精神和工匠精神，为沈鼓集团的不断壮大发展，为中国的装备制造业作出更大的贡献。

刘跃臣

刘跃臣同志是沈鼓集团结构车间的一名优秀焊工，有着 15 年的焊接工作经验。因他对电焊这门手艺的热爱，以工匠精神不断追求技能的提升，使他取得了突出的业绩，从一名资质平平的学徒工，成长为生产一线的技能骨干和沈阳市技术大王。他 31 岁就成为电焊专业的高级技师，并多次在技能大赛中取得优秀的成绩，为青年技术工人树立了榜样。

2013 年刘跃臣第四次参加沈阳市技能大赛并获得了冠军，被授予“沈阳市焊接技术大王”称号。2014 年参加“振兴杯”全国青年技能大赛取得第六名的好成绩。

2013 年承接生产国家西气东输管线压缩机的任务，不仅按时完成了焊接工作，而且焊道零缺陷，探伤一次合格，荣获优质产品奖。

多年的技能苦练和在焊接理论上的不断积累，让刘跃臣在处理棘手焊接任务时游刃有余。一次在集团公司新产品 PTA 压缩机制造过程中，膨胀机端板优化后需要增加一个凸台。当时端板已完成精加工，交货期迫在眉睫，必须采用堆焊方法解决。因工件处在精加工状态，翻转工件进行补焊已经不可能。如果采用自动焊，会造成严重拖期。而采用快速的手工补焊，则施焊难度大、成形差、易变形的弊端无法克服，而且无法保证加工余量。就在大家一筹莫展的时候，刘跃臣提出能否利用半自动切割机的可调部分与焊枪组合，做成半自动焊机，然后将工件放置在旋转胎具上，利用工件旋转，焊枪不动的方法来实现自动焊操作。经工艺部门的技术论证，最终采纳了这个方法。刘跃臣主动请缨进行操作，焊后工件成形非常美观，表面平整，加工余量充足，解决了此项技术难题，为企业创造了可观的经济效益。

孙超

孙超，男，1975 年 1 月出生，西安陕鼓动力股份有限公司（简称“陕鼓动力”）总装车间主机班班长，中共党员、高级技师，西安市优秀职业技能带头人，先后获得公司级劳模、品牌员工荣誉称号。

孙超是陕鼓发展分布式能源五大核心业务之一的设备制造单元中的生力军。孙超近年来带领作业小组独立承担并圆满完成了清华大学国家科技重大专项立式干气密封氦气压缩机、陕鼓出口中东某国大型重点项目 30 套丙烷离心压缩机、江苏虹港 PTA 多轴压缩机、军工风洞实验大型风洞轴流压缩机 AV90、首台首套万盛冰机等机组的组装任务。这些项目不仅是陕鼓动力首台首套研发项目，也是国内首次研发设计制造的大型机组，产品的成功制造填补了国内市场领域的空白，打破了设备长期依赖进口的现状。

2015—2017 年孙超负责“立式氦气压缩机样机研制与可靠性试验”项目主机的主导组装、安装与现场调试工作。该项目来源于国家重大科技专项“大型先进压水堆及高温气冷堆核电站”的子课题，由清华大学和陕鼓动力等单位合作研发，将填补国内外核电领域立式压缩机的空白。在毫无经验可循的情况下，孙超与研发小组一起研究，在压缩机的组装中先后攻克了分段式转子的组装，立式转子同轴度的保证，叶轮的垂直安装，轴承径向、轴向间隙调整等。并获得了公司职工经济创新奖二等奖。当前孙超带领团队成员正在用户现场安装调试。

2015—2016 年孙超负责陕鼓动力大批量出口中东某国丙烷压缩机组的组装。该机组的成功研发、制造、投用打破了欧美等国在该领域的技术垄断地位。孙超在该项目的组装过程中处于主导地位，他能够提出合理有效的解决方案与技术人员交流，并通过自己琢磨研究制作安装工装，提升了安装精度、缩短了安装时间。在该机组的装配中，孙超掌握了离心压缩机干气密封管路配焊方法，完成的“管道弯头改进项目”获得公司创新奖。当前已顺利完成了 30 台离心压缩机组装和试车任务，产品性能完全符合 API 617 国际标准，技术水平达到国际领先水平。

在国产化首台首套冰机离心压缩机项目中，面对全新产品结构形式、装配精度要求高、结构复杂、机组找正难度大、交货期紧等种种困难，孙超同志主动承担了这台机组的装配任务，带领小组成员和技术人员一同探讨研究，掌握了材料低温下的性能和状态，计算出转子、定子的合理装配间隙，并确保机组低温状态下运转正常，最终顺利完成了机组的组装并在用户现场一次投用成功。

陕鼓动力为某军工企业进行风洞试验所开发的 AV90-3 轴流压缩机组，产品的性能对公司在军工市场的开拓有着举足轻重的作用，在孙超的带领下按质按量完成装配任务，为后续风洞试验大机组订货奠定了基础。

温忠于

温忠于，男，1968 年 10 月出生，高级技师。西安陕鼓动力股份有限公司（简称“陕鼓动力”）系统事业服务部用户现场设备安装调试项目经理。

温忠于承担的是国家重大装备配套大型机组安装调试和维修保运行重任，正是陕鼓动力发展分布式能源产业五大核心业务之一的工业服务。他先后参与了国内外分布式能源工业流程领域多台（套）大型装备机组的系统安装、调试和修复工作，多次完成项目改进、项目攻关任务。该同志兢兢业业、勤勤恳恳，把自己的全部心血和聪明才智都奉献给了企业，在普通的工作岗位上作出了不平凡的业绩。

温忠于主导完成了鄂尔多斯进口筒式压缩机、龙山化工四合一机组、天津钢管 GHH 机组、金鼎重工空分机组、裕华钢铁 SHRT 机组等百余台项目的安装和修复，均受到用户的好评。

裕华钢铁 SHRT 机组是陕鼓动力近期自主研发的新机组，有些方面还不成熟，用户要求工期紧，现场工作环境差。温忠于同志作为项目负责人，多次与用户交流，对机组的性能做了全面了解，制定相应的施工方案，安装过程中详细记录安装数据，带领大家克服种种困难按期完成了安装任务，并且一次试车成功，获得了用户高度赞扬。

近年来，对接工业流程领域客户装置升级改造和节能降耗需求，陕鼓动力以分布式能源系统解决方案为视角，为工业流程领域用户量身定制了“服务档案 + 健康管理 + 备件国产化”一揽子技术服务系统解决方案，并为工业流程领域用户机组提供维保运营服务及备件支持服务。这其中并非只有陕鼓动力机组，还有很多国外厂家机组。

在主导修复天津钢管 GHH 机组中，由于是国外二手设备，无资料、无经验、机组老化、锈蚀。在修理过程中温忠于同志自己做工装，和技术人员一起边干边摸索，分析机组内部结构，在组装中反复测量，记录各种数据，为以后检修留下了资料。在天管公司安装中，由于没有备机，用户非常着急，要在 30 内完成安装任务，他急用户所急，在机组安装过程中加班加点，不降低质量标准。在他们的努力下保质保量完成了安装任务，受到用户好评。由于在此项目中的突出表现，用户又与陕鼓签订了多台安装合同。

在工作中温忠于处处以公司和用户的利益为重，为了不让用户利益受到损失，保证用户正常生产，他带领团队长期奋斗在用户的现场，受到用户的高度赞扬。

温忠于同志深深懂得先进技术只有为更多的员工所掌握，才能焕发出更大的力量。他从不“垄断”自己的技术和一手绝活，而是毫不保留地传授给徒弟和同事。经常在工作现场，义务为工人们讲解安装技巧和调试方法。

多年来，温忠于同志刻苦学习，努力钻研本职业务，学以致用，成长为一名高素质高技能的新型员工，两次获得公司级劳动模范及机械工业部技术能手荣誉称号。

程远华

程远华，男，46岁，中共党员，技师职称，重庆通用工业（集团）有限公司机加工分厂车工。

该同志主要承担高、精、难零部件小型数控机床的加工，工作中认真钻研业务，具有较强的独立分析和解决问题的技术能力。他具有系统坚实的专业基础理论和专业技术知识，多次承担新产品开发中的关键零部件加工技术攻关任务和急难零件的加工任务，均能出色地完成工作。

程远华同志在加工风、冷机轴承、叶片、密封等高精度零件等方面潜心学习，虚心请教，在短时间里掌握了技术要点。在接受重要新产品关键零部件加工的技术攻关重任后，他精心研究加工工艺，不断思考和琢磨，在刀具和夹具上狠下功夫，不断失败不断总结，积累了成功的经验。因其成功地改进了加工工艺，加工出的轴承完全满足了图样和工艺的要求。产品荣获了“2010 第五届中国国际液体机械展览会”金奖。

在工作中程远华同志不断提高自己的实际操作技能，不断摸索总结。他在实际操作中发现，传统制冷机小齿轮轴的定位垫片对机器的平衡运转起到关键作用，传统的加工方法根本达不到垫片设计的平面平行度要求。经过思考和试验，他大胆提出的改进方法打破了传统的加工方式，突破了垫片加工思维上的惯性，使加工出的垫片平行度和同心度能非常好地达到设计的要求，加工效率也是以前的 3 ～ 5 倍。

随着公司技术的不断更新，零部件的加工难度也越来越大。程远华同志不仅坚持科学合理的加工方法，而且也不断积极探索创新。首先，从图样工艺入手，预先发现影响加工的可能因素并及时沟通解决。其次，在加工方法的探索创新方面，积极动脑动手，提高工作效率，杜绝质量事故发生等。为此，程远华荣获重庆机电控股集团“国企贡献奖”，公司“十大标兵”“技术能手”和“操作能手”“优秀青年”等称号。

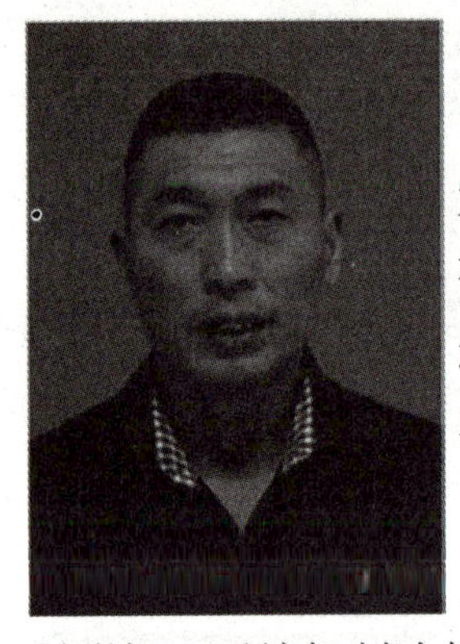

孙越海

孙越海，男，46岁，党员，重庆通用工业（集团）有限责任公司（简称“重通集团”）制冷/压缩机事业部装配钳工，技师。

该同志自2001年进入公司以来一直从事各类离心制冷机、压缩机制冷机和船用产品的装配、试车和安装调试工作。2009—2016年，参与我国超大型船舶专用空调机组的装配、试制、试验和运行保障工作。该机组属于国内首创，产品工艺复杂、技术要求苛刻，使用寿命长达60年。由于受国外技术封锁，没有可借鉴的经验，在产品试制过程中，该同志结合自己多年从事大型压缩机及相关产品装配生产的经验，提出了大量工艺革新方案并得到采纳，攻克了一道道技术难关，有效保证了产品设计的可靠性、稳定性和技术有效性，实现了产品一次性交付合格。在用户现场安装调试和出海试航运行过程中，在保障大型船舶专用空调机组正常运行的同时，协助用户解决用户系统中相关产品的机械问题，得到了海军中船重工704所的一致好评。

2012年，孙越海参与新疆庆华集团55亿 m^3/a 煤制天然气项目。该项目是当前国内最大的煤制天然气项目，公司为该项目配套的离心式氨压缩机设备是当前国内最大的离心式氨压缩机，其制造工艺复杂、技术要求高、装配难度大，代表了国产高端工艺制冷压缩机的最高水平。该同志勤于思考、善于发现，在机组的装配过程中，提出多种改进方案，保障了项目按期高质完成。

2015年，孙越海参与国家科技重大专项MS01定频水冷离心式冷水机组试车工作，积极与设计部门人员沟通，主动承担加班试车任务，保证了该项目在设定的预期范围内试车完成。

历年来，作为公司主要骨干员工，孙越海参与试制、装配类大型船舶专用冷水机组、核电专用冷水机组、大型压缩机等上百台产品，均圆满完成任务，没有发生任何质量事故，于2013年度获得重通集团“质量放心员工”称号。

该同志在工作中始终严格要求自己，于2012年获得重通集团“十大标兵”称号。为了能更好地成为一名装配线上的优秀钳工，杜绝质量事故发生，积极参与劳动竞赛，分别于2011年度、2012年度、2014年度荣获重通集团劳动竞赛“优秀个人”荣誉称号。

谢德肆

谢德肆，男，44岁，现任四川望昌干燥设备有限公司生产厂长、质量管理部部长。1992年毕业于双流县中和职业中学机械班，同年4月进入成都望江干燥器厂从事干燥设备的生产制作。由于在钳工的岗位上勤学苦练，于同年12月提为钳工生产制作班长并于1995年取得“干燥设备助理工程师资格证书”。

谢德肆同志掌握了一手过硬的干燥设备专业技术知识，于1996年调入售后服务部从事干燥设备的安装和调试工作。在干燥器厂工作期间，由于工作表现突出，于2004年7月担任风机车间主任，在他的管理下，风机车间被评为先进生产车间。2008年7月经过公司技术能力和管理能力考核，谢德肆担任成都望江干燥器厂生产厂长、质量管理部部长职务。

谢德肆上任后不断帮助工人提高技术能力。他以身作则，长期给新来员工及技术差的员工进行专业技术知识辅导。无论技术上的大小事情都和班子成员及及时交流，经常和专业技术人员一起讨论研究设备技术问题，在操作现场指导员工解决技术难题。

在生产管理中谢德肆同志也遇到不少困难，但他并没因难而退，而是积极进取，不停地努力去克服。如 2008 年 11 月成都望江干燥器厂与化工设计院签订了约旦和越南大型的“磷酸氢钙及白肥生产线”干燥设备，要求相当苛刻，工期非常短，必须保证在两个月内保质保量交货。在他的带动下员工加班加点按时完成约旦和越南的设备制作任务，受到客户和领导的好评。

2013 年 9 月被聘为“成都市中和职业中学机械加工技术专业重点专业建设指导委员会人才培养模式与课程体系改革工作组”成员。

在八年的生产管理中，谢德肆长期参与设计部的技术创新工作，在平常工作中他及时收集资料进行分析总结，认真抓好图样设计复核工作，生产中的节能降耗成效非常明显，设备制作质量和速度不断提高，得到顾客的好评。

鲁慧珉

鲁慧珉，男，生于 1963 年，中共党员，高级技师。1984 年进入哈尔滨空调股份有限公司从事焊接工作，现任工艺部焊接负责人。1992 年获第一批国际焊接技士 IWP 证书，曾获市级创新能手、模范名师、省级和国家级技能大师等多项荣誉。

鲁慧珉同志多年来一直从事焊接工作，尤其在钨极氩弧焊、焊条电弧焊、熔化极气体保护焊和埋弧焊等领域有极高的造诣，带领攻关小组攻克了新产品、新工艺、新材料方面的多项技术难题。以传帮带的方式培养的大批高水平焊接技术人才，已在多个行业的多个企业作出了重要贡献。

2013 年，省级鲁慧珉焊接技能大师工作室成立。工作室与焊接设备厂家联合研制成功 TIG 焊管板深孔自动焊枪，具有生产效率高、焊缝成形美观、降低劳动强度、节约焊接材料、减少环境污染等优点，填补了国内空白；开发出碳钢板 20mm 与 14mm 角接接头自动焊一次性全焊透的新工艺，经检测各项指标完全达到了标准要求，可节省大量原材料，大幅降低成本；开发出法兰接管自动焊专机，摸索出对应的自动焊焊接工艺，可节省 25% 的焊接成本，约 8.5% 气体成本，避免人员操作水平不同对焊接质量的影响，减少返流量，提升了产品生产效率，提高产品质量；提出埋弧焊双电双丝焊接技术的工艺方案，在不增加人员的基础上，埋弧焊的焊接效率提高了近 1 倍；镍基材料采用埋弧焊进行焊接的工艺研究，使生产效率提高 3 ～ 4 倍，创造了可观的经济效益。

鲁慧珉同志参与的“加氢裂化装置新型高压空冷器成套工程技术开发”项目，首次将大面积带极自动堆焊技术和双丝焊技术应用在加氢裂化高压空冷器上，形成典型的中国制造、中国创造，可为用户节省 15% ～ 20% 的投资成本。通过项目实施，获 2 项国家专利授权，制订 2 项行业标准，形成了加氢裂化装置新型高压空冷器成套专有技术。整体技术水平达到国内领先、国际先进水平。

鲁慧珉同志参与的“双相钢超厚钢板制高压空冷器工程技术开发”项目，于 2016 年获得了黑龙江省机械工业科学技术奖三等奖。

当前，以鲁慧珉同志命名的焊接技能大师工作室已被国家人力资源和社会保障部认定为“国家级焊接技能大师工作室”。鲁慧珉同志正以饱满的热情、精湛的技艺、无私奉献的精神，为所在企业、所在地区、所在行业贡献着全部力量，正在以“大国工匠”精神去擦亮“中国制造”和“中国创造”品牌，为实现中国梦做出了一名普通专业技术人员的时代担当。

戴向东

戴向东，1969年1月出生，1988年9月参加工作，就职于江苏海鸥冷却塔股份有限公司（简称江苏海鸥）工程技术中心研发部。

在将近27年的生涯中，他与江苏海鸥共同成长。

刚进入公司时，江苏海鸥还叫常州市冷却塔厂，他从风机车间开始了职业生涯。他脚踏实地，认真踏实地学习关于冷却塔的各种知识，并参加了获1990年银质奖章的STNB-100型低噪声玻璃钢冷却塔的制造，这个奖项不仅是对公司高新技术的肯定，也是对这些参与制造的员工工作的肯定与鼓舞。

1992年初，他加入了FRP研究所，开始填料、喷头和收水器的研究和开发。当时国内在这方面的技术还很不成熟，所以许多工作都是没有参考的完全创新，但他还是在团队中积极的扮演着自己的角色。每个人的努力使整个团队在研究开发方面取得很大的成就，而这些也大大地提升了公司的核心竞争力，为公司开拓用户群完成了一定的积累，特别是在技术方面有了很大的拓展。

1994年，他专注于学习冷却塔的改造知识，跟上公司发展的步伐，将改造塔做成了公司的强项。

1997年，江苏海鸥开启了发展的新纪元，他也不断开拓自己的工作领域，从单一的测试到具体的研发再到投入市场，每个环节都活跃着他的身影。同时，他也严格要求自己，不断研发创造，申请了许多专利。

近年来，江苏海鸥飞速发展。他所在的部门也由原来的测试试验部不断地扩展成为工程技术中心研发部。在消雾塔、高位节水塔方面也取得了技术上的突破，而这些新的技术也被不断的推向市场，产品也越来越多样化。而他也越来越忙碌，经常需要各地出差，但他却不以为苦，兢兢业业的在自己的岗位上努力着。

这27年的风风雨雨见证了江苏海鸥的成长，也见证了戴向东的成长。

王利明

王利明，男，中共预备党员，现任杭州杭氧股份有限公司（简称杭氧）板式厂电工维修组组长，负责电器维修和关键设备的维护保养工作。在工作中该同志任劳任怨，兢兢业业，努力学习专业知识，积极参与技术交流和科技创新活动，起到了传、帮、带的作用，并全面完成了上级下达的各项任务及指标，在公司的生产和发展中发挥了应有的作用。

杭氧板式厂拥有3台大型真空钎接炉、1条大型复合板超声波全自动清洗生产线、两台翅片超声波自动清洗生产线和14台国际先进的高速高精冲床生产线，以上设备自动化程度高，为板式厂关键生产设备，尤其是大型真空钎接炉是板式厂的“心脏”。王利明重点关注真空钎接炉的维护保养工作，用保护自己心脏的要求来维护、保养三台大型真空钎接炉，完善了大型真空钎接炉抢修制度，充分准备真空钎接炉的备品备件，确保生产过程中大型真空钎接炉的正常运行。每年对大型真空钎接炉进行大修和电气控制技术的升级改造，他认真分析，精细分工，制定大修计划，在7天内就完成了真空钎接炉的大修工作，大大缩短了维修的时间，为保障生产做出了突出的贡献。

板式厂有上百台功率大小不等、型号不同的功率放大器，由于长时间处在工作状态，损坏率很高，照原来的计划，都返还制造厂家维修，维修成本费用高，周转时间长，在运输途中经常出现二次损伤。经过自己几年的摸索，他绘制了主要的电气原理图，积累了丰富的修理经验，完全实现了自己修理，尤其是大型真空钎接炉电气控制故障处理，为单位节约了将近20万元的维修资金、并且缩短了维修时间。

王利明利用TCA785集成块双触发可控硅技术，制作了一台双路双控热电偶校正退火炉，该炉技术达到热电偶退火工艺要求，误差精度控制在±1℃，可控和稳定性良好，得到厂部领导的好评。利用所学的网络技术，搭建“高速高精冲床流水线”信息平台，不管在单位或在家里，只要有网络的地方，就能监控每台流水线运行状态，利用穿透技术，可在线监视、查询、读取与修改PLC程序，大大地减少维修成本，缩短停机时间，提高了生产效率。

2009年杭氧板式厂从英国引进了高精高速冲床，但操作说明书及技术手册都是全英文的，国内又没有现成的经验借鉴。面对困难他没有退缩，通过一段时间的观察和查阅资料，他提出将原有结构改为楔块式涨紧，改进后的结构容易控制、力大、操作简便。和技术人员一起研究出了该冲床的翅片成形原理，并成功实现高精高速冲床的国产化。并发明了光感式定片切割，有效增强了准确性，误差范围大幅降低，实现真正的自动切割，大大降低了劳动强度，工作效率明显提高。作为主要成员参与了“高速高精冲床的研发”项目，此项目获得了全国机械工业优秀管理小组活动成果奖一等奖。

董宏杰

董宏杰，男，1973年12月出生，中共党员，汉族，本科学历，现担任安瑞科(蚌埠）压缩机有限公司数控技师，2016年度全国五一劳动奖章获得者。

2014年4月，董宏杰获得“安徽省十大能工巧匠”称号并被授予“五一劳动奖章”；2015年2月，获得了“安徽省技术能手”的荣誉称号；2015年8月被评为“安徽省战略性新兴产业技术领军人才”，2016年12月获安徽省技能大奖，并被授予“江淮工匠标兵”称号，2017年2月获国务院特殊津贴，2017年5月获中国通用机械行业能工巧匠突出贡献奖。

自1997年参加工作至今，董宏杰同志已经在生产一线奋斗了20个年头，通过不断学习与积累，他已将手中的数控设备运用到极致，积极投身技术革新与新产品试制，攻克了一个又一个的技术难题，成为推动企业发展的中坚力量。

作为一名数控操作员，董宏杰始终坚持以勤学习、多实践、练本领、不忘本为准则，凭借自己过硬的技术本领，为企业创造了不少的财富。董宏杰总是对工作充满激情，积极参与公司新产品的研制，为公司的大型压缩机部件生产创造价值，成功参与试制出D029、D030、M008、M012等大型机身，这些产品已实现过亿元产值。董宏杰通过自己的努力，逐渐得到同事及领导的认可，当前企业里的新型、大型设备研发工作，都会经过他的机床试制，他也因此成为企业里无人不晓的数控大师。

董宏杰学以致用，积极把技术革新运用到实际生产中，利用自己掌握的先进技术，通过更改系统参数实现无限扩充机床刀补量、有效防止机床撞车等效果。他还创立了快速定位大型零部件的“一分钟操作法”：利用机床参数和宏程序的配合使用，让机床根据一个起始原点自动运算工件各个加工面的坐标点，速度极快，精度极高，工作效率远远高于以往的人工找坐标的方式，实现了机床升级。值得一提的是，对于国内企业来说，大型压缩机气缸体锅底加工一直是个难点，然而公司却面临着大直径锅底的加工任务。董宏杰接受了攻关任务，他根据自己的知识以及多年的生产经验，设计了一种特殊刀具，刀具成本600元，提高工作效率高达2 800%。他的这种创新方法得到普遍认可，也因此荣获2015年度蚌埠市职工创新奖特等奖。

如今的董宏杰已经有了不俗的成就，但他对于工作的热情从未减退，踏实进取，保持着简单而又最难得的工作态度，他甘愿为机械加工事业奋斗一生，用自己的力量创造新价值！

么延青

么延青，1979—2007年就职于哈尔滨锅炉厂任车工，2007年至今就职于哈电集团哈尔滨电站阀门有限公司任车工。

么延青同志1979年参加工作，作为一名车间高级技术工人，他的工作业绩得到了部门领导、同事的极大认可，获得了众多技术方面的荣誉。该同志多次在重大生产项目和技术攻关中能够肩负重任，为公司圆满完成生产任务作出重大贡献，主要表现在以下几个方面：

（1）核电领域。先后参与了公司ASME核电取证样机、Rccm民用核承压取证样机等内部关键零部件的生产，以及协助公司设计研发部参与内部件把关。在参与过程中，虽遇到了一些生产困难，但都能够及时解决，突破难点，为公司阀门产品国产化鉴定验收工作作出了贡献。

（2）火电领域。么延青同志在国家重大技术装备研制项目——600MW超临界火电机组成套设备研制和超（超）临界关键阀门关键部件制造技术（CAM）研究及样机试制项目中，改善了多个阀门在零件加工过程中的加工技术，与设计研发部共同完成了项目。该系列产品通过国家发改委组织的产品鉴定和技术鉴定，认定该系列产品达到国内领先、国际同类产品先进水平。其中，超临界水压试验堵阀、截止阀、止回阀获中国机械工业科学技术奖特等奖。

么延青同志在超（超）临界火电机组配套第二类、第三类关键阀门的研制项目中，作为生产部门的主要参与人员，对主蒸汽安全阀、旁路调节阀、最小流量阀、疏水阀、高加三通阀、小汽机排汽蝶阀、高排及抽汽逆止阀等阀门加工技术的提高和优化作出了突出的贡献。其中，超（超）临界第三类关键阀门通过国家能源局组织的鉴定，认定该系列产品达到国内领先、国际同类产品先进水平。

在生产实践中，针对产品技术要求的不同，对部分产品运用QC办法进行加工，对产品质量情况进行控制取得一定的优异成绩。其合理化建议和技术改进项目受到公司的嘉奖。

（3）军工领域。在加工哈尔滨号军舰使用安全阀时，将原一阶锥柄结构改进为三阶结构，在加工内部件过程中，实现了三个工作面的同时加工，将工作效率提高了3倍，并提高了零件的同轴度和精度。

在加工军工主安全阀阀体时，由于加工难度大，产品合格率较低，么延青同志经过设计研究反复试验，自制工装及刀具。他设计的自制镗孔倒角复合刀获得黑龙江省职业鉴定中心颁发的鼓励奖。

多年来么延青坚持出满勤，年年超额完成生产任务，2004年至今年平均完成工时12000多小时，相当于一年完成三年半的工作量，在生产工作中始终把产品质量放在第一位，多年来产品合格率为百分之百，一等品率达到98%。

近些年来，么延青同志作为公司的技术骨干、高级技师，先后培养十余位徒弟，作为师傅，他坚持做到时时处处以身作则，毫不保留地将自己的全部技术传授给他们，教育他们学好本领，帮助他们对在工作中遇到的问题进行分析和解决困难，做到共同为公司的发展作出更多的贡献。

孙志强

孙志强，1985年2月出生，2004年毕业于吉林航空工程学院机械制造专业，专科学历，中级钳工，现为辽宁长志泵业有限公司制造部部长。

孙志强同志一直在国内知名企业从事机械制造与设备生产工作。2004年在北京华都肉鸡有限公司设备维修部工作，2007—2010年在新加坡吉宝造船厂工作，从事维修与安装工作，担任班长职务。履职期间，研究工夹具及工艺的标准与实施，减少操作者劳动强度，有效地提高质量及工作效率，劳动生产率同比提高 30% 以上，综合节约成本 200 余万元。

2011 年，在山东长志泵业有限公司从事泵类产品装配，并在技术中心学习，先后担任装配车间主任、车间综合调度、制造部副部长、制造部部长等职务，主持全面生产工作。更改替换公司常规产品底座及管路布局结构，大胆进行装配技术创新，节约加工材料，提升产品使用性能，此项装配技改，得到了公司高层的高度肯定，仅此一项就节约了成本 30 余万元。BB5 高压双壳体泵型安装时，一直受芯包部件与筒体拆装、拆检、现场维修难度大困扰。面对以上技术难题，他积极探索求新，创造出专用抽拉式工装，有效解决了 BB5 装配、拆检、现场维修的难题，为公司作出突出贡献。编制螺旋轴流泵叶片多维曲面的加工中心加工程序和工艺，实现锻件整体加工，精度达到设计要求，解决油气混输泵和喷水推进转子的技术精度难题。创造性实现高压 BB3 型产品中开面微分网纹密封及加工工艺，并在通用设备上设计高效工装与刀具。解决公司高压 BB3 型产品中开面密封问题，工作压力达到 15MPa，试验压力达到 22.5MPa，保压时间 8h，无冒汗与渗漏等现象，高压中开面密封达到国际先进水平。通过转子平衡工艺、动静零部件间隙、冷热态转子对中技术的研究，有效解决大中型及高速多级泵振动故障，由原来的振动指标 0.05mm 减小为 ≤ 0.02mm，为用户安全连续运行提供有效保证，也为公司节约售后服务成本 100 多万元。

当前，孙志强同志带领自己的生产团队，致力于追求提高企业总体素质、产出效率，对企业生产深层问题进行分析研究并为企业提供切实可行的解决方案，使企业更具有创造力。

（本栏目编辑：任智惠）

中国通用机械工业年鉴2017

企业概况

介绍部分企业的经营理念和成功经验，为管理者成功决策助力

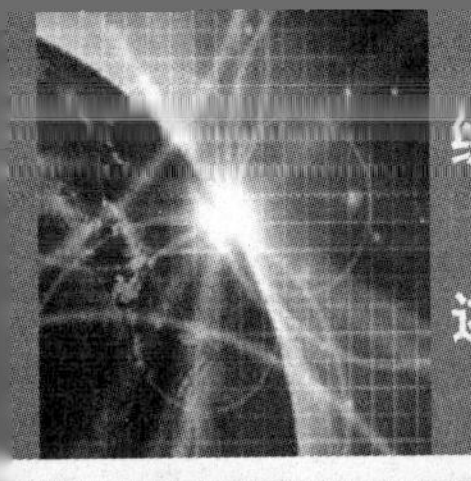

企业概况

大连海密梯克泵业有限公司
执行总经理　乔贵楠

2008 年

2008 年，导入卓越绩效管理模式和六西格玛管理思想，引入 SAP BO 计算机网络管理系统

2009 年

2009 年，引入品牌营销、精益生产管理，荣获辽宁省质量管理奖，成立大连海密梯克希望小学

2010 年

2010 年，南京分公司成立；与大连理工大学合作开发“基于职位胜任力的绩效薪酬体系再设计”

2011 年

2011 年，通过德国莱茵技术（上海）有限公司 ISO14001 环境管理体系、OHSAS18001 职业健康安全管理体系认证；公司产品被评为辽宁省名牌产品；新厂房竣工

2012 年

2012 年，“海密梯克”商标被认定为中国驰名商标；公司荣获首届市长质量奖；泵业园污水处理站建成

2013 年

2013 年，主持成立“全国泵标准化技术委员会无轴封离心泵标准工作组”

2014 年

2014 年，荣获中国机械工业企业管理协会颁发的“管理示范企业”称号

2017 年

2017 年，引入 PLM、MES、IoT 等信息化项目

掌握国际先进技术 创建世界一流企业

——上海凯士比泵有限公司

上海凯士比泵有限公司（简称上海凯士比）是由上海电气集团股份有限公司和德国KSB公司于1994年12月合资建立的。公司注册资本为2700万美元，总投资3980万美元。公司位于上海市闵行经济技术开发区，占地面积13.7万m^2。

上海凯士比的市场定位——为国家重大工程、重点项目和高端市场提供高质量、高水准的产品和服务。公司专业从事能源（包括火电和核电）、水、污水、工业、楼宇等领域用泵的设计、制造、服务，并享有很高的声誉。

上海凯士比综合了合资双方的技术优势，已成为行业内产品范围广、技术水平高的泵制造商。通过20多年的不懈努力，公司当前在国内已拥有8家分公司及销售办事处，共有员工800多名；在全国设有60多个代理和经销商。

上海凯士比可提供600MW、1000MW及以上火电机组用的凝结水泵、锅炉给水泵和循环水泵，三大泵市场占有率达30%。公司先后为石洞口、外高桥、泰州、方家庄等国内知名电厂提供产品。

上海凯士比研制了大型混流、轴流泵，如：口径达3m的ZL型可调的轴流泵用于南水北调工程，口径达2m的SEZ抽芯式混流泵用于黄浦江上游引水工程。公司拥有CCS、BV等船检证书，开发的船用泵可用于输送海水或淡水、船上消防、舱底压载及其他一般排水，也可用在海水淡化中作为碱液泵和蒸馏泵。公司引进开发符合国家节能、环保产业政策的产品，如CPKN化工泵、轴向切分双吸式离心泵、热水热油泵、卧式多级高压离心泵、潜水污水泵、单级双吸中开泵等，为上海合流污水治理Ⅰ期、Ⅱ期工程等项目提供产品。

上海凯士比成立至今，已被认定为上海市高新技术企业、上海市创新型企业、上海市企业技术中心、全国模范职工之家和上海市外商投资先进技术企业，并取得了ISO9001国际质量体系认证、ISO14001国际环境体系认证、国家职业安全卫生管理体系（OSHMS）认证。

上海凯士比注重对产品不断进行改进和技术创新，在引进技术消化吸收的基础上，以自主技术研发为核心，以“成为国内泵行业的领导者”为发展目标，不断进行技术革新和市场开拓。近年来，公司获得专利授权50多项，拥有国家重点新产品、上海市重点新产品、上海市专利新产品，荣获中国机械工业科学技术奖二等奖、三等奖，上海市科技进步奖三等奖，中华人民共和国教育部一等奖、二等奖，全国泵行业标准化工作先进单位和突出贡献奖等荣誉。

上海凯士比还充分利用外部资源，积极开展产学研合作。近年来，公司先后与清华大学、上海交通大学、上海工程技术大学和江苏大学等多家高校和研究所进行科研合作。通过与众多高校开展产学研合作，公司的技术和研发有了很大的发展空间，并在组织创新、机制创新、管理创新、理论创新等方面有了自身独特的转变。公司通过产学研合作，缩短了产品研发周期，减少了研发费用以及物力、人力消耗，降低了成本和原料消耗，企业获得了较好的收益和利润。

长期以来，上海凯士比对产品进行科技创新，尽一切可能保证客户获得理想的产品。此外，在客户现场提供培训课程，以保证操作人员每天能更加有效地使用凯士比的产品并从中获益，这是公司获得客户长期信任的原因所在。上海凯士比的发展目标是为用户提供优质的产品和专业化的服务，与客户共同创造更多的价值。

崇尚品牌　追求卓越

——北京京城压缩机有限公司

北京京城压缩机有限公司（简称京城压缩机）是北京京城机电控股有限责任公司旗下全资控股的高新技术国有企业，于 2002 年 8 月 6 日注册成立，注册资金 13 927 万元，总资产 3 亿多元。公司是中国通用机械工业协会和压缩机分会常务副理事单位。

京城压缩机的前身是 1920 年成立的京都市政公所修理厂，1959 年经公私合营成为北京第一通用机械厂，2002 年改制重组为北京京城环保产业发展有限责任公司，2012 年更名为北京京城压缩机有限公司。

京城压缩机享有良好的市场信誉和明显的在位优势，具有进出口企业资格、民用核安全机械设备设计和制造许可、压力容器设计和制造许可、全国工业产品（空气压缩机）生产许可等资质，并通过三体系国家标准认证。公司在压缩机设计、制造方面经验丰富，生产的“天坛”牌压缩机，被广泛应用于石油化工、气体、国防科技、钢铁冶金、煤炭矿山、医药、航空航天、国防军工、科研、PTA、核电等多个领域，产品可压缩氢气、氧气、煤气、石油气、天然气、氮气、氦气、氯甲烷、H_2S 等各类工艺气体。

公司自 2003 年取得 ISO9001 质量管理体系、ISO14001 环境管理体系和 OHSAS18001 职业健康安全体系三体系认证以来，经过 10 多年的体系运行和改进，体系运行质量不断提高，为公司运行提供了有效的保证。公司同时还拥有压力容器设计、压力容器制造资质，压缩机制造许可资质、高新技术企业资质及进出口资质等。并于 2008 年建立了民用核安全设备质量保证体系，为民用核安全的设备设计制造打下了坚实的质量管理基础。

京城压缩机本着优良的产品品质和高度的社会责任感，于 2009 年正式取得国家核安全机械设备设计许可证和制造许可证，成为国内率先获得核级资质认证的压缩机制造企业。公司所生产的隔膜式压缩机保证了核电站含氢废气系统、氮气贮存及分配系统的安全、有效运行，打破了国内核电厂的废气系统核安全级压缩机依靠进口压缩机的局面，为核电设备的国产化作出了贡献。随着红沿河、福清等核电站项目的陆续启动，公司承接了国内所有核电项目的废气处理系统压缩机的设计和制造工作。同时随着国家“一带一路”倡仪的快速推进，京城压缩机顺势而为，参与了 C 系列项目和 K2、K3 项目等多个海外核电项目建设，且前景广阔。

京城压缩机当前已拥有新型缸体部件、独特的供油装置、优良的密封装置、可靠的缸体油压调节装置及自动轻载启停装置等几十项自主知识产权及核心专利技术，在隔膜压缩机行业始终保持技术领先地位 .

京城压缩机通过与中科院力学所、北京科技大学、西安交通大学的产、学、研合作，对压缩机核心技术、材料及工艺等进行攻关及优化设计，推进压缩机产品的升级换代，提升技术水平。与中科院力学所合作，研发成功了隔膜压缩机缸体部件参数化分析软件，通过参数化建模，分析受压构件的应力及应变情况；与西安交通大学合作，开发完成了隔膜压缩机膜腔曲面设计软件和隔膜压缩机结构设计软件，对压缩机进行全过程的计算机化分析校核、优化设计，从而提高各构件的安全性、可靠性，保证压缩机的安全使用；与北京科技大学共同研发新型隔膜片热处理工艺以及新膜片材料，大大提高了国内隔膜压缩机膜片的使用寿命，并逐渐接近国际先进水平。

京城压缩机是国内最大的隔膜压缩机生产厂商，是世界四大隔膜压缩机生产厂商之一；国内隔膜压缩机行业标准 JB/T 6905—2004《隔膜压缩机》由京城压缩机制定及修订，该标准是当前国际上唯一的隔膜压缩机行业标准。公司受托于全国压缩机标准化技术委员会，进行国家核电行业压缩机标准的制定，作为起草单位之一，参与了 JB/T 12566—2015《核电用隔膜压缩机 技术条件》标准的制定工作。该标准的建立及实施，突破了我国核电用压缩机设备的现有技术标准水平，形成完全自主的知识产权，填补了国内空白。

京城压缩机将一如既往地秉承“崇尚品牌、追求卓越”的经营理念，发扬“产品即是作品，作品即是人品”和“一次把事情做好”的荣辱观和质量观，用专业技术为压缩机制造领域的客户提供最优质的产品与服务。

创新升级　实现稳步发展

——四川空分设备（集团）有限责任公司

一、企业介绍

四川空分设备（集团）有限责任公司（简称四川空分）的前身是四川空气分离设备厂，2001 年整体改制为全民营的有限责任公司。公司主要从事空气分离及液化设备、低温液体贮槽、槽车及汽化设备、低温绝热气瓶和绝热输液管道、天然气（油田气）液化分离设备、各类透平膨胀机、低温液体泵、中小型活塞压缩机，以及低温和常温专用阀门、板翅式换热器等千个品种、规格的产品设计、制造、安装以及工业气体生产和销售。公司年产值 30 亿元，总资产 30 多亿元。公司被评为 2015 年中国机械工业百强企业。

四川空分是国家高新技术企业，拥有省级技术中心、低温技术研究院、焊接研究所、风洞试验室等研究及试验机构。公司现有员工 2 000 余人，有工程技术人员 400 多人，其中中高级工程师 180 余人，享受政府特殊津贴专家和国家级突出贡献专家十余名。公司推进数字化设计，引进了国内外一流的分析设计软件，并通过与大学、国际著名公司合作及自主创新，使公司技术水平保持国内领先，在多个领域具备与国外先进企业同台竞争的能力。

四川空分具有 A1、A2、C2、C3 级压力容器设计资格，GC1 级压力管道设计资格，A1、A2、B3、C2 级压力容器制造资格，AX 级压力管道元件（低温绝热管）制造资格。公司于 1990 年取得美国机械工程师协会颁发的 ASME 授权证书及 U、U2 钢印，并顺利通过历次换证检查；公司于 1996 年取得中国机械工业认证中心颁发的 GB/T19001 质量管理体系认证证书，并顺利通过历次换证审核。2003 年，公司的低温液体运输车、半挂车率先取得国家 3C 强制认证。公司出口的成套空分设备和天然气液化设备通过了欧盟 CE 认证。

四川空分历来非常重视科研开发，不断加大技改投入，提高工艺装备水平，引进国际一流的设计和制造工艺软件，提高产品质量，取得了骄人的成绩。公司的产品领域扩展到低温和非低温的近 200 个品种、1 500 多个规格的产品体系。公司拥有自营进出口权，产品远销 30 多个国家和地区。

二、生产经营情况

1. 适应经济“新常态”，实现稳步发展

2016 年，四川空分主动适应国家经济发展的“新常态”，坚持“爬坡过坎，攻坚克难，创新升级，稳步发展”的方针，克服了国家产业结构调整尤其是钢铁行业产能过剩给空分设备市场开拓带来的不利影响，继续保持盈利，实现了稳步发展。

2016 年，四川空分新签合同 30 亿元，累计合同约 60 亿元，实现销售收入约 23 亿元，实现出口约 4 000 万美元，实现利润 0.15 亿元，上缴税金 1.69 亿元。

2. 信息化工作取得新进展

2016 年是四川空分实施《四川空分集团产业和结构调整 转型升级 实现做大做强发展规划（2013—2020 年）》的第一个年头，公司已实现由粗放型管理向信息化管理、精细严管理的转变。一是利用 OA 办公系统的采购模块完善供方评价机制，建立合格供方数据库，实现对供方的动态管理，规范和控制了公司采购行为；二是运用 OA 办公系统财务模块为公司的资金管理提供了良好的操作平台；三是采用 PDM/CAPP 软件，通过计算机网络和数据库技术，把产品设计过程、生产试验等过程与产品相关的信息和过程集成起来统一管理，使产品数据在生命周期内保持一致。当前，PDM/CAPP 已经成为公司降低成本、缩短产品的设计与制造周期、提高产品质量的重要工具。

3. 科技大会推动技术创新，充分体现创新价值

为在公司形成“人人创新”的新态势，积极响应国家“大众创业、万众创新”号召。在四川空分建厂 50 周年之际，于 2016 年 10 月召开“第九届科技大会”，共征集到科技成果 241 项、科技论文 263 篇。大会上对评选出的特别贡献者，优秀技术管理者及获得一、二、三等奖的 78 项科技创新成果，147 篇科技论文给予最高 80 000 元现金奖励。这次大会奖金总额约 230 万元，充分展现了技术创新的价值，意义深远。

4. 提高成套设备配套部机的技术发展水平

2016 年，四川空分研制出的配套 4 万 m^3/h 等级空分装置的液体膨胀机样机在云南先锋进行了安装调试。液体膨胀机的研制可以进一步降低空分装置的综合能耗。

公司着力开发中高压板翅式换热器，成功制造了行业内最大高压钎焊单元尺寸为 8.8m×1.3mm×1.1m 的板翅式换热器，标志着四川空分板翅式换热器的设计、制造达到国内领先水平。

公司的低温液体贮运设备技术一直处于国内领先，2016 年开发出 20 000m^3 LNG 全容罐，成功用于三峡博爱项目，并受到了用户的好评。

5. 认真落实安全生产监督管理工作

四川空分在安全生产方面，做到管理落实、监督检查及时到位，隐患治理彻底、查处违章违规坚决不留情面。树立善于管理、敢于管理、居安思危和持之以恒的工作作风。一是重视设备设施的安全监管，做好日常维护保养，确保安全装置齐全、完好、可靠、无隐患，杜绝超温、超压、超负荷运行使用；二是做好人员作业过程监督管理，严禁“三违”（违章指挥、违章作业、违反劳动纪律）作业；三是做好作业场所文明生产管理，做到场所设施布局合理、物品摆放稳妥安全、场地清洁整齐干净，安全道路无堵塞，做好现场试压、室外探伤、禁火区动火作业，大型产品吊装、吊运，以及登高等危险作业监督管理。

公司利用安全值班值日巡检、月度安全综合检查、节假日和季节性定检及安全专项检查等形式开展好安全生产管理工作，使其经常化制度化，做到常抓不懈，使安全生产始终处于掌控之中，将事故消灭在萌芽状态。

三、重点项目推进情况

在 LNG 冷能空分领域，四川空分走在行业的前列，已获得 5 项专利，并且 LNG 冷能空分专利技术已经在多个项目上得到工业化应用。中海油宁波 LNG 冷能空分项目、唐山 LNG 冷能空分项目在 2016 年相继顺利投产。

在富氧燃烧用低纯氧空分设备研制方面，公司于 2014 年研制了全球首套用于富氧燃烧的新型节能低纯氧三塔流程空分装置，获得国际能源署温室气体研究与开发计划机构（IEAGHG）及第五届国际富氧燃烧会议与会专家的高度认可。

公司针对煤化工对空分装置大型化的需求特点，研发 10 万 m^3/h 等级空分装置的工艺技术及设备集成技术。经过两年的时间，成功解决了特大型空分工艺的技术难点，工艺流程组织合理，能耗水平先进。在此基础上，四川空分与国能新兴能源签订了内蒙古辉腾 10 万 m^3/h 空分设备设计供货合同，充分展示了四川空分在特大型空分设备成套设计及制造领域的实力。

寻求创新突破

——开封空分集团有限公司

开封空分集团有限公司（简称开封空分）始建于1958年，1965年正式建成投产，是我国气体分离设备制造业的国有大型骨干企业，是我国高压绕管式、铝板翅式换热器的主要设计和制造基地。公司主要产品为成套大中型空分和气体液化配套设备、高压绕管换热器、环保设备与工程及以液氮洗、碳氢分离等为代表的各种化工气体低温分离装置，天然气、煤层气分离液化装置和金属组装式冷库。公司生产的空分设备出口到东南亚、中东、非洲、西欧等地区。2004年，公司被评为“中国机械工业500强”企业，2006年被评为“在振兴装备制造业工作中做出重要贡献”的单位。

开封空分是河南省创新型企业，拥有省级空分设备工程技术研究中心、博士后研发基地。公司持有特种设备中的A1、A2级压力容器及GC类压力管道设计、制造许可证；具有美国ASME授权证书和“U”钢印；通过了ISO9001质量管理体系认证和GB/T19022计量认证，为国家一级计量单位。公司注册资本7.4亿元，在册员工2 000余人，技术研发人员有300余人，其中教授级高工和高工53人，具有硕士学位的技术人员20余人。

当前，总投资22亿元的开封空分新厂区建设已经完成，新厂区生产能力：年产成套大中型空分设备制氧容量80万m^3/h，产品吨位3万t；年产化工用压力容器8 000t；年产3 000t冷库；年产日处理10万t城市污水设备的能力。

2016年，开封空分不断寻求突破，在提升自身管理水平的同时，技术创新又向前迈进了一步。

一、突出技术研发，新产品研制取得新突破

2016年，开封空分立足于“主业做强、多业并举”的战略发展思路，紧跟市场发展形势，加强预期引导，深化创新驱动，全面推进技术研发步伐。

1. 以市场为导向，创新寻市场，以公司发展为目标，创新增效益

2016年，公司新增科研项目16项，新增项目具有一定的前瞻性和良好的发展空间。其中：“300kW能量回收装置的研制”项目在余热回收方面具有引领性的突破，符合市场需求；“空气储能装置的研制”项目符合国家产业政策，是今后一段时期重点发展方向；“填料塔内件研制”项目将提高自有产品附加值，是公司新的经济增长点。

2. 开展“大型LNG绕管式换热器”研制项目

公司通过使用自主开发的LNG绕管式换热器仿真与设计软件完成了日处理量为30万m^3规模的LNG绕管式换热器样机设计、制造、验收。该项目的研制成功，突破了我国在大型LNG绕管换热器方面所存在的技术瓶颈，掌握了LNG-FPSO的大型LNG绕管式换热器的核心技术，推进了我国LNG-FPSO自主装备的国产化进程。在11月份的中国工业博览会和中国国际流体机械展览会上，该项目产品引起国内外众多企业的浓厚兴趣，为开拓国内外市场打下了良好基础。

3. 22万t乙二醇合成配套的$CO-H_2$深冷分离装置成功运行

该装置生产出的CO及富氢气等合格产品，各项产品品质均达到或超过了设计指标。$CO-H_2$深冷分离装置一直是我国低温行业的一项空白，我国市场长期以来被国外厂商所垄断，用户为此付出了高昂的经济代价。该装置的成功运行，标志着我国低温行业完全有能力自行设计、制造$CO-H_2$深冷分离装置。$CO-H_2$深冷分离装置的国产化，增强了国有装备在国内外市场的竞争力。

4.PLPK-1611.7/6.545-1.05 型液体膨胀机在 60 000m^3/h 空分装置上开车成功

该膨胀机进、出口液空参数达到设计要求，机组运行平稳，可以投入长期工业运行。随着煤化工行业的快速发展，大型内压缩流程空分设备的需求越来越多，带有液体膨胀机的新空分工艺流程与高压液空节流流程相比，具有突出的节能降耗优势。但其关键设备液体膨胀机一直以来都依赖进口，价格昂贵，使该技术难以推广应用。该液体膨胀机的开车成功，标志着我国已经全面掌握了液体膨胀机的设计制造技术，大大提高了大型空分装置的自成套能力，为推动民族工业技术进步作出了重大贡献。

二、突出深化改革，激发企业发展新活力

1. 搞活生产

2016 年年初，开封空分在对全年经营形势预判和认真调研的基础上，制定了《2016 年自主经营实施方案》。该方案除以利润考核为主、一厂一策管理办法外，围绕自主经营提出新思路，制定新措施，呈现新特点。

2. 加强对营销工作的总体组织和领导

公司扩大销售阵容，开辟潜在市场，与用户面对面交流公司的技术实力、装备实力以及双方合作优势，以诚心换取用户信任，以诚意促成订单成交。全年新签合同额 5.33 亿元。

3. 降本增效效果显著

为实现降本增效，公司采取了一些措施，主要包含设计优化、工艺创新、采购降本、质量提升、项目管理、节能降耗等多个方面，共计 84 项，涉及全公司 33 个单位。很多单位提出了新办法、新思路，成为公司降本增效的支撑点。全年质量损失率控制在 1.5% 以下。

三、上下结合、齐抓共管，实现稳定新局面

1. 安全稳定

开封空分始终强化“红线意识”和“底线思维”，着力从严从实管理、全面系统防控、强化监督问责，有效防范和化解了生产安全的各类风险。利用班前会、调度会和月度安全大检查等多种形式进行宣传教育，全年未发生一起重伤及二级以上非伤亡事故，未发生一般环境事件，实现了安全稳定的工作目标。

2. 思想稳定

开封空分以党的十八届五中、六中全会精神为指导，从严肃纪律、严格制度和强化管理入手，加强廉政建设，防止腐败的发生，打造一支理念新、思路清、作风硬、业务精的干部队伍。公司不断强化党员干部的纪律意识和规矩意识，树立起凭业绩、看品行的选人用人导向，营造出公开公平、风清气正的干事创业良好氛围。全年未发生一起领导干部和党员的违纪违法事件。

四、调整产品产业结构，着力培育新的经济增长点

1. 推动战略性新兴产业的蓬勃发展

开封空分依据市场需求，有针对性地开发新产品，增加高附加值产品品种，增强企业核心竞争力，抢占行业发展制高点。重点争取在液空储能发电装置、低温余热能量回收装置等重点科研项目上取得突破性进展。

2. 高度重视产品的效率和质量问题

公司注重使用新技术、新材料、新工艺，加大空分设备的改造升级力度，加快关键设备核心零部件的研发、更新进程，使新技术、新材料、新工艺在空分设备上得到普及应用，降低制造成本，减少设备能耗，提升使用效率和质量。

3. 积极培育特色产业

公司抓住国家在煤制气行业方面发展的利好政策，积极和中石油、中石化、中海油、神华、中煤等央企建立联系，努力开拓国内外市场；积极开拓高压绕管及 LNG、全液体膨胀机、碳氢分离设备等一系列新产品的应用市场。

4. 大力开拓国外市场

公司借助国家“一带一路”，开发沿线国家空分设备市场。2016 年，公司已与孟加拉国、阿尔及利亚等国家签订外贸出口合同，实现中国制造走出国门的目标。

砥砺奋进　铿锵前行

——莱芜天元气体有限公司

一、企业介绍

莱芜天元气体有限公司(简称天元气体公司)，位于山东省莱芜市，是在原山东莱芜钢铁集团有限公司(简称莱钢集团)动力部制氧车间的基础上，并购莱钢集团泰东实业有限公司下属力源气体公司组建而成。2002年10月29日注册成立，注册总资本8 000万元，同年11月8日挂牌创立。天元气体公司具有独立法人资格，由莱钢集团委托动力部代管。

因山东钢铁集团内部机构改革，2012年2月13日，天元气体公司股东由莱钢集团公司变更为济南钢铁股份有限公司；2012年3月20日，股东由济南钢铁股份有限公司变更为山东钢铁股份有限公司，天元气体公司成为山东钢铁股份有限公司法人独资子公司。

天元气体公司生产经营工业用氧气、氮气、氩气和瓶装气体，主要为山东钢铁集团莱钢集团公司、山东钢铁股份有限公司莱芜分公司的冶炼生产提供产品服务，同时面向社会经营销售液氧、液氮、液氩和医用液氧、气氧以及氪氙混合液、氦氖混合气等产品，产品销往江苏、上海、浙江、河北、天津等地以及山东省内相关企业。

经过2003年、2004年和2006年三次增资扩股，天元气体公司的注册资本由成立时的8 000万元增加到5.06亿元。现有制氧机9套，设计产能由成立初期的2.44万m^3/h增加到18.3万m^3/h，一套气体液化装置设计产能4 000m^3/h，产能提升了7倍之多，公司一跃成为华北地区最大的气体生产供应基地，具备了年产1 000万t钢以上钢铁企业氧氮氩气体保供能力。

天元气体公司加强市场调研，紧盯外部氧、氮、氩液体，氪氙混合液和氖氦混合气市场动态，在确保液体储备在安全线的情况下，抓住市场机遇，扩大液体产品销售，提升了营销绩效。公司恪守“精品赢得市场，诚信创造未来”的市场价值观，按照“优质产品、优质服务、优惠价格”三优服务承诺，不断强化“一条龙”优质服务，严把产品质量关，定期发放客户满意度测量表，积极征求客户意见建议，开展了争创山钢集团“双十佳”和“用户满意服务明星”活动，积极打造“真情流动”服务品牌，市场作业区连续8年获“十佳文明窗口”荣誉。

《Atlas空压机进口备件国产化改造》《莱钢60 000m^3/h制氧机设备稳定运行的研究与应用》等9篇成果论文获山东省经信委设备管理成果论文一、二、三等奖；“大型空分装置三维可视化安全生产综合管控平台研发与示范”获2016年省重点研发计划项目立项。在中国设备管理协会2016年度压力容器和压力管道带压密封技术交流活动中荣获团结协作奖。

二、精益保供

天元气体公司全面关注热线冶炼生产，严格落实生产总调度指令，根据钢铁主业设备检修及生产计划的调整变化等情况，以计划为指导，以生产调度指挥为龙头，认真落实“精益管理、能效提升”工作部署，主动超前应对，科学生产，精益保供。

全面落实全员精益管理。公司建立并完善了制氧生产成本倒推模型，生产成本日分析工作稳步推进，KPI关键指标分解落实到班组岗位。各班组岗位根据本班组和机组实际情况，全面分析分解落实KPI、KAI指标，不断完善规范看板图版内容。各班组岗位从实用性精细化操作入手，狠抓精益管理细节，严查身边的浪费现象；各班组岗位管理工具、方法运用科学，精益管理图版特色鲜明，KAI 指标过程控制展示直观清晰，对标竞赛形成闭环管理，班组岗位之间比学赶超氛围浓厚，精益文化特色突出，管理绩效明显。2016 年，公司精益管理项目立项 36 项，累计实现效益 2 024.63 万元；莱芜分公司在能源动力厂召开精益管理现场会，其中 6 万 m^3/h 制氧机区域精益管理工作得到了上级领导和与会单位领导的好评。

全面提升事故状态下的应急保供。公司针对不同季节气候和设备运行特点，组织有针对性的生产事故演练活动，优化、固化操作流程，提高了全体值班人员生产事故应急处理能力，确保特殊季节安全生产保供。对全部的液体蒸发系统进行缺陷隐患排查，优化升级改造相关设备，进一步提升了紧急事故状态下液体蒸发保供能力。

全面提升制氧系统运行的经济性。公司积极深化开展科技周活动，全力推进节能降耗等工作。根据季节的不同和环境温度的差异以及机组运行方式，科学调整制氧机运行工况、供电因数和水系统循环冷却塔的生产运行参数，以降低能源消耗。

全面强化保供管网巡检工作。公司不断优化供气管网巡检方案，克服线长、面广、雨雪、炎热等困难，加强氧氮氩管道日常巡检，消除外部供气管道安全隐患，及时封堵管道漏点；定期开展设备设施基础稳固情况和气体管道障碍物等安全隐患排查工作，确保设备和管网安全稳定运行。

全力提升稳产保供能力。公司加强劳动纪律、工艺纪律督察，以机组安全稳定运行为重点，强化岗位工艺操控，精心监盘，加强对空压机、氧压机等重点设备监控和特护，科学控制气体产出量与热线生产需求相匹配，最大限度降低氧气放散率。加强与总调沟通，密切关注外部生产状况，根据热线生产需求，合理调整机组运行方式，并根据总调指令和保供管网压力等情况，组织蒸发液体保供，众措并举，确保了热线冶炼生产所需的安全稳定、均衡优质的气体供应。

三、科技提升

密切关注莱钢集团、莱芜分公司热线生产状况，抓住热线设备年修、定修的有利时机，加快制氧机组技术升级改造，消除设备缺陷和安全隐患。

加强设备年修、定修管理，消除设备安全隐患。持续优化年修、定修模型，充分发挥“小神探”点检技术平台优势，同时，依靠设备在线监测技术和设备劣化分析技术手段，科学分析采集到的各类数据信息，关注设备异常状态和变化趋势，全面提升定修故障点命中率。2016 年，公司先后组织了 5#、6#、7#、8# 制氧机，60 000m^3/h 制氧机年修和 4#、9#、10# 制氧机定修；完成了 6 万 m^3/h 制氧机大加温消缺，6# 制氧机、9# 制氧机塔内设备工艺流程适应性改造，7#、8# 制氧机冷水塔冷却水系统技术改造，10# 制氧机空压机放空阀技术改造等工作，消除了影响制氧系统安全运行的多处安全隐患，取得了良好的年修、定修消缺效果。

优化升级改造，持续提升设备的稳定性和经济性。公司对进口工艺液氩泵、氮压机进行备件国产化测绘、安装并实验，运行效果良好，有效降低了维修费用，也为今后进口的同类机型设备、高价值备件国产化改造奠定了基础。与厂家联合对高精密度气体分析仪器进行技术改造，消除了仪器故障，提升了分析仪器的可靠性。对 60 000m^3/h 制氧机水系统进行系统节能分析和改造，降低水系统能耗 21% 以上，降低循环水温 3 ～ 5℃，提高了单体设备等温压缩效率。

四、安全保障

按照莱芜分公司安全环保工作的总体部署，结合公司实际，突出重点岗位和薄弱环节，深入开展各类安全活动，严格落实各级安全生产责任，牢固树立安全生产“红线”意识，把安全“红线”作为生命线、高压线。

依托精益管理平台，深入推进安全“四个标准化”建设。全面落实山东省政府办公厅《关于加强危险化学品企业安全管理工作的紧急通知》精神，结合莱芜分公司开展的重点危险源管控工作，编写了重点危险源控制管理方案，进一步加强重大危险源的监控，完善了重大危险源评估及备案等工作。优化了动火作业、有限空间作业安全操作规程，深入开展危险源辨识活动，对各区域、各岗位工序、各项目进行全面动态的危险源评估和安全评价，并落实安全防范对策，确保“危险源辨识及时、风险评价准确、风险控制措施有效”。

加强职业卫生基础建设，保障职工身心健康。公司开展职业卫生法规知识宣传教育培训，2016年共组织接毒接害岗位职工177人进行了职业健康查体，维护了职工的合法权益；完成了新建6万m^3/h制氧机项目职业病危害防护评价工作，并报莱芜市安监局备案；建立了风险分级管控体系，对安全生产风险点实施标准化管控，全年共排查治理隐患23项。

搭建平台，营造安全文化氛围。2016年，公司开展春季安规教育、“安全生产月”“青年安全示范岗”创建等活动，编写印发了《空分及相关作业习惯性违章行为汇编》，通过知识竞赛、宣传警示教育等活动，大力营造浓厚的安全文化氛围，增强了职工的安全自律意识。

五、企业文化

天元气体公司紧紧依托山东钢铁莱芜分公司的强大优势，牢固树立“精益保供、同建共享”共同愿景，积极发扬“爱企业、讲大局、能战斗、重时效”的团队作风，挑战管理极限，全面推进“精益管理、能效提升”活动，以质量求生存，精益求精，倾力打造精品气体，提升了产品质量和企业管理绩效，增强了市场竞争能力，树立了良好的企业品牌形象。公司先后荣获山东省安全生产“双基”工作先进单位、山东省道路危险货物运输安全规范优秀企业、首批山东省诚信企业、山东省平安建设先进基层单位、莱芜市十大“诚信运输企业”等荣誉，连续多年被莱钢集团公司评为财务管理工作先进单位、审计管理工作先进单位、设备管理先进单位等。

砥砺奋进斗志坚，众志成城再出发。天元气体公司全体职工时刻树立坚定的必胜信念，以“苟日新、日日新、又日新”的新姿态，凝聚智慧和力量，形成干事创业的强大合力，迎难而上，再克时艰，打造气体精品品牌，服务企业和社会，努力开创稳产保供、经营发展的新局面。

追求高品质　谋求新发展

——上海新奥分子筛有限公司

上海新奥分子筛有限公司（简称上海新奥）成立于1996年。自成立之日起，上海新奥就始终致力于优质分子筛吸附剂的研发、生产、销售和技术服务。经过20多年的悉心经营，上海新奥在气体净化、制造业、炼油、石化等吸附剂相关行业均建立起了良好口碑。质量过硬、服务周到是广大客户对上海新奥的一贯印象。上海新奥已通过ISO9001：2008国际质量管理体系认证，并严格按ISO9001：2008质量管理体系进行公司的质量管理工作，并以先进的应用技术和丰富的经验，为客户提供一流的产品和服务。

上海新奥拥有一流设备组成的分子筛吸附剂生产线和先进的实验室仪器装备，保证了出厂产品的质量，以满足能源、石化、烃加工、空分、冷冻、酒精及中空玻璃等相关工业应用的需求。

上海新奥成立之初，空分设备用13X-APG分子筛是首先推向市场的产品，稳定的性能使得这一产品问世不久便得到了广泛推广。公司直接服务终端用户的同时，也积极抓住各大空分设备厂家的新项目服务市场，从而加速了该产品的推广速度。近些年，公司又推出 NW-II 型、NW-III 型等更高性能的空分设备用分子筛吸附剂，进一步完善了产品线。相对于普通 13X-APG 产品，NW-II/III 带来的更大 CO_2 吸附容量，可以为用户提供更大的操作弹性或更长的吸附周期，使空分装置的运行安全性与经济性得到进一步提高。对于极端环境，如环境 CO_2 极端高的情况，可以配合客户整体改造吸附器，满足恶劣情况下装置安全运行的需要，并提供准确的操作指导。由于上海新奥产品的高品质与稳定性能，产品也被海外一些一流公司长期采购，上海新奥分子筛服务的空分装置遍布世界各地。

深度干燥是分子筛最普遍的一个应用，它是将空气、氮气、过热淡酒等气体中的水分控制在工艺要求以内，是保证装置正常工作的基础。然而，不同工艺对分子筛的要求并不相同。上海新奥的一系列干燥等级吸附剂和专业的技术服务团队使得上海新奥在干燥这一应用领域非常出众，产品被日本、意大利等知名干燥机厂家长期选购，也在国内的各种关键干燥部位有良好表现。上海新奥的技术团队可以为有热再生、无热再生、微热再生、压力再生、真空再生等不同类型的干燥机做出技术指导，使装置的运行更平稳、更出色。面对各种复杂组分，上海新奥会帮客户选择合适的吸附剂并提供详细设计。公司新开发的 NW-94 分子筛专为恶劣工况开发。NW-94 在杂质复杂的物料中执行干燥任务，床层阻力增长更慢，吸附剂结构更稳定，使用寿命更长，客户的运行成本更低。

合成气净化也是分子筛吸附剂的一个重要应用，它是从反应活性较强的合成气里将水分、甲醇、CO_2 等杂质选择脱除，是较复杂的吸附工艺。上海新奥对超低温、低温和常温合成气净化均有丰富的实践经验。产品广泛应用于布朗工艺、凯洛格工艺的吸附单元，近两年在常温合成气净化中表现不俗。上海新奥与中国石油共同研发的特种合成气吸附剂 NW-3125 成功取代了德国拜尔的进口吸附剂，填补了国内空白，为合成气行业提供了一种性价比极高的可靠产品。

在制造业方面，上海新奥的产品线覆盖了制氧机、中空玻璃、制冷剂干燥、制动等各种常见应用。公司可以针对客户的具体需求开发出与之相适应的定制化产品。相对许多“固执”的吸附剂厂家，上海新奥的这一定制化服务使客户可以真正选择适合自己应用的产品。以制氧机为例，上海新奥为不同规模的制氧机提供不同型号的制氧分子筛，使单位产氧量的能耗最优化，使分子筛的使用寿命更长。

上海新奥不仅重视产品本身，而且也非常重视技术服务，重视客户的实际使用效果与感受。公司拥有一支经验丰富的技术服务团队，有能力为工艺商或业主提供详细的设计。

上海新奥注重人才队伍的建设和培养。公司稳定的生产团队与质控团队是产品长期优质、稳定的基础。2017 年，公司开始与海外著名专家合作，通过国际合作，认清与国际巨头的差距并制定学习方案。对于新入职的年轻员工，上海新奥将给予他们更丰富的培训，以持续提升客户的满意度。

上海新奥除了继续提供优质的吸附剂产品外，还与合作伙伴一起，积极开发更加高效、更加节能的流体设备、吸附系统，使分子筛的性能更好地发挥出来。针对客户的例行吸附剂更换，公司可以为客户提供吸附剂卸装、阀门维修、丝网维修等配套服务，让客户更省心。

经过 20 多年的发展，上海新奥取得了骄人的成绩，并收获了良好的行业口碑。面向未来，上海新奥将稳扎稳打，用一个个扎实的新产品、一套套稳定的新装置，继续为用户行业服务，为社会服务。

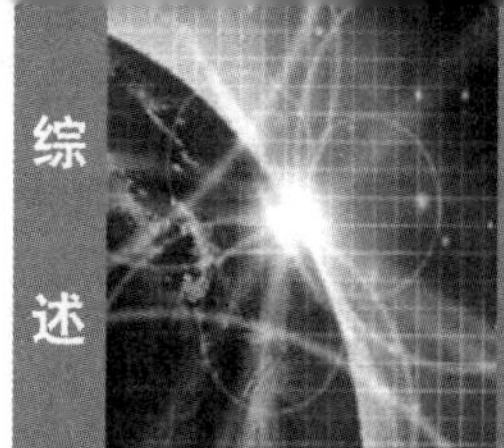

统计资料

公布2016年通用机械行业主要经济指标和固定资产投资完成情况，以及通用机械主要产品进出口数据

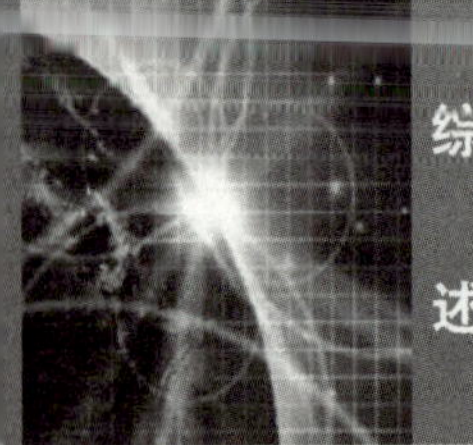

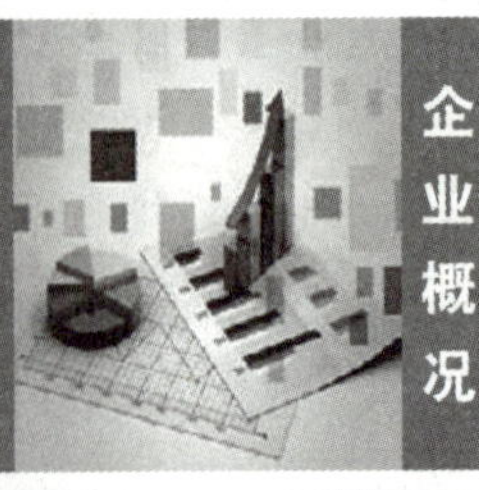

统计资料

2016 年通用机械行业主要经济指标完成情况

行业名称	企业数（家）	亏损企业		亏损额		流动资产合计		应收账款		存货		产成品	
		企业数（家）	同比增长（%）	本年累计（亿元）	同比增长（%）	本年累计（亿元）	同比增长（%）	本年累计（亿元）	同比增长（%）	本年累计（亿元）	同比增长（%）	本年累计（亿元）	同比增长（%）
合计	5 422	580	8.01	44.65	32.85	5 112.19	5.76	1 837.15	6.54	1 163.54	5.15	448.18	3.87
泵及真空设备	1 266	122	7.96	10.52	17.41	1 034.77	6.74	335.72	4.86	262.22	6.01	89.90	1.40
风机	470	56	40.00	5.67	20.38	687.03	3.03	267.45	5.53	130.67	3.10	43.39	2.31
压缩机	525	69	-6.76	9.98	83.46	1 066.84	10.03	394.27	13.25	232.42	9.69	108.11	12.28
阀门	1759	178	13.38	6.16	7.32	1 212.83	2.62	455.24	3.86	285.25	2.64	118.31	2.99
气体分离及液化设备	462	52	1.96	7.42	102.18	515.44	4.54	192.53	2.83	98.27	-0.08	36.91	-6.34
其他通用机械	940	103	0.98	4.91	-3.54	595.27	7.70	191.95	8.42	154.72	7.21	51.57	3.47

行业名称	资产总计		负债总计		主营业务收入		主营业务成本	
	本年累计（亿元）	同比增长（%）	本年累计（亿元）	同比增长（%）	本年累计（亿元）	同比增长（%）	本年累计（亿元）	同比增长（%）
合计	8 578.52	6.41	4 070.73	5.36	9 530.18	2.07	7 948.13	1.73
泵及真空设备	1 879.01	8.01	838.51	8.50	2 192.18	2.96	1 785.94	2.70
风机	1 071.34	4.27	563.68	4.10	929.16	2.88	769.76	2.48
压缩机	1 700.22	7.43	862.00	8.65	1 811.15	-4.14	1 538.70	-5.51
阀门	2 017.73	4.61	863.05	0.06	2 558.28	1.62	2 142.74	1.90
气体分离及液化设备	912.17	7.85	458.81	5.89	768.16	2.12	628.4	1.63
其他通用机械	998.06	6.44	484.68	5.28	1 271.25	10.99	1 082.59	11.29

行业名称	销售费用		管理费用		财务费用	
	本年累计（亿元）	同比增长（%）	本年累计（亿元）	同比增长（%）	本年累计（亿元）	同比增长（%）
合计	326.86	4.62	547.76	4.41	68.11	-2.92
泵及真空设备	88.12	2.91	134.82	4.03	17.05	8.46
风机	33.62	7.72	60.42	3.73	6.83	-1.01
压缩机	55.92	4.41	111.49	5.89	4.82	-36.07
阀门	83.91	2.09	128.02	2.97	21.71	-6.02
气体分离及液化设备	29.52	4.90	49.48	1.85	6.70	13.75
其他通用机械	35.77	12.87	63.52	8.49	11.00	-0.09

（续）

行业名称	利息支出（亿元）		利润总额（亿元）		出品交货值（亿元）		主营业务利润率（%）		资产负债率（%）		成本费用利润率（%）	
	本年累计（亿元）	同比增长（%）	本年累计（亿元）	同比增长（%）	本年累计（亿元）	同比增长（%）	本年	上年	本年	上年	本年	上年
合计	61.83	-7.41	621.71	1.52	1014.81	4.14	6.52	6.56	47.45	47.93	6.99	7.02
泵及真空设备	15.20	1.47	155.76	4.67	272.06	8.42	7.11	6.99	44.62	44.42	7.69	7.55
风机	5.92	-7.64	53.27	-7.23	62.44	4.53	5.73	6.36	52.61	52.70	6.12	6.78
压缩机	7.46	-14.06	115.18	0.35	218.81	13.18	6.36	6.07	50.70	50.13	6.73	6.40
阀门	18.61	-12.92	168.53	0.12	326.15	-4.08	6.59	6.69	42.77	44.72	7.09	7.22
气体分离及液化设备	5.87	-6.97	54.15	-2.03	64.98	-5.28	7.05	7.35	50.3	51.23	7.58	7.88
其他通用机械	8.77	2.99	74.81	10.07	70.37	13.82	5.89	5.92	48.56	49.10	6.27	6.31

注：表中数据经四舍五入，分项之和与总项略有出入。

〔供稿人：中国通用机械工业协会李多英〕

2016 年通用机械行业固定资产投资完成情况

行业名称	计划总投资		自开始建设累计完成投资		自年初累计完成投资	
	本年累计（亿元）	同比增长（%）	本年累计（亿元）	同比增长（%）	本年累计（亿元）	同比增长（%）
合计	3 825.81	-4.99	3 032.51	-11.45	2 561.80	-0.16
泵及真空设备	740.46	-5.70	609.58	-7.31	509.08	2.42
风机	350.03	1.90	259.96	-14.71	231.62	8.10
压缩机	387.30	7.49	318.51	0.35	248.64	13.49
阀门	714.80	-6.67	585.78	-12.32	505.84	-1.47
气体分离及液化设备	306.17	2.22	228.60	-5.84	194.78	1.11
其他通用机械	1 327.05	-9.87	1 030.09	-16.51	871.85	-6.21

行业名称	设备工器具购置投资		本年新增固定资产	
	本年累计（亿元）	同比增长（%）	本年累计（亿元）	同比增长（%）
合计	1 054.75	4.52	1 806.18	-15.84
泵及真空设备	206.99	4.41	392.84	-2.52
风机	92.32	6.00	168.67	-18.37
压缩机	105.91	18.64	140.32	-24.75
阀门	207.34	0.21	377.62	-10.66
气体分离及液化设备	78.79	2.22	121.75	-12.73
其他通用机械	363.40	3.67	604.98	-23.20

（续）

行业名称	本年实际到位资金合计		1. 上年末结余资金		2. 本年实际到位资金小计	
	本年累计（亿元）	同比增长（%）	本年累计（亿元）	同比增长（%）	本年累计（亿元）	同比增长（%）
合计	2 501.34	-3.89	48.16	21.02	2 453.18	-4.28
泵及真空设备	503.17	-0.22	7.40	-38.43	495.78	0.71
风机	229.28	4.71	1.77	61.41	227.51	4.42
压缩机	243.93	3.12	8.18	185.94	235.76	0.88
阀门	491.23	-5.37	7.33	10.01	483.90	5.57
气体分离及液化设备	194.37	2.24	6.40	203.37	187.97	0.02
其他通用机械	839.35	-10.10	17.08	13.49	822.27	-10.49

行业名称	（1）国家预算资金		（2）国内贷款		（3）利用外资		其中：外商直接投资	
	本年累计（亿元）	同比增长（%）	本年累计（亿元）	同比增长（%）	本年累计（亿元）	同比增长（%）	本年累计（亿元）	同比增长（%）
合计	7.34	-17.76	158.78	-14.38	12.36	-44.57	5.17	-56.72
泵及真空设备	2.65	48.54	38.35	11.09	4.54	23.1	2.94	-12.8
风机	0.01		6.85	-62.29				
压缩机	0.25		11.65	-12.82	1.09	8.06	0.21	-79.10
阀门	3.57	26.14	37.08	14.86	1.04	-79.98	0.68	-69.53
气体分离及液化设备	0.04	260.83	12.35	-45.74	0.60	-80.04	0.60	-78.30
其他通用机械	0.81	-81.04	52.51	-18.42	5.10	-44.91	0.74	-71.24

行业名称	（4）自筹资金		（5）其他资金来源	
	本年累计（亿元）	同比增长（%）	本年累计（亿元）	同比增长（%）
合计	2 232.24	-3.57	42.23	34.66
泵及真空设备	443.45	-1.08	6.71	67.01
风机	218.74	10.84	1.76	-19.93
压缩机	218.82	0.71	3.95	92.89
阀门	435.88	-5.55	6.32	-40.54
气体分离及液化设备	170.42	6.27	4.56	143.71
其他通用机械	744.92	-10.26	18.94	78.57

注：表中数据经四舍五入，分项之和与总项略有出入。

〔供稿人：中国通用机械工业协会李多英〕

2016 年通用机械主要产品进口情况

商品税号	商品名称	进口量单位	进口量	进口额（万美元）
84131100	分装燃料或润滑油的计量泵，加油站或车库用	台	3 409	308.8
84131900	其他装有或可装计量装置的液体泵	台	1 815 444	14 266.4
84135010	气动往复式排液泵	台	275 583	8 189.2
84135020	电动往复式排液泵	台	9 610 790	26 233.4
84135031	液压往复式柱塞泵	台	347 661	12 858.2
84135039	其他液压往复式排液泵	台	565 221	11 169.7
84135090	未列名往复式排液泵	台	1 805 640	8 600.7
84136021	电动回转式齿轮泵	台	2 109 637	21 665.3
84136022	液压回转式齿轮泵	台	233 393	4 629.8
84136029	其他回转式齿轮泵	台	1 620 160	11 682.4
84136031	电动回转式叶片泵	台	1 024 457	3 231.2
84136032	液压回转式叶片泵	台	614 957	4 743.3
84136039	其他回转式叶片泵	台	343 106	3 231.8
84136040	回转式螺杆泵	台	24 036	6 999.8
84136050	回转式径向柱塞泵	台	10 611	655.2
84136060	回转式轴向柱塞泵	台	217 158	9 979.6
84136090	其他回转式排液泵	台	894 048	5 766.0
84137010	转速在 10 000r/min 及以上的离心泵	台	1 496 176	2 023.3
84137091	转速在 10 000r/min 以下的离心式电动潜油泵	台	89 167	5 875.4
84137099	转速在 10 000r/min 以下的其他离心泵	台	2 753 691	68 608.9
84138100	未列名液体泵	台	2 325 613	21 792.9
84138200	液体提升机	台	5 125	263.9
84139100	液体泵零件	kg	26 553 357	68 006.3
84139200	液体提升机零件	kg	35 419	48.4
84141000	真空泵	台	2 373 780	55 894.8
84142000	手动或脚踏式空气泵	台	1 756 569	555.0
84145930	离心通风机	台	2 794 049	17 169.4
84145990	未列名风机、风扇	台	143 090 294	73 761.3
84148020	二氧化碳压缩机	台	2 236	405.5
84148040	空气及其他气体压缩机	台	56 966	48 082.3
84148090	其他空气泵，通风罩、循环气罩	台	17 008 031	31 333.7
84193100	农产品干燥器	台	481	1 709.7

（续）

商品税号	商品名称	进口量单位	进口量	进口额（万美元）
84193200	木材、纸浆、纸或纸板干燥器	台	73	2 802.0
84193990	未列名干燥器	台	56 243	21 554.5
84196019	其他制氧机	台	12 799	565.0
84196090	未列名液化空气或其他气体的机器	台	106	3 021.4
84211920	固液分离机	台	4 350	6 996.8
84211990	其他未列名离心机，包括离心干燥机	台	39 373	20 491.2
84212910	压滤机	台	290	2 077.3
84811000	减压阀	台	44 053 084	33 357.9
84812010	油压传动阀	台	101 006 742	80 315.6
84812020	气压传动阀	台	18 707 815	40 003.9
84813000	止回阀	台	334 817 007	35 885.5
84814000	安全阀或溢流阀	台	77 260 811	32 117.5
84819010	阀门零件	kg	35 609 139	105 948.9
84834020	行星齿轮减速器	台	302 368	17 795.0
84834090	齿轮及其他变速、传动装置；滚珠螺杆传动轴	台	305 338 307	101 669.5

〔供稿单位：机械工业信息中心〕

2016 年通用机械主要产品出口情况

商品税号	商品名称	出口量单位	出口量	出口额（万美元）
84131100	分装燃料或润滑油的计量泵，加油站或车库用	台	211 371	10 066.1
84131900	其他装有或可装计量装置的液体泵	台	1 127 251	7 747.5
84135010	气动往复式排液泵	台	1 180 130	5 446.4
84135020	电动往复式排液泵	台	20 242 088	17 439.1
84135031	液压往复式柱塞泵	台	1 127 687	7 189.7
84135039	其他液压往复式排液泵	台	2 147 287	5 660.3
84135090	未列名往复式排液泵	台	2 621 378	8 113.8
84136021	电动回转式齿轮泵	台	1 142 590	1 918.1
84136022	液压回转式齿轮泵	台	422 911	4 418.9
84136029	其他回转式齿轮泵	台	333 195	2 150.9
84136031	电动回转式叶片泵	台	5 433 327	7 198.3
84136032	液压回转式叶片泵	台	346 602	1 678.4

（续）

商品税号	商品名称	出口量单位	出口量	出口额（万美元）
84136039	其他回转式叶片泵	台	2 200 258	4 149.0
84136040	回转式螺杆泵	台	184 508	2 917.9
84136050	回转式径向柱塞泵	台	23 360	396.9
84136060	回转式轴向柱塞泵	台	1 181 892	4 224.5
84136090	其他回转式排液泵	台	20 966 752	49 991.0
84137010	转速在 10 000r/min 及以上的离心泵	台	9 736 932	3 509.1
84137091	转速在 10 000r/min 以下的离心式电动潜油泵	台	29 419 449	70 144.1
84137099	转速在 10 000r/min 以下的其他离心泵	台	56 675 049	147 219.1
84138100	未列名液体泵	台	21 448 242	25 869.5
84138200	液体提升机	台	10 782	93.2
84139100	液体泵零件	kg	227 071 930	107 500.5
84139200	液体提升机零件	kg	1 092 549	1 533.6
84141000	真空泵	台	4 915 898	22 072.6
84142000	手动或脚踏式空气泵	台	131 260 348	23 018.0
84145930	离心通风机	台	20 605 412	33 906.7
84145990	未列名风机、风扇	台	345 601 600	136 337.8
84148020	二氧化碳压缩机	台	705 833	6 026.0
84148040	空气及其他气体压缩机	台	8 078 918	88 231.0
84148090	其他空气泵，通风罩、循环气罩	台	85 330 245	100 623.0
84193100	农产品干燥器	台	911	3 330.3
84193200	木材、纸浆、纸或纸板干燥器	台	11 393	6 147.9
84193910	微空气流动陶瓷坯件干燥器	台	659	311.2
84193990	未列名干燥器	台	1 546 098	31 041.8
84196011	制氧量≥ 15 000m^3/h 及以上的制氧机	台	491	1 146.7
84196019	其他制氧机	台	13 187	6 841.9
84196090	未列名液化空气或其他气体的机器	台	1 663	47 262.2
84211920	固液分离机	台	30 658	9 437.2
84211990	其他未列名离心机，包括离心干燥机	台	196 948	9 472.5
84212910	压滤机	台	43 732	5 632.4
84811000	减压阀	台	51 670 525	23 955.1
84812010	油压传动阀	台	12 063 604	7 582.1
84812020	气压传动阀	台	9 534 919	11 514.5
84813000	止回阀	台	2 008 184 902	38 189.1
84814000	安全阀或溢流阀	台	19 051 551	12 773.3
84819010	阀门零件	kg	298 355 263	196 658.8
84834020	行星齿轮减速器	台	12 517 897	18 784.8
84834090	齿轮及其他变速、传动装置；滚珠螺杆传动轴	台	241 990 489	189 333.9

〔供稿单位：机械工业信息中心〕

2016年通用机械主要进口国家（地区）量值

商品税号	商品名称	国家或地区	进口量单位	进口量	进口额（万美元）
84131100	分装燃料或润滑油的计量泵，加油站或车库用	新加坡	台	3	80.9
		英国	台	13	53.2
		美国	台	324	40.9
		挪威	台	1	30.1
84131900	其他装有或可装计量装置的液体泵	德国	台	1 481 090	6 636.3
		美国	台	67 747	2 303.0
		日本	台	12 850	987.9
		挪威	台	91	876.1
		英国	台	1 994	560.6
		法国	台	26 623	519.3
84135010	气动往复式排液泵	美国	台	28 915	2 908.1
		韩国	台	8 031	1 621.2
		德国	台	6 115	1 032.1
		中国台湾	台	4 743	732.3
		日本	台	11 331	607.7
84135020	电动往复式排液泵	捷克	台	273 139	5 152.2
		德国	台	48 281	4 626.2
		美国	台	229 640	4 515.8
		日本	台	340 805	2 446.0
		中华人民共和国	台	5 618 515	2 096.5
		意大利	台	2 558 831	1 736.9
		荷兰	台	757	1 618.0
		瑞士	台	125 735	1 067.2
84135031	液压往复式柱塞泵	德国	台	17 052	4 704.6
		美国	台	21 352	3 086.7
		日本	台	26 027	1 479.4
		意大利	台	144 100	1 347.3
		英国	台	18 082	728.2
84135039	其他液压往复式排液泵	日本	台	42 616	4 847.7
		德国	台	18 141	1 464.6
		意大利	台	227 451	1 148.1

（续）

商品税号	商品名称	国家或地区	进口量单位	进口量	进口额（万美元）
84135039	其他液压往复式排液泵	美国	台	8 733	1 117.9
		韩国	台	8 938	1 069.7
84135090	未列名往复式排液泵	德国	台	634 626	5 165.3
		日本	台	318 687	1 725.2
		美国	台	1 102	455.7
		韩国	台	6 281	425.3
		中华人民共和国	台	637 511	301.9
84136021	电动回转式齿轮泵	日本	台	329 854	6 087.8
		美国	台	339 085	5 010.9
		德国	台	135 540	3 239.7
		意大利	台	978 774	2 002.1
		法国	台	152 153	2 218.9
		瑞士	台	3 463	611.7
		韩国	台	109 614	456.4
84136022	液压回转式齿轮泵	德国	台	43 417	1 552.6
		日本	台	55 161	843.6
		美国	台	4 966	463.4
		意大利	台	28 940	366.9
		韩国	台	26 726	308.3
84136029	其他回转式齿轮泵	韩国	台	1 329 670	6 993.0
		德国	台	87 149	1 867.8
		日本	台	42 452	1 058.1
		美国	台	7 939	635.7
		意大利	台	70 250	467.8
84136031	电动回转式叶片泵	德国	台	117 612	651.3
		日本	台	324 944	624.7
		美国	台	4 817	274.3
		荷兰	台	15 058	262.0
		韩国	台	146 826	236.1
84136032	液压回转式叶片泵	日本	台	538 085	3 558.6
		德国	台	48 757	449.5
		瑞典	台	43	181.3
		美国	台	2 016	155.0
		中国台湾	台	19 214	153.0
84136039	其他回转式叶片泵	德国	台	181 145	1 014.7
		日本	台	49 298	760.9
		荷兰	台	78	472.9

（续）

商品税号	商品名称	国家或地区	进口量单位	进口量	进口额（万美元）
84136039	其他回转式叶片泵	挪威	台	80	444.0
84136040	回转式螺杆泵	日本	台	1 463	2 378.7
		德国	台	3 759	1 407.1
		美国	台	1 584	992.4
		意大利	台	12 193	584.9
		挪威	台	30	501.0
84136050	回转式径向柱塞泵	德国	台	4 711	254.3
		日本	台	1 990	162.0
		意大利	台	767	73.9
		瑞典	台	943	38.1
84136060	回转式轴向柱塞泵	德国	台	16 042	4 124.4
		日本	台	32 767	2 992.4
		美国	台	4 361	619.0
		匈牙利	台	137 571	499.6
		韩国	台	11 257	456.9
84136090	其他回转式排液泵	德国	台	30 459	1 273.8
		美国	台	132 461	928.3
		法国	台	46 243	824.4
		日本	台	55 853	777.0
		韩国	台	145 760	501.3
84137010	转速在 10 000r/min 及以上的离心泵	日本	台	449 885	937.0
		美国	台	63 836	378.0
		德国	台	974	221.1
		捷克	台	532 840	121.2
84137091	转速在 10 000r/min 以下的离心式电动潜油泵	德国	台	4 705	1 956.7
		美国	台	6 702	1 430.0
		丹麦	台	1 727	541.0
		匈牙利	台	6 985	383.9
		意大利	台	20 535	296.5
84137099	转速在 10 000r/min 以下的其他离心泵	美国	台	22 948	17 634.3
		日本	台	893 112	11 559.3
		德国	台	440 823	10 020.5
		法国	台	607 365	4 551.0
		挪威	台	449	4 409.8
		中国台湾	台	139 366	3 753.8
		韩国	台	60 536	2 231.3
		荷兰	台	1 471	2 179.9

（续）

商品税号	商品名称	国家或地区	进口量单位	进口量	进口额（万美元）
84137099	转速在 10 000r/min 以下的其他离心泵	意大利	台	210 162	2 162.8
		英国	台	1 911	1 378.9
		丹麦	台	7 275	1 154.7
84138100	未列名液体泵	日本	台	429 142	4 993.5
		韩国	台	139 494	2 671.4
		美国	台	21 750	2 437.5
		瑞士	台	184 073	1 799.1
		挪威	台	429	1 698.2
		丹麦	台	1 537	1 557.7
		德国	台	36 438	1 428.2
84138200	液体提升机	德国	台	3 432	132.3
		美国	台	51	49.1
		日本	台	142	15.9
		爱尔兰	台	207	13.9
84139100	液体泵零件	德国	kg	3 365 236	11 859.7
		日本	kg	3 815 997	10 905.6
		美国	kg	3 946 051	10 478.6
		韩国	kg	3 986 021	6 084.3
		法国	kg	492 900	3 956.1
		中国台湾	kg	2 795 833	3 076.6
		丹麦	kg	784 939	2 893.6
		俄罗斯联邦	kg	244 250	2 497.7
		意大利	kg	1 381 551	2 162.1
		挪威	kg	359 113	1 434.4
		英国	kg	223 298	1 063.4
		瑞士	kg	223 735	1 058.4
		西班牙	kg	299 241	1 003.3
84139200	液体提升机零件	韩国	kg	22 117	15.0
		美国	kg	6 613	11.6
		中国台湾	kg	1 644	8.7
		德国	kg	2 059	5.2
84141000	真空泵	韩国	台	468 254	17 875.7
		德国	台	481 023	10 269.2
		日本	台	637 218	10 236.7
		捷克	台	107 300	3 406.8
		法国	台	39 273	3 134.6
		美国	台	29 539	2 933.3

（续）

商品税号	商品名称	国家或地区	进口量单位	进口量	进口额（万美元）
84141000	真空泵	瑞士	台	44 393	1 721.5
		中国台湾	台	52 537	1 669.9
		意大利	台	14 942	1 084.2
84142000	手动或脚踏式空气泵	中国台湾	台	1 113 880	195.7
		墨西哥	台	54 664	145.8
		德国	台	63 755	47.5
		日本	台	63 131	30.3
84145930	离心通风机	德国	台	401 916	7 926.8
		日本	台	15 444	2 283.1
		韩国	台	636 239	1 486.9
		美国	台	11 319	789.5
		中国台湾	台	8 732	551.3
		芬兰	台	762	523.5
84145990	未列名风机、风扇	中华人民共和国	台	107 601 042	28 083.7
		德国	台	1 047 928	11 365.0
		意大利	台	1 090 824	6 419.8
		菲律宾	台	9 855 745	5 920.3
		韩国	台	605 714	4 258.7
		越南	台	15 759 814	3 628.1
		美国	台	167 717	2 828.4
		中国台湾	台	3 282 960	2 396.9
		日本	台	352 268	1 727.6
		匈牙利	台	410 363	1 315.2
		泰国	台	2 246 745	1 310.2
		法国	台	116 038	1 218.0
84148020	二氧化碳压缩机	德国	台	118	174.9
		意大利	台	325	128.1
		日本	台	27	29.5
		美国	台	14	29.4
84148040	空气及其他气体压缩机	德国	台	27 243	13 404.2
		美国	台	5 480	8 200.3
		巴西	台	2 379	5 977.0
		日本	台	2 123	5 079.7
		瑞士	台	47	3 631.7
		法国	台	1 018	3 326.8
		意大利	台	5 328	2 651.6
		比利时	台	534	1 758.9

（续）

商品税号	商品名称	国家或地区	进口量单位	进口量	进口额（万美元）
84148040	空气及其他气体压缩机	韩国	台	918	1 222.9
		奥地利	台	112	1 074.6
84148090	其他空气泵，通风罩、循环气罩	德国	台	551 161	5 677.0
		美国	台	39 450	5 564.5
		意大利	台	10 263	4 338.9
		日本	台	455 954	3 199.8
		瑞士	台	873	2 339.0
		中华人民共和国	台	13 364 752	2 056.1
		中国台湾	台	1 560 181	1 593.2
		韩国	台	60 332	1 234.3
84193100	农产品干燥器	意大利	台	192	1 070.0
		中国台湾	台	90	269.5
		瑞士	台	1	96.4
		韩国	台	82	81.8
84193200	木材、纸浆、纸或纸板干燥器	意大利	台	28	1 034.3
		瑞典	台	5	662.8
		中国台湾	台	12	383.2
		芬兰	台	8	315.7
		瑞士	台	1	210.3
84193990	未列名干燥器	德国	台	1 834	5 118.1
		日本	台	24 283	5 098.3
		韩国	台	322	2 476.7
		美国	台	3 051	1 784.0
		意大利	台	763	1 744.8
		中国台湾	台	14 726	1 330.4
		荷兰	台	1 637	645.7
84196019	其他制氧机	美国	台	11 565	353.1
		韩国	台	688	166.7
		智利	台	2	13.0
		法国	台	3	12.0
84196090	未列名液化空气或其他气体的机器	瑞士	台	3	1 071.1
		丹麦	台	13	671.5
		挪威	台	7	614.3
		韩国	台	11	254.1
84211920	固液分离机	德国	台	616	4 056.7
		日本	台	239	828.2
		印度	台	108	443.9

（续）

商品税号	商品名称	国家或地区	进口量单位	进口量	进口额（万美元）
84211920	固液分离机	意大利	台	82	328.7
		美国	台	1 883	318.4
84211990	其他未列名离心机，包括离心干燥机	德国	台	14 954	7 965.4
		美国	台	8 183	4 363.6
		日本	台	4 867	1 691.6
		瑞典	台	124	1 246.4
		中华人民共和国	台	729	955.6
		印度	台	506	818.3
		韩国	台	2 345	713.6
		意大利	台	431	605.5
84212910	压滤机	中国台湾	台	60	677.3
		德国	台	42	521.8
		意大利	台	16	177.8
		日本	台	14	159.7
		中华人民共和国	台	8	152.1
		韩国	台	11	121.7
84811000	减压阀	德国	台	6 161 464	8 214.3
		美国	台	4 924 252	5 455.2
		日本	台	6 756 444	4 706.7
		意大利	台	2 341 546	3 332.8
		韩国	台	7 812 982	2 349.1
		中华人民共和国	台	4 085 801	1 375.1
		英国	台	540 048	781.8
		法国	台	277 658	773.8
		匈牙利	台	189 212	703.1
		捷克	台	762 084	678.7
		中国台湾	台	969 887	622.1
		奥地利	台	243 781	618.9
84812010	油压传动阀	日本	台	30 477 003	21 868.6
		美国	台	14 140 749	13 075.3
		韩国	台	44 532 648	10 845.7
		德国	台	3 008 210	10 647.2
		比利时	台	3 791 987	8 922.2
		越南	台	2 723 616	5 698.0
		意大利	台	1 059 630	3 312.8
		中国台湾	台	376 703	1 179.4
		瑞士	台	25 070	1 039.2

（续）

商品税号	商品名称	国家或地区	进口量单位	进口量	进口额（万美元）
84812010	油压传动阀	英国	台	77 613	707.5
84812020	气压传动阀	日本	台	6 512 049	12 863.6
		德国	台	3 019 238	9 725.9
		美国	台	3 525 005	5 608.0
		英国	台	141 289	2 221.7
		瑞士	台	221 019	1 345.5
		意大利	台	188 461	1 147.2
		波兰	台	431 072	1 104.6
		韩国	台	1 762 376	1 084.4
		法国	台	51 126	886.8
		印度	台	1 322 336	667.1
		中国台湾	台	495 822	617.0
		匈牙利	台	291 726	588.3
84813000	止回阀	德国	台	38 471 394	8 076.5
		美国	台	41 693 957	6 311.0
		日本	台	118 206 731	4 093.1
		意大利	台	5 532 460	3 208.1
		韩国	台	23 583 645	3 180.6
		英国	台	12 533 985	1 181.6
		法国	台	13 954 773	1 167.5
		中国台湾	台	43 917 483	784.3
		荷兰	台	1 616 879	701.4
		加拿大	台	162 925	677.2
		奥地利	台	1 500 717	634.4
		卢森堡	台	1 931 280	582.7
		俄罗斯联邦	台	136	582.0
		西班牙	台	1 676 524	531.3
		以色列	台	2 135 024	514.7
84814000	安全阀或溢流阀	美国	台	3 669 647	10 152.3
		德国	台	17 196 138	7 384.3
		日本	台	6 000 395	2 813.6
		意大利	台	2 954 924	2 244.1
		韩国	台	35 480 422	1 271.9
		中国台湾	台	1 156 105	1 266.7
		法国	台	188 923	1 128.4
		英国	台	102 163	968.8
		捷克	台	5 747 351	898.7

（续）

商品税号	商品名称	国家或地区	进口量单位	进口量	进口额（万美元）
84819010	阀门零件	日本	kg	6 822 525	24 296.8
		韩国	kg	7 362 619	19 126.6
		德国	kg	3 817 363	19 062.7
		美国	kg	2 398 259	11 466.2
		中国台湾	kg	2 248 967	4 537.9
		法国	kg	574 046	4 312.4
		中华人民共和国	kg	3 919 973	2 508.8
		意大利	kg	1 228 434	2 093.7
		英国	kg	267 542	1 871.2
		泰国	kg	575 996	1 723.4
		西班牙	kg	518 856	1 709.7
		瑞士	kg	238 593	1 289.3
		丹麦	kg	475 912	1 249.0
		越南	kg	249 607	1 012.1
84834020	行星齿轮减速器	德国	台	36 831	5 714.0
		日本	台	115 029	4 483.4
		意大利	台	37 353	2 668.5
		韩国	台	23 288	1 085.7
		印度	台	30 381	1 052.0
		瑞士	台	2 920	805.2
		美国	台	4 259	529.4
		中国台湾	台	33 713	524.5
84834090	齿轮及其他变速、传动装置；滚珠螺杆传动轴	德国	台	15 715 949	30 795.7
		日本	台	47 628 401	19 288.3
		中国台湾	台	35 514 640	16 130.7
		美国	台	4 401 253	7 313.2
		意大利	台	14 221 271	6 864.4
		法国	台	6 844 357	2 609.7
		韩国	台	51 207 980	2 484.3
		比利时	台	7 061	1 694.2
		荷兰	台	16 691	1 572.3
		中华人民共和国	台	102 069 768	1 448.1
		奥地利	台	66 794	1 239.2
		印度	台	549 364	1 044.9

〔供稿单位：机械工业信息中心〕

2016 年通用机械主要出口国家（地区）量值

商品税号	商品名称	国家或地区	出口量单位	出口量	出口额（万美元）
84131100	分装燃料或润滑油的计量泵，加油站或车库用	尼日利亚	台	10 745	1 284.8
		印度	台	12 121	953.4
		泰国	台	3 304	857.5
		菲律宾	台	1 600	590.3
		肯尼亚	台	14 090	488.3
		加纳	台	1 832	450.3
		沙特阿拉伯	台	2 751	423.2
		苏丹	台	1 137	330.9
84131900	其他装有或可装计量装置的液体泵	中国香港	台	11 150	1 263.0
		泰国	台	28 860	1 195.9
		美国	台	262 471	809.6
		德国	台	40 178	412.0
		韩国	台	47 766	320.6
		新加坡	台	17 117	278.0
84135010	气动往复式排液泵	美国	台	75 077	1 081.7
		英国	台	740 774	941.9
		新加坡	台	22 025	533.5
		比利时	台	25 451	532.8
		中国台湾	台	3 195	261.2
		韩国	台	10 666	198.8
84135020	电动往复式排液泵	中国香港	台	9 741 478	3 886.8
		印度	台	2 175 340	2 135.4
		美国	台	1 259 758	1 883.0
		委内瑞拉	台	1 801	1 610.9
		印度尼西亚	台	2 096 998	947.0
		泰国	台	294 229	688.4
		德国	台	124 241	623.0
		日本	台	50 373	443.2
		俄罗斯联邦	台	171 473	421.6
84135031	液压往复式柱塞泵	美国	台	393 638	2 427.5
		越南	台	74 441	818.8

（续）

商品税号	商品名称	国家或地区	出口量单位	出口量	出口额（万美元）
84135031	液压往复式柱塞泵	巴西	台	201 777	471.5
		印度	台	18 258	374.4
		中国香港	台	444	368.6
		俄罗斯联邦	台	8 805	304.7
		日本	台	9 872	220.8
84135039	其他液压往复式排液泵	美国	台	510 453	1 286.0
		马来西亚	台	252 452	745.3
		韩国	台	17 543	382.7
		哈萨克斯坦	台	69 134	349.4
		印度	台	5 630	234.7
		印度尼西亚	台	142 322	227.5
84135090	未列名往复式排液泵	美国	台	1 022 547	3 319.5
		印度	台	585 806	755.6
		委内瑞拉	台	2 984	623.2
		中国香港	台	18 971	412.4
		意大利	台	68 555	296.2
		俄罗斯联邦	台	20 620	288.9
		韩国	台	167 979	286.7
		加拿大	台	43 721	275.2
		埃及	台	5 445	251.6
84136021	电动回转式齿轮泵	日本	台	803 518	453.2
		韩国	台	71 294	141.9
		土耳其	台	42 372	112.5
		美国	台	26 481	111.9
		印度尼西亚	台	770	80.4
84136022	液压回转式齿轮泵	美国	台	222 651	2 089.2
		印度	台	33 232	512.1
		泰国	台	11 424	159.8
		韩国	台	11 152	157.8
		越南	台	19 276	122.8
		巴西	台	7 381	104.3
		俄罗斯联邦	台	7 408	101.0
84136029	其他回转式齿轮泵	美国	台	80 092	355.7
		荷兰	台	28 825	344.8
		印度尼西亚	台	22 390	177.2
		泰国	台	10 923	124.3
84136031	电动回转式叶片泵	美国	台	702 716	1 065.9

（续）

商品税号	商品名称	国家或地区	出口量单位	出口量	出口额（万美元）
84136031	电动回转式叶片泵	日本	台	1 012 678	706.3
		伊拉克	台	487 762	678.2
		德国	台	301 392	629.1
		阿尔及利亚	台	183 167	320.8
		孟加拉国	台	133 607	281.3
		俄罗斯联邦	台	158 531	242.3
84136032	液压回转式叶片泵	美国	台	76 154	349.0
		印度	台	100 733	255.2
		土耳其	台	60 085	185.1
		韩国	台	7 130	145.1
		日本	台	7 403	110.0
		越南	台	19 872	101.1
84136039	其他回转式叶片泵	美国	台	1 300 345	1 378.6
		泰国	台	152 766	278.5
		印度尼西亚	台	36 998	204.8
		巴基斯坦	台	24 495	171.0
		越南	台	46 915	166.6
		阿尔及利亚	台	15 863	133.7
84136040	回转式螺杆泵	哈萨克斯坦	台	33 005	363.9
		日本	台	2 227	277.3
		委内瑞拉	台	165	207.5
		澳大利亚	台	4 062	158.9
		新加坡	台	1 994	156.2
		苏丹	台	77	153.8
		乌兹别克斯坦	台	34 592	138.1
		罗马尼亚	台	42 181	124.6
		越南	台	2 832	124.5
84136050	回转式径向柱塞泵	韩国	台	5 230	124.4
		丹麦	台	2 413	118.9
		印度	台	238	17.5
		菲律宾	台	3 976	14.7
		新加坡	台	163	13.5
		越南	台	71	13.5
84136060	回转式轴向柱塞泵	美国	台	520 723	1 536.6
		印度	台	24 755	423.0
		日本	台	9 788	243.2
		澳大利亚	台	5 031	229.5

（续）

商品税号	商品名称	国家或地区	出口量单位	出口量	出口额（万美元）
84136060	回转式轴向柱塞泵	马来西亚	台	52 394	214.2
		中国香港	台	28 940	188.6
		泰国	台	16 391	144.9
		越南	台	85 940	136.0
		韩国	台	10 624	107.0
84136090	其他回转式排液泵	德国	台	1 295 374	4 935.1
		美国	台	1 687 389	4 656.1
		俄罗斯联邦	台	836 738	2 624.7
		阿拉伯联合酋长国	台	543 776	2 232.3
		伊朗	台	712 790	2 132.0
		泰国	台	1 304 405	2 027.8
		印度	台	1 230 563	1 515.1
		伊拉克	台	641 236	1 322.8
		土耳其	台	520 473	1 317.6
		缅甸	台	425 286	1 105.8
		墨西哥	台	554 684	1 043.9
		英国	台	1 966 325	1 026.9
84137010	转速在 10 000r/min 及以上的离心泵	韩国	台	2 786 560	635.4
		意大利	台	957 196	250.3
		伊朗	台	1 194 986	216.8
		德国	台	765 634	172.1
		印度尼西亚	台	47 296	148.3
		美国	台	509 176	122.5
		英国	台	461 339	114.1
		印度	台	155 155	101.0
84137091	转速在 10 000r/min 以下的离心式电动潜油泵	美国	台	5 034 120	10 253.8
		俄罗斯联邦	台	1 760 492	4 299.0
		伊朗	台	921 185	3 819.2
		孟加拉国	台	469 391	3 600.7
		德国	台	1 373 666	3 190.7
		巴基斯坦	台	822 548	3 012.1
		印度尼西亚	台	2 212 700	2 847.0
		越南	台	963 442	2 566.7
		尼日利亚	台	370 953	2 442.0
		泰国	台	754 992	2 194.2
		日本	台	1 482 991	1 942.0
		波兰	台	446 593	1 363.7

（续）

商品税号	商品名称	国家或地区	出口量单位	出口量	出口额（万美元）
84137091	转速在 10 000r/min 以下的离心式电动潜油泵	阿拉伯联合酋长国	台	322 748	1 169.4
		墨西哥	台	525 696	1 101.7
84137099	转速在 10 000r/min 以下的其他离心泵	美国	台	12 738 094	13 718.1
		印度尼西亚	台	1 252 730	7 239.1
		俄罗斯联邦	台	4 095 295	6 966.4
		泰国	台	2 496 272	6 719.2
		伊朗	台	1 412 238	6 546.3
		巴基斯坦	台	140 340	6 311.3
		马来西亚	台	500 603	4 844.3
		日本	台	2 053 844	4 496.3
		越南	台	1 127 465	4 392.8
		土耳其	台	3 661 222	4 083.4
		伊拉克	台	1 601 571	3 993.0
		澳大利亚	台	399 321	3 461.1
		孟加拉国	台	746 637	3 436.6
		阿拉伯联合酋长国	台	484 554	3 389.1
		墨西哥	台	2 676 041	3 302.0
		中国香港	台	1 281 191	2 860.3
		印度	台	1 385 564	2 817.8
		缅甸	台	675 725	2 740.3
		波兰	台	2 250 454	2 429.6
		埃及	台	1 034 727	2 360.7
		菲律宾	台	438 589	2 343.7
		韩国	台	1 373 978	2 319.2
		德国	台	461 473	2 122.6
84138100	未列名液体泵	美国	台	2 840 067	6 022.3
		德国	台	3 842 300	1 427.4
		中国香港	台	5 647 884	1 400.5
		越南	台	170 507	1 306.3
		印度尼西亚	台	331 763	1 073.3
		墨西哥	台	1 209 338	1 019.5
		日本	台	435 047	1 009.2
		泰国	台	590 764	995.9
		巴基斯坦	台	144 167	876.4
		土耳其	台	1 642 712	753.7
84138200	液体提升机	越南	台	302	16.3
		德国	台	1 142	12.8

（续）

商品税号	商品名称	国家或地区	出口量单位	出口量	出口额（万美元）
84138200	液体提升机	英国	台	58	9.0
		美国	台	5 105	7.5
84139100	液体泵零件	美国	kg	66 592 343	41 755.7
		日本	kg	20 111 011	13 046.3
		德国	kg	9 829 298	7 312.5
		意大利	kg	14 624 324	6 989.8
		加拿大	kg	8 080 383	6 625.9
		韩国	kg	13 995 270	5 346.7
		印度尼西亚	kg	17 515 101	3 778.4
		俄罗斯联邦	kg	4 870 647	3 747.0
		西班牙	kg	3 301 354	2 726.0
		荷兰	kg	3 992 788	2 545.7
		印度	kg	2 693 705	2 441.0
		中国台湾	kg	4 970 605	2 405.5
		中国香港	kg	2 389 937	2 391.2
		澳大利亚	kg	4 126 838	2 210.8
84139200	液体提升机零件	美国	kg	270 230	504.4
		瑞典	kg	42 487	266.4
		巴西	kg	14 019	199.4
		德国	kg	79 123	76.7
84141000	真空泵	美国	台	1 865 533	6 553.8
		日本	台	654 831	1 557.5
		韩国	台	467 770	1 473.7
		印度	台	43 965	1 461.9
		德国	台	199 656	1 109.5
		中国台湾	台	32 614	825.3
		墨西哥	台	377 585	816.8
		意大利	台	97 635	669.4
		泰国	台	35 979	569.3
		马来西亚	台	58 967	424.1
		加拿大	台	114 369	417.8
		越南	台	30 027	406.5
84142000	手动或脚踏式空气泵	美国	台	18 552 034	2 983.2
		印度	台	15 364 838	2 770.5
		德国	台	6 480 820	1 441.2
		日本	台	5 636 550	997.7
		墨西哥	台	3 470 365	796.8

（续）

商品税号	商品名称	国家或地区	出口量单位	出口量	出口额（万美元）
84142000	手动或脚踏式空气泵	英国	台	3 948 541	772.1
		荷兰	台	3 750 658	736.4
		印度尼西亚	台	4 115 760	666.3
		西班牙	台	3 156 948	615.7
		菲律宾	台	2 642 838	569.8
		泰国	台	2 525 699	537.8
84145930	离心通风机	美国	台	1 363 410	5 382.5
		中国香港	台	6 601 710	4 486.5
		越南	台	37 101	1 904.0
		印度尼西亚	台	116 136	1 826.4
		菲律宾	台	3 532 322	1 407.0
		巴基斯坦	台	6 796	1 261.4
		韩国	台	2 183 833	1 003.0
		土耳其	台	230 723	950.6
		日本	台	1 316 100	937.3
		马来西亚	台	62 948	880.8
		伊朗	台	448 854	829.0
		泰国	台	862 737	811.4
84145990	未列名风机、风扇	中国香港	台	174 664 712	37 424.0
		美国	台	20 639 275	21 101.5
		日本	台	29 805 756	9 466.1
		韩国	台	17 421 080	5 642.9
		中国台湾	台	21 081 478	4 436.0
		马来西亚	台	3 666 146	3 838.5
		越南	台	7 755 466	3 397.6
		泰国	台	7 453 872	3 389.1
		墨西哥	台	3 252 190	3 084.6
		德国	台	5 651 007	2 894.4
		印度尼西亚	台	4 155 585	2 753.3
		新加坡	台	3 070 494	2 464.1
		印度	台	9 305 283	2 358.7
84148020	二氧化碳压缩机	日本	台	199 200	2 278.2
		墨西哥	台	263 182	1 858.8
		印度	台	42 634	291.9
		泰国	台	35 645	249.0
		南非	台	23 176	167.6
84148040	空气及其他气体压缩机	美国	台	3 330 539	21 769.5

（续）

商品税号	商品名称	国家或地区	出口量单位	出口量	出口额（万美元）
84148040	空气及其他气体压缩机	俄罗斯联邦	台	93 681	13 828.7
		越南	台	115 183	3 672.6
		意大利	台	1 065 095	2 998.0
		伊朗	台	17 551	2 968.7
		印度尼西亚	台	57 208	2 647.8
		中国台湾	台	25 039	2 556.0
		泰国	台	42 386	2 220.2
		澳大利亚	台	91 803	2 197.7
		马来西亚	台	20 577	2 140.0
		韩国	台	100 341	2 064.7
		德国	台	291 159	1 870.0
		日本	台	861 970	1 740.8
84148090	其他空气泵，通风罩、循环气罩	美国	台	16 494 985	20 352.6
		德国	台	6 086 903	7 322.6
		伊朗	台	384 615	5 595.3
		日本	台	14 101 210	4 791.5
		英国	台	3 584 208	3 934.0
		俄罗斯联邦	台	2 482 156	3 122.0
		韩国	台	2 360 500	3 071.8
		越南	台	1 564 237	2 582.3
		澳大利亚	台	983 667	2 474.0
		泰国	台	1 364 297	2 456.7
		印度尼西亚	台	2 365 090	1 971.9
		荷兰	台	1 057 005	1 937.9
		墨西哥	台	1 179 010	1 764.5
		法国	台	1 480 243	1 728.0
		捷克	台	3 000 244	1 711.9
		巴西	台	635 958	1 641.2
		马来西亚	台	2 974 387	1 621.0
		印度	台	1 786 861	1 619.1
		意大利	台	720 174	1 602.5
84193100	农产品干燥器	古巴	台	15	629.4
		越南	台	113	391.3
		菲律宾	台	88	390.7
		埃及	台	11	236.7
		泰国	台	22	222.3
		印度尼西亚	台	53	167.4

（续）

商品税号	商品名称	国家或地区	出口量单位	出口量	出口额（万美元）
84193100	农产品干燥器	印度	台	46	158.8
		埃塞俄比亚	台	1	117.7
84193200	木材、纸浆、纸或纸板干燥器	越南	台	699	2 223.4
		俄罗斯联邦	台	241	893.6
		德国	台	482	385.6
		印度尼西亚	台	123	350.8
		印度	台	277	320.7
		马来西亚	台	86	196.8
		加蓬	台	34	103.7
84193910	微空气流动陶瓷坯件干燥器	越南	台	12	97.6
		伊朗	台	4	78.3
		印度	台	4	67.5
84193990	未列名干燥器	印度	台	13 958	4 773.1
		美国	台	846 096	2 992.5
		越南	台	19 740	1 970.8
		印度尼西亚	台	8 284	1 931.7
		泰国	台	7 201	1 359.9
		日本	台	21 844	1 289.6
		韩国	台	37 462	1 036.0
		意大利	台	1 547	984.6
		马来西亚	台	5 709	965.6
		俄罗斯联邦	台	81 948	890.3
		土耳其	台	12 837	784.1
		中国台湾	台	81 645	720.3
84196011	制氧量≥ 15 000m^3/h 及以上的制氧机	韩国	台	1	1 129.7
		印度	台	231	5.7
		伊朗	台	171	4.5
		俄罗斯联邦	台	2	2.5
84196019	其他制氧机	玻利维亚	台	50	1 390.6
		伊朗	台	188	1 042.0
		埃及	台	2	851.0
		哈萨克斯坦	台	5	616.9
		越南	台	113	493.3
		马来西亚	台	323	266.1
		巴林	台	1	234.0
84196090	未列名液化空气或其他气体的机器	俄罗斯联邦	台	116	31 631.0
		韩国	台	40	4 460.4

（续）

商品税号	商品名称	国家或地区	出口量单位	出口量	出口额（万美元）
84196090	未列名液化空气或其他气体的机器	沙特阿拉伯	台	37	3 349.0
		美国	台	141	2 511.4
		哈萨克斯坦	台	7	1 124.5
		中国台湾	台	17	755.8
		英国	台	50	538.4
		巴基斯坦	台	15	503.5
84211920	固液分离机	埃塞俄比亚	台	50	1 376.0
		伊朗	台	46	805.6
		美国	台	15 698	788.8
		越南	台	479	569.6
		南非	台	67	460.5
		法国	台	260	436.2
		俄罗斯联邦	台	190	434.4
		日本	台	284	351.4
		印度尼西亚	台	115	348.6
		泰国	台	794	325.5
		古巴	台	20	306.9
84211990	其他未列名离心机，包括离心干燥机	韩国	台	3 409	1 296.9
		中国香港	台	1 975	822.6
		马来西亚	台	2 148	731.2
		美国	台	44 484	544.2
		泰国	台	3 494	510.5
		越南	台	4 940	509.0
		澳大利亚	台	1 789	388.1
		俄罗斯联邦	台	4 863	328.0
		印度尼西亚	台	5 630	323.3
84212910	压滤机	俄罗斯联邦	台	87	793.4
		印度	台	79	651.0
		越南	台	39 646	452.0
		伊朗	台	17	347.3
		孟加拉国	台	35	324.8
		印度尼西亚	台	114	317.2
		埃塞俄比亚	台	9	239.7
84811000	减压阀	美国	台	9 371 578	5 581.9
		日本	台	1 942 098	2 842.5
		韩国	台	959 949	1 587.3
		越南	台	3 144 186	1 267.2

（续）

商品税号	商品名称	国家或地区	出口量单位	出口量	出口额（万美元）
84811000	减压阀	中国香港	台	3 866 761	1 124.1
		新加坡	台	142 364	755.4
		印度尼西亚	台	3 960 949	671.1
		比利时	台	653 938	574.0
		菲律宾	台	2 153 351	512.3
84812010	油压传动阀	美国	台	1 031 449	1 611.6
		日本	台	4 884 403	869.4
		韩国	台	663 420	652.8
		印度	台	568 151	529.6
		意大利	台	510 680	403.7
		巴西	台	32 295	355.0
		英国	台	2 596 862	290.2
		土耳其	台	102 730	218.6
84812020	气压传动阀	美国	台	1 427 421	2 585.1
		德国	台	1 115 621	2 117.4
		日本	台	1 117 880	1 725.3
		韩国	台	376 675	889.1
		中国台湾	台	716 357	700.1
		越南	台	432 509	311.7
		新加坡	台	67 940	233.6
		俄罗斯联邦	台	193 442	209.5
84813000	止回阀	美国	台	302 090 221	8 198.6
		印度尼西亚	台	184 762 446	2 595.6
		韩国	台	39 519 384	2 018.1
		越南	台	110 497 364	1 423.0
		泰国	台	144 381 163	1 369.8
		日本	台	22 933 144	1 276.2
		伊朗	台	32 131 601	1 194.9
		德国	台	98 504 171	1 188.0
		法国	台	177 163 276	1 170.8
		巴基斯坦	台	82 130 911	1 126.9
		英国	台	51 943 375	988.3
		意大利	台	88 305 109	902.7
		阿拉伯联合酋长国	台	18 925 598	840.8
		巴西	台	91 346 814	815.8
84814000	安全阀或溢流阀	美国	台	1 474 883	2 733.4
		日本	台	978 122	1 016.8

（续）

商品税号	商品名称	国家或地区	出口量单位	出口量	出口额（万美元）
84814000	安全阀或溢流阀	哈萨克斯坦	台	25 891	551.9
		沙特阿拉伯	台	356 621	539.4
		越南	台	2 241 111	525.4
		英国	台	385 846	516.9
		阿拉伯联合酋长国	台	494 140	501.5
		马来西亚	台	50 742	496.9
		中国香港	台	1 952 215	426.7
		印度尼西亚	台	2 158 433	409.9
		中国台湾	台	849 232	408.3
		加拿大	台	410 851	351.7
		伊朗	台	9 121	310.3
		新加坡	台	53 040	303.9
84819010	阀门零件	美国	kg	80 492 442	58 902.6
		日本	kg	21 288 160	22 018.4
		德国	kg	11 625 379	10 499.1
		韩国	kg	26 055 263	9 718.4
		意大利	kg	15 756 283	7 964.6
		中国台湾	kg	13 770 901	6 927.6
		英国	kg	7 283 647	5 633.2
		丹麦	kg	10 182 656	5 273.9
		中国香港	kg	2 909 230	4 999.7
		印度	kg	8 223 221	4 833.8
		泰国	kg	4 100 882	4 475.6
		西班牙	kg	9 686 804	4 358.1
		法国	kg	6 654 843	3 931.6
		荷兰	kg	5 425 182	3 235.9
		马来西亚	kg	4 041 693	3 157.3
		加拿大	kg	5 369 744	3 118.2
		俄罗斯联邦	kg	4 947 261	2 471.9
		芬兰	kg	1 851 550	2 292.5
		新加坡	kg	5 120 615	2 240.4
84834020	行星齿轮减速器	美国	台	1 467 734	3 748.1
		日本	台	468 231	3 299.8
		德国	台	23 288	3 255.0
		印度	台	3 596 896	1 473.2
		意大利	台	41 505	1 397.9
		越南	台	305 695	881.8

（续）

商品税号	商品名称	国家或地区	出口量单位	出口量	出口额（万美元）
84834020	行星齿轮减速器	韩国	台	30 830	526.0
		巴西	台	6 393	289.0
		西班牙	台	64 754	260.8
		泰国	台	351 949	258.9
		俄罗斯联邦	台	57 771	228.2
84834090	齿轮及其他变速、传动装置；滚珠螺杆传动轴	美国	台	28 033 407	72 927.2
		印度	台	17 820 183	16 505.1
		德国	台	7 427 665	9 559.3
		巴西	台	3 132 412	8 243.1
		意大利	台	6 684 025	6 814.7
		越南	台	5 730 750	5 808.1
		中国香港	台	47 393 721	4 683.3
		泰国	台	6 958 889	4 232.7
		日本	台	24 409 423	4 147.3
		加拿大	台	6 410 650	3 716.6
		马来西亚	台	3 113 625	3 631.2
		印度尼西亚	台	5 136 628	3 230.6
		伊朗	台	5 572 977	3 055.0
		俄罗斯联邦	台	5 376 317	2 883.2
		中国台湾	台	3 523 918	2 796.0
		韩国	台	3 907 832	2 794.8
		墨西哥	台	9 942 125	2 377.8

〔供稿单位：机械工业信息中心〕

中国通用机械工业年鉴2017

产品与项目

公布行业获奖项目及名牌产品，推荐行业节能产品，介绍企业产品研发及应用情况

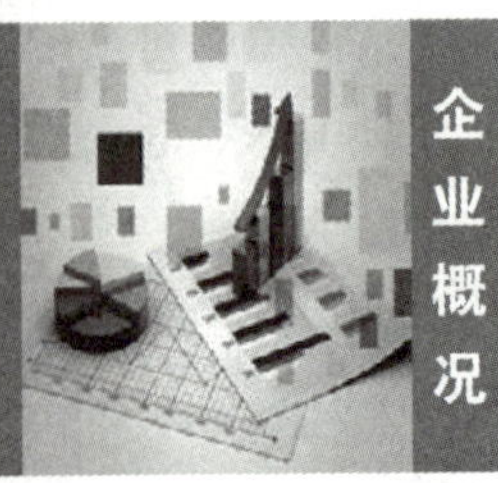

产品与项目

2016年通用机械行业“中国机械工业科学技术奖”获奖项目简介

一、特大型混流泵和轴流泵节能关键技术研究与应用

该项目荣获一等奖。项目完成单位：扬州大学、上海凯泉泵业（集团）有限公司、江苏航天水力设备有限公司、江苏省水利勘测设计研究院有限公司。

特大型水泵在我国的调水工程和排水工程中发挥着重大的作用。皂河一站安装叶轮球径6.58m的水泵，是亚洲最大的混流泵；淮安二站安装叶轮直径4.5m的水泵，是亚洲最大的轴流泵；江都抽水站是亚洲流量最大的泵站群；临洪东站是我国单站流量最大的泵站。受限于当时的技术水平，泵站运行效率低、汽蚀严重、安全隐患大、管理维护困难，已不能满足南水北调工程建设的需求。“十五”国家重大技术装备研制项目立式轴流装置专题、南水北调工程创新等项目要求开发国际先进水平的水泵水力模型，完善水泵系列型谱，实现产品更新换代，符合国家节能减排战略。

该项目建立了面元法反问题求解轴流泵设计方法，发展了泵的设计理论，并将这一设计方法推广到高比转速混流泵的设计。建立了水泵多工况、多目标、多约束优化设计模型和水泵多参数协同求解自动优化平台。形成了具有完全自主知识产权的轴流泵设计理论、方法和技术，实现了从一维到三维、粗略到精准、手动到自动优化设计的跨越式进步。开发的TJ04-ZL-12、TJ04-ZL-23、TJ05-ZL-01、TJ05-ZL-02和HB60b水泵水力模型经水利部指定的中水北方水利勘测设计研究院有限公司同台测试，效率高、抗气蚀性能好。

HB60b混流泵水力模型经第三方试验台同台对比选用于皂河一站水泵更新，使泵装置效率提升了4%；TJ05-ZL-01水力模型用于江都三站水泵更新，将原设计泵装置效率由68%提升到76%；TJ05-ZL-02水力模型经改型，用于淮安二站水泵更新，将原泵装置设计效率由68%（实际已降低到54%左右）提升到70%以上；TJ04-ZL-23水力模型用于临洪东站水泵更新，最高效率达到74.5%。

该项目研发了特大型水泵叶轮立式液压静平衡装置，解决了特大叶轮部件的静平衡校准问题。研发了水泵叶片机械液压组合式全调节装置，保证了叶片调节系统的稳定性和灵敏度。水力模型的开发完善了水泵水力模型系列型谱。通过工程应用，形成了具有完全自主知识产权的特大型水泵设计、制造、安装、运行关键技术，提升了特大型水泵装备水平。研究成果已转让到上海凯士比泵有限公司、日立泵制造（无锡）有限公司等8家企业用于特大型水泵授权生产以及中小型水泵许可生产，普遍提升了泵类产品的技术水平。

该项目授权发明专利5项、受理中2项、授权实用新型专利22项、软件著作权4项、出版著作2部、标准2部。

该项目通过提升运行效率，4座大型泵站近三年节省用电量2 285.54万kW·h，间接经济效益19.861亿元，社会效益巨大。根据相关转让企业统计，近三年累计新增销售值7.928亿元，新增利润6 731.1万元，新增税收6 572.5万元。

二、40～48in Class900高压大口径全焊接球阀

该项目荣获一等奖。项目完成单位：成都成高阀门有限公司。

高压大口径全焊接球阀主要运用于天然气管道输送领域，项目研究目的是为了最终完成天然气长输管道关键设备高压大口径全焊接球阀的国

产化。根据国家能源局〔2009〕243 号文件，天然气长输管道关键设备高压大口径全焊接球阀首台（套）国产化研制任务明确以西气东输东段工程为主要依托工程。

该项目研究的主要内容：真正的全焊接阀体结构设计、独特的复合阀座密封结构设计、新型的轴承座定位专利技术和新型阀腔自动安全泄压专利技术。产品为锻钢制造的高压大口径全焊接球阀，具有严密关断气泡级密封功能、双活塞效应、双向密封、DBB 功能、腔体超压排放、防火安全、防静电结构、防阀杆喷出结构、紧急密封、多组合密封结构、提供清管功能和阀杆加长（适用于埋地安装）等功能和特点。

产品主要技术指标：阀门口径为 40in（*DN*1 000mm）、48in（*DN*1 200mm）；阀门压力等级为 Class600Lb（*PN*10.0MPa）、Class900Lb（*PN*15.0MPa）；适应恶劣的地质（气候）条件和内外复杂载荷；阀体结构要求：全焊接阀体；功能要求：防火防静电、DB&B 功能、双活塞效应阀座结构、防阀杆喷出、紧急关断、自动泄压、紧急注脂密封、30 年设计使用寿命等。

该项目的推广转化前景：管线运输是天然气输送的主要方式，具有成本低、安全、投资小等特点。在天然气长输管线建设上，对作为关键设备的高压大口径全焊接球阀需求量很大，但我国长期以来都依赖进口。成都成高阀门有限公司新研制的高压大口径全焊接球阀产品在技术上属于国内领先，并且在多个技术领域已达到或超过国际先进水平。在天然气管线建设力度上，我国与世界的差距很大。按照国家“十三五”发展规划，未来几年内，我国将要建成纵贯南北、横跨东西的天然气管网，尤其是中央有关西部大开发政策的加紧实施，更为天然气长输管道的加速建设带来了前所未有的机遇，也为高压大口径全焊接球阀的推广转化带来了机遇。

三、年产 60 万 t 天然气液化装置用双混合冷剂离心压缩机组研制

该项目荣获一等奖。项目完成单位：沈阳鼓风机集团股份有限公司、沈阳透平机械股份有限公司、中国寰球工程公司、西安交通大学、大连理工大学。

液化天然气（Liquefied Natural Gas，简称 LNG）是一种清洁、高效、方便、安全的能源。近十年来，我国天然气液化产业迅速成长和发展，成绩显著。但在现有及在建的中小型天然气液化项目中，关键装备国产化不足，要发展大型天然气液化项目，同样受关键工艺技术装备的制约。LNG 离心压缩机作为天然气液化单元中的核心设备，其运行可靠性、高效节能性直接决定整个液化装置的安全性和综合能耗。此前，美国 GE/NP 公司主导了 LNG 装置用离心式压缩机市场，销量占到全球市场的 54%；Elliott、MHI 和 SIEMENS 等公司占到全球市场的 40%。

为了打破国外技术垄断，促进我国天然气乃至能源行业的可持续发展，2011 年，在国家能源局、中国机械工业联合会和中国石油天然气集团公司各级领导的鼎力支持和帮助下，沈阳鼓风机集团股份有限公司承担了山东泰安 60 万 t/a 天然气液化装置双混合冷剂离心压缩机组的研制任务。泰安 LNG 项目是当前国家能源局批准的国内唯一天然气液化技术和关键设备国产化依托工程，也是引领国内 LNG 产业国产化、大型化、高端化发展的战略工程。

围绕 60 万 t/a LNG 项目，沈阳鼓风机集团股份有限公司通过自主研发和产学研合作，攻克了大型天然气液化装置用双混合冷剂离心压缩机组国产化技术难题，成功研制了 60 万 t/a LNG 装置用双混合冷剂压缩机组。该项目采用多项自主研发的新技术，首次建立了国产化技术研发体系，确定了具有国际技术水平的国产化技术路线：15MW 级预冷冷剂离心压缩机组，20MW 级深冷冷剂压缩机组；开发形成了跨距、外径、轮毂比等多约束条件下的高能量头专业模型级；创新性研制了考虑气流激振因素的大跨距、高稳定性转子结构；开发了强干涉扭曲流道三元闭式叶轮高效整体铣制加工工艺；创新性形成了大型冷剂离心压缩机组研制应用分级试验体系。该机组的研制成功，填补了国内技术和产业空白，打破了国外长期垄断，提升了国家能源安全保障水平，实现了相关机电制造领域产业升级。

该项目冷剂压缩机组先后获得实用新型专利4项，受理发明专利1项，发表论文7篇，曾荣获2013年沈阳市科学技术进步奖一等奖和2014年沈阳市科技振兴奖。

四、大型往复压缩机流量无级调节系统关键技术及应用

该项目荣获一等奖。项目完成单位：合肥通用机械研究院、台州环天机械有限公司、沈阳透平机械股份有限公司、中国石化股份有限公司广州分公司。

大型往复压缩机是炼油、石化、煤化工和天然气化工等流程工业的关键设备，也是主要高耗能装备，单机功率高达数千瓦。往复压缩机的实际运行工况（流量）多低于设计条件，导致大量在役机组多处于低效运行状态，能源浪费严重。我国炼油、石化等工业领域在役大型往复压缩机组数以万计，大量机组亟待基于流量无级调节系统的节能改造。开发具有自主知识产权的往复压缩机流量无级调节系统，实现流量输出与工艺参数变化的有效匹配，对提高我国大型往复压缩机的综合性能、促进节能减排技术进步、加快高耗能装备节能技术的推广应用、增强我国重大装备的自主开发和市场竞争能力等具有重要意义。

该项目在国家科技计划项目和企业委托项目资助下，研究了流量无级调节方法，建立了多系统耦合仿真模型，分析了往复压缩机流量无级调控过程，突破了吸气阀延迟关闭算法，攻克了机电液复杂系统设计制造关键技术，开发了样机并进行了工业示范运行、可靠性考核与推广应用，已形成工业化批量生产能力。

该项目研发的系统具有调节范围大、稳定性好、精度高等优点，可实现0～100%流量范围无级调节。本项目共发表论文12篇，申请专利4项，已授权3项，形成行业标准1项（报批稿），入选国家发展改革委发布的《国家重点节能低碳技术推广目录》（2015年节能部分）。

该项目成果近三年在中石化、中石油、中海油等石化装置中推广应用，累计销售22台（套），系统运行取得了巨大节能效果，累计效益达9 169.05万元。往复压缩机流量无级调节系统的开发成功与推广应用，打破了国外技术和产品垄断，提高了我国大型往复压缩机的综合性能，对于石化、煤化工等重点高能耗行业的节能减排目标的实现具有重要意义，也推动了流体机械及相关学科的技术进步。

五、丁二烯螺杆压缩机组国产化研制

该项目荣获二等奖。项目完成单位：中国船舶重工集团公司第七一一研究所。

丁二烯螺杆压缩机作为丁二烯抽提装置中的关键设备，一直依赖国外进口。由于外商对核心技术的封锁和产品的垄断，进口机组价格高，交货周期长，售后服务不及时，对我国丁二烯产业的发展带来了较大的影响。中船重工七一一研究所于2009年开始丁二烯压缩机的国产化研制。同年，该项目由中石化重大装备国产化办公室立项，被列入“2009年度中石化重大装备国产化攻关计划”。

该项目依托茂名100万t/a乙烯改造扩建工程2号丁二烯抽提装置设计参数，通过自主研发，解决了丁二烯防爆、防聚合的关键技术，并研制出样机进行工程化验证。同时项目取得了多项技术创新：

（1）新设计。创新性地引入干式螺杆压缩机的热力学模型结合主机冷态间隙、吸排气孔口、转速设计等多种设计方案，采用了防止丁二烯聚合的温度控制技术。

（2）新结构。创新性地采用了新型“碳环+双端面流体动压型”密封组合结构，满足了轴封装置不充氮、转速高、直径大、介质组分复杂、无故障运行时间长的密封工艺要求。

该项目产品拥有自主知识产权，并已获得2项专利授权，其中1项发明专利。

该项目样机投运以来，按压缩机每年操作 8 000h，产量比英国豪顿（HOWDEN）压缩机多 3.2 万 t；按丁二烯最低盈利 1 000 元 /t，每年可新增产值 3 200 万元。丁二烯压缩机国产机组的价格为国外同类型机组的 60% 左右，极大地降低了采购成本；国产机组采购周期比进口设备至少缩短六个月，大大缩短采购周期；国内机组备件的价格仅为国外的 40% 左右，机组维护运行的成本大幅度降低。该项目的经济效益与社会效益显著。

该项目的研制成功，填补了国内在该领域的空白，打破了国外对丁二烯螺杆压缩机组的技术垄断，为我国丁二烯产业的发展提供了有力支撑，同时，极大地提升了国内高端工艺螺杆压缩机设计制造水平，促进了我国石化装备业的发展。

六、600MW 超临界循环流化床电站关键配套设备高压高速大型离心风机

该项目荣获二等奖。项目完成单位：南通大通宝富风机有限公司、西安交通大学。

600MW 超临界循环流化床锅炉（CFB）机组示范工程是根据国家科技支撑计划，自主创新研发的在燃煤发电领域拥有完全自主知识产权、世界上容量最大、技术先进的循环流化床示范工程。600MW 超临界 CFB 机组示范工程配套开发的一、二次风机是该项目能否取得成功的关键制约因素之一。工程关键配套设备 —— 高压高速大型离心风机的研发与制造，是 600MW 超临界 CFB 机组国产化的重要环节。要求风机的风量大、效率高，以适应循环流化床锅炉节能环保的发展要求。

该项目研究目标是为当前国内最大的 600MW 超临界循环流化床电站开发配套的高压高速大型离心风机。南通大通宝富风机有限公司为四川白马电厂 600MW 超临界循环流化床电站开发配套的高速高压大型一、二次离心风机，各项技术指标达到了国内外同类产品的先进水平。高压高速大型离心风机的成功研发，使 600MW 流化床锅炉关键配套的风机产品系列化和产业化，对减小大气污染、提高燃煤利用率，发挥我国燃煤资源丰富的优势，满足社会发展对电力的需求意义重大。

循环流化床锅炉技术是近十几年来迅速发展的一项高效低污染清洁燃烧技术。这项技术在国内外电站锅炉、工业锅炉和废弃物处理利用等领域已得到广泛的商业应用，并向几百万千瓦级规模的大型循环流化床锅炉发展，未来循环流化床锅炉将会飞速发展。

七、同步回转机械与同步回转油气混输泵

该项目荣获二等奖。项目完成单位：西安交通大学、大丰丰泰流体科技有限公司。

由于传统压缩机、泵，普遍存在着由液击、气蚀引起的运行故障，存在摩擦磨损大、机器效率较低、密封件寿命短等缺点，存在过压缩和压缩不足问题，以及难以在高含气率下进行油气混输应用的工业技术问题。为克服在节能、降耗和环保方面形成的瓶颈约束，该项目对同步回转机械进行了研究。首次提出了同步回转机械原理，深入研究了工作原理、热动力特性、摩擦磨损特性、旋转进排气口几何特性、同步回转机械的经济性与可靠性等关键技术。设计完成了全新运动机理的同步回转式空气压缩机和油气混输泵。同步回转压缩机于 2008 年 5 月通过了中国机械工业联合会组织的技术鉴定，同步回转油气混输泵于 2012 年 1 月通过了中国机械工业联合会和中国石油天然气集团公司联合组织的新产品技术鉴定会。两次鉴定会均认为，同步回转压缩机和油气混输泵为我国原创性技术发明，克服了回转压缩机由于工作状态发生变化时出现的过压缩、压缩不足和液击现象，具有泵和压缩机的双重功能，圆满地解决了高含气率（97%）的油气混输难题，满足了油气混输的要求，对于实现油田的油气全密闭集输以及延长集输半径有着十分重要的意义，大幅度降低了运动件之间的摩擦磨损，且工作压力与系统压力自平衡，具有结构简单、适应性强和运行稳定等特点，填补了国内空白，其技术达到油气混输领域国际先进水平，并建议大力推广。同步回转油气混输泵在气田也成功地进行了应用，提高了气田受积液影响的生产气井的天然气产量，救活了气田受积液影响的生产气井。

该项目的成功，对于制冷空调器的节能、升级换代，传统的采油工艺的改进，增加原油和天然气产量，实现油田绿色开采，降低环境污染等均具有重要的意义。该项目取得了国内外发明专利 5 项（其中美国、俄罗斯和日本各 1 项），实用新型专利 17 项，在国内外学术期刊发表学术论文 17 篇，其中被 SCI 和 EI 检索的 12 篇，获得 3 项国家自然科学基金的大力支持，吸引了美国黑石投资公司的资金注入，促进了压缩机行业和石油工业的良性发展。

八、先进陶瓷泵（ACP）关键技术研发

该项目荣获二等奖。项目完成单位：沈阳第一水泵有限责任公司、辽宁科英耐火材料有限公司。

为响应国家对大气污染排放控制的相关要求，沈阳第一水泵有限责任公司自主研发了电厂、石油、化工、冶金、采矿等行业脱硫、脱硝设备——先进陶瓷泵（ACP）。

沈阳第一水泵有限责任公司具有几十年的生产历史，公司具有多年设计经验，积累大量泵水力模型，其中有较多设计模型可用于脱硫系统用泵设计，重点是优化设计，提高泵效率，并保证产品的稳定性、安全性和可靠性。

当前火电厂采取的除尘措施主要有以下 5 种：①改变燃料结构，在可能的情况下尽量燃用干净的燃料；②提高锅炉的燃烧技术，减少污染物的生成量；③设置高效的除尘系统，减少粉尘的排放量；④采用高烟囱排放，降低烟尘在大气中的浓度；⑤采用脱硫脱氮技术，减少烟气中的硫化物、氮氧化物的排放量。

沈阳第一水泵有限责任公司借鉴国外成熟产品先进技术，多专业、多学科跨行业整合资源，联合辽宁科英耐火材料有限公司和华能国际电力有限公司营口电厂共同研制自主知识产权的新一代的离心式陶瓷衬里泵。这样的平台优势，很好地实现了项目的申请单位和所有合作单位地共同配合，完成从水泵的整机设计（包括优化脱硫泵的水力设计和结构设计、脱硫泵工作环境下的模拟与测试）、叶轮和泵体等大型陶瓷部件生产工艺技术、陶瓷材料的选择、配方的优化、结合剂的实验、冷态浇注、低温固化的工艺技术，以及到电厂进行应用测试的全部生产流程。项目完成后不仅对我国电厂烟气脱硫关键设备国产化起到推动作用，而且具有广阔的市场应用前景。

该项目综合分析了国内外先进陶瓷制造工艺和泵行业发展前沿技术，结合国内实际和企业自身优势，制定了科学合理、经济可行的技术方案。已经生产的（ACP）陶瓷衬里脱硫泵，主要技术指标达到了国外同类产品水平，经过国华、华能等电厂使用，泵运行稳定，性能满足运行工况要求。2014 年 5 月 24 日，由中国机械工业联合会主持召开“陶瓷衬里泵鉴定会”，顺利通过专家组的鉴定。陶瓷衬里泵的研制成功，不仅填补了国内空白，而且开创了泵行业应用陶瓷材料的新局面。

九、煤气化工艺用高压高温灰水循环泵的研制

该项目荣获二等奖。项目完成单位：北京航天动力研究所。

北京航天动力研究所研制的煤气化工艺用高压高温灰水循环泵，适用于高压、高温、高扬程且含煤灰渣，装置开车初期介质易气化等十分恶劣的工作环境。该产品研制涉及了流体力学、转子动力学、材料学、机械设计及制造等多种学科。从最初的几台试制品应用，不断摸索积累设计制造经验，有层次的做好产品技术升级，不断提升产品的压力等级、流量、扬程、功率等参数，不断摸索产品的本质属性、改进设计，提高耐磨件、煤气化工艺适应性，提高产品运转可靠性和操作冗余度，形成了具有自主知识产权、完善设计理论指导的系列化产品。产品参数覆盖全部煤气化工艺用灰水循环泵的需求，技术水平很高，产品应用于全国各种煤气化工艺中，具有绝对的市场优势。

北京航天动力研究所设计生产的煤气化工艺用高压高温灰水循环泵的入口压力为 4.0 ～ 8.7MPa，流量为 10 ～ 800m^3/h，扬程为 10 ～ 270m，温度为 270℃，在 180m 扬程以上耐受固体颗粒物浓度＞5%（Wt），单级单吸悬臂重载荷，符合 API 610 标准 OH_2 结构。

该泵的研制成功有效地保证了煤气化装置的稳定运行，对推动行业的技术进步提供了有力的技术保障和支持。已获得 2 项实用新型专利授权，已完成 2 项发明专利的申请。

该泵已经广泛应用于国内各种煤化工工艺的生产企业，如浩良河化肥厂、中石化南京公司、齐鲁石化、神华宁煤等共计 60 余家煤气化项目中，创造了显著的经济效益和社会效益。产品工作稳定、高效，受到用户认可和好评，累计实现合同额 3 亿元以上，市场应用前景广阔。

十、35 000m³/h 全提取空分装置研发

该项目荣获二等奖。项目完成单位：开封空分集团有限公司。

35 000m³/h 全提取空分装置是机械工业领域中空分行业空气分离装置新产品，是当前国产空分行业研发成功的首套氧自增压 + 外压，氧、氮、氩、氦、氖、氪、氙全提取空分装置。整套装置设计流程先进，配套优化合理，填补了国内空白。该装置于 2009 年 11 月 28 日正式开车，所有产品产量及纯度均达到或超过合同要求，于 2011 年 5 月 6 日进行了性能考核，运行稳定可靠。

（1）35 000m³/h 全提取空分装置主要技术指标属国内领先，达到了同期国际先进水平。

（2）35 000m³/h 全提取空分装置研发项目为开封空分集团有限公司创造利税 1 700 万元。继此项目后，开封空分集团有限公司为燕山钢铁有限公司及龙宇煤化工公司提供类似装置 3 套，创造利税 550 万元。

（3）35 000m³/h 全提取空分装置主要技术内容：在自增压流程提取氧、氮气基础上，同时或分别提取贫氪氙、粗氪氙、高纯氩气、高纯液氧、高纯液氩、高纯液氮工艺成套技术；大型双溢流筛板塔、氪氙塔、上塔等大型塔器的各种高效新型塔内件的开发应用技术；仪表防浪涌保护及 SCRVS 整套空分装置远程监控（诊断）系统。

（4）该项目研发取得专利：氪氙塔加温装置及利用该装置对氪氙塔加温的工艺（ZL201110037953.1），粗氪氙的提取装置（ZL201220319476.8），高纯氧提取装置（ZL201220319445.2），填料塔气体分布筒（ZL201120038467.7），对流筛板塔塔板间液流槽结构（ZL201020280333.1）。

（5）应用推广及效益情况。该项目的实施，标志着我国空分行业已具备自行设计、制造全提取空分设备的能力，使我国全提取空分设备的设计、制造水平及综合开发能力提高到一个新的水平，打破了国外公司对我国全提取空分装置市场的长期垄断。与国外空分装置相比，国产化空分装置具有性价比高（同样规模成本可降低 43%）、建设周期短等优势。

（6）促进行业科技进步。该项目流程设计先进，配套优化合理，运行稳定，安全可靠，整机性能优良。项目的顺利实施，填补了国内空白，使我国重大工业装备的设计制造水平得到了提高。对比国内外运行中的同等规模的全提取空分装置，该套 35 000m³/h 全提取空分装置的贫氪氙、粗氪氙的产量、纯度、提取率，达到了国际水平，氧、氮、高纯液氩、高纯液氮、高纯液氧产品的产量、纯度、提取率，均达到或超过同期世界先进水平，实现了全提取空分设备国产化，缩小了与国外同行的差距，改变了我国企业在市场竞争中的被动局面。

十一、大型空分设备自动变负荷优化控制系统

该项目荣获二等奖。项目完成单位：杭州杭氧股份有限公司、浙江大学。

现代工业发展进入了自动化、智能化时代，重大装备和重大设施的安全可靠、高效智能化运行离不开控制系统。大型空气分离设备的能耗占空分产品成本的 70% ～ 80%，自动变负荷生产是减少氧气放散率的有效措施，对空分设备的节能降耗具有很好的促进作用。自动变负荷优化控制技术是当前国际大型空分设备先进自动化的标志性技术，成为我国空分行业在国际市场竞标无

力或竞标失败和丢失国内空分设备市场的一个主要原因。

该项目由杭州杭氧股份有限公司和浙江大学联合研发，采用杭州杭氧股份有限公司自主开发的大型空分装备物性计算、热力学计算、精馏计算、换热计算等技术与软件，以及浙江大学的动态建模、流程模拟、数据调和、实时优化、预测控制等技术与软件，实现以变负荷技术为核心的优化控制系统，打破国外技术垄断。在充分吸收国际上主流自动变负荷系统技术特点的基础上，该优化控制系统采用原创的大范围工艺优化计算与非线性多变量预测控制技术相结合、前馈与反馈相结合的两层结构系统设计方案，解决了大范围变负荷过程的非线性问题、操作耦合问题、时间最优问题、能耗优化问题。

该项目研发成果具有负荷变化范围宽、速度快、变负荷过程产品质量平稳的特点。全范围实现自动变负荷运行；变负荷速度快，达到1.5min/1%负荷；系统投运率接近100%。通过南钢3万m^3/h空分设备、济源2.5万m^3/h空分设备的应用示范表明，自动负荷变化的范围和速度均优于手动操作，避免了手动变负荷存在的工况稳定困难、组分波动较大的问题，有效降低了产品质量的波动，减少了操作人员的劳动强度。自动变负荷系统的投运提高了制氧联合设备的操作弹性，减少了各空分机组的关停次数，延长了设备的使用周期。

该项目相关关键技术已经推广应用，已签订的配备自动变负荷系统的项目22套，销售总额达到15亿元，预计利润2.3亿元。该项目成功实施极大地提高了空分设备的节能效果，实现了空分装备的智能化和一定范围内的柔性生产，提高了综合自动化产品的设计能力，全面提升我国空分设备的国际竞争力。

十二、核主泵全流量测试台项目

该项目荣获二等奖。项目完成单位：中国联合工程公司、上海电气凯士比核电泵阀有限公司。

该项目由中国联合工程公司负责施工图设计，采用了国产材料及安装制造工艺。项目中采用了许多新型的设计及制造工艺，在行业内堪称独树一帜。

测试台独创的双泵型切换技术，通过更换泵壳及少量主管道，实现轴封型与湿绕组电机主泵两种泵型之间的切换。测试管道采用了浮动支撑技术以改善管道在高温高压条件下的受力条件。主管道采用了合金钢母材内壁堆焊不锈钢的技术，使管道拥有良好的力学性能，降低了制造成本；测试台主管道还采用了独特的楔紧式法兰，用于在泵型切换时的管道连接，这种法兰具有体积小、易拆装、密封效果好等特点。测试台通过更换不同的泵壳，重新组合部分管道，就可以进行三代核电湿绕组主泵，二代、二代+和三代轴封主泵的测试。测试台已完成二代+轴封主泵的1台工程样机和4台产品试验，当前正在进行三代CAP1400湿绕组核主泵工程样机性能试验。

该测试台是当前世界上技术领先的全流量核主泵测试台，它的建设有助于引进、消化、吸收核电主泵的先进技术，为我国实现主泵的制造测试国产化打下坚实的基础。通过核电主泵及测试台的国产化研发，还带动了相关的产业，如冶金、材料、机械、装备制造、电气控制、模拟技术等行业共同发展，推动我国先进制造业的进一步发展，提高我国在核电主泵领域的技术研发及测试水平，提高我国装备制造业的整体水平。

十三、ML系列模块化大型减速器

该项目荣获三等奖。项目完成单位：山东华成中德传动设备有限公司。

ML系列模块化大型减速器是为了响应国家产业结构调整和提升高端装备制造业的号召，适应港口、轻工、环保等行业的发展而自主开发的系列新产品。山东华成中德传动设备有限公司组织科研力量历时16个月完成产品的研发，并实现产业化。项目总投资4 000万元，2015年实现销售收入10 817万元、利税2 061万元。该产品经山东省科学技术鉴定委员会鉴定，产品在技术水平、性能指标等方面达到国际先进水平。

山东华成中德传动设备有限公司从德国引进

先进的设计技术和工艺标准，对产品进行三维优化设计和有限元分析，确保产品各部分的结构达到最优化。引进国际上最先进的加工、检测和热处理设备对各部件进行精密加工，建立了国内最先进的传动设备加载实验中心，功率达到3 600kW。

该产品的创新点：

（1）采用先进的模块化设计理念，实现了产品的系列化，缩短了加工周期，提高了零部件的互换性。

（2）提出了传动构型、齿面改性和结构拓扑参数优化的齿轮传动设计方法，实现轻量化设计，比国内产品重量减轻15%以上，解决了高承载能力和高可靠性与轻量化不能兼顾的矛盾，实现重载齿轮箱的高功率密度设计。

（3）产品采用浸油润滑、喷油润滑，可外带风扇、冷却盘管、油水冷却器及风油冷却器来实现对齿轮和轴承的润滑和冷却，提高热功率承载能力。

（4）提出了齿轮传动系统性能与加速疲劳可靠性试验和评价方法，实现了在试验台上模拟服役工况对性能和疲劳寿命的快速评价，形成了对重载变载齿轮箱的性能试验规范和评价体系。

ML系列模块化大型减速器已经在各行业的起重机、输送机、搅拌机、粉碎机等设备中得到广泛应用，产品性能很好地满足了用户现场的使用要求，受到了各使用单位的一致好评，替代了国外品牌产品在国内的应用。

十四、核电火电大容量水环真空泵成套机组研究开发

该项目荣获三等奖。项目完成单位：淄博水环真空泵厂有限公司。

根据我国新能源发展的规划要求，核能发电将是我国重点发展方向。国内原有的核电站大容量水环真空泵机组存在效率低、耗能高、抽气量小且技术不成熟、运转不可靠等缺点。引进国外相关产品不仅价格高而且能耗也较高，不符合国家产业结构调整和节能环保政策，满足不了核电站对水环真空泵的需求。因此，淄博水环真空泵厂有限公司开展了核电火电大容量水环真空泵成套机组研究项目。该项目实施后将推动我国真空设备技术进步，满足核电行业需求，经济效益和社会效益良好。

该项目利用泵内汽液两相流流场分析对泵进行优化设计，建立了水环真空泵、大气喷射器气液两相流流体力学模型，为大型水环真空泵叶轮、吸排气孔等参数设计、大气喷射器的几何参数优化及与真空泵的最佳性能匹配、提高真空度和抽气速率提供了理论基础。喷射泵扩压器渐缩段锥度的优化改进，提高了真空度，增加了抽气能力。研发了针对大型水环真空泵有限元静力学强度分析和动态分析的独特软件，解决了产品叶轮、轴等主要部件结构优化设计的关键技术问题。产品主要技术指标达到国际领先水平。

该产品已在神华国能神头第二发电厂2号机组汽轮机通流改造、土耳其ICDASBEKIRLI 2号600MW超临界燃煤机组工程等项目中广泛应用。该产品还广泛应用于煤炭、国防风洞试验，钢铁、石油、石化、化工行业中大型真空变压吸附制氢与制氧、膜法制氧，页岩油气开采、输送及深加工等重点领域。该项目将有效改善我国核电站抽凝真空机组完全依赖进口的现状，有效替代进口产品，并为我国核电站整体出口做好抽凝真空机组的技术储备。

该产品产业化以后，每年新增核电站抽凝真空机组销售量200台（套），新增销售收入总额1.6亿元以上，利税3 000万元以上。该项目提升了我国核电站核心装备竞争力，完全替代进口产品，有助于我国的核电站中进口设备比重的进一步降低，节省大量外汇。该项目的经济效益和社会效益显著。

十五、深海海底取样装置及阀门

该项目荣获三等奖。项目完成单位：超达阀门集团股份有限公司。

该项目的主要技术研发内容是在超高压力、变动背压力、含固体颗粒介质、巨大外压力、无外界动力或自带动力等苛刻工况下，确定阀门的自动控制、实时监控、精确控制、可靠性及安全性等。该技术用于深海海底物质的高保真取样及科学研究，用于解决阀门在深海油气勘采、输送、控制以及石油化工、煤化工、新能源等领域苛刻工况所遇到的技术难题，该项目研究成果对于提高阀门的控制技术、性能、可靠性及安全性具有重大意义。

该项目获授权专利48项，其中发明专利19项，实用新型专利29项，发表学术论文10篇。主要技术创新包括：①研制开发了无外界动力及外界信号控制的取样球阀。②研制开发了液压驱动机构控制的取样装置，解决了深海巨大变动海水压力对液压驱动装置影响的技术难题。③研制开发了中频感应加热热喷涂技术，解决了控制阀密封面耐磨材料在巨大压差和硬固体颗粒介质下易磨损、脱落及使用寿命短的问题。④研制开发了低转矩、高密封性能的控制阀。⑤研制开发了抗出口压力波动干扰的自动控制阀。⑥研制开发了阀门远程实时监控与预警系统，确保阀门及系统的安全可靠运行。⑦研制开发了阀门安全操作的控制系统。⑧研制开发了多功能组合控制阀。⑨研制开发了多种提高阀门可靠性的技术。⑩研制开发了耐磨耐冲刷的阀门流量控制系统以及控制阀。

该产品在浙江大学承担的国家“863”计划项目的3个项目中得到成功应用，技术已广泛应用于深海海底油气勘采、输送与控制、石油化工、煤化工、电力、冶金及新能源等领域的苛刻工况以及阀门的自动控制、远程实时监控等领域。

该产品在2013—2015年应用期间，累计实现产值6.21亿元，实现利润2 723.3万元，税收3 697.2万元，出口创汇1 252.2万美元，取得了很好的经济效益和社会效益。该项目技术达到国际先进水平，项目成果极大地提高了我国海洋科考、勘采、油气输送及控制以及石油化工、煤化工、电力、冶金、新能源等国家重大工程项目关键阀门的技术水平，提高了我国特种阀门研制开发与设计制造的整体技术水平及高端阀门的国际竞争力。

十六、MVR蒸汽压缩机组的开发与应用

该项目荣获三等奖。项目完成单位：西安陕鼓动力股份有限公司。

水蒸气压缩机广泛应用于化学工业（蒸发、结晶、提纯、浓缩）、废水处理（含盐废水、含重金属废水等）、制药（维生素等）、食品、添加剂工业（味精、大豆、蛋白质乳液的蒸发）、饮料工业（牛奶、果汁、乳清、糖溶液的蒸发）等诸多行业，开发水蒸气压缩机符合国家的环保政策。

水蒸气压缩机技术一直被欧美等发达国家垄断。国内企业采购国外水蒸气压缩机，成本大，维修不方便。最近几年来，国家出台了一系列环保政策，作为MVR核心设备——水蒸气压缩机如雨后春笋般迅速发展。为了打破国外技术垄断，亟需开发国产化的水蒸气压缩机。由于水蒸气压缩机需求量大，研发水蒸气压缩机，同时要考虑系列化以及标准化设计。该项目由西安陕鼓动力股份有限公司总经理牵头，有十多年海外压缩机设计经验的技术总监负责，成立了专门的水蒸气压缩机设计项目组，项目组成员全由公司内部骨干员工组成，包括气动设计、数值分析、结构设计、总成设计、强度和转子动力学设计、工艺装配设计以及自电控设计专业人员。

在项目研发过程中，项目组突破国内技术难题，完成了通用化、系列化、标准化的国产MVR用水蒸气离心压缩机研制，主要包括：①开发了高速、高效、宽工况的半开式水蒸气压缩机模型级。②建立了水蒸气压缩机主要零部件的三维参数化设计体系，实现了通用化、系列化、标准化的“三化”设计。③研发了单级悬臂式无配重高速齿轮传动结构，提高转子动力学的稳定性；研发了叶轮与高速轴的全新拉杆式连接方式，消除了由于扭转振动导致的疲劳断裂。④建设了水蒸气压缩机闭式实验平台，可实现高温升、高压比、变工况的水蒸气压缩机试验研究工作。⑤研制出MVR用水蒸气压缩机样机16套。

该水蒸气压缩机机组效率可达86%，同时项

目研制中完成了适应整个市场的水蒸气压缩机系列化产品，该系列化产品已经有 16 台在用。截至 2015 年年底，实现销售额 3 303.42 万元，新增税收 561.58 万元，取得了较好的经济效益和社会效益，为节能环保作出了贡献。

十七、烧结余热与高炉顶压能量回收机组技术

该项目荣获三等奖。项目完成单位：西安陕鼓动力股份有限公司。

烧结余热与高炉顶压能量回收机组（简称 STRT 机组）属能源动力科学技术领域中冶金节能减排项目。该项目涉及风机、透平、冶金、机械、传动、材料、力学、液压、电气、仪表、计算机、控制等专业领域，系统复杂，技术难度大。

STRT 机组是以烧结余热能量回收与高炉顶压能量回收发电装置为基础，集成创新的新型冶金节能机组。烧结余热能量回收原是独立的烧结余热发电机组，高炉煤气能量回收发电机组（TRT）是回收高炉煤气余压、余热的能量回收机组，国内外一般将这两类机组安装在不同厂房、独立配置、自成系统。本项目是将烧结余热发电机组与高炉煤气能量回收发电装置系统集成，形成全新的烧结余热与高炉顶压能量回收发电机组。STRT 兼备两套机组的功能，又使原有的庞大系统简化合并，共用发电机，合并自控、润滑油、动力油系统等，提高了装置效率，降低了产品成本，减少了用户投资，提高了市场的竞争力。该项目获得实用新型专利 1 项（专利号 ZL201120418708.0）。

该项目针对 STRT 机组所涉及的一系列难题进行了系统研究，分析了烧结余热发电机组与 TRT 机组的差异及难点，解决了联合运行中多工况调节的问题，填补了国外冶金流程烧结与高炉能量回收三机同轴发电机组的空白。项目攻克的主要关键技术：长轴系的分析计算；两套机组的联合工况集中控制；工艺运行特点的独特应用；烧结余热机组与煤气透平驱动切换的专用技术等。

该项目的创新技术：将煤气透平和烧结余热回收机组设计为低温余热汽轮机 + 煤气透平 + 发电机三机同轴串联机组；当烧结线生产的同时，利用废烟气进行热交换，产生蒸汽驱动汽轮机与煤气透平同轴带动发电机发电。主机设备优化精简，原 2 + 2 独立配套的二套机组合并为三机同轴机组。两套独立机组功能优化、辅机系统合并，功能不减，配套和控制系统集成优化、共用发配电系统，简化设备，节约投资。

该项目组研发的 STRT 机组应用到福建三钢 1 800m^3 高炉及 220m^2 烧结线余热利用现场，单台运行的年度节电量约 12 800 万 kW·h，每年为用户节约电费 6 400 万元。该项目引领了行业的科技进步，并向系列化、标准化、国产化发展。

十八、渣油加氢装置用热高分油能量回收透平

该项目荣获三等奖。项目完成单位：利欧集团股份有限公司、利欧（大连）工业泵技术中心有限公司、中国石油化工股份有限公司长岭分公司。

渣油加氢液力透平机组是大部分炼油企业所具有的能量回收设备，但工况条件苛刻（高温、高压、气液两相、含有焦炭颗粒），技术难度大，制造工艺复杂，故障率高。

中国石油化工股份有限公司长岭分公司 170 万 t/a 渣油加氢装置原透平装置是进口日本的产品。该设备使用后期，轴振动逐渐增加以至无法使用，虽然采用多种方案进行修复，但未能解决问题，透平设备被迫停运。由于透平工况苛刻，该设备以前均由国外企业制造，并对我国进行技术封锁，设备出现故障也只能依靠原制造企业维修，维修价格昂贵，服务条件苛刻，使该设备使用困难重重。

中国石油化工股份有限公司长岭分公司经过慎重考虑，最终选择与利欧集团股份有限公司合作，联合开展该产品的国产化研制，获得成功。该能量回收透平装置的研制成功，标志着我国摆脱了对国外产品的依赖，实现了国产化，增强了各炼油企业使用国产节能减排设备的信心。

该设备自 2015 年 6 月 1 日投入运行以来，运行稳定，性能优良，质量可靠，符合使用要求，并于 2015 年 12 月 5 日通过了由中国机械工业联合会组织的科技成果鉴定。鉴定委员会认为，自主研发的能量回收透平的成功应用，打破了国外企业垄断，技术指标达到了国际同类产品先进水平，具有显著的经济效益和社会效益，可进一步推广使用。

十九、余热回收高温热泵/蒸汽热泵压缩机研发与应用

该项目荣获三等奖。项目完成单位：上海汉钟精机股份有限公司。

因为热泵压缩机的限制，传统的电热泵技术一般只能将高温热介质(如热水)加热至65℃以内，而大量的工业用热需要70℃以上的热源，所以传统的电热泵技术无法满足大量的工业用热需求，需要掌握利用热泵系统生成超过65℃高温热水的技术，以及利用余热回收来实现供应高温热水时提高热泵的效率。压缩机作为电热泵技术的心脏，只有研发专用的余热回收高温压缩机才能发展余热回收高温热泵、蒸汽热泵技术。

上海汉钟精机股份有限公司对余热回收用高温热泵、蒸汽热泵专用压缩机展开了专门研究，旨在大力促进高温热泵技术的发展，从而在一定范围内进行常规中小型锅炉的替代，为大气环境治理做出积极贡献。

该项目进行的技术攻关点有以下几个：

（1）高温冷媒选用问题。当前可用于高温应用的冷媒有很多种，结合可靠性、安全性、效率、成本、维护、设计共用性等方面的综合考虑，采用了环境友好的纯HFC冷媒作为压缩机设计冷媒。

（2）高温润滑油选用问题。在余热回收高温热泵、蒸汽热泵应用中，需考虑润滑油的耐高温性能、高温黏度、低温黏度、互溶性等因素，项目组与国际知名润滑油厂商合作研发了一种高温专用润滑油，以满足此特殊应用需求。

（3）压缩机电机匹配与冷却问题。重新对电机冷却结构进行分析，根据此特殊应用采用合理的超载比例设计电机，并采用了更高绝缘等级材料。

（4）润滑油系统处理问题。在此应用中，因整个热泵系统中的质量流量大，所以润滑油更容易被带出油分，针对此问题采用了高效外置油分的设计，加强系统拦油效率。

（5）效率提升。采用系统内部热回收的设计结构，将油冷却系统的热量损耗重新回收利用，降低运行损耗，提升系统整体效率。

二十、极高压力氧气阀

该项目荣获三等奖。项目完成单位：兰州高压阀门有限公司。

欧洲工业气体协会标准（EIGA）《氧气管道系统》IGC DOC 13/02/E中规定：按体积计纯度≥99.5%的氧气称为“标准纯度氧气”，压力超过10.3MPa的氧气称为“超高压氧气”，压力超过21.0MPa的氧气称为“极高压氧气”。在航天等行业中经常用到“极高压氧气”阀门。随着我国航天和探月工程的发展，极高压氧气阀门的需求逐年增加，当前航空航天和探月工程中氧气管路系统介质压力在30MPa的氧气阀门国内尚不能生产。

兰州高压阀门有限公司针对航天氧气管路系统，创新设计研制的极高压力氧气阀，技术先进，国内首创，研究成果达到了国际先进水平，满足了航天领域用极高压力氧气系统安全运行的需要。

该项目产品为国内首家开发，并成功应用于航天纯氧工况，打破了国外对此类阀门的技术封锁，填补了国内空白，提高了我国阀门行业的技术起点与标准，带动阀门行业整体发展，对我国阀门行业在军工航天和探月工程领域的开发具有指导支撑性作用。

该产品可广泛应用于航空航天、煤化工、冶金等超高压氧气工况领域，将提高我国阀门行业在国际中的竞争力，极大地促进了此类项目的国产化，提高了替代进口产品的市场占有率。

二十一、高效可靠大流量双吸离心泵关键技术研究与应用

该项目荣获三等奖。项目完成单位：山东双轮股份有限公司、江苏大学。

大流量双吸离心泵具有流量大、扬程高、运行平衡等特点，在水利、化工、能源、矿山等领域得到广泛应用。然而，大型双吸离心泵存在着耗能高、运行稳定性差、结构可靠性低等突出问题。

山东双轮股份有限公司承担的高效可靠大流量双吸离心泵项目，通过深入研究，取得了以下几方面创造性成果：

（1）研发了新型大流量双吸高效离心泵，取得了多项发明和实用新型专利，并获得新产品鉴定，具有较强的市场竞争力。

（2）修订了国家标准，提高了泵效率指标，为泵行业技术水平整体提升起到了促进作用，有利于泵行业整体健康发展。

（3）建立了基于 Kriging 模型和遗传算法的离心泵叶轮多工况水力优化设计方法，相关产品效率比行业标准提高 3% ～ 5% 以上。

（4）建立了离心泵内部非定常压力脉动强度的定义方法和时 - 频域特性分析方法，并提出了控制措施。

（5）建立了离心泵基于双向数据传递的流固耦合算法，实现了转轮高精度的水力振动预测，为优化设计过程中校核大流量泵可靠性提供了有力依据，提高了产品的可靠性。

该项目研制成功的新型高效节能双吸离心泵，效率平均提高 5% 以上。同时，通过对压力脉动和流固耦合水力振动的研究，提升泵在各种运行条件下的可靠性，对确保大型泵系统高效安全可靠运行具有重要意义。

山东双轮股份有限公司泵生产企业采用该成果，在近三年累计新增产值 12.457 2 亿元，新增利润 1.403 2 亿元，新增税收 9 002.4 万元。同时，研究开发的双吸离心泵产品被广泛应用，取得了可观的间接经济效益，近三年节支总额 5 592 万元。制定了行业标准，多个授权发明专利和实用新型专利构成了较完全的知识产权，省部级科技查新工作站的查新证实了知识产权的独有性，省部级科技成果鉴定表明主要技术指标达到国际先进水平。项目获得发明专利 6 项，实用新型专利 10 项，出版专著 3 部，发表 SCI/EI 检索论文 21 篇。

该项目取得了显著的经济效益和社会效益，提升了泵行业整体技术水平，对我国节能减排技术的提高具有重要的促进作用，具有广阔的推广应用前景。

二十二、超（超）临界火电机组安全阀

该项目荣获三等奖。项目完成单位：哈电集团哈尔滨电站阀门有限公司。

我国是一个以煤炭为主要一次能源的国家，常规火电占总装机容量的 70% 以上。随着火电机组向高参数、大型化发展，超（超）临界火电机组已成为常规火电的主力机组。大型火电机组锅炉、汽轮机和发电机三大主机已实现自主设计、制造，但作为重要辅机的高端阀门一直依赖进口。据统计，一台 1 000MW 超超临界火电机组中约有 500 余台高端阀门，其中 90% 依赖进口，成本巨大。因此，开展超（超）临界火电机组安全阀的研制十分必要。

依据国家能源局国能科技〔2010〕335 号、392 号等文件精神，哈电集团哈尔滨电站阀门有限公司承担了国家能源应用技术研究及工程示范项目 —— 超（超）临界火电机组关键阀门国产化技术研究及应用示范，完成了 350 ～ 1 000MW 超（超）临界火电机组关键阀门的国产化研制及应用研究。

该项目主要研制了过热器及再热器安全阀。主要研究内容包括：①阀门关键结构研究，实现了“分体式热应力补偿式安全阀阀瓣结构”“弹簧直接作用式结构”“上下调整环”“背压调整套”“封闭弹簧罩”等技术创新，经省级查新均为国内首创。②阀门动态性能仿真分析技术应用研究。通过项目产品研究，在国内阀门行业率先建立了三维立体研发平台，运用 CFX、ANSYS 等先进软件建立一套可靠分析方法和分析模型，进行高温热应力分析、流场分析、动态性能仿真分析，提高了研发质量和研发水平。③新材料应用技术研究，研究 SA182F92、SA182F91、A217C12A 等新材料力学性能及制造技术，重点解决了锻造、热处理、堆焊司太立以及异种钢焊接等关键工艺技术。

该项目获国家实用新型专利 3 项。项目产品已成功应用于华能长兴电厂660MW、河南华润电力焦作有限公司660MW、茌平信源铝业有限公司700MW等超超临界机组，产品性能达到进口同类产品先进水平，已完全代替进口产品，符合ASMEB16.34等国际先进标准要求。

二十三、特高压变压器绝缘干燥工艺及装备

该项目荣获三等奖。项目完成单位：中山凯旋真空技术工程有限公司。

煤油气相干燥设备（VPD）主要用于110kV及以上超高压、大容量变压器、互感器等器身的干燥处理。气相干燥的基本原理，是利用煤油在真空状态下加热蒸发，成为高温煤油蒸汽，在真空罐内遇到温度较低的工件而冷凝，放出冷凝潜热（约306.6kJ/kg），从而对工件进行加热。冷凝的煤油被收集，通过煤油输送系统重新输送到蒸发器，再次加热蒸发，如此循环多次，使工件温度持续升高，绝缘材料中的水分不断蒸发成水蒸气，被真空系统抽走，最终达到变压器绝缘材料被彻底干燥的目的。

针对特高压变压器，气相干燥设备要在配备极限真空更高机组的同时降低真空干燥罐的泄漏率，最大限度地造成绝缘材料内外的压差，增强水分子向外迁移的动力；同时自动进行多次中间降压，尽可能地加大绝缘材料内外水分子的浓度梯度，增强水分子向外扩散的动力。气相干燥工艺已经成为220kV电压等级及以上变压器干燥处理的必要工艺手段。

中山凯旋真空技术工程有限公司承担的特高压变压器绝缘干燥工艺及装备项目的研究成果，为220kV电压等级及以上变压器干燥处理提供了工艺手段，提高了特高压变压器的使用寿命和可靠性。该项目获得18项专利授权，分别是：一种真空干燥终点判断仪，获得实用新型专利（专利号200720048597.2）；双O形密封圈式密封装置，获得实用新型专利（专利号201020524221.6）；一种独立蒸馏装置，获得实用新型专利（专利号201020524225.4）；气垫车过渡桥密封装置，获得发明专利（专利号201010277710.0）；一种通用加热排管，获得实用新型专利（专利号201320804576.4）；一种真空干燥处理物出水率测量装置，获得实用新型专利（专利号201320893120.X）；一种真空设备中抽真空系统气体抽除速度测量装置，获得实用新型专利（专利号201320893111.0）；抽真空系统气体抽除速度测量装置及其方法的应用，获得发明专利（专利号201310754775.3）；真空干燥设备及其降温系统，获得实用新型专利（专利号201420850999.4）；气相干燥设备及其内置式热能回收装置，获得实用新型专利（专利号201420847567.8）；真空干燥设备和冷凝液自动排放装置，获得实用新型专利（专利号201420866495.1）；真空干燥设备和冷凝液自动排放装置，获得发明专利（专利号201410851193.1）；一种移动式真空抽气装置，获得实用新型专利（专利号201420857987.4）；煤油气相干燥设备，获得实用新型专利（专利号201520390170.5）；煤油气相干燥设备，获得实用新型专利（专利号201520383900.9）；油水分离装置，获得实用新型专利（专利号201520867166.3）；变压器干燥装置，获得实用新型专利（专利号201520910635.5）；蒸发装置，获得实用新型专利（专利号201520963854.X）。

（注：资料来源于中国机械工业科学技术奖网站）

2016 年通用机械行业获奖项目

序号	项目名称	奖励名称	完成单位
1	1 000MW 核电机组核二级低压安注泵	辽宁省科学技术奖二等奖	沈阳鼓风机集团核电泵业有限公司
2	低比速 CHTZ3/6 型超临界锅炉给水泵	沈阳市科技进步奖三等奖	沈阳鼓风机集团核电泵业有限公司
3	大型双吸离心泵节能与稳定运行关键技术研究与应用	山东省科技进步奖二等奖	山东双轮股份有限公司
4	大型灌溉排水泵站节能与稳定运行关键技术研究及应用	大禹水利科学技术奖一等奖	山东双轮股份有限公司
5	大型单级双吸离心泵节能关键技术及应用	威海市环翠区科技进步奖一等奖	山东双轮股份有限公司
6	CAP1400 核电站常规岛循环水泵设计制造	湖南省科技进步奖二等奖、长沙市科技进步奖三等奖	湖南湘电长沙水泵有限公司
7	特大型混流泵和轴流泵节能关键技术研究与应用	中国机械工业科学技术奖一等奖	扬州大学、上海凯泉泵业（集团）有限公司、江苏航天水力设备有限公司、江苏省水利勘测设计研究院有限公司
8	40 ～ 48in Class900 高压大口径全焊接球阀	中国机械工业科学技术奖一等奖	成都成高阀门有限公司
9	年产 60 万 t 天然气液化装置用双混合冷剂离心压缩机组研制	中国机械工业科学技术奖一等奖	沈阳鼓风机集团股份有限公司、沈阳透平机械股份有限公司、中国寰球工程公司、西安交通大学、大连理工大学
10	大型乙烯装置成套工艺技术、关键装备与工业应用	国家科技进步奖二等奖	沈阳鼓风机集团股份有限公司
11	机械装备的动态和渐变可靠性成组技术及应用	教育部科学技术进步奖一等奖	沈阳鼓风机集团股份有限公司
12	大型离心压缩机试压机壳及其试压方法	中国专利优秀奖	沈阳鼓风机集团股份有限公司
13	大型空分装置用全新单缸外置冷却等温型离心压缩机组	辽宁省科学技术进步奖二等奖	沈阳鼓风机集团股份有限公司
14	80 万 t/a 乙烯装置乙烯制冷压缩机组研制	中国石化集团科学技术奖二等奖	沈阳鼓风机集团股份有限公司
15	320 万 t/a 连续重整装置用循环氢离心压缩机组	沈阳市科技进步奖一等奖	沈阳鼓风机集团股份有限公司
16	南帕斯天然气田用离心压缩机组研制	沈阳市科技进步奖一等奖	沈阳鼓风机集团股份有限公司
17	一种 PCL 压缩机模型级及其设计方法	沈阳市专利一等奖	沈阳鼓风机集团股份有限公司
18	大型往复压缩机流量无级调节系统关键技术及应用	中国机械工业科学技术奖一等奖	合肥通用机械研究院、台州环天机械有限公司、沈阳透平机械股份有限公司、中国石化股份有限公司广州分公司

（续）

序号	项目名称	奖励名称	完成单位
19	丁二烯螺杆压缩机组国产化研制	中国机械工业科学技术奖二等奖	中国船舶重工集团公司第七一一研究所
20	600MW 超临界循环流化床电站关键配套设备高压高速大型离心风机	中国机械工业科学技术奖二等奖	南通大通宝富风机有限公司、西安交通大学
21	同步回转机械与同步回转油气混输泵	中国机械工业科学技术奖二等奖	西安交通大学、大丰丰泰流体科技有限公司
22	先进陶瓷泵（ACP）关键技术研发	中国机械工业科学技术奖二等奖	沈阳第一水泵有限责任公司、辽宁科英耐火材料有限公司
23	煤气化工艺用高压高温灰水循环泵的研制	中国机械工业科学技术奖二等奖	北京航天动力研究所
24	35 000m^3/h 全提取空分装置研发	中国机械工业科学技术奖二等奖	开封空分集团有限公司
25	大型空分设备自动变负荷优化控制系统	中国机械工业科学技术奖二等奖	杭州杭氧股份有限公司、浙江大学
26	核主泵全流量测试台项目	中国机械工业科学技术奖二等奖	中国联合工程公司、上海电气凯士比核电泵阀有限公司
27	ML 系列模块化大型减速器	中国机械工业科学技术奖三等奖	山东华成中德传动设备有限公司
28	核电火电大容量水环真空泵成套机组研究开发	中国机械工业科学技术奖三等奖	淄博水环真空泵厂有限公司
29	深海海底取样装置及阀门	中国机械工业科学技术奖三等奖	超达阀门集团股份有限公司
30	MVR 蒸汽压缩机组的开发与应用	中国机械工业科学技术奖三等奖、西安市科学技术进步奖一等奖	西安陕鼓动力股份有限公司
31	烧结余热与高炉顶压能量回收机组技术	中国机械工业科学技术奖三等奖	西安陕鼓动力股份有限公司
32	煤气透平与电动机同轴驱动高炉鼓风机技术（BPRT）	“十二五”优秀科技成果	西安陕鼓动力股份有限公司
33	渣油加氢装置用热高分油能量回收透平	中国机械工业科学技术奖三等奖	利欧集团股份有限公司、利欧（大连）工业泵技术中心有限公司、中国石油化工股份有限公司长岭分公司
34	余热回收高温热泵／蒸汽热泵压缩机研发与应用	中国机械工业科学技术奖三等奖	上海汉钟精机股份有限公司
35	极高压力氧气阀	中国机械工业科学技术奖三等奖	兰州高压阀门有限公司
36	高效可靠大流量双吸离心泵关键技术研究与应用	中国机械工业科学技术奖三等奖	山东双轮股份有限公司、江苏大学
37	超（超）临界火电机组安全阀	中国机械工业科学技术奖三等奖	哈电集团哈尔滨电站阀门有限公司
38	特高压变压器绝缘干燥工艺及装备	中国机械工业科学技术奖三等奖	中山凯旋真空技术工程有限公司
39	CTXK 系列离心式冷水机组	2015 年机电创新奖	重庆通用工业（集团）有限责任公司
40	兆瓦以上级轻量化风电叶片（51.5m）开发	2015 年机电创新奖	重庆通用工业（集团）有限责任公司
41	W6-2×29-F 离心式通风机	2015 全国机械工业用户满意产品名录	重庆通用工业（集团）有限责任公司

（续）

序号	项目名称	奖励名称	完成单位
42	BCD230-1.92/1.03 单级高速离心鼓风机	2015 全国机械工业用户满意产品名录	重庆通用工业（集团）有限责任公司
43	核电站定频离心式冷水机组	重庆市高新技术产品	重庆通用工业（集团）有限责任公司
44	气悬浮单级高速鼓风机	江苏省高新技术产品	江苏金通灵流体机械科技股份有限公司
45	JE36000 整体式高效离心压缩机	江苏省高新技术产品	江苏金通灵流体机械科技股份有限公司
46	罗茨鼓风机叶轮加工成套技术与装备研究	山东省优秀科技成果奖	山东省章丘鼓风机股份有限公司
47	大型焊接离心鼓风机	山东省机械工业科技进步奖二等奖、济南市科技进步奖三等奖	山东省章丘鼓风机股份有限公司
48	ZR 型旋转供料器（旋转阀）	章丘市科技进步奖三等奖	山东省章丘鼓风机股份有限公司
49	高效节能离心式冷水机组	中国技术市场金桥奖	山东格瑞德集团有限公司
50	化工专用硫磺回收罗茨增压机	湖南省首台（套）重大技术装备	长沙鼓风机厂有限责任公司
51	高效齿轮组合式压缩机研发及产业化	随州市科技进步奖三等奖	湖北双剑鼓风机股份有限公司
52	BWF-CI № 15.5D 高温风机	甘肃省机械工程学会科学技术奖二等奖	甘肃省白银风机厂有限责任公司

2016 年通用机械行业名牌产品

序号	企业名称	商标	产品名称	获奖等级
1	三联泵业股份有限公司	三联	多级离心泵（MD）DG	安徽省名牌产品
2	辽宁恒星泵业有限公司	宽红	管道输油泵	丹东市名牌产品
3	天津泵业机械集团有限公司	CTP	螺杆泵	天津市名牌产品
4	沈阳鼓风机集团股份有限公司	沈鼓	离心压缩机	辽宁省名牌产品
5	沈阳鼓风机集团股份有限公司	沈鼓	电站用泵	辽宁省名牌产品
6	沈阳鼓风机集团股份有限公司	沈鼓	石化泵	辽宁省名牌产品
7	西安陕鼓动力股份有限公司	陕鼓	EB 型系列离心压缩机	陕西省名牌产品
8	西安陕鼓动力股份有限公司	陕鼓	煤气透平机与电动机同轴驱动的高炉鼓风机组（BPRT）	西安市名牌产品
9	上海通用风机股份有限公司	上树	离心、轴流式通风机	上海市名牌产品
10	四平鼓风机股份有限公司	四风	水泥用高温离心通风机	吉林省名牌产品
11	甘肃省白银风机厂有限责任公司	金扇	离心风机	甘肃省名牌产品
12	浙江明新风机有限公司	MINXIN/ 明新	轴流通风机	浙江省名牌产品
13	威海威力风机有限公司	天福	WFG、WFY 系列节能型环保离心通风机	山东省名牌产品
14	山东格瑞德集团有限公司	格瑞德	暖通空调用轴流通风机	山东省名牌产品

（续）

序号	企业名称	商标	产品名称	获奖等级
15	长沙鼓风机厂有限责任公司	长风	罗茨鼓风机	湖南省名牌产品
16	湖北省风机厂有限公司	三峰	离心鼓风机	湖北省名牌产品
17	安徽省屯溪高压阀门有限公司	黄山	Z61Y-1500LB（P） NPS1/2 ～ 6 高压加氢闸阀	安徽省名牌产品
18	安徽省屯溪高压阀门有限公司	黄山	H67Y-1500Lb NPS3-10 高压斜盘式止回阀	安徽省名牌产品

2016 年通用机械行业节能产品

序号	企业名称	产品名称	产品主要特点	主要应用领域
1	襄阳五二五泵业有限公司	高转速循环泵	电动机效率高，节能省电	磷复肥
2	三联泵业股份有限公司	HS（V）型中开双吸离心泵	节能、高效	水利
3	辽宁恒星泵业有限公司	KSR 节能型热网循环泵	采用汽轮机直驱，蒸汽损耗量小，转速高	热电厂
4	大连深蓝泵业有限公司	LNG 液力透平	将泵反转，使其进出口对调，其主要作用是节流降压，替代常用的 J-T 节流降压阀，减小低温介质的汽化量，提高低温介质的产量。采用潜液发电机，将高压液体在降压过程中产生的能量转化成电能，通过配套四象限变频器对电能进行回收利用；透平部件与电机共轴，结构紧凑，外形尺寸小；潜液发电机，由透平输送介质冷却，无防爆要求，安全性高	液化厂装置
5	山东双轮股份有限公司	GS 高效节能中开泵	提升泵装置系统节能和运行稳定性技术水平，促进节能减排	水利、化工、能源、矿山、城市供水
6	天津泵业机械集团有限公司	三螺杆泵	高效率、低噪声	船舶、石化
7	沈阳鼓风机集团股份有限公司	ASS 系列动调轴流引风机	ASS 系列动调轴流引风机的可调范围广，高效区宽，风机的基本级采用动叶 + 后导叶模式，风机的全压效率 88%，达到一级能效标准，处于国际领先水平	100 万千瓦级火电机组脱硝、脱硫、引风一体化
8	沈阳鼓风机集团股份有限公司	AST 系列动调轴流一次风机	AST 系列动调轴流一次风机的可调范围广，高效区宽，风机的基本级采用前导叶 + 动叶 + 后导叶型式，风机的全压效率 87%，达到一级能效标准，处于国际领先水平	100 万千瓦级火电机组

（续）

序号	企业名称	产品名称	产品主要特点	主要应用领域
9	西安陕鼓动力股份有限公司	分布式能源智能综合利用一体化方案（即能源互联岛）	满足区域内供水、污水处理、供暖、供冷、市政照明、固废处理等基本需求。通过能源规划及综合利用，提供从供给侧（供水、供暖、供冷、电力、燃气、工业气体、蒸汽）到排放端（污水、垃圾、余热、废弃等）全生命周期多能互补集成优化	工业园区、市政、大型居住小区
10	西安陕鼓动力股份有限公司	天然气差压能量回收机组（NGRT）	利用NGRT机组代替调压阀组、稳定调压站出口压力、满足后续用户需求的同时，使用NGRT机组回收高压天然气与低压天然气之间的差压能量，并将此能量转化为电能。提高天然气管网运行的经济性，提高能源利用率和天然气输送的综合利用率	天然气运输管线
11	重庆通用工业（集团）有限责任公司	高效节能三元流风机系统研发	该产品采用企业自主研发的离心式通风机参数化设计系统，首次在国内成功研发三元流通风机系统并投入工业运行。开发了三元流叶轮，降低了风机内部流场损失，提升了产品能效等级；将计算流体动力学、转子动力学、有限元理论以及基于数据挖掘技术和遗传算法的优化设计理论相结合，进行风机动静结构和风机与进气官网匹配设计，实现了基于CFD流场模拟的系统优化，显著提高了风机系统的运行效率，降低了运行噪声	钢铁、水泥、有色金属及火电
12	石家庄市风机厂有限责任公司	G(Y)5-51、G(Y)6-51锅炉离心通引风机	效率80%以上，风压高，适用于锅炉除尘改造，范围广	火力发电厂及锅炉
13	内蒙古天福风机有限公司	Y7-41 № 26D离心引风机	效率高，参数变化范围大，省电，电动机功率配置小	集中供热
14	内蒙古天福风机有限公司	Y7-41 № 22.5D离心引风机	产品效率高，压力系数高，配用电动机功率小	集中供热
15	百事德机械（江苏）有限公司	BK系列高效罗茨风机	高效、节能、低噪声、结构紧凑，运行温度低	污水处理、气力输送
16	浙江金盾风机股份有限公司	轴流式通风机	高效节能，防喘振作用显著，耐高温性能优良，智能控制；排热风机的叶片材料采用ZL114A，具有强度高的优点，确保间歇性运转的安全可靠，叶型经过全新优化模拟设计。经试验证明，整机效率可提高2～4个百分点	地铁、隧道
17	山东省章丘鼓风机股份有限公司	ZN型扭叶罗茨鼓风机	该风机是新一代低噪声节能罗茨鼓风机，具有工作平稳、输气脉动小、噪声低的特点，而且工作时具有一定的内压缩过程，比传统的直叶罗茨鼓风机具有效率高、能耗低的特点，又具有寿命长、振动小、工作平稳等特点。产品整机性能达到国际先进水平	电力、污水处理、散装水泥输送
18	山东省章丘鼓风机股份有限公司	氧化铝行业串联方式的赤泥外排泵	二级泵采用集装式机械密封组合式的轴封，加大副叶轮的外径，延长密封的使用寿命；采用固液两相流速度比理论，设计叶轮水力型线，改进前护板与叶轮的配合方式；对串联的二级泵叶轮进口处进行优化设计，延长机封的寿命。与国内同类产品相比，具有抗高压能力强、耐磨性好、轴封无泄漏、抗汽蚀能力强、整机运行平稳等特点。效率提高3.8%，过流件使用寿命提高20%以上	氧化铝

（续）

序号	企业名称	产品名称	产品主要特点	主要应用领域
19	山东省章丘鼓风机股份有限公司	TZJST250 型渣浆泵	TZJST250 型渣浆泵，采用国际上先进的固液速度比理论设计水力型线，轴封采用副叶轮加集装式机械密封组合式的轴封，泵头增加可调式支撑架，改善泵零部件受力情况，技术先进，具有耐磨性好、轴封无泄漏、整机运行平稳等特点，效率高，过流件使用寿命长，性能达到国内领先水平	矿山、氧化铝、煤炭
20	山东宏烨环境科技有限公司	节能型离心屋顶风机	全铝制，质轻驱动力小，流线结构内腔与风流路线，阻力更小，损耗更小，能效比传统风机提高 22%	工业厂房的送排风与换气
21	德克鼓风机有限公司	前向多翼离心通风机	高效率、低噪声	空调风机、纺织、建筑
22	威海威力风机有限公司	二冷室冷却风机	风机配套功率减少	钢厂二冷室生产线
23	长沙鼓风机厂有限责任公司	螺杆鼓风机	风机采用 4:6 转子，机壳中分，上进下出；风机转子镀层；排气端碳环密封、迷宫密封、回气结构。螺杆鼓风机组带进气过滤、排气消声；油路系统采用风冷；电气控制系统带测温、测压	环保、电站、化工、冶金、石化
24	长沙鼓风机厂有限责任公司	膜分离专用大型双级干式罗茨真空泵	主机采取三支撑结构，密封结构采取填料密封；同步齿轮采用胀套联接的方式，以提高安装与拆卸的便利性、联接的牢固性；油泵的联接方式由螺纹联接改为键联接	石油、化工、制药、医疗
25	湖北省风机厂有限公司	AMD-R178/270D 动叶可调轴流引风机	效率高，性能曲线平坦，应用范围广	发电、冶金
26	湖北省风机厂有限公司	4-73、5-55 系列离心通、引风机	效率高、性能曲线平坦、应用范围广	钢铁、冶金、电力、环保行业除尘、脱硫系统
27	湖北双剑鼓风机股份有限公司	BG172-2.31/1.01、D435-2.8/0.984 单级高速、多级三元流风机	高效、节能	电厂、硫酸、化工

国产 10 万 m^3/h 等级空分设备研制项目概述

杭州杭氧股份有限公司（简称杭氧）是以制造空气分离设备、石化装备和运营工业气体为主要业务的国有大型股份公司，是我国重大技术装备国产化基地、亚洲最大的空分装置设计和制造基地，其特大型空分装置在国际市场上的占有率名列前茅。杭氧曾为化工企业解决了多起因进口装备带来的技术维保难等棘手问题。

一、项目立项背景

特大型空分装置作为特大型煤化工项目的通用装备，为煤化工工艺提供大规模的高压氧气、氮气产品，其投资占工程总投资的 10% ～ 12%。随着煤化工工程项目的普遍特大型化，为了降低工程的整体投资，为之配套的空分装置规模也日趋特大型化。神华宁煤 400 万 t/a 煤炭间接液化项目采用 5 万 m^3/h 空分装置，需要 24 套，而采用 10 万 m^3/h 空分装置则只需要 12 套。这样既避免了因空分设备过多带来的整体运行风险，又能节约 30% 的投资和 40% 的占地面积。因此，在需氧量 32 万 m^3/h 以上的煤化工项目中，8 万～10 万 m^3/h 内压缩空分装置成为配套的主流装备。在 2013 年之前，国际上只有少数几套 10 万 m^3/h 空分装置在运行，我国尚无自行设计制造的 10 万 m^3/h 空分装置，只能高价引进。在国家在建和待核准煤化工项目配套空分装置等级加大、数量增加，国外的空分设备厂商欲重新筑起规模壁垒，试图继续垄断我国 10 万 m^3/h 空分设备市场的情况下，10 万 m^3/h 空分装置国产化已迫在眉睫。

二、项目实施的关键节点

2013 年 4 月 26 日，杭氧与神华宁煤签署合同。

2013 年 12 月，杭氧组织召开宁煤 10 万 m^3/h 等级空分设备项目审查会。

2014 年 1 月 20—22 日，召开基础设计审查会，会议由神华宁煤、宁波工程院和杭氧的专家、代表参加。

2014 年 3 月，异地制造进驻生产制造现场。

2014 年 4 月 1 日，设计基本完成，正式进入生产制造阶段。

2014 年 7 月 2 日，第一套上塔装车发运。

2014 年 10 月 5 日，第一套空分冷箱封顶。

2015 年 4 月 25 日，全国产化空分冷箱顺利结顶。

2015 年 5 月 26 日，6 套冷箱静设备安装全部完成。

2017 年 3 月 15 日，第一套空分装置产出合格氧氮产品。

2017 年 8 月 25 日，10 万 m^3/h 空分装置通过由中国机械工业联合会与中国通用机械工业协会组织的工业运行评审会。

2017 年 8 月 25 日，杭氧 11# 最后一套空分装置产出合格氧氮产品。

三、项目关键技术

1.10 万 m^3/h 空分装置复杂系统的成套集成技术

空分装置的工艺系统成套集成工作需要综合考虑产品的产量、质量、能耗以及设备性能指标是否满足工艺需要，要兼顾现场设备布置、安装工作量以及维护方便、服务质量等多方面的因素。杭氧负责对三大机组、空冷器、透平膨胀机、液体膨胀机、高压液氧泵、高压液氮泵、低压氮压机以及各系统性参数的确定、总体集成，提出各部机和系统之间的工艺联系和控制要求，并对空分装置进行仪电系统集成控制。

杭氧从确定合理的工艺技术参数到优化设计，从设备参数和要求的编制、选型，到出厂检验以及安装和调试方面的技术要求，都反复论证研究，从而确保了 10 万 m^3/h 空分装置工艺系统成套集成设计的成功。

2. 开发基于污氮气中抽的免冷冻机高效内压缩空分流程

工艺流程的先进与否是影响一套空分装置能耗的关键因素。杭氧在进行产品开发前，根据产品的特性对流程进行筛选或开发，最终采用安全可靠、能耗较低、投资较少的空分流程。该项目建立了以加工空气量、空压机排压、膨胀压力、膨胀气中抽温度、膨胀气量、高压空气量、高压空气的排压、液体膨胀出口压力等关键工艺参数为约束条件，以能耗最低为目标的流程优化数学模型，开发了面向特定对象的流程计算和优化技术。

3. 研制基于大通量高效率规整填料塔技术的高长径比精馏塔

该项目上塔和下塔的运输极限是 4 900mm，是当前满足运输极限尺寸的国内直径最大的精馏塔。在直径受限的情况下，为尽可能降低塔的高度，控制塔的阻力，对塔的具体结构作了许多创新，如开发高效新型填料、开发新型的气体和液体分布装置以及新型的塔内件。

该项目采用杭氧自主开发的精馏塔的设计与计算软件包进行精馏塔开发设计。大型精馏塔的设计与计算软件包主要包括水力学计算软件包、钢制基础架上的塔稳定性校核计算软件包和低温设备用铝吊耳强度校核软件包等几个部分。同时，运用数值模拟流场分析与ANSYS应力分析软件对塔内件结构的合理性、各零部件设计的安全性、理论分析的可靠性进行验证。

4. 研制大截面高压高效板翅式换热器

该项目采用杭氧自主研制的大截面高压板翅式换热器的性能及结构设计软件包进行换热器开发设计。特大型空分装置对主换热器的单台尺寸和并联台数都有要求。为研制高效的高压板翅式换热器，对高压翅片的承压能力和传热性能进行了研究，开展了高压翅片研制、低压翅低阻片研制、冲制装备开发、高压板翅式换热器的钎接工艺开发、破坏性测试、小样测试等多项研究工作。

5. 研制基于恶劣环境的自适应及节能技术的分子筛纯化系统

该项目采用杭氧自主研制的大尺寸立式径向流分子筛吸附器和节能性分子筛纯化系统的性能及结构设计软件包，进行分子筛纯化系统开发设计。大尺寸立式径向流分子筛吸附器和节能性分子筛纯化系统的性能及结构设计软件包主要包括吸附及再生性能计算软件包、疲劳寿命分析计算校核软件包和强度计算校核软件包等几个部分。运用数值模拟流场分析与ANSYS应力分析软件对内件结构的合理性、各零部件设计的安全性、理论分析的可靠性进行验证，提高设计的安全性和可靠性。并对关键内件作材料实验分析，以验证设计和材料选择的合理性。

6. 液氧液氮双泵内压缩流程复杂系统控制技术和自动变负荷控制技术深化应用的研究

仪控系统作为空分成套设备的一个重要组成部分，根据工艺流程的要求，集成DCS集散控制系统、ITCC压缩机组控制系统、三重化安全仪表SIS系统、高可靠性的3 500机组监测保护系统MMS以及机组超速保护系统、AMS智能仪表管理系统来监控成套空分装置各部机的工艺参数，并实现各主要操作阀门、切换阀门的自动控制或遥控操作，以及必要的联锁保护措施。在液氧液氮双泵内压缩流程中，首次采用自动变负荷技术，提高变负荷的速度，改善变负荷过程中产品质量，平稳化变负荷过程的操作，消除人为误操作影响。

7. 深冷状态下冷箱内容器和管路的安全设计技术

采用三维工厂设计系统PDMS软件进行冷箱内管道设计，使管道的布置设计工作更直观、准确，材料统计更准确，单线图更规范。开发了PDMS到CAESARII接口软件，高效进行模型转换，使得CAESAR Ⅱ高效设计成为可能。软件对管道进行100%的柔性分析，对整个管系和管道的支架在计算机上模拟计算后，合理地确定承重支吊架、限位支吊架、防振支架的位置和使用，使管架能充分地消除管道的一次应力，同时把二次应力的产生控制在最小的限度。

该项目冷箱内上塔和下塔并列布置，立式多层主冷凝蒸发器位于下塔的顶部，分馏塔冷箱高度大幅下降，热胀冷缩对管道的变形量减小，大大增加安全可靠性。泵隔箱内管道采用新型式设计，以适应泵口许用载荷较低的要求。

主换热器采用两排换热器镜面对称布置的结构，从两侧汇入主管，可使各股流体均匀地分布到各个换热器，从而避免了气流不均而产生温差，同时减少气流阻力。合理控制冷箱内管道内工质流速，使整套空分装置工况稳定，同时减少了成套空分装置的阻力，降低了运行能耗。

8. 中型尺度局部环境污染物扩散定量分析技术

调研了CO_2严重影响煤化工空分装置开车的问题；提出了定量模拟的办法；创新采用工厂造型和气候分析相结合的方法；创新了有空气在局部消失时的环境模拟方法；重新布局项目的总体，避免CO_2的影响。该项目首次进行初步的污氮气扩散模拟分析，以确定周边项目和该项目污氮气强排放对空分装置的影响范围和程度。并根据研究结果，给出关于排放口朝向、排放高度、排放口径的建议布置图，为用户安全运行提供了强有力的保障。

9. 空分集群对下游工艺系统的“零缝隙”供气技术的研究

设计时充分利用高压气氧的管网条件，并配置高压气氮罐、真空液氮罐、大型液氧和液氮贮槽、空浴式气化器和水浴式气化器、各类流量和压力的后备泵，以满足产品气管网压力波动小和后备系统与空分装置无缝连接的要求。

四、空分装置运行情况

依据机械行业标准 JB/T 8693—2015《大中型空气分离设备》，具有资质的第三方检测机构对该装置的各项指标进行了测试。神华宁煤 10 万 m^3/h 空分装置 8# 空分设备测试数据结果如下：设计工况空压机流量为 499 000m^3/h，检测结果为 511 852m^3/h；设计工况产品氧气流量为 100 500m^3/h，检测结果为 101 123m^3/h；设计工况产品氧气纯度为 99.6%，检测结果为 99.74%；设计工况产品高压氮气流量为 6 850m^3/h，检测结果为 8 153m^3/h；设计工况产品低压氮气流量为 69 500m^3/h，检测结果为 69 953m^3/h；设计工况产品氮气纯度为 10×10^{-6}，检测结果为 0.59×10^{-6}。测试的产品规格达到或超过了设计指标。

五、重大创新点

杭氧在 10 万 m^3/h 空分装置的研制过程中，形成了包括工艺流程、关键部机、集成技术在内的多项创新点，特别是形成了以下 5 项重大创新点：

（1）首次开发了国内规模最大、能耗最优、国际领先的 10 万 m^3/h 空分装置。高压氧气流量达 100 500m^3/h，压力达 5.9MPa，综合氧单耗小于 0.595kW・h/m^3。

（2）首次开发了应用于 10 万 m^3/h 空分装置的大长径比高效低阻的精馏塔，空气处理量达 52.8 万 m^3/h。

（3）首次开发了应用于 10 万 m^3/h 空分装置的大截面高压铝制板翅式换热器，等效设计压力达 12.5MPa。

（4）首次开发了应用于 10 万 m^3/h 空分装置的超大型立式径向流分子筛和系统，直径达 5.7m，空气处理量达 52.8 万 m^3/h。

（5）首次集成了国产 10 万 m^3/h 空分装置的空气压缩三大机组。

六、项目成果

（1）关键技术实现突破。开发了适用于 10 万 m^3/h 空分装置的节能流程技术；开发了基于极限运输条件的高长径比、高通量、高效特大型规整填料塔；开发了大截面高压高效板翅式换热器；解决了基于恶劣环境的自适应节能性分子筛纯化系统；完成了液氧液氮双泵内压缩流程系统控制技术和自动变负荷控制技术深化应用；形成了深冷状态下冷箱内容器和管路的安全设计技术；完成了空分集群与外界系统的无缝互动集成技术的研发；实现了 10 万 m^3/h 空分装置的工艺系统成套集成。

（2）项目管理体系更加成熟。通过项目的实施，杭氧对特大型空分装置的开发的前期、中期和后期形成了一套完整的项目管理体系。项目前期的管理体系突出调研和科研的管理，中期管理体系强调质量安全控制和进度控制，后期管理体系注重服务、反馈和总结。通过项目的实施，形成了一支专业项目化管理的队伍，完善了特大型空分装置的项目管理制度和项目管理文件体系。

（3）企业的创新团队更加完善。通过项目的实施，培养了大批特大型空分装置的研发、设计、管理人才。通过大项目的实施，发现、锻炼、培养、吸引了人才，从而为更大项目的实施夯实基础。通过 10 万 m^3/h 空分装置的项目实施，形成一支技术全面、结构合理的人才队伍。其中，工程技术人员中有教授级高级工程师 11 人、高级工程师 116 人、工程师 200 人。技术人员中有博士研究生 6 人、硕士研究生 117 人。

（4）企业的生产制造能力得到飞跃发展。10 万 m^3/h 空分装置开发成功，进一步提升了杭氧的生产制造及组织能力。当前，单套空分装置的制氧容量达 12 万 m^3/h，空分装置氧总容量达 180

万 m^3/h。

七、知识产权及专利

通过 10 万 m^3/h 空分装置的研制，杭氧申请且已授权专利共计 17 项，其中发明专利 12 项、实用新型专利 5 项。制定国家及行业标准 6 项、公司内部标准 20 余项。

八、社会效益和经济效益

10 万 m^3/h 空分装置的国产化，填补了国内空分设备行业的一大空白，实现了我国空分装置水平的大飞跃，使我国空分装置水平达到国际领先水平。另外，推动了国产化关键部机的应用，并不断提高国产化程度，带动下游配套国内厂商的制造能力，为我国煤化工用户提供高质量、高水平的优质空分装置，为广大用户提供更优质的长期维保服务。

未来几年，我国空分设备市场中将有 30 多套 8 万～10 万 m^3/h 空分装置，超过 320 万 m^3/h 的制氧容量，具有近 140 亿元的市场，前景可观。

由杭氧研制的国产 10 万 m^3/h 空分装置，填补了国内空白，打破了国外对特大型空分装置的垄断，是我国重大装备国产化的又一突破，其主要技术性能达到国外同类装置的先进水平，部分指标达到国际领先水平，可以满足国内大型煤化工、石油化工及冶金等重大工程对 10 万 m^3/h 及以上等级空分装置的需要。这次空分装置的国产化是一次高定位、高水平的国产化，充分展示了我国空分装置的技术实力和水平，我国空分设备行业实现了一次质的飞跃。

〔撰稿人：杭州杭氧股份有限公司王瑜、项巍〕

北大先锋变压吸附技术在煤化工行业的创新应用

合成气制乙二醇工艺是以煤为原料，通过气化、变换、净化及分离提纯后分别得到高纯的 CO 和 H_2，其中 CO 经催化偶联合成及精制生产草酸酯，再经与 H_2 进行加氢反应并通过精制后获得聚酯级乙二醇的过程。北京北大先锋科技有限公司（简称北大先锋）掌握了世界领先的变压吸附分离 CO 技术和制 H_2 技术，产品气纯度高、收率高，可以充分满足煤制乙二醇工艺对原料气提纯净化的需求。

一、通辽金煤化工：驱动煤制乙二醇产业化的第一股力量

通辽金煤化工首期 20 万 t/a 煤制乙二醇装置是国内首套采用煤制乙二醇技术的生产线，该项目于 2007 年 8 月开工，2009 年底建成投产后打通流程，于 2010 年 5 月 3 日试产出合格的草酸产品，2011 年 11 月 18 日成功达产。

北大先锋为该项目设计建设一套规模为 22 000m^3/h（纯度＞98.5%）的变压吸附分离提纯 CO 装置、一套规模为 40 000m^3/h（纯度＞99.9%）的变压吸附分离提纯 H_2 装置、一套规模为 22 000m^3/h（纯度＞91%）的变压吸附制氧装置。以上 3 套装置为通辽金煤化工乙二醇生产提供稳定、高品质的原料气。这是我国首次将变压吸附气体分离技术成功应用到煤制乙二醇生产线，确立了北大先锋在合成气制乙二醇领域的专业、领先技术供应商地位。

该项目变压吸附分离 CO、H_2 设备至今已平稳运行多年，设备运行指标稳定在设计值以上。

二、电石尾气“完胜”煤造气，乙二醇成本创新低

2013 年年初，新疆天业集团电石炉尾气回收利用合成 5 万 t/a 乙二醇项目一次开车成功。北大先锋为该项目承建的电石炉尾气提纯 CO 装置和制 H2 装置，稳定生产出高纯度 CO、H_2 产品，这是新疆天业集团将工业废气变为优等品乙二醇的先决条件。

截至 2016 年 4 月底，新疆天业集团一期合成气制乙二醇装置已经安全、长周期、高负荷运行了 40 个月，共生产乙二醇 16.4 万 t。2015 年生产 5.2 万 t，优等品率达到 95%，全年负荷平均 104%，最高负荷超过 110%。

随着新疆天业集团一期 5 万 t/a 乙二醇项目的顺利运行，北大先锋于 2013 年 8 月再次与新疆天业达成深度合作，双方签署了新疆天业集团二期电石炉尾气综合利用制 20 万 t/a 乙二醇，17 万 t/a1，4 丁二醇项目配套的变压吸附提纯 CO、H_2 装置供应合同。北大先锋建设的 CO 产量为 24 000m^3/h（纯度＞99.5%）、H_2 产量为 86 000m^3/h（纯度＞99.9%）的变压吸附装置在 2015 年 3 月随着乙二醇生产线的全面启动顺利投产，至今满负荷运行。该项目已产出优等品乙二醇（聚酯级），是我国合成气制乙二醇产能中极具市场竞争力的一条生产线。

北大先锋独特的变压吸附分离 CO 技术及成套工艺设备，是世界上唯一能够将电石炉尾气所含的 CO 提纯至 99% 以上并实现大规模产业化的先进技术。项目的成功，促进我国工业排放气资源化利用达到全新的高度。

电石炉尾气组分复杂，要分离提纯出用于合成乙二醇的高纯 CO，除北大先锋外，当前全球尚无其他成功的工业化应用案例。北大先锋 CO 分离技术具有相当强的原料气适应性，在用气需求复杂多变的工况下，其吸附剂性能不受影响，吸附效率保持高效，得以保证设备稳定运转。

通过电石尾气合成乙二醇的工艺路线进一步扩大了成本优势，节省了煤造气环节耗费的投资，乙二醇的综合成本迎来了“史上最低”，更加有利于增强企业整体抗风险能力和市场竞争力。通过新疆天业集团一期、二期电石尾气利用制乙二醇项目积累了经验，新疆天业集团扩能增效的 10 万 t/a 煤制乙二醇项目于 2016 年年底正式启动，北大先锋继续为其提供装置和服务，装置预计于 2018 年投产。

三、样板项目“遍地开花”，煤制乙二醇发展前景喜人

随着合成及配套工艺技术日臻成熟，国内多个煤制乙二醇样板项目已能实现连续高负荷运作和产出聚酯级乙二醇。

安阳永金年产 20 万 t 乙二醇项目于 2012 年一次开车打通全流程，随即创造原始开车不停车连续生产 4 个月的记录。2015 年 8 月，装置负荷提升至 90% 以上，最高日产突破 578t。当前日均乙二醇产量超过 550t，产品优等品率达 98% 以上。北大先锋为该项目配套的 22 000m^3/h 变压吸附分离 CO 装置和 42 000m^3/h 变压吸附制氢装置自开车以来稳定运行，满足机组高负荷运行工况的多样化需求，气体产品源源不断地供给下游生产线，有效保证全线达标达产，屡破纪录。

2016 年，通辽金煤化工对造气炉及合成装置进行扩能改造，生产负荷有所调整，上半年生产乙二醇减至 6.21 万 t，产品销售情况良好。北大先锋积极配合通辽金煤化工的增产需求，新增一条变压吸附分离 CO、H_2 生产装置，预计在 2017 年可实现乙二醇 25 万 t、草酸 12 万 t 预定产能。

2016 年，中石化湖北化肥 20 万 t/a 合成气制乙二醇工业示范装置先后完成二轮满负荷 72h 技术标定及 110% 高负荷试验。2017 年 3 月 9 日，该项目接受国家石化有机原料合成树脂质量监督检验中心抽样检验，各项指标达到工业用乙二醇国家优等品要求。当前，该项目正向达产达效目标迈进。北大先锋为该项目配套的 21 500m^3/h（纯度＞99.5%）变压吸附分离 CO 装置和 75 000m^3/h（纯度＞99.9%）变压吸附制氢装置均一次开车成功，北大先锋品牌在乙二醇行业的技术优势进一步稳固。

此外，北大先锋为河北辛集化工年产 6 万 t 乙二醇项目配套的 6 300m^3/h（纯度＞98.5%）变压吸附分离 CO 装置和 12 000m^3/h（纯度＞99.9%）

变压吸附制氢装置施工接近尾声，该项目有望在2017年下半年投料试产，与现已开车运行的数个项目共同壮大合成气制乙二醇的产能队伍。

国内乙二醇行业专业咨询机构亚化咨询表示，2017年将是我国合成气制乙二醇产能爆发的开端，将有多个煤制乙二醇项目加速启动，新增8个项目，总计134万t/a乙二醇产能。借此契机，北大先锋在乙二醇行业的业绩显现出稳步增长态势，自2016年下半年至2017年年初，北大先锋已签订了多个乙二醇项目气体分离装置合同，包括利华益利津炼化有限公司乙二醇项目配套提纯CO设备、天盈石油化工股份有限公司乙二醇项目配套CO和制H_2设备。

北大先锋凭借多年来服务乙二醇行业的工程实施经验，将持续完善和优化变压吸附气体分离工艺，进一步为煤化工企业提供优质的产品和服务，助力企业增产达效。

上海启元空分稀有气体提取装置研发概述

在我国空分设备行业，稀有气体（氪、氙、氖、氦）的提取是一大难点，尤其是氪氙提取的技术及装置在行业内几乎是空白。为了攻克这个难关，上海启元空分技术发展股份有限公司（简称上海启元空分）总经理俞建亲自带领创新团队，以德国林德集团生产的同类设备为目标，历时两年多的时间，自主创新相关专利技术18项，其中，12项发明专利已有9项获授权，6项实用新型专利全部获得证书。该项目采用一系列创新技术：从液氧中清除氧化亚氮、二氧化碳技术，高温氧化反应清除碳氢化合物技术，低温精馏法清除液氧中氟化物技术，清除氪氙浓缩物中放射性元素氡的技术，根据温度微调精馏工况的自控技术，开、停车置换分馏塔的氪氙回收技术等。该项目装置于2011年11月完成调试工作，经上海市计量测试技术研究院赴日照钢铁现场采样检测，所提取的高纯氪、高纯氙纯度均大于99.999 5%，超过国标和国外同类产品。

该氪氙提取项目技术成果主要体现在以下方面：

（1）该项目提取的高纯氪、高纯氙的纯度高，经上海市计量测试技术研究院现场检测报告结论为：Kr ＞ 99.999 5%，Xe ＞ 99.999 5%。实际值：Kr ＞ 99.999 6%，Xe ＞ 99.999 8%。

（2）采用多次精馏和一次纯化的技术精馏生产氪、氙，并由间断生产工艺改变为连续生产，制取的高纯氪和高纯氙工艺的回收率高，可分别达到90%以上，超过国外同类设备的提取率，设备运行能耗降低10%以上。

（3）扩大了应用范围，可脱离空分设备独立运行，改变了国内现有国外的氪、氙提取装置必需依附于空分设备上进口局限。

该项目经中国科学院上海科技查新咨询中心检索、分析、评价，结论为：该设备为国内首套，属国内领先、国际先进水平。2013年12月5日至12月6日由中国机械工业联合会主持召开液氧中提取氪氙设备技术鉴定会。该鉴定会的专家小组成员听取了上海启元空分“液氧中提取氪氙设备”的研制总结，审查了设计任务书、设备设计图样和技术文件，考察了现场运行情况，与设计、调试人员进行了交流，研究了高纯氪检测报告和高纯氙检测报告，查阅了“查新咨询报告”。专家们一致认为：国内尚未有从液氧中通过低温精馏提取高纯氪、高纯氙的分离设备，该设备是国内开拓的首套，其技术国内领先，达到国际先进水平。该设备图样技术资料齐全完整，可以定型投入生产。当前，该项目产品被多家知名企业和跨国公司合资企业订购，获得较好的社会效益和经济效益。

针对由于氖氦气体大都依赖进口，市场供应不足，造成氖氦气体市场价格起伏波动激烈（年内价格差 5 倍多），给用户带来高成本、高风险问题，上海启元空分设立了氖、氦分离提纯装置的研发课题。

当前，该项目已申请发明专利 4 项，均获授权，申请实用新型专利 5 项，全部获取证书。经中国科学院上海科技查新咨询中心检索结论为：处于国内领先、国际先进水平。项目样机经上海市计量测试技术研究院取样检测：He 纯度 > 99.999%，Ne 纯度 > 99.999%。该装置具有操作简便、安全性稳定性好、回收率高、能耗低等优点。该装置处理粗氖氦气量 $20m^3/h$，Ne 提取率 ≥ 90%，Ne 纯度 ≥ 99.999%，符合 GB/T 17873—2014《纯氖和高纯氖》的高纯氖标准；He 提取率 ≥ 90%，He 纯度 ≥ 99.999%，符合 GB/T 4844—2011《纯氦、高纯氦和超纯氦》的高纯氦标准。同时，保证整套设备的低能耗和高提取率，适用于工业大规模化生产需要。该装置实现资源综合利用，从而满足市场需求，打破跨国公司垄断市场，提高该项目产品在市场上的竞争优势。

上海启元空分自主研发的空分设备行业稀有气体（氪、氙、氖、氦）提取装置，获得了多项创新成果，实现了公司对稀有气体全提取的夙愿。公司产品 KDN 高纯氮设备荣获科技部国家火炬计划立项证书和国家重点新产品证书，其关键技术已荣获上海市科技进步奖三等奖。高纯氪和高纯氙提取装置被科技部立项为国家火炬计划产业化示范项目，其关键技术荣获上海市科技进步奖三等奖和中国机械工业科学技术奖二等奖。氖氦分离提纯装置被上海市科委成果转化中心认定为上海市高新技术成果转化项目。

中国通用机械工业年鉴 2017

大事记

记载2016年通用机械行业重大事件

中国通用机械工业年鉴 2017

大事记

2016年中国通用机械工业大事记

1月

13日 沈阳鼓风机集团股份有限公司与中国石化续签战略合作框架协议，并与中国石油在运输领域签署战略合作框架协议，标志着沈鼓集团与三大油之间联系更紧密、合作更深入、共赢区间更广阔。

★ 由沈阳鼓风机集团股份有限公司联合沈阳远大集团、沈阳东管电力公司、中国科学院金属研究所、沈阳铸造研究所、大连理工大学等20余家核电装备优势企业、高校、科研院所协力组建的“辽宁省核电装备产业联盟”正式成立。

18日 西安陕鼓动力股份有限公司首创的“冶金余热余压能量回收同轴机组应用技术”入选《国际“双十佳”最佳节能技术和实践清单（节能技术）》第八项工业余热回收再利用技术。

19日 沈阳鼓风机集团股份有限公司设计院姜妍作为全国“蓝领技术工”代表，获网易2015“年度女性榜样”大奖。

20日 西安陕鼓动力股份有限公司与河北太行钢铁集团有限公司签署了战略合作伙伴协议，并就太行钢铁集团公司600万t钢铁重组搬迁改造项目等事宜进行了沟通。

★ 江苏金通灵流体机械科技股份有限公司为年产5亿m^3空气压缩集中供气工程供应的620m^3/min汽轮机拖动空气压缩机设备已顺利通过72h试运行，并正式投入商业运行。

2月

1日 陕西鼓风机（集团）有限公司与青海恒信融锂业科技有限公司正式签署了蒸汽和电力供应合同。将为该公司的年产2万t碳酸锂项目提供蒸汽和电力，并负责该项目的投资、建设及运营，该项目也是陕鼓签订的首个分布式能源运营项目。

19日 无锡市厚德自动化仪表有限公司配套出口的产品经美国第三方机构Keller Electrical进行了专业的振动检测，并出具振动检测报告，这标志着厚德仪表的研发与生产又向前迈进了一步。

25日 山东省章丘鼓风机股份有限公司参加“全市工业经济工作会议”。会上公司被章丘市委、市政府授予2015年度“工业经济十大龙头”企业，公司董事长方润刚被授予“2015年度优秀企业家”荣誉称号。

月内 天津市天鼓机械制造有限公司研发新产品“输送水蒸气罗茨鼓风机”被天津市认为重点新产品。

3月

3日 陕西省政府公布了2015年陕西省名牌产品榜单，西安陕鼓动力股份有限公司生产的“陕鼓”牌A系列离心鼓风机、B系列离心压缩机榜上有名。

7日 西安陕鼓动力股份有限公司与山东钢铁集团日照有限公司正式签订了日照精品基地5 100m^3高炉鼓风机合同，将为该项目提供高炉重点设备解决方案。

15日 威海克莱特菲尔风机股份有限公司轨道交通风机配套的全球功率最大窄轨内燃机车在旅顺新厂区隆重举行“出口南非内燃机车下线暨环行试验线开通仪式”。

21日 江苏锡安达防爆股

份有限公司1级能效高压、低压电机YBX4试制成功，电机的能效等级均符合国家标准，并均已取得防爆合格证。

25日 中央书记处书记、全国政协副主席杜青林率调研组到沈阳鼓风机集团股份有限公司，围绕推动《关于全面振兴东北等老工业基地的若干意见》的贯彻落实和工业转型升级问题开展专题调研。

30日 由陕西鼓风机（集团）有限公司与能量协会携手共同组建的分布式能源资源协作网在西安挂牌成立，来自浙江等地的国内近80家成员企业负责人到场。

4月

1日 开封空分集团有限公司承担的河南省重大科技专项“8万m^3/h等级特大型空分设备研发及产业化项目”获得验收成功。

6日 西安陕鼓动力股份有限公司自主研发的天然气输送用燃驱管线压缩机组研发项目，在西安通过了由中国机械工业联合会组织的科学技术成果鉴定。专家认为，该机组整体水平达到国内先进，其中压缩机效率、调节范围、防喘裕度等主要技术指标为国际先进水平，标志着天然气输送用燃驱管线压缩机成套技术填补了国内空白，打破了长期依靠进口的局面。

★ 威海克莱特菲尔风机股份有限公司的TM2500+移动式航改燃气轮机发电机用通风机项目通过GE能源首件认证，并开始批量生产，标志着在高端制造的平台上，克莱特与GE公司将进一步深化合作，在新型清洁能源领域纵深发展。

8日 南京磁谷科技有限公司磁悬浮离心式鼓风机入选工信部《节能机电设备（产品）推荐目录（第六批）》及《“能效之星”产品目录（2015）》。

9日 陕西鼓风机（集团）有限公司与西安交通大学在西安签订了深化战略合作协议。双方将围绕《中国制造2025》，共同申报创建陕西省分布式（可再生）能源技术装备创新中心，并合作建设交大西部创新港的园区一体化项目及智能制造示范基地项目，从而实现产学研相结合，创新校企深度合作模式。

19—22日 中国通用机械工业协会风机分会第二届技术发展工作委员会第二次会议在无锡召开，37个委员单位的50名代表到会。

会议由副主任委员、上海鼓风机厂有限公司副总经理顾恒庆主持；主任委员、沈阳鼓风机集团股份有限公司总工程师张勇作了题为“坚持技术创新，引领风机行业稳步发展”的工作报告。

会议中邀请了7个单位进行了技术交流和经验交流。沈阳鼓风机集团股份有限公司介绍了“大型离心压缩机组转子稳定性分析设计技术研究”，陕西鼓风机（集团）有限公司介绍了“对制造业转型的探索与实践”，上海鼓风机厂有限公司介绍了“分流叶片位置对离心叶轮内部流动和性能影响的数值研究”，重庆通用工业（集团）有限责任公司介绍了“基于数据挖掘方法的压缩机二元叶轮优化研究”，江苏金通灵流体机械科技股份有限公司介绍了“MVR蒸汽压缩机设计及应用”。特别邀请了西安热工研究院电站风机研究所教授级高工刘家钰、大连理工大学冀春俊教授分别介绍了“电站锅炉风机节能诊断方法与技术”和“双吸硫酸风机系列化叶轮通用蜗壳的设计及性能分析”。

24日 中国机械工业联合会在四川省内江市主持召开了南通大通宝富风机有限公司研制的“600MW超临界循环流化床锅炉一、二次风机”和“单级高速离心鼓风机”产品鉴定会。

25日 江苏金通灵流体机械科技股份有限公司与美国凯普斯通燃气轮机公司签署了产品战略合作协议，公司将作为凯普斯通中国区域首席代理，引进凯普斯通公司的全系列微型燃气轮机产品。

★ 国家电力投资集团公司总经理、党组副书记孟振平率队到沈阳鼓风机集团股份有限公司核电分公司，对其承担的AP/CAP系列屏蔽电机主泵国产化项目进展情况进行调研，并召开专题会议。

28日 国家统计局吉林省企业调查队梅处长、王处长在四平市企业调查队有关领导的陪同下，到四平鼓风机股份有限公司进行调研。公司总经理焦书平向省市领导汇报了企业生产经营情况。

月内 四川空分设备（集团）有限责任公司的黄震宇、易希朗的发明专利“一种高效利用液化天然气冷能的空分系统”被四川省政府授予四川省专利三等奖。

5月

4日 西安陕鼓动力股份有限公司为新疆伊犁川宁科技有限公司提供的水蒸气压缩机组成功试车。这是陕鼓动力研发制造的国产最大规格的水蒸气压缩机组。

10日 西安陕鼓动力股份有限公司为徐州东兴能源有限公司40 000m^3/h焦炉煤气制液化天然气（LNG）装置提供的核心设备混合冷剂离心压缩机一次性氮气负荷试车成功。

12日 西安陕鼓动力股份有限公司与大连派思燃气系统股份有限公司签订了战略合作伙伴协议。双方将在能源领域的技术研发和市场开拓等方面进行合作，实现资源共享，合作共赢。

17日 全国政协委员、全国工商联原副主席、中国民营经济研究会会长庄聪生一行10人到山东格瑞德集团有限公司调研视察。

19—21日 由中国通用机械工业协会和中国机电产品进出口商会联合举办的“2016中国机械电子品牌展览会（印尼）”暨“2016中国国际流体机械展览会（印尼）”于2016年在印度尼西亚雅加达国际展览会议中心成功举办。杭州制氧机集团有限公司、四川空分设备（集团）有限责任公司、开封空分集团有限公司、开封黄河空分集团有限公司、开封东京空分集团有限公司、杭州福斯达深冷装备股份有限公司、世亚德机械工程（杭州）有限公司共7家会员单位的20余位代表参加了该展览会，为开拓东盟市场、提升“中国空分”影响力迈出了重要一步。

20日 科技部原副部长、国家强国制造领导小组副组长曹健林到亿昇（天津）科技有限公司考察调研。

24日 国务院发展研究中心副主任、研究员张军扩一行8人，到沈阳鼓风机集团股份有限公司进行实地调研，听取企业改革相关情况的汇报。

25日 山东省章丘鼓风机股份有限公司一次性通过“山东安全生产管理局”的考核，成功取得“安全生产标准化二级企业”证书。

★ 中共中央政治局委员、国务院副总理马凯到亿昇（天津）科技有限公司调研。科技部副部长阴和俊，工信部副部长许达哲，天津市委副书记王东峰，市委常委、滨海新区区委书记宗国英，副市长何树山，开发区相关负责同志等陪同。

月内 山东省章丘鼓风机股份有限公司董事长方润刚被评为章丘市关爱员工企业家，授予“章丘市五一劳动奖章”；710车间柏金才班组被评为“章丘市创新班组”，授予“章丘市工人先锋号”。

6月

1—8日 沈阳鼓风机集团股份有限公司科技成果亮相国家“十二五”科技创新成就展，展品“CPA1400屏蔽电机主泵研制”项目的样机叶轮和缩比的主泵三维模型，作为压水堆专项重要成果放置在展区显著位置。

7 日 湖北省副省长许克振在随州市市委书记刘晓鸥、随州市市长郄英才、广水市市长黄继军等领导陪同下莅临湖北省风机厂有限公司考察指导工作，对公司产品转型升级和新产品新市场的前景表示赞同，对公司取得的成绩表示肯定，鼓励再接再厉将公司产品的转型升级进一步做强做实。湖北省风机厂有限公司董事长熊俊杰、总经理刘书鹏参加接待并详细汇报。

8 日 威海克莱特菲尔风机股份有限公司自主研发的“TJL380-1牵引电机冷却风机”产品被列入“2016 年度山东省首台（套）技术装备及关键核心零部件”目录。

15 日 中国机械工业联合会在天津发布了 2016 年度中国机械工业百强企业名单，沈阳鼓风机集团股份有限公司、杭州制氧机集团有限公司、陕西鼓风机（集团）有限公司、四川空分设备（集团）有限责任公司分别位居百强榜第 47 位、第 52 位、第 63 位、第 80 位。

17 日 沈阳鼓风机集团股份有限公司“沈鼓云服务平台”入选国家智能制造试点示范项目，标志沈鼓智能制造在向“互联网＋现代服务”转型方面获得国家认可。

★ 沈阳鼓风机集团股份有限公司神华宁煤 400 万 t/a 煤制油项目临时党支部成立大会在用户现场隆重举行。神华宁煤集团党委书记张作理，沈鼓集团党委书记董峰、副总经理戴继双应邀出席。张作理书记对董峰书记一行千里迢迢来到神华宁煤现场组建临时党支部表示感谢。他表示，临时党支部的成立，充分体现了沈鼓集团党委在加强党的建设、创新新时期党建工作方面的新思路、新举措。神华宁煤未来新型产业的发展，离不开沈鼓的支持，离不开沈鼓的智慧。通过共同努力，双方将为中国煤化工事业走向世界做出突出贡献。

23—24 日 由中国通用机械工业协会气体分离设备分会、中国工业气体工业协会、亚洲工业气体协会中国代表处联合主办的“2016 年中国空分装置安全运营大会”在北京河南大厦成功举办。

28 日 市发改委副主任王志平、杜少辉、卫宣在铁东区发改局有关同志的陪同下，到四平鼓风机股份有限公司就企业发展和项目开发情况进行调研，公司董事长迟骋、总经理焦书平和党委书记迟军接待了发改委领导一行，总经理焦书平汇报了企业生产经营情况和下一步打算。

30 日 中达电机股份有限公司制造部身股签约仪式在公司报告厅举行，董事长范乐平、总经理林斌出席签约仪式并作重要讲话，这既是公司的战略发展需要，也是对所有员工的激励，将增强员工爱厂如家的凝聚力。

月内 重庆通用工业（集团）有限责任公司建立重庆市博士后科研工作站。

月内 威海克莱特菲尔风机股份有限公司研发的变流器风机成功在中国标准化动车上运行。

月内 威海克莱特菲尔风机股份有限公司牵引电机通机 TJL425-3H 和 TJL380-7 分别在中车青岛四方机车车辆股份有限公司和中车长春轨道客车股份有限公司标准化动车组上实现装车。

月内 广东肇庆德通风机有限公司厨房抽油烟风机 13-48 系列、除尘净化与工业配套风机的德通 DF55 系列通风机和德通 KTF 系列通风机通过了严格的资料及工厂审查，获中国质量认证中心颁发的“中国节能产品认证证书”。

7 月

2 日 中国海洋石油总公司及中海油惠州炼化公司、壳牌公司、中国石化工程建设公司、省经信委、省科技厅、市人民政府、市经信委、市科技局的各级领导莅临沈阳鼓风机集团股份有限公司“120万t/a乙烯装置裂解气压缩机组机械运转试验见证会”，见证了沈鼓集团和中海油共同开启超百万吨/年“乙烯三机”成套国产化新征程这一引为民族工业骄傲的荣耀时刻。120万t/a乙烯压缩机组是沈鼓集团于2014年9月同中海油签订的惠州炼化公司二期项目，是在一期1 200万t/a炼油基础上新建的1 000万t/a炼油和100万t/a乙烯工程，项目总投资504亿元，是当前国内最大、国际最先进的乙烯装置设备。该机组技术含量高、工艺制造复杂。世界上能够制造年产120万t以上“乙烯三机”的，仅有美国GE、德国西门子、日本三菱等极少数著名公司。

7—8日 中国石化联合会会长李寿生一行与来自惠生工程、万华化学、巴斯夫、戴尔、厦门大学等知名企业和大学的8位供应链管理专家组成的中国供应商委员会“双十佳”专家组成员，到沈阳鼓风机集团股份有限公司参观调研并指导工作。

20日 陕西鼓风机（集团）有限公司与西安投资控股有限公司结为战略合作伙伴，双方将结合新型城镇化建设和智慧城市建设，共同挖掘分布式能源产业的市场机会，聚合产业和资本优势，实现双方共赢发展。

29日 中国通用机械工业协会第六届五次常务理事会会议在北京召开，中国通用机械工业协会主席团主席，第六届理事会会长、副会长、常务理事，秘书处秘书长、副秘书长、部门负责人、分会秘书长等参加会议。

会议主要事项：中国通用机械工业协会主席团隋永滨主席讲话；中国通用机械工业协会副会长兼秘书长张雨豹报告第七届会员代表大会及第七届理事会换届工作事项；中国通用机械工业协会副秘书长宋银立报告“2016第八届中国（上海）国际流体机械展览会”筹备情况；审议、表决通过第七届会员代表大会及第七届理事会换届工作10项草案；审议第八届中国（上海）国际流体机械展览会工作；会长候选人讲话；宣读并审议表决通过《会议纪要》。最后会议确定了“第七届会员代表大会第一次会议”筹备方案。

8月

10日 西安陕鼓动力股份有限公司中标首钢京唐钢铁联合有限责任公司二期5 500m^{3}高炉项目，将为该项目提供AV100高炉鼓风机和高炉煤气透平发电TRT设备。这是陕鼓签订的5 000m^{3}级高炉最大炉容高炉鼓风机和TRT设备订单。

16日 沈阳鼓风机集团股份有限公司召开干部大会，宣布中共沈阳市委对沈鼓集团领导班子调整的决定：苏永强同志因年龄原因不再担任沈鼓集团董事长职务。戴继双同志任沈鼓集团董事长，孔跃龙同志任沈鼓集团党委书记，马诚同志任沈鼓集团总经理。

22日 西安陕鼓动力股份有限公司印度子公司正式成立，西安市市长上官吉庆出席成立仪式并为陕鼓动力印度子公司揭牌。

27—28日 2016中国企业文化建设峰会在太原举行。沈阳鼓风机集团股份有限公司荣获“2016年度中国企业文化建设典范企业”荣誉称号，往复机事业部设计二室获“2016年度中国企业文化建设优秀班组”称号。

月内 根据国家工业和信息化部2016年第33号公告，河北同心风机配件有限公司荣获中国铸造协会颁发的《铸造行业准入条件》资格证书，成为风机行业唯一一家获此资格的企业。在日益严峻的环保形势下使轴承箱类铸造配件得到了有效的保障。

9月

1日 中国通用机械工业协会第七届会员代表大会在大连召开，来自全国通用机械领域210余家会员单位的400余人参加了此次会议。会议由中国通用机械工业协会第六届理事会执行副会长张雨豹主持。

中国通用机械工业协会会长苏永强作第六届理事会工作报告。他在工作报告中阐述了行业发展取得的重大成就，同时回顾了中国通用机械工业协会工作，包括编制“十三五”行业发展规划，召开会员代表大会、理事会、会长及秘书长办公会，参与制定国家有关产业政策，举办流体机械展，开展专题研讨技术交流活动等十余项工作。结合当前通用机械行业的形势与任务，苏永强会长还围绕行业转型升级、协会自身建设、打造品牌、加强合作与交流、提高国际化水平等工作向第七届理事会提出建议。

中国通用机械工业协会副秘书长乔利作了“第六届理事会财务收支报告”，对理事会的财务收支情况进行了详细汇报。

在大会上，通过民主选举程序产生了第七届理事会理事、常务理事、会长、副会长，以及秘书处新一任秘书长、副秘书长。

原国家能源局副司长黄鹂当选中国通用机械工业协会第七届理事会会长，张雨豹当选为执行副会长，蔡精毅、陈维茂等26人当选为副会长。理事会聘任隋永滨、苏永强任名誉会长。张雨豹当选为秘书长，孙放、宋银立、乔利、李多英、徐建平当选为副秘书长。

此次大会通过了设立专家委员会的议案，由隋永滨担任专家委员会主任，黄鹂、陈学冬、苏永强、蒋明及张宗列担任副主任，张雨豹担任秘书长。

会上，国家能源局总经济师李冶作题为“我国新能源形势下装备制造业面临任务”的报告，中国核工业总公司叶奇蓁院士作题为“我国核电发展与装备国产化”的报告，中石化天然气与管道分公司副总经理陈建峰作题为“我国石油天然气管线建设与装备国产化”的报告。

中国机械工业联合会执行副会长兼秘书长赵驰在讲话中对中国通用机械工业协会第六届理事会的工作给予高度评价，同时勉励第七届理事会准确把握协会职能定位，加强协会内部建设，为促进我国通用机械行业发展作出新的贡献。

中国通用机械工业协会第七届理事会名誉会长隋永滨作总结发言。他在发言中简要回顾了中国通用机械工业协会工作，并对通用机械行业当前形势进行了分析，对中国通用机械工业协会工作提出了更高的要求。他期望新一届理事会能够凝心聚力，不断进取，为行业发展尽自己最大的努力。

7日 吉林省统计局领导李闯、徐楠楠在市统计局副局长张文化、科长张春达和李菊以及铁东区统计局局长杜世杰、科长赵春蓉等的陪同下，到四平鼓风机股份有限公司就企业创新情况进行了调研。焦书平总经理向客人介绍了企业基本情况和科技创新情况参观了生产车间。

★ 德州市委副书记、市长陈飞在德州经济技术开发区党工委书记鄂宏达的陪同下来到亚太集团视察调研。

14日 俞志宏市长一行莅临浙江金盾风机股份有限公司指导工作，并与公司领导进行了深入的交谈。公司领导陪同俞市长一行参观了重轴车间、金工车间及下料车间，着重参观了公司高新设备。

19日 四平铁东区区长于荔欣在铁东区发改局王局长、李立恒科长等人的陪同下到四平鼓风机股份有限公司进行项目合作调研，公司董事长迟骋、总经理焦书平、党委书记迟军、副总经理娄长海、金丰机械制造有限公司总经理杨伟忠和综合管理办公室主任李振勇、副主任卢洪忱接待了区领导一行，并陪同考察了公司所属子公司——金丰机械制造有限公司车间和厂区。

★ 国家创新方法研究会秘书长周元、中国科协企业创新服务中心咨询论证处处长徐华等一行5人，在辽宁省院士工作站服务中心主任赵明波的陪同下到沈阳鼓风机集团股份有限公司调研。集团领导陪同调研组参观了定子车间、转子车间生产现场。

22日 江苏金通灵流体机械科技股份有限公司研制成功国内首台（套）低温升离心蒸汽压缩机并完成交付。

23日 为全面了解三代核电自主化十年工作历程，深入三代核电一线的装备制造企业，总结优秀实践及成果，中央党校国际战略研究院副院长周天勇、国家核电党组书记郭宏波等率调研组到沈阳鼓风机集团股份有限公司考察指导核电工作。沈鼓集团董事长戴继双、党委书记孔跃龙等陪同考察。调研组参观了核电车间，实地调研了屏蔽电机主泵在制件的加工和CAP1400主泵试验台的建设进度。随后，听取了核电公司副总工程师雍兴平关于三代核电技术引进、消化、吸收及再创新的情况汇报。调研组对沈鼓集团在三代核电技术方面取得的成绩给予了高度肯定，认为沈鼓集团的自主技术可以实现我国核电“走出去”的目标，能够通过技术外溢推动行业的技术进步。

26日 西安陕鼓动力股份有限公司成功与大连派思新能源发展有限公司签订了山西嘉生医药化工有限公司分布式能源工程总承包项目，这是陕鼓动力在天然气分布式能源领域的首次突破。

28日 山东格瑞德集团有限公司水冷柜机和直流变速中央空调两项产品被列入国家工信部发布的《节能机电设备（产品）推荐目录（第七批）》。

29日 安徽安风风机有限公司DTF（R）可逆转地铁、隧道轴流风机和VH高压地铁、隧道射流风机入选合肥市第二批轨道交通产品目录。

月内 威海克莱特菲尔风机股份有限公司TJL380-1牵引电机冷却风机入选《山东省高端技术装备新产品推广目录》（第五批）。

月内 山东省章丘鼓风机股份有限公司自主研发的大型焊接离心鼓风机荣获山东省机械工业科技进步奖二等奖、济南市科技进步奖三等奖。该产品通过了济南市科技局组织的技术鉴定，主要技术性能指标达到同类产品国际先进水平。

10月

3日 陕西鼓风机（集团）有限公司参加捷克布尔诺国际工业博览会，BPRT产品获得博览会“金牌产品”奖。

18日 亿昇（天津）科技有限公司入选《节能机电设备（产品）推荐目录（第七批）》和《“能效之星”产品目录（2016）》。

★ 由共青团中央举办的2016年中国青年职业技能大赛（天津）决赛落幕。沈阳鼓风机集团股份有限公司容器分公司孙文浩获得焊工项目全国第七名的好成绩。本次大赛以“工匠精神 精益求精”为主题，旨在进一步增强企业青年职工职业能力，激励广大青年技术工人立足岗位、学练技能、成长成才，提升职工专业工作技能，为企业输送更多专业技术人才。同时代表辽宁省参赛的还有容器公司马小光，沈鼓集团结构车间李喜涛受聘为省队指导老师。

26日 西安陕鼓动力股份有限公司与冀南钢铁结为战略合作伙伴，为推动冀南钢铁集团有限公司“退城进园”搬迁改造项目的实施，深化双方在节能降耗、循环经济、园区一体化等领域的合作。

28日 开封空分集团有限

公司的两项LNG绕管式换热器研究项目通过专家组验收。其中，用于日处理天然气30万m^3的LNG绕管换热器，为我国大型LNG绕管换热器国产化以及大规模工业化应用奠定了坚实的基础。

月内 湖北省风机厂有限公司地铁轴流风机被列入《节能机电设备（产品）推荐目录（第七批）》和《“能效之星”产品目录（2010）》。

月内 南京磁谷科技有限公司“磁悬浮离心式风机”被评定为2016年度环保实用新技术。

月内 由南通大通宝富风机有限公司申报的600MW超临界循环流化床电站开发配套的高压高速大型离心风机，荣获中国机械工业科学技术奖二等奖。

11月

3日 四平市铁东区区委书记吴波在铁东经济局局长郭殿海等五人的陪同下到四平鼓风机股份有限公司进行调研。总经理焦书平向区领导介绍了企业基本情况和当前的生产经营情况。

7日 沈阳鼓风机集团股份有限公司与北京市煤气热力工程设计院有限公司、松下制冷（大连）有限公司签订协议，正式结为战略合作伙伴关系。沈鼓集团副总经理马志宏参加签字仪式。协议约定，未来三方将围绕沈鼓集团新能源市场发展战略，按照“平等互利、优势互补、互惠共赢、共同发展”的宗旨，通过广泛、深入的项目合作，加快推进和不断扩大三方在分布式能源市场中，包括项目咨询、技术服务、技术研发、工程设计、工程总承包、投资建设和运营服务等领域的合作，在相互协作、持续创新中实现共同发展，共同打造针对分布式能源市场投资运营、系统方案设计、核心设备供货、系统配置优化的全方位服务体系。

8—10日 由中国通用机械工业协会气体分离设备分会主办的2016国际大型空分装备技术发展论坛在上海举办。论坛分别围绕大型空分技术发展现状、新型节能型空分设备、空分设备节能改造、配套机组节能技术、空分设备安全运营等议题做了多个专题报告，并就这些议题进行了深入研讨。

9—11日 由中国通用机械工业协会减变速机分会主办，减变速机技术委员会承办的2016中国减变速机行业技术发展论坛在上海成功举办。来自行业内外的108位代表参加了此次论坛。

此次论坛由中国通用机械工业协会副秘书长兼减变速机分会秘书长李多英、重庆大学机械传动国家重点实验室兼减变速机技术委员会主任委员魏静主持，中国通用机械工业协会执行副会长兼秘书长张雨豹到会并致开幕辞。

论坛上发表了8个主题报告，分别为：“新型变速齿轮箱技术在锅炉给水泵机组的节能应用”“定日镜用高精密跟踪传动减速机简介”“大型螺旋锥齿轮变形机理与控制”“行星轮系设计制造中的几个常见问题及解决方案”“减速机的多发病、疑难杂症及其防治”“四卷筒机构行星差动传动装置的设计”“包络环面蜗杆传动最新研究进展”和“减速器性能实验台与性能测试”。

10—12日 由中国通用机械工业协会及各分会共同主办的“2016第八届中国（上海）国际流体机械展览会（IFME）”在上海世博展览馆举办。本届展会共吸引了400余家国内流体机械重点骨干企业和国际知名企业参展，展区总面积30 000m^2，分为阀门、泵、风机、压缩机、空分设备五大专业板块和高等院校/科研院所高科技成果展区，集中展示了重大技术装备、专精特产品、制造+服务、制造+互联网等科技创新和转型升级发展成果。杭州杭氧股份有限公司、四川空分设备（集团）有限责任公司、开封空分集团有限公司、开封黄河空分集团有限公司、洛阳建龙微纳新材料股份有限公司等公司参加了本次展会，着重展示了我国气体分离设备行业在近两年内最新发展成果。

12—14日 由中国企业文化研究会主办、广西投资集团协办的中外企业文化2016峰会在南宁召开，沈阳鼓风机集团股份有限公司荣获“‘互联网+时代’企业文化创新十大典范组织”奖；集团党委书记助理王铁夫获“‘互联网+时代’企业文化创新先进工作者”称号。峰会围绕贯彻中央关于企业改革转型、“中国制造2025”等精神，分析新一轮工业革命中我国企业发展带来的挑战与机遇，研讨创新企业文化的思路、方法、模式，总结推广新时期企业转型发展的典型经验。来自全国各地的660名中外企业代表参加了会议。

18日 山东格瑞德集团有限公司的“高效节能离心式冷水机组”荣获“中国技术市场金桥奖”优秀项目奖。该奖项属于全国技术市场领域最高奖项。

★ 浙江上风高科专风实业有限公司在深圳市轨道交通7号线、9号线开通试运营参建单位表彰大会上，荣获7号线工程突出贡献奖。

22日 沈阳鼓风机集团股份有限公司西三线永昌站沈鼓1号机组投产调试成功，顺利完成72h负荷测试。标志由西部管道公司负责的西三线首台国产电驱压缩机组即将投入生产运行。西三线永昌站1号机组测试历经9天8夜，共完成了24h力学性能测试、105%超转速测试、防喘振测试、72h负荷运行测试4项测试。测试结果显示，机组各项参数均优于相关标准，完全满足西部管道公司工艺生产的要求。西三线永昌站1号机组投产测试的成功，为后续两台机组的投产运行积累了经验，同时也为天然气冬季保供工作贡献了力量。

24日 工业和信息化部对第一批制造业单项冠军示范（培育）企业名单进行了公示。其中，淄博水环真空泵厂有限公司、沈阳鼓风机集团股份有限公司入选制造业单项冠军示范企业，江苏神通阀门股份有限公司、杭州杭氧股份有限公司、江苏海鸥冷却塔股份有限公司入选制造业单项冠军培育企业。

29—30日 第五届国际清洁能源论坛在澳门开幕，沈阳鼓风机集团股份有限公司两台产品分别荣登“中国能源装备十大卓越性能产品”和“中国能源装备十大年度创新产品”榜，集团设计院副总工程师姜妍代表集团现场领奖。

28日 沈阳鼓风机集团股份有限公司与哈尔滨工程大学签订国家级技术中心—哈尔滨工程大学分中心合作协议。该中心是沈鼓继在大连理工大学、西安交通大学、浙江大学、东北大学后设立的第五个分中心。

月内 重庆通用工业（集团）有限责任公司“弱风区兆瓦级风电叶片”获得2016年重庆市科技进步奖。

12月

1日 中国通用机械工业协会风机分会第二十二批新会员会议在沈阳成功召开。吸收大连机车研究所有限公司、亿昇（天津）科技有限公司、上海特瑞机械设备有限公司、上海对中工业技术有限公司、上海光春动平衡机设备有限公司、无锡市艾尔福叶片有限公司、余姚市鑫立钢结构设备厂、德州亚太集团有限公司、山东金光集团有限公司、山东省金信纺织风机空调设备有限公司、山东德克鼓风机有限公司、德州金力特空调设备有限公司、德州鑫润空调设备有限公司、青州四海透平动力设备有限公司、山东华东风机有限公司、广东泛仕达机电有限公司、广州市鑫风风机有限公司、佛山市中通鼓风机有限公司、大连理工大学能源与动力学院叶轮机械及流体工程研究所、中国计量大学计量测试工程学院、无锡工艺职业技术学院等 21 个单位为第 22 批新会员，并颁发了会员证书。

11 日 “中国工业大奖”在北京人民大会堂揭晓，陕西鼓风机（集团）有限公司荣获中国工业领域最高奖项——第四届中国工业大奖。其智慧、绿色的分布式能源系统解决方案为供给侧改革提供了有效途径，推动了中国工业的转型发展。

★ 国家科技重大专项 CAP1400“安全壳再循环冷却风机机组及监控系统样机”鉴定会在浙江金盾风机股份有限公司召开。通过本次鉴定会，将大大提升公司的市场竞争力，奠定其高端风机行业的优势地位，同时也为将“浙江制造”打造成“中国制造”的标杆起到了积极的示范作用。

12 日 沈阳鼓风机集团股份有限公司莫斯科代表处正式成立，标志沈鼓集团海外业务布局加快，是沈鼓集团践行国际化战略的关键一步。

14 日 全国气体分离与液化设备标准化技术委员会（简称标委会）在杭州召开第二届标委会成立会议暨二届一次会议，出席会议的领导、委员、专家及会务人员共 26 人，其中委员 20 人。中国机械工业联合会赵荣处长出席了第二届标委会成立会议并对标委会工作进行指导，对以后的工作提出了要求。会议审查通过了《纯氮设备》等 4 项行业标准以及 2017 年的工作计划安排。

20 日 科技部副部长、国家制造强国建设领导小组副组长曹健林到亿昇（天津）科技有限公司考察调研。

公布节能机电设备（产品）推荐目录、首台（套）重大技术装备推广应用指导目录，介绍2016年流体机械展会情况

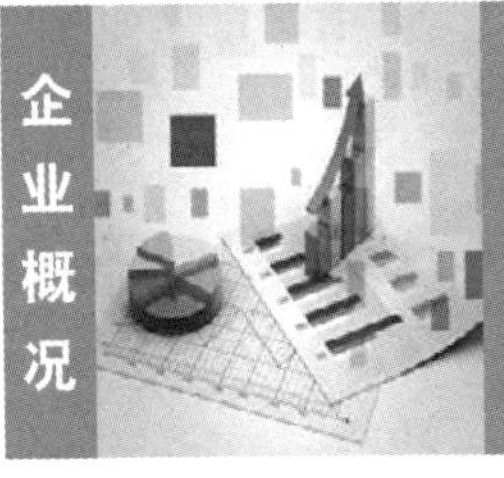

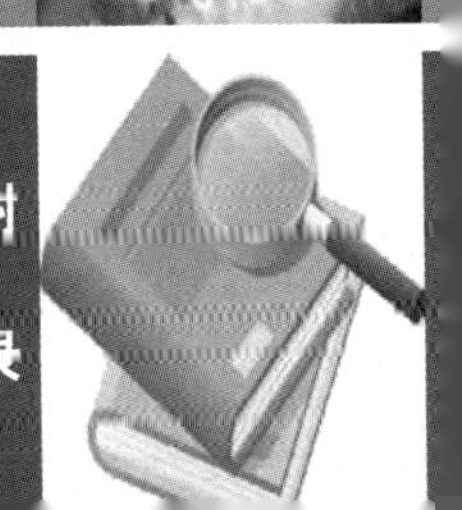

附录

节能机电设备（产品）推荐目录（第七批）（摘选）

序号	设备名称	型号	主要技术参数	执行标准	申报单位
通风机					
1	轴流通风机	JZL/SD8.0-6	流量：18 454.6m³/h，全压：277.1 Pa，效率：71.76%，压力系数：0.06，比转速：269，叶轮直径：790mm，转速：1 450r/min，轮毂比：0.379 4	GB19761—2009《通风机能效限定值及能效等级》，标准指标：2级能效，效率≥71%	威海克莱特菲尔风机股份有限公司
2	抗阻变净化专用离心通风机	KTF 系列（500-900 系列段，1000-1600 系列段）	KTF800 流量：22 376m³/h，全压：1 588 Pa，效率：81.4%，压力系数：0.5，比转速：69，叶轮直径：800mm，转速：1 300r/min KTF1000 流量：33 039m³/h，全压：1 501 Pa，效率：84.1%，压力系数：0.5，比转速：69，叶轮直径：1 000mm，转速：1 000r/min	GB19761—2009《通风机能效限定值及能效等级》，标准指标：2级能效，KTF800 效率≥79%，KTF1000 效率≥81%	广东肇庆德通有限公司
3	油烟净化专用风机	13-48-R3 系列	13-48-R3-No4.5 流量：8 943m³/h，全压：1 123Pa，效率：63%，压力系数：1.4，比转速：49，叶轮直径：450mm，转速：1 100r/min 13-48-R3-No5 流量：11 863m³/h，全压：1 123 Pa，效率：66.9%，压力系数：1.4，比转速：49，叶轮直径：500mm，转速：1 100r/min	GB19761—2009《通风机能效限定值及能效等级》，标准指标：2级能效，13-48-R3-No4.5，效率≥61%，13-48-R3-No5，效率≥65%	广东肇庆德通有限公司
4	离心式通风机	DF55 系列	DF55No8 流量：12 129m³/h，全压：1 051 Pa，效率：80%，压力系数：0.5，比转速：55，叶轮直径：800mm，转速：960r/min DF55No10 流量：24 886m³/h，全压：1 628 Pa，效率：84.3%，压力系数：0.5，比转速：55，叶轮直径：1 000mm，转速：970r/min	GB19761—2009《通风机能效限定值及能效等级》，标准指标：2级能效，DF55No8 效率≥79%，DF55No10 效率≥81%	广东肇庆德通有限公司
5	ESV 数字化节能风机	ET30	流量：2 500m³/h，全压：400Pa，效率：80%，压力系数：0.4，比转速：74，叶轮直径：355mm，转速：1 970r/min	GB19761—2009《通风机能效限定值及能效等级》，标准指标：2级能效，效率≥77%	重庆海润节能技术股份有限公司

（续）

序号	设备名称	型号	主要技术参数	执行标准	申报单位
6	地铁轴流风机	DTF 系列	DTF-18 流量：185 000m^3/h，全压：694.3Pa，效率：81.57%，压力系数：0.07，比转速：289，叶轮直径：1 800mm，转速：985r/min，轮毂比：0.44	GB19761—2009《通风机能效限定值及能效等级》，标准指标：1级能效，效率≥81%	湖北省风机厂有限公司
离心鼓风机					
1	磁悬浮高速离心式鼓风机	YG75	流量：55m^3/min，升压：78kPa，多变效率：84.8%，转速：22 800r/min，叶型：三元流，级数：单级，叶轮直径：250mm，支撑方式：悬臂支撑	GB28381—2012《离心鼓风机能效限定值及节能评价值》，标准指标：节能评价值，效率≥75.8%	亿昇（天津）科技有限公司
2	磁悬浮高速离心式鼓风机	YG100	流量：75m^3/min，升压：76kPa，多变效率：84.9%，转速：24 000r/min，叶型：三元流，级数：单级，叶轮直径：253mm，支撑方式：悬臂支撑	GB28381—2012《离心鼓风机能效限定值及节能评价值》，标准指标：节能评价值，效率≥77.4%	亿昇（天津）科技有限公司
3	磁悬浮高速离心式鼓风机	YG150	流量：100m^3/min，升压：80kPa，多变效率：85.2%，转速：20 000r/min，叶型：三元流，级数：单级，叶轮直径：305mm，支撑方式：悬臂支撑	GB28381—2012《离心鼓风机能效限定值及节能评价值》，标准指标：节能评价值效率≥80.6%	亿昇（天津）科技有限公司
4	磁悬浮高速离心式鼓风机	YG200	流量：135m^3/min，升压：80kPa，多变效率：85.1%，转速：16 150r/min，叶型：三元流，级数：单级，叶轮直径：380mm，支撑方式：悬臂支撑	GB28381—2012《离心鼓风机能效限定值及节能评价值》，标准指标：节能评价值效率≥75.5%	亿昇（天津）科技有限公司
一般用喷油螺杆空气压缩机					
1	一般用喷油螺杆空气压缩机	ZLS30-2i /8	压缩级数：两级，容积流量：4.1m^3/min，额定排气压力：0.8MPa，机组输入比功率：6.89kW/（m^3/min），驱动电动机输入额定功率：22kW	GB19153—2009《容积式空气压缩机能效限定值及能效等级》，标准指标：机组输入比功率1级≤7.2kW/（m^3/min）	厦门东亚机械有限公司
2	一般用喷油螺杆空气压缩机	ZLS50-2i /8	压缩级数：两级，容积流量：6.8m^3/min，额定排气压力：0.8MPa，机组输入比功率：6.62kW/（m^3/min），驱动电动机输入额定功率：37kW	GB19153—2009《容积式空气压缩机能效限定值及能效等级》，标准指标：机组输入比功率1级≤7.2kW/（m^3/min）	厦门东亚机械有限公司
3	一般用喷油螺杆空气压缩机	ZLS75-2i /8	压缩级数：两级，容积流量：11m^3/min，额定排气压力：0.8MPa，机组输入比功率：6.48kW/（m^3/min），驱动电动机输入额定功率：55kW	GB19153—2009《容积式空气压缩机能效限定值及能效等级》，标准指标：机组输入比功率1级≤6.5kW/（m^3/min）	厦门东亚机械有限公司

（续）

序号	设备名称	型号	主要技术参数	执行标准	申报单位
4	一般用喷油螺杆空气压缩机	ZLS100-2i/8	压缩级数：两级，容积流量：13.5m³/min，额定排气压力：0.8MPa，机组输入比功率：6.2kW/（m³/min），驱动电动机输入额定功率：75kW	GB19153—2009《容积式空气压缩机能效限定值及能效等级》，标准指标：机组输入比功率1级≤6.5kW/（m³/min）	厦门东亚机械有限公司
5	一般用喷油螺杆空气压缩机	ZLS125-2i/8	压缩级数：两级，容积流量：17m³/min，额定排气压力：0.8MPa，机组输入比功率：6.41kW/（m³/min），驱动电动机输入额定功率：90kW	GB19153—2009《容积式空气压缩机能效限定值及能效等级》，标准指标：机组输入比功率1级≤6.5kW/（m³/min）	厦门东亚机械有限公司
6	一般用喷油螺杆空气压缩机	ZLS150-2i/8	压缩级数：两级，容积流量：21.5m³/min，额定排气压力：0.8MPa，机组输入比功率：6.29kW/（m³/min），驱动电动机输入额定功率：110kW	GB19153—2009《容积式空气压缩机能效限定值及能效等级》，标准指标：机组输入比功率1级≤6.3kW/（m³/min）	厦门东亚机械有限公司
7	一般用喷油螺杆空气压缩机	ZLS175-2i/8	压缩级数：两级，容积流量：24.5m³/min，额定排气压力：0.8MPa，机组输入比功率：6.25kW/（m³/min），驱动电动机输入额定功率：132kW	GB19153—2009《容积式空气压缩机能效限定值及能效等级》，标准指标：机组输入比功率1级≤6.3kW/（m³/min）	厦门东亚机械有限公司
8	一般用喷油螺杆空气压缩机	CRRC22PM-8	压缩级数：单级，容积流量：3.8m³/min，额定排气压力：0.8MPa，机组输入比功率：7.22kW/（m³/min），驱动电动机输入额定功率：22kW	GB19153—2009《容积式空气压缩机能效限定值及能效等级》，标准指标：机组输入比功率2级≤8.1kW/（m³/min）	中车北京南口机械有限公司
9	一般用喷油螺杆空气压缩机	CRRC55PM-8	压缩级数：单级，容积流量：10m³/min，额定排气压力：0.8MPa，机组输入比功率：6.59kW/（m³/min），驱动电动机输入额定功率：55kW	GB19153—2009《容积式空气压缩机能效限定值及能效等级》，标准指标：机组输入比功率2级≤7.3kW/（m³/min）	中车北京南口机械有限公司
10	一般用喷油螺杆空气压缩机	GMFII19-8	压缩级数：两级，容积流量：3.5m³/min，额定排气压力：0.8MPa，机组输入比功率：6.85kW/（m³/min），驱动电动机输入额定功率：18.5kW	GB19153—2009《容积式空气压缩机能效限定值及能效等级》，标准指标：机组输入比功率1级≤7.4kW/（m³/min）	宁波鲍斯能源装备股份有限公司
11	一般用喷油螺杆空气压缩机	GMFII45-8	压缩级数：两级，容积流量：9.7m³/min，额定排气压力：0.8MPa，机组输入比功率：6.34kW/（m³/min），驱动电动机输入额定功率：45kW	GB19153—2009《容积式空气压缩机能效限定值及能效等级》，标准指标：机组输入比功率1级≤7.2kW/（m³/min）	宁波鲍斯能源装备股份有限公司
12	一般用喷油螺杆空气压缩机	GLFII90-8	压缩级数：两级，容积流量：18.7m³/min，额定排气压力：0.8MPa，机组输入比功率：6.29kW/（m³/min），驱动电动机输入额定功率：90kW	GB19153—2009《容积式空气压缩机能效限定值及能效等级》，标准指标：机组输入比功率1级≤6.5kW/（m³/min）	宁波鲍斯能源装备股份有限公司

（续）

序号	设备名称	型号	主要技术参数	执行标准	申报单位
13	一般用喷油螺杆空气压缩机	SFC55D	压缩级数：单级，容积流量：10m³/min，额定排气压力：0.8MPa，机组输入比功率：7.24kW/（m³/min），驱动电动机输入额定功率：55kW	GB19153—2009《容积式空气压缩机能效限定值及能效等级》，标准指标：机组输入比功率2级≤7.3kW/（m³/min）	宁波欣达螺杆压缩机有限公司
14	一般用喷油螺杆空气压缩机	SCR30PM-8	压缩级数：单级，容积流量：3.6m³/min，额定排气压力：0.8MPa，机组输入比功率：7.02kW/（m³/min），驱动电动机输入额定功率：22kW	GB19153—2009《容积式空气压缩机能效限定值及能效等级》，标准指标：机组输入比功率1级≤7.2kW/（m³/min）	上海斯可洛压缩机有限公司
15	一般用喷油螺杆空气压缩机	SCR50PM-8	压缩级数：单级，容积流量：6.3m³/min，额定排气压力：0.8MPa，机组输入比功率：6.79kW/（m³/min），驱动电动机输入额定功率：37kW	GB19153—2009《容积式空气压缩机能效限定值及能效等级》，标准指标：机组输入比功率1级≤7.2kW/（m³/min）	上海斯可洛压缩机有限公司
16	一般用喷油螺杆空气压缩机	SCR60PM-8	压缩级数：单级，容积流量：8m³/min，额定排气压力：0.8MPa，机组输入比功率：6.93kW/（m³/min），驱动电动机输入额定功率：45kW	GB19153—2009《容积式空气压缩机能效限定值及能效等级》，标准指标：机组输入比功率1级≤7.2kW/（m³/min）	上海斯可洛压缩机有限公司
17	一般用喷油螺杆空气压缩机	SCR75PM-8	压缩级数：单级，容积流量：10.1m³/min，额定排气压力：0.8MPa，机组输入比功率：6.48kW/（m³/min），驱动电动机输入额定功率：55kW	GB19153—2009《容积式空气压缩机能效限定值及能效等级》，标准指标：机组输入比功率1级≤6.5kW/（m³/min）	上海斯可洛压缩机有限公司
18	一般用喷油螺杆空气压缩机	SCR75D-8	压缩级数：单级，容积流量：10.1m³/min，额定排气压力：0.8MPa，机组输入比功率：6.49kW/（m³/min），驱动电动机输入额定功率：55kW	GB19153—2009《容积式空气压缩机能效限定值及能效等级》，标准指标：机组输入比功率1级≤6.5kW/（m³/min）	上海斯可洛压缩机有限公司
19	一般用喷油螺杆空气压缩机	SCR100D-8	压缩级数：单级，容积流量：13.3m³/min，额定排气压力：0.8MPa，机组输入比功率：6.4kW/（m³/min），驱动电动机输入额定功率：75kW	GB19153—2009《容积式空气压缩机能效限定值及能效等级》，标准指标：机组输入比功率1级≤6.5kW/（m³/min）	上海斯可洛压缩机有限公司
20	一般用喷油螺杆空气压缩机	SCR75E1-8	压缩级数：单级，容积流量：10.1m³/min，额定排气压力：0.8MPa，机组输入比功率：6.48kW/（m³/min），驱动电动机输入额定功率：55kW	GB19153—2009《容积式空气压缩机能效限定值及能效等级》，标准指标：机组输入比功率1级≤6.5kW/（m³/min）	上海斯可洛压缩机有限公司
21	一般用喷油螺杆空气压缩机	SCR100E1-8	压缩级数：单级，容积流量：12.8m³/min，额定排气压力：0.8MPa，机组输入比功率：6.41kW/（m³/min），驱动电动机输入额定功率：75kW	GB19153—2009《容积式空气压缩机能效限定值及能效等级》，标准指标：机组输入比功率1级≤6.5kW/（m³/min）	上海斯可洛压缩机有限公司

（续）

序号	设备名称	型号	主要技术参数	执行标准	申报单位
22	一般用喷油螺杆空气压缩机	SCR150E1-8	压缩级数：单级，容积流量：21 m^3/min，额定排气压力：0.8MPa，机组输入比功率：6.12kW/（m^3/min），驱动电动机输入额定功率：110kW	GB19153—2009《容积式空气压缩机能效限定值及能效等级》，标准指标：机组输入比功率1级≤6.3kW/（m^3/min）	上海斯可洛压缩机有限公司
23	一般用喷油螺杆空气压缩机	SCR125H-8	压缩级数：单级，容积流量：20 m^3/min，额定排气压力：0.8MPa，机组输入比功率：6.09kW/（m^3/min），驱动电动机输入额定功率：90kW	GB19153—2009《容积式空气压缩机能效限定值及能效等级》，标准指标：机组输入比功率1级≤6.5kW/（m^3/min）	上海斯可洛压缩机有限公司
24	一般用喷油螺杆空气压缩机	BHD22-8	压缩级数：单级，容积流量：3.6m^3/min，额定排气压力：0.8MPa，机组输入比功率：7.63kW/（m^3/min），驱动电动机输入额定功率：22kW	GB19153—2009《容积式空气压缩机能效限定值及能效等级》，标准指标：机组输入比功率2级≤8.1kW/（m^3/min）	釜玛机械（江苏）有限公司
25	一般用喷油螺杆空气压缩机	BHD30-8	压缩级数：单级，容积流量：5.3m^3/min，额定排气压力：0.8MPa，机组输入比功率：7.37kW/（m^3/min），驱动电动机输入额定功率：30kW	GB19153—2009《容积式空气压缩机能效限定值及能效等级》，标准指标：机组输入比功率2级≤8.1kW/（m^3/min）	釜玛机械（江苏）有限公司
26	一般用喷油螺杆空气压缩机	BFB37-8	压缩级数：单级，容积流量：5.7m^3/min，额定排气压力：0.8MPa，机组输入比功率：7.39kW/（m^3/min），驱动电动机输入额定功率：37kW	GB19153—2009《容积式空气压缩机能效限定值及能效等级》，标准指标：机组输入比功率2级≤8.1kW/（m^3/min）	釜玛机械（江苏）有限公司
27	一般用喷油螺杆空气压缩机	BHHD37-8	压缩级数：单级，容积流量：6.3m^3/min，额定排气压力：0.8MPa，机组输入比功率：7.19kW/（m^3/min），驱动电动机输入额定功率：37kW	GB19153—2009《容积式空气压缩机能效限定值及能效等级》，标准指标：机组输入比功率1级≤7.2kW/（m^3/min）	釜玛机械（江苏）有限公司
28	一般用喷油螺杆空气压缩机	BFD45-8	压缩级数：单级，容积流量：6.9m^3/min，额定排气压力：0.8MPa，机组输入比功率：7.42kW/（m^3/min），驱动电动机输入额定功率：45kW	GB19153—2009《容积式空气压缩机能效限定值及能效等级》，标准指标：机组输入比功率2级≤8.1kW/（m^3/min）	釜玛机械（江苏）有限公司
29	一般用喷油螺杆空气压缩机	BHD55-8	压缩级数：单级，容积流量：8.8m^3/min，额定排气压力：0.8MPa，机组输入比功率：6.85kW/（m^3/min），驱动电动机输入额定功率：55kW	GB19153—2009《容积式空气压缩机能效限定值及能效等级》，标准指标：机组输入比功率2级≤7.3kW/（m^3/min）	釜玛机械（江苏）有限公司
30	一般用喷油螺杆空气压缩机	BHD75-8	压缩级数：单级，容积流量：13 m^3/min，额定排气压力：0.8MPa，机组输入比功率：6.84kW/（m^3/min），驱动电动机输入额定功率：75kW	GB19153—2009《容积式空气压缩机能效限定值及能效等级》，标准指标：机组输入比功率2级≤7.3kW/（m^3/min）	釜玛机械（江苏）有限公司

（续）

序号	设备名称	型号	主要技术参数	执行标准	申报单位
31	永磁同步变频螺杆式空气压缩机	E7.5A	压缩级数：单级，容积流量：1.09m^3/min，额定排气压力：0.8MPa，机组输入比功率：7.79kW/（m^3/min），驱动电动机输入额定功率：7.5kW	GB19153—2009《容积式空气压缩机能效限定值及能效等级》，标准指标：机组输入比功率 1 级≤ 7.9kW/（m^3/min）	苏州牧风压缩机设备有限公司
32	永磁同步变频螺杆式空气压缩机	E11A	压缩级数：单级，容积流量：1.73m^3/min，额定排气压力：0.8MPa，机组输入比功率：7.26kW/（m^3/min），驱动电动机输入额定功率：11kW	GB19153—2009《容积式空气压缩机能效限定值及能效等级》，标准指标：机组输入比功率 1 级≤ 7.9kW/（m^3/min）	苏州牧风压缩机设备有限公司
33	永磁同步变频螺杆式空气压缩机	E15A	压缩级数：单级，容积流量：2.45m^3/min，额定排气压力：0.8MPa，机组输入比功率：7.27kW/（m^3/min），驱动电动机输入额定功率：15kW	GB19153—2009《容积式空气压缩机能效限定值及能效等级》，标准指标：机组输入比功率 1 级≤ 7.4kW/（m^3/min）	苏州牧风压缩机设备有限公司
34	永磁同步变频螺杆式空气压缩机	E55A	压缩级数：单级，容积流量：9.95m^3/min，额定排气压力：0.8MPa，机组输入比功率：6.84kW/（m^3/min），驱动电动机输入额定功率：55kW	GB19153—2009《容积式空气压缩机能效限定值及能效等级》，标准指标：机组输入比功率 2 级≤ 7.3kW/（m^3/min）	苏州牧风压缩机设备有限公司
35	永磁同步变频螺杆式空气压缩机	E75A	压缩级数：单级，容积流量：13.4m^3/min，额定排气压力：0.8MPa，机组输入比功率：7.14kW/（m^3/min），驱动电动机输入额定功率：75kW	GB19153—2009《容积式空气压缩机能效限定值及能效等级》，标准指标：机组输入比功率 2 级≤ 7.3kW/（m^3/min）	苏州牧风压缩机设备有限公司
36	永磁同步变频螺杆式空气压缩机	E90A	压缩级数：单级，容积流量：14.3m^3/min，额定排气压力：0.8MPa，机组输入比功率：6.78kW/（m^3/min），驱动电动机输入额定功率：90kW	GB19153—2009《容积式空气压缩机能效限定值及能效等级》，标准指标：机组输入比功率 2 级≤ 7.3kW/（m^3/min）	苏州牧风压缩机设备有限公司
37	永磁同步变频螺杆式空气压缩机	E110A	压缩级数：单级，容积流量：18.9m^3/min，额定排气压力：0.8MPa，机组输入比功率：6.85kW/（m^3/min），驱动电动机输入额定功率：110kW	GB19153—2009《容积式空气压缩机能效限定值及能效等级》，标准指标：机组输入比功率 2 级≤ 7.1kW/（m^3/min）	苏州牧风压缩机设备有限公司
38	永磁同步变频螺杆式空气压缩机	E132A	压缩级数：单级，容积流量：22.5m^3/min，额定排气压力：0.8MPa，机组输入比功率：7.05kW/（m^3/min），驱动电动机输入额定功率：132kW	GB19153—2009《容积式空气压缩机能效限定值及能效等级》，标准指标：机组输入比功率 2 级≤ 7.1kW/（m^3/min）	苏州牧风压缩机设备有限公司
39	一般用喷油螺杆空气压缩机	WBS-15A	压缩级数：单级，容积流量：2.16m^3/min，额定排气压力：0.8MPa，机组输入比功率：8.4kW/（m^3/min），驱动电动机输入额定功率：15kW	GB19153—2009《容积式空气压缩机能效限定值及能效等级》，标准指标：机组输入比功率 2 级≤ 8.4kW/（m^3/min）	郑州永邦机器有限公司

（续）

序号	设备名称	型号	主要技术参数	执行标准	申报单位
40	一般用喷油螺杆空气压缩机	WBS-18A	压缩级数：单级，容积流量：2.9m^3/min，额定排气压力：0.8MPa，机组输入比功率：8.28kW/（m^3/min），驱动电动机输入额定功率：18kW	GB19153—2009《容积式空气压缩机能效限定值及能效等级》，标准指标：机组输入比功率2级≤8.4kW/（m^3/min）	郑州永邦机器有限公司
41	一般用喷油螺杆空气压缩机	WBS-22A	压缩级数：单级，容积流量：3.2m^3/min，额定排气压力：0.8MPa，机组输入比功率：7.05kW/（m^3/min），驱动电动机输入额定功率：22kW	GB19153—2009《容积式空气压缩机能效限定值及能效等级》，标准指标：机组输入比功率1级≤7.2kW/（m^3/min）	郑州永邦机器有限公司
42	一般用喷油螺杆空气压缩机	WBS-30A	压缩级数：单级，容积流量：5.36m^3/min，额定排气压力：0.8MPa，机组输入比功率：7.69kW/（m^3/min），驱动电动机输入额定功率：30kW	GB19153—2009《容积式空气压缩机能效限定值及能效等级》，标准指标：机组输入比功率2级≤8.1kW/（m^3/min）	郑州永邦机器有限公司
43	一般用喷油螺杆空气压缩机	WBS-37A	压缩级数：单级，容积流量：6.21m^3/min，额定排气压力：0.8MPa，机组输入比功率：7.26kW/（m^3/min），驱动电动机输入额定功率：37kW	GB19153—2009《容积式空气压缩机能效限定值及能效等级》，标准指标：机组输入比功率2级≤8.1kW/（m^3/min）	郑州永邦机器有限公司
44	一般用喷油螺杆空气压缩机	WBS-45A	压缩级数：单级，容积流量：6.86m^3/min，额定排气压力：0.8MPa，机组输入比功率：7.7kW/（m^3/min），驱动电动机输入额定功率：45kW	GB19153—2009《容积式空气压缩机能效限定值及能效等级》，标准指标：机组输入比功率2级≤8.1kW/（m^3/min）	郑州永邦机器有限公司
45	一般用喷油螺杆空气压缩机	WBS-55A	压缩级数：单级，容积流量：9.01m^3/min，额定排气压力：0.8MPa，机组输入比功率：7.12kW/（m^3/min），驱动电动机输入额定功率：55kW	GB19153—2009《容积式空气压缩机能效限定值及能效等级》，标准指标：机组输入比功率2级≤7.3kW/（m^3/min）	郑州永邦机器有限公司
46	一般用喷油螺杆空气压缩机	WBS-75A	压缩级数：单级，容积流量：11.9m^3/min，额定排气压力：0.8MPa，机组输入比功率：7.28kW/（m^3/min），驱动电动机输入额定功率：75kW	GB19153—2009《容积式空气压缩机能效限定值及能效等级》，标准指标：机组输入比功率2级≤7.3kW/（m^3/min）	郑州永邦机器有限公司
47	一般用喷油螺杆空气压缩机	WBS-110A	压缩级数：单级，容积流量：18.4m^3/min，额定排气压力：0.8MPa，机组输入比功率：6.83kW/（m^3/min），驱动电动机输入额定功率：110kW	GB19153—2009《容积式空气压缩机能效限定值及能效等级》，标准指标：机组输入比功率2级≤7.3kW/（m^3/min）	郑州永邦机器有限公司
48	一般用喷油螺杆空气压缩机	WBS-132A	压缩级数：单级，容积流量：21.8m^3/min，额定排气压力：0.8MPa，机组输入比功率：6.98kW/（m^3/min），驱动电动机输入额定功率：132kW	GB19153—2009《容积式空气压缩机能效限定值及能效等级》，标准指标：机组输入比功率2级≤7.1kW/（m^3/min）	郑州永邦机器有限公司

（续）

序号	设备名称	型号	主要技术参数	执行标准	申报单位
49	一般用喷油螺杆空气压缩机	WBS-160A	压缩级数：单级，容积流量：27.3 m^3/min，额定排气压力：0.8MPa，机组输入比功率：6.68kW/（m^3/min），驱动电动机输入额定功率：160kW	GB19153—2009《容积式空气压缩机能效限定值及能效等级》，标准指标：机组输入比功率 2 级≤ 7.1kW/（m^3/min）	郑州永邦机器有限公司
50	一般用喷油螺杆空气压缩机	LGPM 系列	LGPM-10 压缩级数：单级，容积流量：0.92m^3/min，额定排气压力：0.8MPa，机组输入比功率：7.84kW/（m^3/min），驱动电动机输入额定功率：7.5kW LGPM-75 压缩级数：单级，容积流量：7.56m^3/min，额定排气压力：0.8MPa，机组输入比功率：6.4kW/（m^3/min），驱动电动机输入额定功率：7.5kW LGPM-150 压缩级数：单级，容积流量：15.9m^3/min，额定排气压力：0.8MPa，机组输入比功率：6.25kW/（m^3/min），驱动电动机输入额定功率：110kW	GB19153—2009《容积式空气压缩机能效限定值及能效等级》； 标准指标：LGPM-10 机组输入比功率 1 级≤ 7.9kW/（m^3/min），LGPM-75 机组输入比功率 1 级 ≤ 6.5kW/（m^3/min），LGPM-150 机组输入比功率 1 级≤ 6.3kW/（m^3/min）	泉州市华德机电设备有限公司
51	葆德空气压缩机	BD50-A	压缩级数：单级，容积流量：6.3m^3/min，额定排气压力：0.8MPa，机组输入比功率：7.06kW/（m^3/min），驱动电动机输入额定功率：37kW	GB19153—2009《容积式空气压缩机能效限定值及能效等级》，标准指标：机组输入比功率 1 级≤ 7.2kW/（m^3/min）	广东葆德科技有限公司
清水离心泵					
1	多级离心泵	SY15-8	额定流量：18m^3/h，额定扬程：88m，工作温度：-15 ～ 120℃，转速：2 950r/min，效率：72.8%	GB19762—2007《清水离心泵能效限定值及节能评价值》，标准指标：效率 2 级≥ 66%	安徽舜禹水务股份有限公司
2	不锈钢立式多级离心泵	SLCL（F）系列	SLCL5-13 额定流量：5.8m^3/h，额定扬程：64m，工作压力：≤ 3MPa，工作温度：≤ 120℃，转速：2 900r/min，效率：60% SLCLF10-7 额定流量：10m^3/h，额定扬程：56.5m，工作压力：≤ 3MPa，工作温度：≤ 120℃，转速：2 900r/min，效率：65% SLCLF45-2 额定流量：45m^3/h，额定扬程：39m，工作压力：≤ 3MPa，工作温度：≤ 120℃，转速：2 900r/min，效率：72%	GB19762—2007《清水离心泵能效限定值及节能评价值》； 标准指标：SLCL5-13 效率 2 级 ≥ 58%，SLCLF10-7 效率 2 级 ≥ 61.2%，SLCLF45-2 效率 2 级≥ 70.2%	上海神龙企业（集团）有限公司

（续）

序号	设备名称	型号	主要技术参数	执行标准	申报单位
3	立式多级离心泵	SL64-3A-F-A-E-HQQE	额定流量：64m³/h，额定扬程：66m，工作压力：≤ 2.5MPa，工作温度：-20 ～ 120℃，转速：2 900r/min，效率：75.9%	GB19762—2007《清水离心泵能效限定值及节能评价值》，标准指标：效率 2 级≥ 72.2%	青岛三利泵业有限公司
4	清水离心泵	SBL 系列	SBL250-9 额定流量：485m³/h，额定扬程：41m，工作温度：≤ 100℃，转速：1 480r/min，效率：85.5% SBL300-13 额定流量：711m³/h，额定扬程：27m，工作温度：≤ 100℃，转速：1 480r/min，效率：86.3% SBL300-27 额定流量：1 260m³/h，额定扬程：17m，工作温度：≤ 100℃，转速：1 480r/min，效率：86.3%	GB19762—2007《清水离心泵能效限定值及节能评价值》； 标准指标： SBL250-9 效率 2 级 ≥ 83.3%，SBL300-13 效率 2 级 ≥ 85.8%，SBL300-27 效率 2 级≥ 85.6%	尚保罗江苏节能科技股份有限公司
5	单级双吸清水离心泵	300GS35	额定流量：800m³/h，额定扬程：35m，工作压力：1.6MPa，工作温度：≤ 105℃，转速：1 480r/min，效率：88.4%	GB19762—2007《清水离心泵能效限定值及节能评价值》，标准指标：效率 2 级≥ 87%	山东双轮股份有限公司
6	单级双吸清水离心泵	400GS60	额定流量：1 800m³/h，额定扬程：62m，工作压力：1.6MPa，工作温度：≤ 105℃，转速：1 490r/min，效率：88.6%	GB19762—2007《清水离心泵能效限定值及节能评价值》，标准指标：效率 2 级≥ 87.8%	山东双轮股份有限公司
7	单级双吸清水离心泵	800GS52	额定流量：6 200m³/h，额定扬程：55m，工作压力：1.6MPa，工作温度：≤ 105℃，转速：743r/min，效率：90%	GB19762—2007《清水离心泵能效限定值及节能评价值》，标准指标：效率 2 级≥ 89.3%	山东双轮股份有限公司
8	BSN 中开双吸离心泵	600BSN-47B	额定流量：2 920m³/h，额定扬程：76m，工作压力：≤ 1.0MPa，工作温度：0 ～ 40℃，转速：980r/min，效率：84.5%	GB19762—2007《清水离心泵能效限定值及节能评价值》，标准指标：效率 2 级≥ 84%	广州市白云泵业集团有限公司
9	双吸泵	DFSS 型	DFSS250-9/4 额定流量：500m³/h，额定扬程：40m，比转速：89.5，效率：83.7% DFSS350-9/4 额定流量：1 300m³/h，额定扬程：76m，比转速：89.2，效率：85.2% DFSS350-13/4 额定流量：1 300m³/h，额定扬程：45m，比转速：132.1，效率：87.2%	GB19762 2007《清水离心泵能效限定值及节能评价值》； 标准指标： DFSS250-9/4 效率 2 级 ≥ 81.5%，DFSS350-9/4 效率 2 级≥ 83.6%，DFSS350-13/4 效率 2 级≥ 87.2%	上海东方泵业（集团）有限公司
10	卧式离心泵	DFW125-160/2	额定流量：160m³/h，额定扬程：32m，转速：2 950r/min，效率：82%	GB19762—2007《清水离心泵能效限定值及节能评价值》，标准指标：效率 2 级≥ 82%	上海东方泵业（集团）有限公司

（续）

序号	设备名称	型号	主要技术参数	执行标准	申报单位
11	管道泵	DFG100-200/2	额定流量：100m^3/h，额定扬程：50m，比转速：95.4，效率：78.5%	GB19762—2007《清水离心泵能效限定值及节能评价值》，标准指标：效率2级≥75.4%	上海东方泵业（集团）有限公司
12	中开式离心泵	500CPS2100-60	额定流量：2 100m^3/h，额定扬程：60m，工作压力：2.5MPa，工作温度：-20～150℃，转速：980r/min，效率：88.89%	GB19762—2007《清水离心泵能效限定值及节能评价值》，标准指标：效率2级≥88.3%	辽宁长志泵业有限公司
13	中开式离心泵	700CPS4500-65	额定流量：4 500m^3/h，额定扬程：65m，工作压力：2.5MPa，工作温度：-20～150℃，转速：980r/min，效率：91.15%	GB19762—2007《清水离心泵能效限定值及节能评价值》，标准指标：效率2级≥89.9%	辽宁长志泵业有限公司
14	中开式离心泵	1200CPS12500-56	额定流量：12 500m^3/h，额定扬程：56m，工作压力：2.5MPa，工作温度：-20～150℃，转速：590r/min，效率：93.04%	GB19762—2007《清水离心泵能效限定值及节能评价值》，标准指标：效率2级≥91%	辽宁长志泵业有限公司
15	多级离心泵	MD800-72×5	额定流量：800m^3/h，额定扬程：360m，工作温度：0～80℃，转速：1 480r/min，效率：83.5%	GB19762—2007《清水离心泵能效限定值及节能评价值》，标准指标：效率2级≥83.2%	湖北三峡泵业有限公司
16	多级离心泵	MD280-43×7(P)	额定流量：280m^3/h，额定扬程：301m，工作温度：0～80℃，转速：1 480r/min，效率：79.0%	GB19762—2007《清水离心泵能效限定值及节能评价值》，标准指标：效率2级≥77.8%	湖北三峡泵业有限公司
17	多级离心泵	MD450-60×6	额定流量：450m^3/h，额定扬程：360m，工作温度：0～80℃，转速：1 480r/min，效率：80%	GB19762—2007《清水离心泵能效限定值及节能评价值》，标准指标：效率2级≥80%	湖北三峡泵业有限公司
18	多级离心泵	MD1200-60×5	额定流量：1 200m^3/h，额定扬程：285m，工作温度：0～80℃，转速：1 480r/min，效率：85.5%	GB19762—2007《清水离心泵能效限定值及节能评价值》，标准指标：效率2级≥85%	湖北三峡泵业有限公司
干燥机					
1	蒸汽回转式干燥机	GZJZ2.2-50	筒体内径：2.2m，筒体长度：13～16m，筒体容积：50～60m^3/h，换热面积：240～500m^2，热效率：80.34%	ZTXB093.001—2015《干燥机能效限定值及能效等级（Ⅲ）》，标准指标：热效率2级≥70%	山东天力能源股份有限公司
2	FG-II型沸腾流化干燥机	FG-II-120	干燥室容积：420L，蒸汽耗量：211kg/批，物料收率：＞99%，热效率：57.16%	ZTXB093.001—2015《干燥机能效限定值及能效等级（Ⅲ）》，标准指标：热效率2级≥50%	江苏宇通干燥工程有限公司

首台（套）重大技术装备推广应用指导目录（2016年版）（摘选）

产品名称	单位	主要技术指标
大型石油、石化及煤化工成套装备		
百万吨级乙烯工艺螺杆压缩机	套	排气量≥1 000m^3/min，功率≥5 500kW
大型往复式迷宫压缩机	套	流量≥11 000m^3/h，活塞力≥300kN，压力≥20MPa
百万吨级乙烯装置配套的裂解气压缩机组（含驱动汽轮机）	套	驱动功率≥56 000kW
百万吨级乙烯装置配套的丙烯压缩机组（含驱动汽轮机）	套	驱动功率≥33 000kW
百万吨级乙烯装置配套的乙烯压缩机组（含驱动汽轮机）	套	驱动功率≥14 000kW
丙烷脱氢装置用压缩机组（含驱动汽轮机）	台	再生空气轴流压缩机：进气流量≥486 000kg/h，轴功率≥12 490kW，工作转速≥3 850r/min
	台	丙烷脱氢产品气离心压缩机：低压缸流量≥196 416kg/h，转速≥3 247r/min，额定功率：8 332kW；高压缸流量≥198 108kg/h，转速≥4 368r/min，额定功率≥17 216kW
	台	干燥再生气循环压缩机组：流量≥20 900kg/h，转速≥14 240r/min，轴功率≥1 186kW
重型石油化工流程泵	台	设计流量≥1 000m^3/h，温度≥400℃，扬程≥100m，低汽蚀余量
重整装置循环氢压缩机组	套	年产量≥300万t，单机进气流量≥532 000m^3/h，工作转速≥3 891r/min
大型多轴工艺空气压缩机组（含压缩机、汽轮机、尾气透平、电动机及齿轮箱）	套	功率≥20 000kW
百万吨级CTA/PTA蒸汽管回转干燥机组	套	处理量≥100万t/a；干燥机直径≥4 800mm，长度≥40m
PTA过滤洗涤预干燥一体化成套装备	套	物料出口湿含量≤10%，产量≥55 000kg/h，PT酸含量≤150mg/kg
天然气长输管道离心压缩机组	套	压缩机效率：88%，机组额定转速：5 600r/min，功率≥22MW，设计压力≥12MPa
长输管线高压大口径紧急切断球阀	台	公称通径≥1m，公称压力：符合Class600、Class900等级
大功率输油管道泵	台	功率≥3 000kW，扬程≥210m
油气长输管道压力平衡式旋塞阀	台	公称直径≥16in（1in=25.4mm），公称压力≥Class900，单次注脂保证全压差情况下无泄漏
预冷压缩机组	套	功率≥10 000kW，多变效率≥83%
深冷混合冷剂离心压缩机组	套	功率≥15 000kW，多变效率≥83%
液化天然气（LNG）冷能回收空分装备	套	能力：液O_2+液N_2≥10 000m^3/h，LNG压力≥8MPa
液化天然气（LNG）大口径低温高压铸造球阀	台	工作压力≥900Lb，温度≤-196℃
LNG罐内潜液泵	台	流量≥2 000m^3/h，扬程≥800m，设计压力≥5MPa，设计温度≤-196℃

（续）

产品名称	单位	主要技术指标
LNG 高压潜液泵	台	流量≥ 840m^3/h，扬程≥ 3 500m，设计压力≥ 20MPa，设计温度≤ -196℃
LNG 液力透平	台	流量≥ 600m^3/h，扬程≥ 1 600m，设计压力≥ 16MPa，设计温度≤ -196℃
高压油煤浆进料隔膜泵组	套	出口压力≥ 20MPa，工作温度≥ 290℃
液化反应器离心循环泵组	套	出口压力≥ 20MPa，工作温度≥ 480℃
大型内压缩流程空气分离成套装备（含空气压缩机组）	套	装备容量≥ 10 万 m^3/h
大型化肥装置专用压缩机	套	年产量（化肥）≥ 45 万 t，年产量（尿素）≥ 80 万 t。其中，氨压机双缸轴功率≥ 10 000kW、单缸轴功率≥ 5 500kW，二氧化碳压缩机功率≥ 10 000kW，出口压力≥ 14MPa
VFRM 灰水调节阀	套	口径：40 ~ 300mm，公称压力：11MPa、15MPa
煤粉输送阀	套	口径：50 ～ 250mm，压力等级：Class600，API598 双向密封，适用温度：-29 ～ 300℃
ACV 黑水控制阀	套	口径：15 ～ 400mm，压力等级：Class150 ～ 600，API598 双向密封，适用温度：-196 ～ 566℃
高压氧气切断阀	套	公称通径：50 ～ 250mm，压力等级：Class600，API598 双向密封
电子专用装备		
全自动化等离子体增强化学气相沉积装备（PECVD）	台	单管产能≥ 308 片 / 批，成膜均匀性：片内≤ 3%、片间≤ 2%、批间≤ 2%
碲化镉 / 碲化镉薄膜太阳电池真空气相沉积装置	套	硫化镉薄膜：20 ～ 100nm，碲化镉薄膜：2 ～ 5μm，薄膜均匀性：2%，节拍时间：45 ～ 90s，基板尺寸≥ 600mm×1 200mm
CIGS 太阳电池组件背电极磁控溅射设备	台	节拍时间：60 ～ 90s，薄膜均匀性：2%，导电层厚度：220 ～ 450nm
化学气相沉积（CVD）硅外延设备	台	晶圆尺寸≤ 300mm，适用于不同规格衬底上 N 型、P 型硅材料的外延生长
高密度等离子刻蚀机	台	晶圆尺寸≤ 300mm，刻蚀材料为硅、金属和化合物材料，刻蚀均匀性≤ ±5%
物理气相薄膜沉积（PVD）装备	台	可满足多种金属沉积以及硅通孔沉积，沉积速率：Ti ≥ 80nm/min，Cu ≥ 360nm/min，Al ≥ 240 ～ 300nm/min

虽无出其右 仍将砥砺前行

——2016 第八届中国（上海）国际流体机械展览会回顾

2016 第八届中国（上海）国际流体机械展览会（IFME），业界精英、行业大咖八方汇集，3 万 m^2 的展厅覆盖流体机械全行业的精品令人振奋，行业媒体全方位、多角度地展示了一个生动立体的流体机械的盛会。

一、成长的足迹

中国国际流体机械展览会是由中国通用机械工业协会独立主办的行业展览会，于 2001 年在上海首创，历经 16 年举办了 8 届。从第一届的 6 000m^2 几十家企业发展到 2016 第八届 3 万 m^2 300 多家国内外著名展商，展会从无到有，从小到大，从无人问津到流体机械行业的知名展会，无论从展会规模、展商数量还是从展品质量、展会专业水平方面都得到了全面提升。中国国际流体机械展览会已经成为通用机械之流体机械在我国最大的国际性专业展览会。

二、显现规模化和专业化

第八届中国（上海）国际流体机械展览会（IFME）汇聚了国内流体机械制造业大中型骨干企业以及 10 个国家近 70 家国际及地区著名、知名企业在中国的合资、独资企业。3 万 m^2 的展厅划分为泵、阀门、风机、压缩机及高等院校/科研院所五大板块，集中展示行业的科技成果。

参展商高度重视和十分珍惜这样难得的机会，认真挑选代表企业专业化水平的展品，精心设计展会展位的展示效果，希望在这样的专业化展览会上不仅要展示代表企业高水平的专业化产品品质及技术，更要重视企业在展会亮相的品牌形象，展现企业经营理念、企业文化、企业管理和企业竞争实力等综合能力。

该届展会 140 多家企业对展位进行了特装，特装面积占到净展出面积的 79.5%，其中 90m^2 以上的参展商有 12 家。特装展位独特的展示手段，达到了提升参观视觉效果、提升企业专业水平的目的，受到广大参观者的赞誉。展览会集中显现的代表行业高水平的专业产品，专业化的技术交流，立体化、多层次、多角度的展示，给参展商、参展观众留下了非常深的印象，被行业称为流体机械行业的一次盛会。

三、五大板块争奇斗艳

1. 评选活动成为泵展区亮点

泵展区主要展出当今国际国内最新最高水平泵产品和技术。其中包括大型石油长输管线用输油泵、大型火电和核电用泵、大型石油化工和煤化工用泵、大型水利工程用泵以及矿用泵、环保用泵、减速机等。

中国电建集团上海能源装备有限公司的 100MW 超（超）临界火电机组 100% 容量锅炉给水泵（样机）、FK6A40 型锅炉给水泵样机、CAP1400/AP1000 给水泵组、SEN2201.210 2 华龙一号给水泵组、主蒸汽调节阀、抽气止回阀、给水泵止回阀、吹灰蒸汽调节阀等；上海凯泉泵业（集团）有限公司的 KQGV 数字集成全变频供水设备；上海东方泵业（集团）有限公司的 DFES 高效节能双吸离心泵、DFSS 型双吸泵；上海连成（集团）有限公司的 SLOW 消防泵（取得 UL 质量认证）、ZWL 型无负压供水设备、双吸中开蜗壳式离心泵；上海阿波罗机械股份有限公司的多级主给水泵、MP07 启动给水泵、华龙一号中压安注泵；上海凯士比泵有限公司的 KSB Sonolyzer、HG 型锅炉给水泵，HPK-L 型热水 / 热油循环泵；利欧集团湖南泵业有限公司的轴流泵、混流泵、潜水电泵、BB3 泵等；淄博真空设备厂有限公司的 2BEY 系列高压水环压缩机、SSDP 螺杆式真空泵机组、SKC 系列锥体液环式真空泵、SKA 系列耐腐蚀真空泵；山东长志泵业有限公司的 ZCB 型转子泵；淄博华成泵业有限公司的 150ZJA-I-A50 节能型渣浆泵；山东华成中德传动设备有限公司的 ML 系列模块化大型减速器、高精密齿轮、H 系列二级斜齿轮减速器；安徽三联泵业股份有限公司 ASP1200-260 型管线泵、ASP 化工流程泵、安徽三环泵业的次高压多级泵、海水淡化泵、安徽嘉成泵业的 SL700QZA-70 型潜水轴流泵；辽宁长志泵业有限公司的 CP-BB3 轴向剖分两端支撑多级除氧水泵、CP-OHA 型高吸入压力耐磨离心泵；CP-BB3 轴向剖分两端支撑多级贫甲醇泵；辽宁通达泵业的高吸程矿用卧式多级泵、TDOS 型卧式单级双吸节能泵等；兰州兰泵有限公司 HDM1000/400-5 型重型石油化工流程泵、WT1200-160 型液力透平机、HD400-160X2 型石油化工流程泵、1200S57 型单级双吸中开卧式离心泵叶轮；石家庄强大泵业集团有限责任公司的 TK1000 型挖泥泵、AH 型渣浆泵、G 型砂砾泵；重庆水泵厂有限责任公司的 BB5 型离心泵、API674 往复泵、液压隔膜泵；广州市白云泵业集团有限公司的 BWG 罐式叠压（无负压）给水设备、无负压变频给水控制箱柜；蓝深集团股份有限公司的深水高扬程潜水排污泵、轴流泵等；耐驰（兰州）泵业有限公司的耐驰®Tonado® 转子泵、单螺杆泵；新明和工业株式会社的 BS 系列自动齿耙式格栅机、潜水泵、搅拌器、低速潜水搅拌器；新界泵业集团股份有限公司的无负压给水设备等；大耐泵业有限公司的 DS 锅炉给水泵、VB 低温乙烯泵、ASD R 内端支承石油化工流程泵（API BB2）；大连海密梯克泵业有限公司的磁力泵、智能变频控制系统；湖南湘电长沙水泵有限公司的 H.24LBSA-65 百万千瓦级核电机组重要厂用泵（核 III 级）；安徽莱恩电泵有限公司的 NDP 重要厂用水泵、ACP1000 消防稳压泵、AIX 离心泵等；沈阳第一水泵有限责任公司的 ACP-TL 陶瓷衬里脱硫泵；南方中金环境股份有限公司的 NISO、NIS、NISF 系列端吸泵、立式多级离心泵、CDL 及 CDLF 系列轻型立式多级离心泵、TD 系列管道循环泵；辽宁恒星泵业有限公司的 KND 型管道输油泵及智能监控系统；河北恒盛泵业股份有限公司的 NYP 齿轮泵、三螺杆泵、圆弧齿轮泵；杭州大路实业有限公司的双壳体高压多级离心泵、汽轮机驱动泵成套机组；佶缔纳士机械有限公司的 AB4000R 双级液环压缩机和采用最新 ECO-FLO 技术生产的真空泵；江苏海狮泵业制造有限公司的双筒体多级离心泵、卧式多级离心泵；湖北同方高科泵业有限公司的 2BE1/2BEP 耐腐蚀全塑料液环真空泵、TFTC8 水环真空泵、TFS200-520 离心清水泵；兰州海兰德泵业有限公司的磁力驱动多级离心泵等；上海电气凯士比核电泵阀有限公司的 RUV 湿绕组电机主泵；江苏振华泵业股份有限公司的 CLH1W-65-10（Z）船用立式海水泵、CPJ150-0.7 喷射泵；浙江克瑞丰球泵业有限公司的 QJB 型潜水推流机；河北德林机械有限公司 T5X50DH-C；大连环友屏蔽泵有限公司的隔爆型屏蔽电泵；江苏武新泵业有限公司的 IMG 磁力驱动离心泵；江苏英特泵阀制造有限公司 BGS 化工离心泵等产品倍受瞩目。

针对展会期间展商展出的展品，泵业分会邀请行业专家进行了金、银奖的评选，最后评出 2016 第八届中国（上海）国际流体机械展览会参展泵产品金奖 39 个、银奖 19 个。

2. 重大装备国产化、自主创新成为风机展区焦点

风机展区围绕“节能、创新、质量”主题，充分展示重大装备国产化（重点在压缩机、鼓风机两大类产品）成果和近年来企业自主研发的通风机类高效、低耗、节能产品的推广与应用。

沈阳鼓风机集团股份有限公司 MAC180+SVK50-6H 10 万等级空分压缩机组，空压机流量 499 000 m^3/h，出口压力 0.561 MPa，采用轴流 + 离心结构，机组力学性能、气动性能均达到国内领先、国际先进水平；自行研制的 HS4400KYQ09 高速橇装燃气驱动压缩机组，设计和制造水平达到国际先进水平，可替代进口，填补了国内空白。上海电气鼓风机厂有限公司引进德国 TLT 公司技术生产的 PAF18-13-2 动叶可调轴流式一次风机，具有运行效率高、能耗低、运行范围宽等优点，在风机行业中技术领先，得到电力行业的认可。重庆通用工业（集团）有限责任公司 CTGX43 № 10F 高效节能三元流风机，产品效率对应能效等级为 I 级，高于 GB 19761—2009 标准中对节能通风机能效等级达到 II 级的要求，技术达到同期同类产品国内领先、国际先进水平，产品在水泥等行业应用后节能效果显著；BCD60-1.75/1.00 高频直联单级离心式鼓风机采用自主设计的“高效离心式叶轮 + 高速永磁电机 + 磁悬浮轴承 + 变频器”的一体化结构，机组与控制系统集成一体，机组高效、节能、低噪、无振动、无油、无机械养护、易安装、易维护，达到同期同类产品国内领先、国际先进水平；CTLAS-100（6）-CZ-A5 磁悬浮离心式冷水机组，各项指标均达到

国际领先水平，可以替代进口，为国内小冷量段离心机的拓展奠定了基础。江苏金通灵流体机械科技股份有限公司VRF657-1.36MVR蒸汽离心鼓风机，在生物发酵、乳品果汁等食品行业以及制药、工业废水零排放等领域广泛应用，产品具有国际先进水平，填补了国内研究及制造空白；JEV23650-100/109-657/1.36L离心式蒸汽压缩机，是当前全球最大的MVR蒸汽压缩机，将有力地推动高浓度污水处理用MVR工艺在国内的推广，实现了MVR工艺关键核心设备蒸汽压缩机的替代进口，技术水平达到了国际一流水平。鞍山钢峰风机有限责任公司AB-1单级高速鼓风机，整体气动设计及结构设计均由国际一流设计团队完成，气动效率及噪声指标均处于国际先进水平。湖北省风机厂有限公司通过引进消化德国CFE技术生产的AMD-R178/270D双级动叶可调轴流引风机，已达到国内领先水平；SFV3-70/85-258/1.854 MVR蒸汽压缩机，替代国外进口产品，节能效果达到国内领先。河北骞海鼓风机有限公司QHX060核电BOP消排风机，是专门针对核电站特殊环境使用而设计的产品，其严格按照核电相关标准要求设计制造，由清华大学航天航空学院负责气动设计和优化，河北骞海鼓风机有限公司负责结构设计以达到国内外先进水平。百事德机械（江苏）有限公司BK-3系列高效三叶罗茨风机，转子采用独特的叶轮线型设计，减少风机的回漏风，在风机流量提高的同时，消耗的轴功率显著下降，效率明显提升，可替代进口产品。山东新风股份有限公司自主研发的ZT055 4新型轴流通风机，主要应用于列车空调机组的制冷和通风换气，产品性能达到国内领先水平，并获得两项实用新型专利。湖北双剑鼓风机股份有限公司D1570-2.85多级高速三元流离心鼓风机，完全替代进口产品，达到国内领先水平。上海通用风机股份有限公司CF55高效离心通风机，经检索数据库发现，在规定流量下，其全压、内效率指标达到同类产品的国际先进水平。

3. 用户行业产品升级成为压缩机展区热点

沈阳鼓风机集团沈阳透平机械有限公司往复机事业部推出了其成功应用于石化行业的4M150大型活塞式压缩机模型。4M150大型活塞式压缩机是该公司自主研发的国际最大机组，最大可承受气体力1 500kN，可以满足当前石化行业所有加氢装置的需要，广泛应用于石油化工、煤化工等行业。该产品适用于150万～200万t/a重油加氢、240万～330万t/a加氢裂化、150万～400万t/a渣油加氢等装置，最大轴功率达15 000kW。上海大隆机器厂有限公司是集大型往复式工艺压缩机、螺杆式工艺压缩机和往复式高压泵设计制造于一体的专业制造公司，为石油化工、煤化工及盐化工提供化工流程气体和液体用加压设备，此次展出的产品是排气压力达2MPa的二级串联高压螺杆压缩机，输气能力达60 000m^3/h的世界上最大的816mm转子直径的大型螺杆压缩机，适用于石化行业的大流量高压加氢用1 000kN活塞力3D100往复式压缩机。无锡压缩机股份有限公司在展会上以图片的形式展出了M系列大型往复式压缩机、大型迷宫式压缩机、天然气压缩机以及无油螺杆压缩机、离心式压缩机产品。北京京城压缩机有限公司展出的是GD6/GD8等超大型高压、超高压隔膜压缩机模型，该产品广泛应用于核电、航天军工领域，适用于易燃、易爆等特殊气体。安瑞科（蚌埠）压缩机有限公司以图文并茂的形式，展出了2013年获得中国机械工业科技进步奖三等奖的W-7.5（1～2）-250-C型天然气压缩机。该压缩机为该公司自主研发的机电一体化创新产品，应用了该公司“双盘管式冷却器”和“一种压缩机气缸的高压密封填料”自主专利技术，主要应用于大排量加气母站、煤气田等的开发和利用，油田伴生气、井口气等的开发和利用及其回收及利用。大丰丰泰流体机械科技有限公司展出了同步回转油气混输装置，该装置具有泵和压缩机的双重功能，实现了同步连续进、排气（油），成功地解决了高含气率（97%）的油气混输难题，满足了油气混输的要求，对于保证油田的经济和绿色开采以及增加集输半径有着十分重要的意义。

其技术水平处于国内领先，填补了国内空白。台州环天机械有限公司展出了与合肥通用机械研究院、沈阳透平机械有限公司往复机事业部共同研发并荣获中国机械工业科学技术奖一等奖的“气量无级调节系统”。该系统是针对大型往复式压缩机在运行过程中的负荷波动造成能源浪费的情况而开发的，可实现压缩机排气量 60% ～ 100% 范围内的无级调节；压缩机轴功率随着排气量的降低成比例减小，节能效果显著。该系统已在中石油、中石化等的相关装置上推广应用，取得良好的社会和经济效益。温岭市鑫磊空压机有限公司在展会期间举办了“两级压缩一级能效的双螺杆压缩机新产品发布会”，邀请了行业专家及用户共计 20 多位嘉宾，共同见证了国内首创符合一级能效参数的“双电机驱动两级压缩空压机”产品，现场行业专家及用户对该产品给予了较高的评价。宁波鲍斯能源装备有限公司（鲍斯股份股票代码：300441）在展会上推出了广泛应用于能源化工领域的双螺杆压缩机。随着螺杆压缩机所能处理的工艺气体介质范围不断扩大，特别是在煤层气、天然气、石油伴生气、沼气、工业尾气等可燃气回收以及后续商业化利用阶段中，工艺流程用螺杆压缩机都将发挥巨大作用，这为工艺气用螺杆压缩机行业的快速发展创造了有利条件。沈阳远大在展会上以图片形式展示了成功开发的用于 LNG 装置的超低温（-162℃）BOG 立式迷宫压缩机、国内首创的甲烷气循环高温（250 ～ 270℃）立式天然气迷宫压缩机、中石化重大装备研制攻关项目国内首台（-103℃）乙烯迷宫压缩机等。温州强盛压缩机有限公司展示了 CNG 变频子站压缩机组，并以图文并茂的形式展出了与中石化共同研发的首台用于 LNG 装置的国产化卧式超低温（-162 ℃）BOG 压缩机、CNG 母站、LNG 加注系统。爱索能源是一家专业从事合同能源管理的高新技术企业，其“爱索能源‘千站计划’发布仪式暨 2016 年压缩空气系统节能战略合作伙伴签约仪式”吸引了众多参观者及参展商，也调动了制造企业的热情，温州市鑫磊空压机有限公司、金通灵能源装备股份公司、西安超滤净化设备股份公司等企业与爱索能源公司现场签约并郑重承诺所提供产品的节能效果和一致性。仪式结束后，爱索能源公司针对工业用气系统节能问题举办了 3 场高水平的系列讲座。

另外，压缩机配套参展商展区也成为压缩机展区的又一大亮点。贺尔碧格（中国）有限公司、泰州华宇轴瓦有限公司、长春天航特种材料技术有限公司、余姚市大隆空压机配件有限公司等中外关键基础配套件企业展出了近年来在基础材料应用上的新成果。

4. 新产品集聚成为阀门展区看点

2010 年第八届流体机械展览会阀门展区最大，参展企业最多，达到 120 多家，展出的新产品也最多，包括一大批为重大能源装备配套的高端阀门。大连大高阀门有限公司展出的核电站高温气冷堆主蒸汽隔离阀，核安全级别为 2 级，口径 300mm，设计压力 15.7MPa，工作压力 13.9MPa，设计温度 576℃，工作温度 571℃，工作介质为过热蒸汽，填补国内空白；中核苏阀科技实业股份有限公司展出了核电站华龙一号主给水隔离阀，该产品公称通径 450mm，公称压力 900Lb，核安全等级为 2 级；中阀科技阀门有限公司展出了大口径多级消能固定锥形阀、智能蝶阀、超低温球阀、超低温闸阀和具有国内领先水平的高温高压全金属三偏心硬密封蝶阀；慎江阀门有限公司展出了角式调节阀；哈电集团哈尔滨电站阀门有限公司展出了超（超）临界火电机组用电磁泄放阀，该产品口径 65mm，压力达到 Class4 500，同时展出了超（超）临界火电机组用抽汽逆止阀，口径为 10in（250mm），压力为 Class900，可以替代进口；成都成高阀门有限公司展出了长输管线用的 56"-900Lb 的高压大口径全焊接球阀，该产品曾获得中国机械工业科学技术奖一等奖；上海阀门厂股份有限公司展出了超（超）临界火电机组和核电机组主蒸汽安全阀和定压差止回阀；上海电气阀门有限公司展出了强制密封球阀和衬氟蝶阀；江苏神通阀门股份有限公司展出了气动轨道球阀，该产品公称尺寸为 NPS 1 ～ 24，压力等级为 Class 150 ～ 1 500，适用温度为 -101 ～ 280℃，适用介质为原料气、氢气、氢气 + 油品 +H_2S 等；四川飞球（集团）有限责任公司展出了低温顶装固定球阀和不锈钢锻钢高压球阀；北京航天石化技术装备工程有限公司展出了高压安全阀、爆破型泄压装置和快速切换阀；五洲阀门股份有限公司展出了严苛工况耐磨球阀、气动波纹管调节阀和轴流式止回阀；沈阳盛世高中压阀门有限公司展出了屏蔽式电动球阀等。同时，也展出了一批新研制成功的为核电、火电、石油化工高端阀门配套的智能电动执行机构和气动执行机构。

5. 研发和制造升级成为空分展区突出点

杭州杭氧股份有限公司展出了特大型（8 万 m^3/h、10 万 m^3/h、12 万 m^3/h）空分设备设计、制造的技术成果和业绩，展示了杭氧压缩机公司的橇装式活塞氧压机、杭氧工装泵阀公司配套大型空分设备的三杆阀、杭氧膨胀机公司配套大型空分设备的橇装式膨胀机。四川空分设备（集团）有限责任公司着重展示了内蒙古新圣 LNG 成套设备及公司在深冷空分、低温储运设备方面的最新成果。开封空分集团有限公司展示了大型空分以及高压绕管式换热器等大型煤化工配套设备方面的研发、制造优势和实力，开封黄河空分集团有限公司展示了沼气回收利用设备、高纯氮设备等特色产品。

该届展会五大板块亮点、焦点、热点、看点及突出点分明，各有特色，各展区从不同领域不同侧面充分展现了我国通用机械行业的成果及技术进步，让参展商在这个平台上看到了同行的进步，看到相关领域的发展，让参展观众在这个平台上看到了整个流体机械行业的快速发展，看到了企业自主创新能力的提升。这个平台链接了企业与行业、企业与企业、企业与用户、企业与科研院校、企业与媒体之间的沟通，必将建立起一个良性发展的生态环境，为通用机械行业的整体进步与发展带来更大的机遇。

四、地方产业园争相借势

借助展览会的影响力，一些流体机械地方产业园，如辽宁省葫芦岛打渔山泵业产业园、安徽省泵阀产业特色园区——和县泵阀产业园、辽宁鞍山高端阀门产业园、淄博市泵类高新技术产业创新联盟等地区园区搭台唱戏，纷纷展示已建成的产业集群成果，同时为继续做大做强招商引资。

五、高等院校 / 科研院所借船出海

科技成果转化为生产力，高等院校 / 科研院所离不开企业；企业产品技术进步、产品升级也离不开高等院校 / 科研院所。为了促进行业产品技术发展，增进产学研的结合，该届展览会特设立了高等院校 / 科研院所科技成果展区，浙江大学、上海交通大学、西安交通大学、江苏大学、兰州理工大学、合肥通用机械研究院、中科院力学所等在展会上成功与企业实现对接，并与企业达成了多项合作，取得了丰硕的成果。

六、专题活动异彩纷呈

技术交流与展览会不可分割，该届展览会共组织了十多场内容丰富且高水平的专题技术论坛等活动，其中包括“2016 中国通用机械能源和石化装备高端对话会”“第五届中国国际阀门论坛”“第七届国际压缩机、风机高峰论坛”“中国制造 2025 压缩机产业发展年会”“2016 大型空分设备技术发展论坛”“2016 中国减变速机技术论坛”“2016 第四届中国能量回收技术与装备论坛”“第五届全国冷却设备与技术论坛暨 2016 年会”“《中国通用机械工业年鉴》2016 版首发”等。每场专题活动都各具特色，体现出较强的行业特点和专业特性，均有来自国内外制造企业、科研设计院所、工程公司、大专院校及用户领域的业界代表参加交流、研讨。专业活动与展会相互呼应，为展商与参展观众呈现了一个又一个技术大餐，也为展览会掀起了一个个高潮迭起的瞬间。

七、展览会悉心策划、精心组织

展览会主办方对展会高度重视，从筹备之初就悉心策划，从参展商与参展观众的邀请、专题技术活动的组织到每个板块的划分、展位的布置、展品的摆放都认真对待，同时组织并指定了多家行业专业媒体作为指定和支持媒体密切互动，从纸媒、网媒到微媒体对展会进行分阶段、分板块、分特点进行跟踪报道及专题采访，全方位深度宣传展会，给展商及观众留下深刻印象。

八、虽荣不骄，虽难不弃，肩负使命，砥砺前行

该届展览会虽然取得了较大成功，但离展商、参展观众的期望还有很大差距，距国际品牌展览会还有许多提升的空间。展览会与展商唇齿相依，有展商的积极参与和支持，展览会才会越办越好，展览会平台越强大，展商才会在这个平台受益良多。展览会的主办方备感责任重大，会牢记每位展商、每位参展观众的宝贵建议，从开拓通用机械行业配套市场、开拓国际市场、提升展览会专题活动国际化技术水平、加强国际交流与合作、促进商贸合作、扩大媒体在展会的作用上做足工作，将展会办成展商钟爱、参展观众喜欢的流体机械行业知名的品牌展会。

“2018 第九届中国（上海）国际流体机械展览会”即将拉开序幕，诚邀国内外流体机械及配套产品的制造企业、科研设计院所等单位莅临参加，我们将给你带来不一样的惊喜，展现不一样的精彩。

〔撰稿人：中国通用机械工业协会邱明杰、李勇〕

泵产品供应目录

广告 征集中 2018

《泵产品供应目录》是由中国通用机械工业协会泵业分会和机械工业信息研究院共同编纂，机械工业出版社出版。旨在方便用户选型订货，帮助企业提升国内外知名度和市场竞争力的权威性信息工具书。该书自2000年以来，已连续出版了8版，收录了国内300余家泵产品生产企业的20 000多条产品信息，并包含了1 000多家泵生产企业名录，全面、系统、及时、准确地反映了泵行业的新产品和技术动向以及泵行业的发展情况。该书得到了行业专家、生产企业和读者的一致好评。

联系电话：010-88379815

传　　真：010-68997968

山钢集团
SD STEEL